FILOSOFIA
PARA
ENTENDER
TEOLOGIA

DIOGENES ALLEN
ERIC O. SPRINGSTED

FILOSOFIA
PARA
ENTENDER
TEOLOGIA

Tradução:
Daniel da Costa

Edição revisada
Santo André – 2020

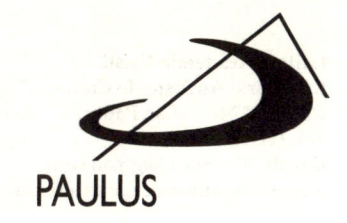

ACADEMIA CRISTÃ

PAULUS

© by Diogenes Allen / Eric O. Springsted
© by Westminster John Knox Press

Título original:
Philosophy for Understanding Theology, Second Edition

Diagramação:
Cicero Silva - (11) 97463-6460

Tradução:
Daniel da Costa

Revisão:
Juliano Borges de Melo

Capa:
Magno Paganelli

Assessoria para assuntos relacionados a Biblioteconomia:
Rafael Neves – CRB 8/8237

Dados Internacionais de Catalogação na Publicação (CIP)
(Câmara Brasileira do Livro, SP, Brasil)

Allen, Diógenes
   Filosofia para entender teologia/Diógenes Allen, Eric O. Springsted; tradução Daniel da Costa. – 3ª ed. – Santo André (SP): Academia Cristã; São Paulo: Paulus, 2010.

Título original: Philosophy for Understanding Theology
Bibliografia
ISBN 978-85-98481-42-5

   1. Teologia filosófica 2. Filosofia – História 3. Cristianismo – Filosofia I. Springsted, Eric O. II. Título.

CDD 230.01

Índices para catálogo sistemático:

1. Teologia filosófica – 230.01
2. Filosofia – História – 109
3. Cristianismo – Filosofia – 102

Editora Academia Cristã
Rua Mario Augusto do Carmo, 37 - Jardim Avelino
CEP 03227-070 - São Paulo, SP - Brasil
Tel.: (11) 3297-5730
E-mail: silvarico33@gmail.com
Site: www.editoraacademiacrista.com.br

Paulus Editora
Rua Francisco Cruz, 229
04117-091 - São Paulo - SP
Tels.: (11) 5087-3700
 E-mail: editorial@paulus.com.br
Site: www.paulus.com.br

Sou profundamente grato pelas muitas e proveitosas sugestões feitas por Jesse De Boer, Professor Emérito da Universidade de Kentucky, meu primeiro professor de filosofia que leu virtualmente o texto inteiro; a David Burrell, membro da CSC e Universidade de Notre Dame, por sua cuidadosa leitura do capítulo 6 sobre Tomás de Aquino; e ao meu colega E. David Willis, Professor Hodge de Teologia Sistemática do Seminário Teológico Princeton, por ler o texto e por seu encorajamento. Nenhum deles, é claro, deve ser responsabilizado pelo que aparece neste livro. Dr. Springsted também é grato ao centro de Pesquisa Teológica de Princeton, Nova Jersey, pela nomeação que lhe permitiu escrever os capítulos adicionais desta segunda edição.

Para James I. McCord, 1919-1990 – Presidente do Seminário Teológico Princeton, Fundador e Chanceler do Centro de Pesquisa Teológica Princeton, Nova Jersey.

SUMÁRIO

PREFÁCIO
Uma Nova Abordagem 9

INTRODUÇÃO: O FUNDAMENTO DA TEOLOGIA CRISTÃ
O Mundo Foi Criado 14

Capítulo I – PLATÃO
O Mundo é o Artefato de uma Mente 29

Capítulo II – PLATÃO
Este mundo não é o nosso lar 55

Capítulo III – A TRADIÇÃO PLATÔNICA
Os Estoicos, Plotino e o Pseudo-Dionísio 78

Capítulo IV – ARISTÓTELES
Suas Categorias e o Mistério de Deus 114

Capítulo V – ARISTÓTELES E A CRIAÇÃO DA TEOLOGIA
ESCOLÁSTICA 131

Capítulo VI – O PROGRAMA DE TOMÁS DE AQUINO E
DUAS CRÍTICAS
Karl Barth e a Teologia do Processo 166

Capítulo VII – OS INÍCIOS DO MUNDO MODERNO
Nominalismo, Humanismo e a Revolução Científica 180

Capítulo VIII – O INÍCIO DA FILOSOFIA MODERNA
Racionalismo, Empirismo e Iluminismo 201

Capítulo IX – KANT E OS LIMITES DO CONHECIMENTO 237

Capítulo X – HEGEL E A RESTAURAÇÃO DO OTIMISMO 256

Capítulo XI – A BUSCA POR SIGNIFICADO NA FILOSOFIA CONTEMPORÂNEA
Existencialismo, Fenomenologia e Hermenêutica..280

Capítulo XII – PÓS-MODERNISMO
Verdade, Objetividade e Certeza 311

Capítulo XIII – PÓS-MODERNISMO
Filosofia Moral 344

BIBLIOGRAFIA..376

ÍNDICE DOS AUTORES..379

ÍNDICE DE ASSUNTOS..382

PREFÁCIO

UMA NOVA ABORDAGEM

Todo mundo precisa saber um pouco filosofia para compreender as maiores doutrinas do cristianismo, ou para ler um grande teólogo de maneira inteligente. Mas quanta filosofia é necessário aprender para entender teologia?

O curso tradicional de filosofia na faculdade ou seminário e os livros convencionais que dão uma visão panorâmica da história da filosofia não oferecem ajuda suficiente. O material é selecionado com base no que importa para a *filosofia* e não para a *teologia*. De fato, algo do material selecionado sobre esta base é relevante para a compreensão teológica, mas são necessários muitos cursos e outros muitos livros sobre filosofia antes que uma pessoa seja exposta a suficiente material filosófico diretamente relevante e essencial para a teologia.

Ainda assim, sua relevância teológica frequentemente não se torna explícita, visto permanecer enterrada e irreconhecível em um material de pouquíssima relevância direta para a teologia. Nem mesmo um curso de filosofia da religião, que dentre todas as subdivisões da filosofia é a que mais se aproxima da teologia, provê o necessário. As provas da existência de Deus, o problema do mal e a natureza da linguagem religiosa – os tópicos mais frequentemente discutidos em filosofia da religião – são de valor limitado, pois eles não proporcionam uma variedade satisfatória de conceitos e distinções filosóficas necessárias ao iniciante em teologia. Mesmo um teólogo experiente só encontra conexões com a filosofia da religião na periferia da teologia.

Alguns seminários reconhecem que seus alunos precisam saber alguma coisa de filosofia. Mas em seus esforços para atender às necessidades, eles se deparam com o duro fato de que a disciplina de filosofia hoje, especialmente no mundo de língua inglesa, está tão distante da teologia que seria preciso um estudo prolongado de filosofia, antes de nossa compreensão teológica ser enriquecida significativamente. Na maior parte dos seminários, as muitas exigências que pesam sobre o corpo docente e recursos simplesmente impedem a disposição de um estudo aprofundado de filosofia no seu formato normal por muitos de seus estudantes. Poucos seminaristas participam de mais de um curso de filosofia no seminário ou em seus dias de faculdade, e a maioria não participa de nenhum. Assim, não surpreende que os estudantes fiquem frustrados quando começam seus estudos de teologia. Falta-lhes um dos pré-requisitos essenciais. Muitos deles, quando compreendem que precisam de algum conhecimento de filosofia, se voltam ao único recurso disponível: a um curso de filosofia ou a um livro de história da filosofia que não foi elaborado para satisfazer suas necessidades. Não admira que a conhecida pergunta retórica de Tertuliano, "O que Atenas tem a ver com Jerusalém?", seja tão popular entre os estudantes. A eles não foi mostrado que o conhecimento filosófico nos capacita a apreciar mais profundamente o significado de virtualmente qualquer formulação doutrinária relevante e qualquer teólogo importante. Eles têm a impressão de que a filosofia é de pouca utilidade; assim, seguem seus caminhos, perdendo a oportunidade de ter um contato mais frutuoso com a teologia.

Este livro almeja dar o conhecimento filosófico necessário para melhor compreender a teologia cristã, pois muitas vezes a falta de conhecimento de algum termo chave ou conceito filosófico impede uma compreensão significativa de uma questão vital. Pode parecer pretensioso ter um objetivo tão elevado, mas a meta é realista, pois a abordagem usada no delineamento deste livro é precisamente o oposto do prevalecente. Em vez de uma breve apresentação do pensamento filosófico selecionado com base no que é importante para o desenvolvimento do tema da filosofia e com base no que os próprios filósofos consideram importante e interessante, fiz minha seleção do material filosófico examinando primeiramente os *teólogos*. Defini a partir de um estudo de suas obras como a filosofia os influenciou e quais conceitos e termos filosóficos eles usam. Portanto, é o que os teólogos fazem que determina minha apresentação e como apresento.

Isto significa que muito do que as histórias tradicionais da filosofia incluem pode ser omitido e a relevância teológica do material filosófico selecionado pode ser explicitada e evidenciada. Isto permite uma economia na apresentação e oferece ao leitor o estritamente necessário; me permite, também, enfatizar e lançar luz sobre alguns pontos em filosofia, tais como o *Timeu* de PLATÃO, que são ignorados ou tratados apenas de passagem, salvo em cursos avançados de filosofia, por não falar aos interesses filosóficos contemporâneos. Muitas vezes tal material é de importância fundamental para a compreensão da doutrina cristã e da teologia. Usando o princípio da seleção do que importa para a teologia, procuro colocar o leitor em uma posição que lhe proporcione os melhores resultados em retorno ao tempo e esforço empregados.

Este livro não é uma história convencional da filosofia que vai de PLATÃO até o presente, não somente porque a minha abordagem é diferente, mas também porque, ao fazer minha seleção, meus olhos permaneceram sobre aquilo que um filósofo tenha dito e que tenha influenciado significativamente a teologia cristã em *algumas doutrinas fundamentais*. Na maior parte delas foi por sua influência sobre a compreensão cristã de Deus, Cristo e os seres humanos – sua natureza, destino e poder da razão. Isto resulta no exame, por exemplo, do *Timeu* de PLATÃO não somente com mais ênfase do que os estudos habituais, mas logo no início da minha apresentação de PLATÃO, embora ele se encontre entre os últimos de seus diálogos. No interesse da teologia me desvio de uma estrita sequência filosófica, ignorando ARISTÓTELES (exceto por uma obra sobre lógica) até chegar aos teólogos medievais, ainda que ARISTÓTELES seja um filósofo antigo. Do mesmo modo, trato a reflexão do processo em conjunção com os medievais e ARISTÓTELES, embora aquela seja um movimento do século XX. Isto é porque ARISTÓTELES exerceu muito pouca influência sobre a teologia até a Idade Média, e, visto que a reflexão do processo é uma filosofia necessária para compreender teologia, ela é mais facilmente compreendida em relação a ARISTÓTELES e os teólogos medievais.

De tempos em tempos, exemplifico a maneira pela qual o conhecimento da filosofia tratada nos capacita a entender determinado teólogo ou doutrina. Por exemplo: o conhecimento das *Categorias* de ARISTÓTELES nos habilita a ver como GREGÓRIO DE NYSSA, escrevendo sobre a Trindade, estava acima da conceitualidade de seus dias. Não é possível perceber esta realização sem conhecer as *Categorias*. Espero que, ao dispor o material filosófico aqui abrangido desta maneira, o leitor chegue a uma melhor compreensão do assunto e também perceba o seu valor para a teologia.

Nesta segunda edição, mostro o efeito da filosofia sobre a espiritualidade cristã, embora a espiritualidade cristã não seja usualmente considerada teologia doutrinal ou investigação teológica. Mas para todos os teólogos da igreja antiga e para muitos no período medieval, a prática da espiritualidade era considerada necessária à investigação teológica, como pode ser facilmente constatado na investigação de AGOSTINHO sobre a Trindade ou nas orações de ANSELMO em sua indagação acerca da existência de Deus. Ademais, houve um imenso aumento no interesse pela espiritualidade cristã nas últimas quatro décadas. Assim, além de minhas indicações explícitas do significado do material filosófico que apresento para a espiritualidade cristã, os capítulos 1, 2 e especialmente o 3 proveem uma compreensão filosófica substancial para o estudo da espiritualidade cristã.

A segunda edição contém muitas adições feitas por mim ao texto da primeira edição, algumas pequenas, outras razoavelmente grandes; bem como algumas reformulações para maior clareza. Mas, a mais significativa adição são os dois novos últimos capítulos, escritos por meu ex-aluno, amigo de longa data e colega, ERIC O. SPRINGSTED. Minha saúde não me permitiu atualizar o livro desde a data de sua primeira publicação há vintes anos atrás. Felizmente, o professor SPRINGSTED se dispôs a empreender esta difícil tarefa por mim. Ninguém conhece a minha obra melhor do que ele; este seguiu prontamente o delineamento e intenção original deste livro. Juntos demos forma ao último capítulo da primeira edição (cap. 11) para ajustar-se suavemente com adição do capítulo 12. Isto envolveu a remoção do material sobre a filosofia de língua inglesa do capítulo 11 para o capítulo 12 e modificações que levam em consideração os acontecimentos recentes. Foram realizadas trocas de ideias similares depois que o professor SPRINGSTED completou os esboços dos capítulos 12 e 13. Mas devo enfatizar que os dois novos capítulos são obra dele, e eles contribuíram substancialmente para a importância e utilidade do livro, realçando grandemente sua capacidade para alcançar seus fins. Sou profundamente grato ao colega por este ato de amizade e por seu labor em amor para benefício dos estudantes de teologia, visto que isso significou o sacrifício de um tempo precioso para sua pesquisa e publicação.

Não pretendo, é claro, que este livro forneça a profundidade e o domínio que só podem vir de um prolongado estudo das fontes primárias e secundárias da filosofia. Mas sustento que, dadas as sérias restrições ao currículo e o corpo docente de hoje, este trabalho pode dar a um estudante um sólido fundamento sobre o qual construir; e pode também, significativamente, reduzir a frustração, agora tão amplamente sentida por aqueles que começam a estudar teologia sem a compreensão filosófica necessária para apreciá-la.

Como professor de seminário por trinta e seis anos e como alguém rigorosamente treinado enquanto purista em filosofia, tentei muitas maneiras diferentes de superar este problema educacional. A abordagem usada neste livro, em minha experiência, provou ser a mais econômica e proveitosa maneira de tratar dele.

Em alguns lugares não procurei usar linguagem inclusiva porque preferi manter os exemplos usados pelos autores cujas ideias expliquei. Espero que isso não se torne um obstáculo para ninguém.

Números entre parênteses após citações se referem à paginação que se encontra nas margens da maioria dos textos de PLATÃO, ARISTÓTELES e KANT. Isso permite encontrar as passagens citadas facilmente, mesmo em textos de edições diferentes das que eu usei.

Diógenes Allen
Princeton Junction, Nova Jersey
1 de Março de 2007

INTRODUÇÃO:
O FUNDAMENTO DA TEOLOGIA CRISTÃ

O Mundo Foi Criado

As duas principais fontes da teologia cristã são a Bíblia e a cultura helênica, especialmente a filosofia grega. A visão bíblica da criação é tão familiar que seu papel de fundamento de toda a teologia cristã pode não ser aparente. Ela difere em aspectos cruciais das visões de todos os filósofos antigos. A história da criação no Gênesis torna claro que o mundo tem um *começo*. E porque tem um começo, ele não é eterno. Isso significa que ele não é absoluto. Deus, seu Criador, que é sem começo ou fim, é absoluto.

Isto é totalmente diferente da visão de ARISTÓTELES. Para ele, o universo não tem começo. Ele sempre existiu e sempre existirá. A primeira causa de ARISTÓTELES ou primeiro motor (ao qual ele também chama de motor imóvel) é o mais excelente e exaltado ser no universo, mas é apenas isso, um ser que é no universo, ou é uma parte do universo. Sua existência é inferida dos movimentos que observamos na terra e nos céus. Vemos aqui duas maneiras fundamentais pelas quais ARISTÓTELES difere da história aparentemente simples do Gênesis: *ontologicamente* e *epistemologicamente*. Para mostrar a extensão dessas diferenças, vou explicar o significado desses dois termos filosóficos.

Primeiramente, observe uma pessoa; depois, pense em uma pessoa fictícia. As duas diferem uma da outra ontologicamente. Seu status na realidade difere. A relação entre coisas como pessoas reais e pessoas fictícias é parte da disciplina acadêmica chamada *Ontologia* (da palavra grega *ontos*, ou ser). Sempre que presumimos ou julgamos que uma coisa pertence a determinado tipo de realidade, nós estamos fazendo distinções ontológicas. Por exemplo: aquilo que nós vemos flutuar em uma lagoa é um pato-isca e não um pato real, mas, não obstante, um pato-isca e não uma alucinação. Patos reais e patos-isca são diferentes tipos de realidade, mas mesmo patos-isca são mais reais do que alucinações. Ou considere a diferença ontológica entre cores e mesas. Mesa é um tipo de coisa que pode ser colorida, mas cor não é o tipo de coisa que pode ser "mesada". Cores são propriedades de coisas como mesas, mas mesas não são propriedades de absolutamente nada, assim, elas não são propriedades das cores. A distinção entre mesas e cores também é uma distinção ontológica. Fazer ou presumir distinções ontológicas não significa estar engajado com a *disciplina* da Ontologia. Ao contrário: a disciplina pressupõe que nós fazemos distinções ontológicas.

Do mesmo modo, em *Gênesis*, ao dizer que no começo Deus fez os céus e a terra, uma distinção ontológica é feita entre Deus e o universo, embora o escritor do *Gênesis* não seja um profissional da disciplina ontologia. O cosmos (um mundo ordenado) é dito ter um começo, não ser eterno, e consequentemente não ser absoluto. Deus se distingue do universo. Ele não tem começo, mas é eterno. Como Criador do universo, Deus não é parte do universo, nem este é uma parte de Deus. A criação depende Dele para sua existência. O status ontológico do universo (o tipo de realidade que ele é) o distingue do status ontológico de Deus. Estas distinções não significam que o *Gênesis* (e o resto das Escrituras, cujo significado nós presumimos em nossa interpretação do *Gênesis*) esteja engajado na prática da ontologia. Podemos constatar isso mostrando que as bases *epistemológicas* de sua declaração diferem das bases epistemológicas da declaração de ARISTÓTELES, este sim, um praticante da ontologia.

Toda declaração que fazemos tem alguma base ou fundamento (a menos que seja sem fundamento, e nós geralmente rejeitamos declarações sem fundamento). O fundamento de uma declaração pode ser algo que vemos ou ouvimos. A disciplina que estuda os tipos de fundamentos sobre os quais nós fazemos declarações, e a relação entre os diferentes tipos deles é chamada de Epistemologia (do grego *episteme*, conhecimento), ou teoria do conhecimento.

As bases das declarações de *Gênesis* e ARISTÓTELES são radicalmente diferentes. ARISTÓTELES está preocupado em explicar a ordem do mundo que percebemos. Nada é declarado ou postulado se não for necessário à explicação de sua ordem. Nunca ocorreu a ARISTÓTELES, uma das maiores mentes na história, questionar por que, afinal de contas, temos um mundo ao invés de nada. Ele aceita a existência do mundo sem questionar. Para ele, sua existência não é de maneira alguma problemática. Consequentemente lhe interessava descobrir os princípios de operação deste mundo. Isso envolveu uma investigação dos vários tipos de seres no universo (por isso, a prática da ontologia) e o levou a inferir que há um primeiro e imóvel motor como o mais elevado e o mais exaltado tipo de ser. Os fundamentos para a declaração de que há um motor imóvel é uma série de argumentos e distinções intrincadas, mas todo o raciocínio permanece sobre o princípio epistemológico: nós declaramos somente o que deve ser declarado para justificar as operações do mundo. Uma busca pelos princípios das operações do mundo é o que *motiva* ARISTÓTELES. O que *valida* suas declarações é o êxito delas em explicar essas operações. Oráculos sacerdotais e poesia supostamente escritas sob inspiração divina são desconsideradas como base para declarações acerca das operações do mundo.

Em contraste com ARISTÓTELES, as declarações feitas em *Gênesis* e no restante das Escrituras do antigo Israel não nascem de um desejo de descobrir os princípios de operação da natureza e nem para justificar a existência do universo. A crença em um Criador não é afirmada pelos antigos israelitas porque eles desejam explicar a existência e a ordem do mundo. Sua existência e ordem não formam os fundamentos para a fé deles em Deus. Pelo contrário, eles criam em Deus porque criam na Sua autorrevelação, primeiro a Abraão, o fundador de seu povo e depois aos outros patriarcas, tais como Isaque e Jacó e aos profetas. Sua crença no divino é uma *resposta* à iniciativa de Deus e não o resultado de suas investigações sobre a ordem e origem da natureza. Assim, o motor imóvel de ARISTÓTELES não é somente *parte* do mundo, seu cérebro, por assim dizer e, portanto, de um status ontológico radicalmente diferente daquele do Fabricante judaico do universo, mas os *fundamentos* de suas declarações de que há um motor imóvel são *epistemologicamente* diferentes dos fundamentos das declarações judaicas de que há um Criador.

Do que nós temos dito até agora, poderíamos ver uma ampla justificação para a observação desdenhosa de TERTULIANO: "O que Atenas tem a ver com Jerusalém?" Mas não é esse o caso. Independentemente da falta de curiosidade dos antigos israelitas concernente aos princípios da natureza em comparação aos antigos filósofos gregos, a teologia cristã é, todavia, inerentemente helênica. Uso a palavra "helênica" em vez de "grega" em função da difusão da cultura e modo de pensar grego entre os povos não gregos; uma influência que recebeu um ímpeto poderoso por meio das conquistas de Alexandre, o Grande, e Roma. A teologia cristã é inerentemente helênica porque ela não poderia existir enquanto *disciplina* sem o tipo de curiosidade intelectual que foi única na antiga Grécia. Os antigos egípcios diziam que os gregos eram como crianças porque estavam sempre perguntando "por quê?" Não que outros povos antigos, incluindo os israelitas, não perguntassem pelos porquês e a razão de muitas coisas. O fato é que na antiga Grécia esta prática tornou-se uma questão de princípio. Os gregos não pensaram sobre todas as questões significativas que foram levantadas, mas eles levantaram questões persistente e sistematicamente, como em um projeto deliberado, até terem desenvolvido a própria ideia de disciplinas – áreas do conhecimento *teórico* definidas por princípios e investigadas por meio de métodos apropriados de pesquisa. Uma questão prática, como a necessidade de determinar os limites de um terreno, pode começar uma investigação; mas os vários métodos empíricos concernentes à relação das linhas com ângulos não permaneceram apenas métodos empíricos, embora fossem perfeitamente satisfatórios para todos os usos e propósitos práticos. Eles foram desenvolvidos até que a ciência teórica da geometria fosse criada, uma disciplina que ainda produz novos conhecimentos. Como resultado dessa atitude particular, que conduziu à noção precisa de "disciplina", os antigos gregos se tornaram os fundadores de muitas de nossas disciplinas tradicionais, inclusive a própria teologia. Vou explicar.

No Antigo Testamento nós encontramos muitos exemplos de questionamento e inquirição persistentes, tais como: "Por que os justos sofrem e os iníquos prosperam?" Isso surge das preocupações práticas dos israelitas para com a justiça de Deus e o desejo deles por livramento da opressão. Isso não leva a uma disciplina teórica. Além disso, a extensão de suas questões é muito mais limitada do que aquelas dos antigos filósofos gregos, que algumas vezes tornavam-se enfadonhos ao grego comum por causa de sua predileção por questões teóricas e disputas.

Esta procura sistemática por razões ou pelo *logos* em qualquer coisa é algo que, hoje, consideramos natural. Tornou-se parte de nossa composição mental. Nós fazemos isso automaticamente. Compartilhamos com os antigos gregos um desejo de repelir o domínio do desconhecido e desvendar todos os mistérios; compartilhamos com eles o conceito de *disciplinas*, que têm seus princípios distintivos e métodos de investigação. Do mesmo modo, isso fez parte da composição mental dos primeiros Pais da Igreja, que delinearam de maneira decisiva as doutrinas cristãs nos primeiros séculos.

Os Pais da Igreja, como veremos, procuraram manter um sentido próprio de *mistério*, mas eles também foram persistentes em perguntar pela verdade revelada: "Como ela se dá?" Suas mentes eram helênicas ao ponto de, e porque eram helênicos, criar a disciplina chamada *teologia*. A influência helênica sobre o cristianismo foi, portanto, muito mais do que o uso de conceitos particulares tomados à filosofia grega. Uma parte essencial é uma composição mental, uma atitude da mente, um olhar que aprecia a coerência, que insiste, como questão de princípio, na seguinte inquirição: "Por que e como isso se dá?" – com ela são investigados os princípios que organizam diversas coisas e procura-se descobrir as bases ou fundamento para toda asserção que é feita. Não haveria teologia cristã sem a Bíblia e uma comunidade crente. Mas, da mesma forma, não teríamos a teologia sem a atitude helênica nos cristãos, que os leva a insistir em questões acerca da Bíblia e suas relações com outros conhecimentos. Assim, quando as pessoas apelam para que se purgue a filosofia grega da teologia cristã, a menos que estejam se referindo a ideias específicas ou conceitos, elas estão realmente apelando para o fim da própria disciplina teologia, embora não percebam isso.

Nós mesmos, é claro, estamos interessados em explicar os conceitos filosóficos e as ideias que influenciaram a teologia cristã, e que são necessárias para estudar e entender melhor a teologia. Mas teremos também que chegar a termos com a atitude mental que criou a disciplina teológica. Uma mente com a atitude constitutiva da própria essência da teologia deve ter para si o seguinte fato: ela deve reconhecer que, por mais que possa querer compreensão total, o status ontológico da divindade é tal que Deus está além de nossa compreensão.

Isso nos conduz a uma questão importante e controversa em teologia: a possibilidade da teologia natural. Aqui podemos ver o efeito do status ontológico de Deus sobre a epistemologia; ou seja, o efeito do *tipo* de ser com o qual estamos lidando em teologia sobre o que esperamos compreender e sobre a natureza do fundamento ou base das afirmações que nós fazemos.

Mostramos que os antigos israelitas afirmavam que o seu conhecimento de Deus era o resultado da iniciativa de Deus. Eles conheciam a Deus por causa de Sua autorrevelação a eles. Isso nos leva à questão: "Deus poderia ter sido conhecido sem essa iniciativa divina? Se Deus não tivesse escolhido a autorrevelação, teria Israel ou qualquer outro percebido que a divindade existe?" Ou vamos colocar de outra forma: "Há alguma coisa no universo criado, sua ordem e sua própria existência, que nos dê uma base para declarar que ele tem um Criador?"

Essa pergunta compõe a base para a subdivisão em teologia chamada teologia natural. É onde a Filosofia da Religião cruza com a teologia. A Filosofia da Religião examina o que a pura existência do universo implica, ou seja, o que ela nos força a concluir, e, da mesma forma, o que sua ordem implica. Alguns teólogos fazem o mesmo. Em outras palavras, as duas disciplinas examinam as provas tradicionais da existência de Deus para ver se, a partir da simples existência do mundo ou de sua ordem, nós podemos saber que há um Deus.

Filósofos da religião estão preocupados em determinar a validade das provas tradicionais (a conclusão "Deus existe" segue logicamente das premissas?) e a verdade das premissas cuja conclusão advém. Isso gerou uma literatura considerável e toma metade de um semestre de um curso de graduação para se obter um panorama de seus pontos mais importantes. Teólogos protestantes muitas vezes contestaram a teologia natural. Mesmo que algumas das provas da existência de Deus sejam consistentes, eles declaram que o "deus" cuja existência é demonstrada não é o Deus cristão. Esse deus é apenas o cérebro do universo (o motor imóvel de ARISTÓTELES) ou alguma parte do universo. Eles estão preocupados se a teologia natural deve ser rejeitada, e por que é uma área importante de investigação em teologia cristã. Os teólogos católicos romanos, que defendem a teologia natural, estão sempre prontos a concordar que existem diferenças significativas entre o que se pode saber de Deus por meio da teologia natural e o que sabemos de Deus por meio da revelação. A relação do que sabemos por meio desses dois modos também é uma área de estudo em teologia.

Muitos teólogos protestantes e católicos, não obstante, não consideram as várias provas da existência de Deus a partir da ordem e existência do mundo como demonstrações *rigorosas* ou provas no sentido técnico. Eles creem, no entanto, que a mente pode, de alguma maneira, apreender Deus sem revelação especial, como o testemunho bíblico é chamado. A revelação geral é possível porque o mundo criado carrega algumas marcas de sua dependência de Deus para sua existência e ordem. Tal compreensão não é limitada ao que nós podemos obter a partir da pura existência e ordem da natureza. A natureza humana, como parte da criação, também carrega as marcas de sua dependência de Deus.

Essa tese levanta algumas questões. Se o mundo criado carrega marcas de sua dependência de Deus, serão essas marcas suficientes para dar a uma pessoa, que as reconhece, salvação ou um "conhecimento salvífico", como é chamado, ou elas simplesmente dão conhecimento da existência de Deus da mesma maneira como temos conhecimento de qualquer outra coisa existente; um puro fato sem qualquer poder de nos redimir e regenerar nossa vontade? Há também muita discussão a respeito do valor de tal conhecimento como uma preparação para se receber a revelação especial ou para confirmá-la. Supondo que o mundo criado carregue as marcas de sua dependência de Deus, uma questão importante para a discussão é saber quão claras e persuasivas são essas marcas. Elas são tão fortes que seria irracional não crer que há um Deus? Ou elas apenas dão a uma pessoa que *já* crê em Deus, por causa da revelação especial, fundamentos adicionais para crer?

Outra questão que leva à divisão entre os teólogos, e mesmo entre as denominações, são os efeitos do pecado sobre nós. LUTERO e CALVINO creem que o pecado original perverteu tanto nossa razão quanto a nossa vontade, e sem a graça de Deus nós não podemos responder com fé à revelação especial, e sem essa resposta somos incapazes de ver as marcas de Deus na criação. A partir desse ponto de vista, não importa quão claras e fortes sejam as marcas; sem a revelação especial elas são inoperantes.

Nos abarrotados currículos dos seminários de hoje, a teologia natural é normalmente associada por muitos estudantes e clérigos às provas rigorosas da existência de Deus. Mas deve ficar claro, a partir do que acabamos de ver, que rejeitar as provas tradicionais, porque elas não são demonstrações rigorosas, não significa ter rejeitado a questão da revelação geral. A busca pelas marcas da mão do Criador, que ficaram no universo, e nossa capacidade em reconhecê-las também faz parte da teologia natural. Não fica estabelecido, pelas ênfases apresentadas aqui, que o Deus da Bíblia seja o cérebro do universo ou alguma abstração filosófica, o produto final das provas tradicionais da existência de Deus a partir da ordem e da existência do mundo.

Outra confusão frequentemente ocorre entre estudantes e clérigos. A teologia natural, no sentido rigoroso de provas ou no sentido de traços de Deus no universo, não deve ser identificada com tudo da Filosofia. Quase todos os estudantes protestantes e clérigos ouviram que KARL BARTH rejeitou a teologia natural. Eles, então, pensam que têm seu apoio para rejeitar toda a filosofia como se ela não tivesse importância teológica. Mas, na verdade, ao rejeitar a teologia natural, BARTH não rejeitou a filosofia por completo. Ele não só foi filosoficamente sofisticado, como também empregou conceitos filosóficos reinterpretados em sua obra teológica de modo muito parecido com os primeiros Pais da Igreja. Ele e eles foram guiados e enraizados em convicções teológicas e frequentemente usaram terminologia e noções filosóficas reformuladas para os seus próprios propósitos teológicos. Em um ensaio escrito em honra a seu irmão HEINRICH, um filósofo, BARTH fez distinção explícita entre teologia natural e filosofia. Ele reconheceu a necessidade e o valor da filosofia, embora considerasse seu valor limitado na perspectiva de um crente cristão. Ele a chamava de "a sabedoria deste mundo"; ela é deste mundo no sentido bíblico, mas ainda é sabedoria. Estudantes e clérigos pressionados, confusos com as muitas matérias e disciplinas que eles devem estudar hoje, estão sempre dispostos a lançar fora a filosofia a fim de aliviar sua carga. Mas eles não podem fazer isso com a benção de KARL BARTH. Ele não os poupa da necessidade de empenhar-se na filosofia.

Até aqui examinamos somente um aspecto importante da questão do nosso conhecimento de Deus, que surge da crença teológica de que o mundo é criado e, consequentemente, Deus, como Criador, não é uma parte do universo. O outro aspecto é o que não sabemos sobre a essência de Deus. Essa essência, o verdadeiro ser de Deus, não é cognoscível. Isso é consequência da concepção cristã de criação e é muito mais profundo e abrangente do que o que temos indicado até aqui. Deus o Criador não é ontologicamente nenhuma parte do mundo, nem o mundo é parte de Deus. Há uma distinção entre Deus e o mundo mais fundamental do que qualquer distinção entre duas coisas que são parte do mundo. Por maior que seja a diferença ontológica entre duas coisas que são parte do mundo, ela é diminuta em comparação com a diferença ontológica que existe entre o Criador e as criaturas.

A diferença entre Criador e criatura é, algumas vezes, expressa em termos de distinção entre seres necessários e seres contingentes. A história da criação do *Gênesis* diz que o mundo começou. Coisas contingentes começam e terminam; um ser necessário é eterno. Determinados seres, como folhas e árvores, que começam e terminam no universo criado, podem ser contrastados com a matéria e a energia, que, de acordo com nossa ciência, são conservadas em todas as transformações. Mas o contraste entre coisas existentes no universo, como folhas e árvores, por um lado, e matéria e energia, por outro, não é tão fundamental quanto aquela entre Deus e o universo. Matéria e energia, como folhas e árvores, são contingentes. Embora sejam conservadas em todas as transformações das várias coisas dentro do universo, elas e todo o universo *começaram*, e todos eles podem acabar se Deus assim quiser. Só Deus é eterno e é assim por sua natureza divina. Matéria e energia dependem de Deus para surgir e continuar existindo.

A diferença ontológica entre Deus, que é inerentemente eterno, e todo o resto, contingente, é mais bem expressa pela noção de que Deus, que criou o universo, o criou *livremente*. Deus não precisou criar o universo. Ele não sentiu nenhuma compulsão interna ou externa para criar. Visto que Deus é a fonte de todas as coisas, nada antes da criação seria externo a Ele para compeli-lo a criar. Haveria uma compulsão interna, se Deus fosse inerentemente instável, a ponto de a criação ser resultado de uma pressão das forças internas que o compelissem a criar. Essa era, como veremos, uma crença de PLOTINO. Haveria também compulsão interna se Deus quisesse ou sentisse falta de complementação. Examinaremos isso quando tratarmos da teologia do processo na contemporaneidade. Deus, então, poderia criar um mundo para ser enriquecido com o que não é divino. Todavia, o Deus da Bíblia age livremente e, portanto, é inerentemente estável e inerentemente pleno, completo, ou perfeito. O ato de criação é, assim, um ato de pura generosidade.

A liberdade de Deus em criar é a razão de vermos a criação como um ato de pura generosidade e também a razão de Deus não ser conhecível em sua essência ou ser. Visto que o mundo *começou*, e que Deus o fez *livremente*, Ele pode existir sem um mundo. A *relação* entre Deus e o mundo (relação entre Criador e criatura) é menos básica do que um dos termos da relação, nomeadamente Deus. Em outras palavras, Deus é mais fundamental do que a relação entre Deus e o mundo. A Divindade em si mesma – em seu verdadeiro ser ou essência – é sem uma relação com o mundo, isto é, com qualquer coisa fora de si. Deus estabelece uma relação por meio do ato de criação em si mesmo. De modo que Deus não é mais com um mundo, nem menos sem um mundo, Ele não é incompleto sem um mundo. Um Deus que cria livremente é pleno, completo e perfeito, e assim não se torna mais quando cria, nem menos quando não cria. O mundo mais Deus não é mais do que Deus sozinho. Deus menos o mundo não é menos do que

Deus sozinho. Por mais paradoxal que possa parecer à primeira vista, isso diretamente resulta da asserção de que o mundo começou e que Deus o criou livremente. Por mais duro que pareça dizer que Deus não precisa de um mundo, é somente pelo fato de Deus não precisar de um mundo que nós podemos dizer que a sua existência é o resultado de um ato de pura generosidade ou graça. Isso não significa que Deus não se interessa por nós, muito pelo contrário.

Um ser que é completo em sua essência, inexaurivelmente rico e sem necessidade de nada, está além de nossa compreensão. O mundo consiste de seres que classificamos em vários tipos de acordo com suas semelhanças e diferenças. Mas Deus não é um ser dentro do mundo. A Divindade não é um dentre outros seres, mas a fonte de todos os outros seres. Assim, os conceitos pelos quais compreendemos os vários tipos de seres dentro do mundo não nos tornam capazes de compreender a Deus, porque Deus não se subsume a nenhuma classificação ou gênero dentro dos quais colocamos os vários seres existentes no mundo. Não obstante, temos alguma compreensão acerca de Deus. Porque o mundo começa e Deus não, e porque Deus cria o mundo livremente, Deus é rico e pleno. A perfeição divina não é em acordo com alguma noção de perfeição que obtemos por meio de uma comparação entre os seres criados. Antes, nós entendemos *que* Deus é perfeito (completo e pleno) porque Deus criou o mundo livremente, e nós podemos entender isso, muito embora não *compreendamos* a perfeição do ser divino. É a ação divina que estabelece a relação na qual nós temos algum conhecimento de Deus. Pelo ato da criação, nós sabemos que Deus é pleno e completo. Mas não compreendemos esta plenitude ou completude, isto é, o que Deus é em sua essência, sem o ato por meio do qual Ele estabelece uma relação. Logo, nós conhecemos a Deus não em essência, mas somente em relação a nós. É porque Deus cria um mundo e se relaciona conosco de outras maneiras que podemos chegar a algum conhecimento do divino.

Deus se relaciona conosco de duas maneiras: Ele se relaciona com o mundo como Criador e como autorrevelado ao povo do antigo Israel e ao novo Israel, a Igreja. Se Deus pode ser conhecido a partir da existência e ordem do mundo, ou seja, sem iniciativa divina, isso não afeta o fato de Deus se relacionar com o universo como Criador. Não importa o quanto os teólogos discordem sobre a teologia natural, todos eles concordam que Deus é o Criador e que a existência e ordem do universo mostram a Sua generosidade. Sem sermos capazes de compreender o ser divino, nós sabemos, não obstante, a partir do ato de criação, *que* Deus é generoso e sabemos alguma coisa da imensidão da generosidade divina por meio da natureza do mundo. Este dom, todavia, não exaure a extensão da generosidade de Deus. Aprendemos isso da segunda maneira pela qual Deus se relaciona conosco, nomeadamente, através do chamado do povo de Israel a uma missão específica e por meio da encarnação. Na criação, Deus deu ao universo físico a sua natureza, e aos seres humanos, o tipo de vida deles. Mas com os atos do chamado de Israel e tornando-se carne por nossa causa, nós aprendemos que Deus nos criou para ter uma vida com ele, de fato, para compartilhar a vida divina, que está além do nosso modo de existência. Portanto, a generosidade divina é maior do que poderíamos conceber simplesmente pelo fato de Deus relacionar-se conosco como Criador. Somente vendo a Deus como Redentor, de fato, como Redentor em Cristo, nós realmente percebemos a mais profunda generosidade divina.

Por maior que seja a generosidade expressa por Deus, como Criador e Redentor encarnado, a inexaurível fonte da qual essa generosidade jorra está além de nossa compreensão. Nós podemos nos tornar cônscios de *que* Deus é generoso e saber muito a respeito da natureza dessa generosidade por meio de Suas relações para conosco como Criador e Redentor encarnado, mas isso ainda não é compreender Deus como fonte inesgotável de generosidade. Essas relações conosco não conseguem revelar e não revelam a essência divina para nós; pois a criação é um *efeito* de Deus. A encarnação e nossa recepção da nova vida que vem dela também são resultados da ação de Deus. Todos estes efeitos de Deus não esgotam a magnitude de sua fonte. Um efeito, mesmo grande, não pode revelar a plena extensão ou natureza de uma fonte inexaurível. Assim, até mesmo nos atos de criação e redenção, a natureza essencial de Deus, ou Seu ser, não é conhecível. Embora essa natureza essencial esteja presente, e presente de maneira inédita na encarnação, nós não podemos compreendê-la plenamente. As ações de Deus nunca exaurem a natureza divina, e nós conhecemos a Deus somente quando Ele age ou se relaciona conosco.

Essa incogniscibilidade essencial de Deus não é motivo para lamentar. É antes uma razão para nos alegrar por estarmos em contato com o que é inexaurivelmente grande, rico e pleno. Se fôssemos capazes de apresentar formulações sobre Deus que fossem plenamente compreensíveis, então saberíamos que elas estariam incorretas. A incogniscibilidade essencial de Deus, assim, brota de Sua natureza inerente – Sua plenitude inesgotável – e não simplesmente das limitações *específicas* de nossas faculdades. Todas as criaturas, não importando quão elevadas, são incapazes de compreendê-lo. Somente Deus, que é infinito, pode compreender o ser inexaurível do próprio Deus.

Vamos um pouco mais além nas implicações epistemológicas que surgem da diferença ontológica radical entre Deus e a criação. Como vimos, ela implica que a realidade com a qual lidamos transcende nossa capacidade intelectual de compreendê-la plenamente. Isso deve nos preparar para reconhecer, ao examinar os conceitos filosóficos empregados pelos teólogos, que eles mesmos reconheceram o mistério essencial de Deus. Para eles, o mistério de Deus não é apenas uma doutrina teológica a ser posta ao lado de outras. Antes, o mistério penetra e é parte de toda doutrina acerca de Deus. Isso implica, entre outras coisas, que nossa linguagem acerca de Deus não pode ser reduzida ao discurso que empregamos para falar sobre as realidades criadas. Isso também significa que nós, frequentemente, estaremos aptos a entender que estamos dizendo certas coisas a respeito de Deus – por exemplo, que Deus é trino – sem sermos plenamente capazes de compreender a natureza dessa unidade. Ou seja, somos capazes de reconhecer *que* Pai, Filho e Espírito Santo são um Deus, sem sermos capazes de entender *como* eles são um único Deus. Somos igualmente capazes de entender porque é correto dizer que Jesus é tanto Deus quanto ser humano, sem sermos capazes de compreender plenamente *como* ele é Deus e ser humano. Como dissemos: Se Deus é de fato o Criador e se criou livremente, uma fórmula que compreendemos completamente é uma indicação segura de que ela é inadequada. Quando chegamos à linguagem filosófica empregada na declaração das doutrinas cruciais da Trindade e da pessoa de Cristo, vemos como é importante relembrar que o Deus de quem estamos falando é o Criador e cuja natureza plena está além da nossa compreensão, de modo que, mesmo quando Deus é autorrevelado nós ainda não podemos compreendê-lo plenamente. Esta convicção de que o Criador é ontologicamente distinto de todas as criaturas impediu os conceitos filosóficos de determinar as formulações teológicas da Igreja Primitiva. Todavia, isso não quer dizer que os primeiros Pais não foram influenciados pelos conceitos filosóficos em suas formulações doutrinárias, ou que os conceitos filosóficos não tenham moldado essas formulações.

Não é necessário sentir-se ameaçado pelas necessárias limitações do nosso conhecimento de Deus. Isso não significa que estamos totalmente no escuro. Mesmo em relação às coisas criadas, nós podemos entender uma grande porção sem ter uma plena compreensão delas. Por exemplo, podemos ver muitas coisas por meio da luz e conhecer muitas de suas propriedades, sem sermos plenamente capazes de compreender *o que* é a luz. Ela tem ambas as propriedades, onda e partículas, embora nada possa ser, ao mesmo tempo, uma onda e uma partícula. E assim, nós não sabemos precisamente *o que* ela é, mas, ainda assim, não estamos sem um conhecimento seguro acerca de suas propriedades paradoxais. O mesmo ocorre com Deus, que a princípio, está além de uma plena compreensão por parte da criatura. Podemos ver pela "luz", que Deus nos deu, e ter um conhecimento razoavelmente seguro a respeito dele, sem uma plena compreensão da natureza divina. Uma boa compreensão do que Deus nos mostrou de Sua natureza nos capacita a reconhecer e praticar teologia como reflexão sobre o mistério de Deus manifesto na criação e revelação.

Esta introdução é, portanto, uma introdução em dois sentidos. Ela está no começo do livro não apenas para orientar o leitor no estudo de conceitos filosóficos necessários para uma melhor compreensão da teologia, mas tem o propósito de ser um compêndio para acompanhar o leitor em minha apresentação dos vários conceitos filosóficos e seu uso pelos teólogos. O leitor deve se lembrar de que as explorações e formulações dos teólogos, que sabem o que estão fazendo, são sempre conduzidas à luz da convicção bíblica de que há uma distinção fundamental entre Deus e as criaturas. A singularidade ontológica de Deus limita nossa compreensão de Deus, e a essencial ocultação do divino permeia toda nossa reflexão teológica e formulações doutrinárias.

Capítulo I
PLATÃO

O Mundo é o Artefato de uma Mente

Para PLATÃO, assim como para os cristãos, o mundo teve um começo. Esta ideia pode parecer espantosa depois de lermos na introdução que a visão cristã da Criação é o fundamento da teologia cristã. Mas PLATÃO também espantou os apologistas e os Pais da Igreja. Quando encontraram a história da criação de PLATÃO no seu diálogo *Timeu*, eles disseram que PLATÃO havia lido Moisés (quem eles supunham ter escrito Gênesis) ou havia recebido seu conhecimento por revelação. Eles não se sentiram ameaçados por PLATÃO, como os protestantes contemporâneos se sentem quando encontram paralelos entre a Bíblia e escritores não cristãos. Pelo contrário, os primeiros pensadores cristãos ficaram encantados em encontrar uma testemunha da verdade cristã entre os gregos. Em sua defesa do cristianismo contra os ataques dos escritores pagãos, os Apologistas e os Pais da Igreja muitas vezes mencionavam a correspondência entre o ensino cristão e PLATÃO como uma razão pela qual os pagãos deveriam dar crédito às declarações cristãs.

Eles estavam, é claro, cientes das diferenças entre a história da criação de PLATÃO e *Gênesis*, e de fato, cientes das muitas discrepâncias entre outras partes de sua filosofia e o cristianismo. Todavia, eles respeitavam profundamente os méritos do *Timeu* e foram significativamente influenciados por ele. Assim, vejamos os principais elementos da história da criação de PLATÃO, e então ressaltemos o alcance de sua influência sobre a teologia cristã. Veremos que sua história do começo do mundo visível não é realmente a história de um começo absoluto e que, em outros aspectos cruciais, ela se diferencia da história da criação cristã.

Timeu foi um diálogo da maturidade, escrito alguns anos depois de PLATÃO escrever a *República*, mas que começa como se a discussão que compôs a *República* houvesse ocorrido no dia exatamente anterior. Após SÓCRATES ter sumarizado a primeira parte da *República* para seus companheiros, Crítias diz que tal cidade ideal, como SÓCRATES havia descrito, realmente existira uma vez. Sua história ainda era conhecida entre os sacerdotes egípcios. Crítias propõe que antes dele narrar-lhes a história, Timeu, um astrônomo, descreva para eles a geração do mundo natural até a criação dos seres humanos. Então, com este pano de fundo, Crítias tomará a cidade descrita por SÓCRATES na *República* como um ideal e a mostrará em operação real conforme registrada pelos sacerdotes egípcios.

A introdução de Crítias ao longo e virtualmente ininterrupto discurso de Timeu sobre a criação do mundo visível reflete o desejo de PLATÃO em vincular a moralidade da *República* com a ordem do mundo natural. Na *República*, as principais virtudes de um indivíduo – coragem, temperança, sabedoria e justiça – são definidas por meio de uma analogia com as virtudes de uma cidade-estado racionalmente organizada. Com o argumento de que a sociedade é maior do que o indivíduo e que, consequentemente, a descoberta das virtudes é mais fácil no que é maior do que no que é menor, SÓCRATES construiu uma cidade-estado ideal antes de definir as virtudes do indivíduo. A ordem da cidade-estado ideal proveu o padrão para determinar a própria ordem das virtudes da pessoa individual. Já no *Timeu*, a organização do universo físico é descrita como também racionalmente organizada, logo a cidade-estado racionalmente organizada e seu cidadão virtuoso têm a ordem racional do mundo natural por seu fundamento. Portanto, a verdadeira moralidade não é o produto de convenção ou da sanção arbitrária da vontade humana; antes, o indivíduo virtuoso é um equivalente em miniatura da ordem e harmonia do cosmos. Assim, a alma individual propriamente ordenada é uma miniatura da cidade-estado propriamente ordenada e ambas são imagens ou reflexos da ordem da natureza. Este padrão hierárquico de organização em diferentes níveis tem ainda um nível mais elevado, que é o do mundo das ideias eternas sobre o qual o universo físico é modelado, tal como veremos no *Timeu*.

Esta convicção de uma hierarquia, com cada nível análogo a todo outro nível em uma forma ou outra, tornou-se a base da lei natural – de viver em harmonia com a natureza – e influenciou profundamente as concepções cristãs de moralidade, sociedade e política. É a rejeição de uma hierarquia de valores pela ciência moderna no século XVII que levou à necessidade de encontrar novos fundamentos para a sociedade, o estado e a moralidade no período moderno. Vamos retomar isso mais tarde, mas eu quis mostrar essa convicção sobre a presença de uma hierarquia na abertura do *Timeu* porque, ao contrário de Aristóteles, este diálogo é conhecido pelos teólogos desde os primeiros séculos da Era Cristã até a Idade Média.

Depois dessa importante nota preliminar, a palavra é dada a Timeu, que passa a descrever a criação do mundo visível. Ele pergunta retoricamente: "O que é que sempre é e não tem começo?" (28).[1] O contraste entre o que é imutável ou "ser", por um lado, e "começo", por outro, é fundamental para filosofa grega. É um contraste entre o fundamental, primário, ou essencial e o dependente ou derivado. A questão de Timeu é então uma demanda pelo que é essencial.

O que nós percebemos por nossos sentidos não pode ser descrito como sempre sendo e nunca se tornando. Uma vez que o mundo, como um todo, é visível e tangível, isto é, percebido pelos sentidos, ele não pode ser fundamental. Mas qual é sua causa? Aqui Timeu faz uma consideração enigmática que reverberou poderosamente nos ouvidos dos leitores cristãos: "O pai e fabricante de todo este universo é inescrutável, e mesmo se o encontrássemos, falar dele a todos os homens seria impossível." (28c). Assim, Timeu não dá prosseguimento ulterior a isto e desenvolve outra linha de pensamento. Uma ideia ou

---

[1] Muitas citações são do: *The Collected Dialogues of Plato* [Coletânea de Diálogos de Platão], editados por Edith Hamilton e Huntingon Cairns, Bollingen Series LXX (Princeton, NJ: Princeton University Press, 1961).

conceito nunca muda. Ela entra na mente das pessoas em uma determinada época e em outras épocas não é considerada, mas a ideia ou o conceito em si mesmo não nasce nem se decompõe. O número dois, por exemplo, não nasce nem é fabricado, e não morrerá e nem se deteriorará. Ele é sempre o mesmo. Só o imutável é capturado pelo intelecto. O universo físico, em contraste, está sempre mudando. No entanto, ele é maravilhosamente organizado e estável em suas moções. Ele deve ser, portanto, o resultado da inteligência e bondade, e sua ordem e estabilidade a consequência de ser uma cópia de algo imutável, de um padrão ideal que é capturado pelo intelecto. Este padrão é o famoso mundo das Ideias de Platão.

Assim, embora o pai de todas as coisas esteja além de nós, a ordem do mundo é tal que deve haver uma causa para ela. Sua ordem deve ser o resultado de alguma inteligência. Nós também podemos dizer que esta causa deve ser boa e livre de preocupação, pois o mundo é harmoniosamente ordenado. O motivo de fazer o universo deve ter sido o de fazê-lo tão ordenadamente quanto possível, como um todo e em cada detalhe (33), visto que é uma série de subordens ajustando-se dentro de um todo cada vez mais amplo. Timeu, então, prossegue dando em grandes e, para nós hoje, enfadonhos detalhes, a estrutura do mundo e seus habitantes, na base de uma combinação de raciocínios matemáticos e figuras geométricas, indo até os ossos, pele, cabelo e unhas do corpo humano.

É claro que nessa história não há criação *ex nihilo* [do nada]. É uma história da ordem sendo trazida à matéria preexistente. *Gênesis* 1 também pode ser uma história da ordem que é trazida do caos. Mas, visto em conjunto com o restante do Antigo e Novo Testamento, é claro que o mundo – matéria, espaço e tempo – são criaturas de Deus. A igreja primitiva imediatamente notou essa diferença entre Platão e a Bíblia.

Na narrativa de Platão, a matéria coloca limitações sobre o demiurgo, ou artífice, que traz ordem do caos – ou seja, sobre aquilo que tenta imitar o mundo das Ideias tão minuciosamente quanto possível. Em uma famosa passagem Platão escreve: "Mente, o poder legislador, persuadiu a necessidade a levar a maior parte das coisas criadas à perfeição... Mas se alguém disser verdadeiramente a maneira pela qual a obra foi completada, ela deve também incluir a causa variável, e explicar sua influência." (48a).

Há inerente à matéria suas próprias moções, que são irracionais ("variáveis"). Esta necessidade na matéria é também referida por PLATÃO como "possibilidade" ou "irracionalidade", pois é sem propósito. Ele diz que "a mente persuade a necessidade" pela imposição da ordem sobre suas moções. A ordem surge pela introdução de "limites" sobre suas moções, direcionado-as intencionalmente. Isto é o que torna caos um cosmos, ou o faz entrar em uma moção ordenada (previsível). Mas a razão, ou a mente, (o artífice) nunca poderá sujeitar a matéria à perfeita ordem.

A "causa variável" – irracionalidade inerente à matéria – não pode ser completamente superada. O mundo sensível é para sempre inferior ao ideal porque está em movimento; além disso, seu movimento ordenado é apenas uma imagem da realidade imutável e este movimento obstinado não é plenamente redutível à ordem. O mundo visível é o melhor possível, mas não a perfeita imagem do mundo das Ideias.

Para PLATÃO este mundo é claramente bom, embora não seja perfeito. (Isso é verdade para a Bíblia também: o universo é bom, de fato, muito bom, mas mesmo antes da queda, não é dito ser perfeito.) Mas, igualmente claro, o elemento desordenado da necessidade cega nunca é completamente dominado pela mente que concebeu o mundo e a alma do mundo que governa suas moções nos céus. Assim, os males e imperfeições do mundo físico são o resultado da matéria. (A Bíblia, por outro lado, afirma a bondade do mundo *material*.) A matéria que é má, no entanto, não toma realmente sérias proporções até introduzirmos a compreensão de PLATÃO da natureza e destino da alma. A alma caiu dentro de um mundo sensível, e deve retornar ao mundo suprassensível, se quiser chegar ao seu próprio destino. O mundo sensível com sua capacidade de satisfazer nossos desejos sensíveis deve ser evitado ou a alma será desviada de seu destino. Mas no que concerne ao universo físico em si mesmo, a resistência da matéria em se submeter à ordem perfeita não impede o mundo de ser formoso e belo

(29-30). O universo físico, em seu próprio lugar e estação, é bom e, de fato, glorioso. A visão de PLATÃO não é de maneira alguma como a de *Gênesis*, mas nela não há a total rejeição do mundo nos moldes dos gnósticos e maniqueus. Não devemos confundir a atitude de PLATÃO para com o universo físico, por mais que ele enfatize a necessidade de transcender ao mundo e ao corpo, com visões que o rejeitam totalmente, como escritores cristãos superficiais fazem frequentemente. Nem devemos contrastar "os gregos" com "os hebreus", identificando PLATÃO com todo pensamento grego e dizendo que os gregos rejeitam o corpo e os hebreus o afirmam. Afinal, os antigos gregos nos deram esculturas do corpo humano que ainda não foram superadas.

A história platônica da origem do cosmos difere da visão cristã não somente porque ela aceita a matéria naturalmente, mas também porque há um padrão do qual o cosmos é copiado. A visão de PLATÃO das Ideias é uma das partes mais difíceis de entender de sua filosofia, mas, para o momento, vamos tratar somente de uma visão amplamente difundida, mas equivocada. As Ideias de PLATÃO não são *cópias* das coisas sensíveis. A Ideia de camas não é ela mesma uma cama que não é de nenhum tamanho, forma ou material específicos. Seria uma cama absurdamente perfeita se alguém não pudesse dormir nela! Não é claro se há uma Ideia para cada classe de coisas. PLATÃO não nos diz que há uma Ideia correspondente para cada ideia geral que nós podemos imaginar tal como cama, unha do dedo do pé ou lama, embora ele mesmo levante essa questão em seu outro diálogo *Parmênides* (130). É mais adequado considerar que se trata de uma razão matemática do que pensar em cópias não sensíveis como Ideias. Por exemplo: tomemos o deslocamento da água causado pela colocação de um corpo em um vaso. A perda de peso do corpo é proporcional ao deslocamento da água. A altura para a qual a água sobe pelas laterais do vaso é exprimível com uma razão matemática em relação à diminuição do peso do corpo. Esta razão não é ela mesma material; não pode ser testada ou pesada. Não é particular nem universal. Embora possamos ver o corpo colocado dentro da água e ver a água se mover para cima nas laterais do vaso, é por meio do nosso intelecto que nós captamos a noção de uma proporção ou razão e a regra ou generalização acerca do deslocamento de líquidos pelos corpos. Uma Ideia é análoga à razão matemática ou função. Não é tangível ou visível, mas algo compreendido pelo intelecto. Não é ela mesma um particular, mas aplicável a muitos particulares; particulares "participam" nela, embora ela não esteja fisicamente presente neles ou eles nela. Ela não muda, então, é atemporal, embora mude aquilo onde ela é aplicada. Todas estas coisas podem ser ditas tanto de uma função matemática quanto de uma Ideia platônica.

Mas PLATÃO não diz que as Ideias são razões matemáticas, funções ou números. No fim de sua vida, ele chegou a pensar ser possível expressá-las por uma fórmula matemática ou número, o mais elevado princípio de todo ser, a Ideia do Bem, ou Uno. Mas ele não as equipara a números ou "matemáticos", como são chamados os círculos e triângulos da matemática pura, tratados na *República*. Matemáticos é uma classe de entidades *entre* sensíveis e as Ideias. Todavia, é mais correto usar uma função matemática como um análogo às Ideias do que considera-las cópias imateriais de toda classe de coisas que nós percebemos.

Entretanto, PLATÃO é absolutamente preciso: é a Ideia que dá realidade ao mundo sensível. É apenas porque os sensíveis "participam" de uma Ideia que eles podem ser ditos "ser" absolutamente. Isso novamente faz sentido se pensarmos no caos e pensarmos nas razões como "limites" colocados sobre as moções presentes no caos para que uma ordem – uma regularidade ou permanência nas relações – seja estabelecida.

PLATÃO também é absolutamente preciso em sua crença de que as Ideias existem por si mesmas, à parte de um mundo sensível, e em sua crença que elas podem ser compreendidas pelo intelecto. Como o mundo sensível "participa" nelas, é uma questão que ele trata de várias maneiras, incluindo a abordagem que ele usou no *Timeu*. Como vimos no *Timeu*, há um artífice, ou demiurgo, que torna visível o universo pelo uso do mundo das Ideias como o padrão ou arquétipo. As Ideias não estão, portanto, *no* universo sensível. Sua relação é aquela do original para a cópia, visto que PLATÃO chama o mundo sensível de uma imagem ou reflexo das Ideias.

A ponte entre o mundo das Ideias e o mundo da percepção sensível é o artífice e as almas inteligentes. Alma, para PLATÃO, é a fonte do movimento. O artífice molda uma alma do mundo que enche todo o universo. Esta *anima mundi* é uma criatura viva e inteligente que tem o mundo visível como seu corpo. As estrelas e os planetas têm movimento ordenado, logo PLATÃO pensa que eles têm almas inteligentes. Porque eles não perecem, ele os chama de deuses. A alma humana é confeccionada pelo artífice na mesma proporção com a alma do mundo, então ela é inteligente, mas o artífice confia aos deuses celestiais a organização das partes mortais da alma e corpo humanos. As almas humanas e a alma do mundo pertencem, assim, a ambos os mundos – o mundo imutável, porque eles têm almas inteligentes, e ao mundo mutável, porque eles vivem e mudam. A matéria é organizada em quatro tipos básicos – terra, ar, fogo e água – e eles consistem em várias proporções de formas geométricas. Assim, eles e tudo que surge deles são perfeitamente proporcionais ou racionais. Todo o universo sensível é direcionado ao bem, ou seja, cada parte é estruturalmente organizada tão perfeitamente quanto possível e se move para realizar uma função, contribuindo assim com a progressiva harmonia e beleza do universo na medida em que a matéria permitir.

Em PLATÃO, o espaço, ou o "receptáculo", é apenas um dado, mas o tempo – no sentido de unidades contáveis de movimento – torna-se com o universo visível. (*Timeu*, 37e – 38b) Antes que os corpos celestes se movam (com moções regulares e periódicas) não há dias, noites ou anos. Os corpos celestes são uma cópia da natureza eterna do mundo das Ideias, que não mudam. Os corpos celestes mudam, mas eles assemelham-se ao mundo das Ideias, visto que "o céu criado foi, é e será em todo tempo". (38c) Não há nunca um *tempo* – passado, presente e futuro – quando eles não são, pois sem eles não há tempo. Assim, PLATÃO diz que eles são "uma imagem em movimento da eternidade" (37d). Partindo dessas considerações sobre o tempo, parece que PLATÃO não acreditava que o mundo visível começara. Veremos brevemente uma razão até mais forte do que esta para crer que PLATÃO não achava que o mundo tivesse um começo, a despeito de sua história sobre ele ter sido feito por um artífice.

PLOTINO (205-70 d.C), a quem retornaremos de maneira mais ampla mais tarde, ficou intrigado com a visão de PLATÃO do tempo como uma imagem da eternidade. Ele rejeitou a noção aristotélica de tempo como medida do movimento circular perpétuo do universo perpétuo. Ele disse que nós fazemos uso dos movimentos dos corpos celestes para medir a passagem do tempo, mas os movimentos dos corpos são moções *no* tempo e não são a mesma coisa que o tempo.

Para PLOTINO, o movimento é produto da alma. A alma é a mais baixa da hierarquia inteligível (não sensível) de PLOTINO de três grandes hipóstases (ou substâncias) das quais o mundo sensível emana. A Alma Inteligente não pode captar os conteúdos do mundo das Ideias todas de uma vez. Assim, ela as recebe uma a uma e então engendra o tempo (e subsequentemente o mundo sensível). O tempo é, então, a vida da alma, tendo uma série contínua de pensamentos. Esta é a interpretação de PLOTINO da noção de tempo de PLATÃO como uma imagem móvel da eternidade.

AGOSTINHO foi influenciado por ambas as visões, a de PLATÃO, de que o tempo é criado com o universo, e a de PLOTINO, de que o tempo é um fenômeno *mental*, em vez de ser primariamente o movimento dos corpos. Mas, por causa da doutrina cristã da criação, suas perspectivas afastam-se de ambas significativamente. Algumas das considerações mais importantes que AGOSTINHO faz acerca do tempo e da eternidade estão em suas *Confissões*, Livro 11. O motivo é o ataque à doutrina cristã da criação pelos maniqueus, um grupo religioso ao qual AGOSTINHO uma vez pertenceu. Os maniqueus perguntavam: "Se Deus criou o mundo, e o criou do nada, por que Deus o criou no tempo em que o criou e não mais cedo nem mais tarde? O que Deus estava fazendo antes do mundo ser criado?"

AGOSTINHO salienta que é correto dizer que o universo começou, como *Gênesis* revela, mas o universo não começou *no tempo*. O tempo é criado *com* a criação de todas as coisas. Assim, não há tempo antes do universo começar. As questões dos maniqueus só podem ser levantadas por causa de uma noção errônea acerca do tempo.

AGOSTINHO reconhece que por trás da questão maniqueia está o sério e difícil problema da relação entre tempo e eternidade. Assim, o Livro 11 das *Confissões* é muito mais do que uma réplica aos seus ataques. Ele explica que Deus é eterno em contraste a todas as criaturas. Deus é completo e pleno; nada se ausenta da vida divina e nada se acrescenta a ela. Em contraste a isso, todas as criaturas variam e mudam. Há coisas que uma vez foram verdade para nós, mas que não são mais verdadeiras para nós, e coisas que não ainda são verdade para nós.

As moções do sol, estrelas e planetas não constituem o tempo. Pois se não existissem os céus, o giro de uma roda de oleiro ou mesmo o nosso conversar envolveriam a passagem do tempo. Assim, o tempo não é idêntico às moções dos céus nem o tempo existe por si mesmo independentemente. Pois quando o tempo é passado, ele não é mais; quando é futuro, ainda não é. Ele existe apenas como presente. Mas o presente desaparece em um ponto sem extensão quando examinado com cuidado. AGOSTINHO parece desistir de tentar definir o tempo e, em vez disso, descreve o que deve ser um tempo-consciente ou histórico. Para nós há um presente, passado e futuro. O que é presente flui através da consciência humana e torna-se passado; o futuro entra em nossa consciência, se torna presente e depois passado. Mas, uma vez que o futuro passou por nós e se tornou passado, não é mais; exatamente como quando, sendo futuro, ele não era ainda. O passado então existe como memória; o futuro existe como expectação; e o presente existe como atenção. Assim, para nós, existir como seres temporais significa agir *agora* com memória e antecipação.

Para Deus todas as coisas são presentes. Em Deus não há nada que passe ou que venha a ser. A palavra de Deus da criação não passa; pois, se assim fosse, todas as coisas criadas passariam também. Essa palavra permanece para sempre; ela é dita eternamente. Ela não é submetida ao tempo.

O mundo de fato começou, como *Gênesis* ensina, mas não porque é precedida pelo tempo. Ele é criado com o tempo por Deus, que é eterno. Há um começo *absoluto* do tempo e do universo porque todas as coisas dependem de Deus, que é sempre o mesmo.

Porque Deus é eterno, não podemos compreender o divino em sua essência. Podemos fazer declarações verdadeiras acerca da relação de Deus com o tempo (como Criador, quem chamou a Israel e semelhantes) e podemos fazer declarações corretas acerca da eternidade de Deus, mas uma plena compreensão está além de nós. Categorias temporais são estranhas à natureza divina. Além disso, nosso próprio pensamento está submetido à ordem temporal do antes e depois, que nos impossibilita de chegar a um ponto no qual Deus esteja circunscrito ou contido. O objeto do nosso pensamento não está sujeito às limitações que influenciam todo o nosso pensamento. Intuição ou visão são muito mais adequadas do que o pensamento discursivo e conceitos.

Estas visões de AGOSTINHO sobre o tempo o habilitam a romper com a teoria do tempo como movimento circular do universo eterno. O tempo não é mais cíclico com as coisas se repetindo. Isto pavimenta o caminho para AGOSTINHO desenvolver uma visão cristã da história, em que eventos tais como a criação, o chamado de Israel e a encarnação dão direção e propósito à história humana.

Vamos retornar à visão de que o universo sensível é uma cópia. A existência de um padrão a ser copiado implica uma sutil, mas considerável diferença entre a narrativa de *Gênesis* e PLATÃO. Significa, para começar, que PLATÃO não tem realmente uma história da *criação*. Isso fica óbvio pelo fato de PLATÃO ter a matéria preexistente, de modo que sua história é sobre as origens da ordem do universo sensível e não sobre a razão de haver alguma coisa ao invés de nada. *Gênesis* talvez seja também uma história sobre Deus dando ordem ao caos com outras convicções bíblicas necessárias que autorizam uma visão da criação *ex nihilo*, mas a história do *Timeu* não é uma história da criação porque não há o elemento criador nela. As Ideias não são exemplares que a mente criativa considera individualmente e, então, a partir dessas Ideias não ordenadas, ou não relacionadas, concebe uma ordem, toma essa ordem concebida e a executa como um universo sensível. Em PLATÃO, o mundo das Ideias *já* existe como um todo ordenado independentemente de ser considerado pelo artífice ou qualquer outra pessoa. O artesão é, de fato, apenas um artesão, não um designer. Um designer é criativo. Embora materiais sejam dados, o designer cria o esboço, mas o artífice só copia o mundo das Ideias, segundo um plano já esboçado. Esta obra, então, não é criativa, mas imitativa. Em contraste com isso, a narrativa de *Gênesis* é um ato criativo e inventivo. Não há nada previamente esboçado para ser imitado.

O *Timeu* de PLATÃO foi adaptado para o uso cristão pela identificação das Ideias com a mente divina – primeiro pelos médio-platonistas no primeiro século antes de Cristo. Muitos teólogos cristãos os seguiram nessa matéria. Mas, no momento em que a matéria preexistente foi avaliada à luz da visão cristã da criação *ex nihilo*, a ordem independentemente existente de PLATÃO, o mundo das Ideias, foi acomodada à visão cristã pelo expediente de torná-la parte da mente divina. As consequências desta identificação das Ideias com a mente divina para a teologia e, de fato, para o desenvolvimento da ciência moderna foram imensas. Ela levou a uma visão muito diferente de Deus e da relação de Deus para com o mundo, como veremos quanto à Idade Média e o período moderno.

A identificação teve imensos atrativos, pois significou que o universo, com uma mudança aparentemente mínima, poderia se tornar um reflexo da mente de Deus em vez de um reflexo do mundo das Ideias. Por um lado, isso sugere a possibilidade de que uma considerável compreensão de Deus pode ser adquirida a partir de um estudo do universo criado; por outro lado, a integridade das coisas naturais é mantida, pois, embora sejam reflexos da mente de Deus, elas não são parte dela.

Os teólogos cristãos que fizeram das Ideias de PLATÃO parte da mente divina falham em fazer justiça ao próprio PLATÃO. Para PLATÃO, a mente, quer seja a do ser humano ou do artífice, é essencialmente receptiva. Objetos não são os atos da mente. Vejamos porque é que PLATÃO vê o mundo das Ideias como independente da mente.

Mesas e cadeiras existem porque há funções para elas cumprirem ou realizarem. Elas servem a propósitos. Nossas mentes não criam estas funções ou propósitos. Mesas e cadeiras também existem porque as mentes humanas podem captar estas funções ou propósitos e então fazer coisas para cumpri-las. Isto é, nós podemos fazer mesas e cadeiras. Coisas naturais também têm propósitos ou desempenham funções contribuindo para a manutenção de um mundo ordenado. Mas a máxima ordem racional é primária em relação à existência das coisas específicas na natureza que servem para manter a ordem do universo físico. As coisas naturais existem porque há uma mente para fazer coisas naturais servir a essa ordem. Tão certo como existem mentes humanas para captar funções e fazer coisas servir a essas funções, o mundo natural é um resultado da inteligência ou mente. As Ideias não vêm da matéria do universo, pois o mundo físico deve sua existência como um cosmos a princípios (Ideias) que são princípios ordenantes. A matéria é caótica; ela não é auto-ordenante. Ela não pode produzir princípios de ordenação. Assim, as Ideias não são o produto da mente ou da matéria. Elas são passiveis de compreensão pela mente – elas são os objetos da atenção da mente – e são usadas por uma mente para ordenar a matéria, mas são independentes tanto da mente quanto da matéria. A alma do mundo, fabricada pelo artífice, move a matéria de maneira ordenada; ela faz assim porque é uma mente movendo todas as coisas em imitação das Ideias, mas elas não são parte da mente divina do artífice ou sua própria mente.

A independência do mundo das Ideias implica que a mente é passiva. Mudar sua localidade para dentro da mente de Deus não condiz com as implicações da conceitualidade que entendeu a mente como passiva e não lida com a essencial falta de atividade criadora que isto implica para a mente de Deus. Como as Ideias são compreendidas – e isto varia grandemente entre filósofos e teólogos que falam das ideias como parte da mente de Deus – afeta o que a mente divina é. Também afeta a compreensão sobre as coisas naturais porque são cópias das Ideias. Fazer objetos primários, de modo que a mente seja um recipiente passivo deles, afeta profundamente a maneira que nós concebemos a atividade de Deus. Teremos de observar isto mais atentamente quando chegarmos à Idade Média, uma vez que ARISTÓTELES influenciou grandemente a compreensão sobre as Ideias.

Mas, pensar o mundo como uma cópia, em vez do resultado de uma mente criadora não basta para avaliar a diferença radical entre *Timeu* e *Gênesis*, pois o diálogo não deve ser interpretado como significando que o mundo literalmente começou. Como dissemos, esta é a maneira de PLATÃO tratar do problema da conexão das Ideias com o mundo sensível. PLATÃO está convencido de que o mundo sensível exibe as marcas de inteligência. Ele escreve, por exemplo, no *Sofista* (265c, e):

> A natureza faz nascer [animais, plantas e substâncias sem vida] de causas auto-agentes sem inteligência criativa, ou são elas provenientes da razão ou conhecimento divinos? ... Eu só afirmarei o seguinte [não defenderei isso], que os produtos da natureza, como são chamados, são obras da arte divina, assim como as coisas produzidas a partir deles pelo homem são obras da arte humana.

O mundo não é simplesmente da maneira que ele é, mas da maneira que um agente quer que ele seja; uma convicção também expressa explicitamente em *Leis* (886e, 889b-e) e no *Filebo* (26e). Mas as ideias não são agentes. PLATÃO tem de introduzir um agente, e visto que o pai de todas as coisas está além de nós, PLATÃO recorre ao que ele chama de uma "história verossímil". Ele usa um artífice como agente porque as coisas da natureza, que se ajustam dentro de uma ordem racional, se assemelham a coisas que um artífice faz para que cumpram funções. Nossa atividade é usada analogamente para explicar a maneira pela qual as coisas se ajustam na natureza em uma ordem harmoniosa e estável. O artífice faz uma alma do mundo, e ela é o princípio ordenador no universo visível. Assim, a lacuna entre o mundo das Ideias e a realidade sensível é preenchida.

Esta história do artífice provavelmente não deve querer sugerir que o cosmos tenha um *começo*, não por causa do raciocínio impressionante de PLATÃO, que mostra que o tempo é feito *com* o cosmos, mas porque a questão, para ele, é se a inteligência e a mente são primárias ou as coisas são apenas do jeito que são sem razão racional. Ele quer afirmar que o universo visível opera racionalmente – isto é, de maneira similar à mente humana – na produção das coisas naturais. Para PLATÃO, o universo tem essa similaridade porque as coisas feitas realmente cumprem funções que mantêm a ordem estável e, como vimos, princípios ordenantes não são uma função da matéria, mas da inteligência. Mas o fato de que o universo visível tenha começado não implica a semelhança das operações do universo com a inteligência que se mostra no artefato humano. Assim, a asserção em si mesma de que o cosmos começou não afirma a semelhança das operações do mundo visível com a inteligência que se mostra pelo artefato humano. Todavia, em *Gênesis* é a primazia de Deus que é afirmada; e ela é afirmada ao dizer que somente Deus *não* começou, em contraste com todo o resto.

Mas PLATÃO não sabe *como* os princípios ordenantes (as Ideias) podem ser relacionados com as coisas naturais que, ao cumprir suas funções, mantêm o mundo como um sistema progressivo, harmonioso, bom e belo. A isto PLATÃO dá uma história que, de acordo com sua própria distinção, é *mito*, e não *logos*. De modo abrupto, esta distinção em seus escritos significa que ele conta uma história que contém suas firmes convicções, mas essas crenças, firmemente mantidas, não são expressas em argumentos ponderados de maneira habitual. Neste exemplo, a história mostra a convicção de que as coisas naturais são do modo que as coisas são intencionadas serem – ordenadas, racionais, boas e belas como um todo e em cada parte – e não do modo pelo qual elas simplesmente vêm a ser por acaso ou necessidade. Esta convicção é expressa em termos da fabricação humana das coisas – o modo pelo qual um artífice faz coisas. A narração é mítica, mas não significa que não seja séria, pois há, de fato, uma diferença radical entre ver o mundo como alguma coisa que simplesmente é como é – um fato – e como alguma coisa cuja ordem revela intenção ou propósito.

A fim de ver que esta diferença representa uma clivagem fundamental, nós precisamos recordar a filosofia que PLATÃO herdou. Os gregos antigos ficaram fascinados pelo modo como as coisas se ajustam. Eles se perguntavam por que as coisas são como são e como elas funcionam do jeito que funcionam. A primeira investigação persistente do mundo natural motivada por um desejo de simplesmente conhecê-lo surgiu entre os gregos jônicos. Eles viviam na costa da Turquia ocidental e nas ilhas próximas; a mais rica e avançada parte do mundo grego no século VI a.C. Os primeiros filósofos jônicos – TALES, ANAXIMANDRO e ANAXÍMENES – eram todos de Mileto; consequentemente, eles eram coletivamente chamados de milesianos. Eles propuseram pela primeira vez um dos mais importantes problemas na história da filosofia: o problema do Um e dos Muitos. Todos nós estamos cientes da imensa diversidade existente no universo, mas ainda assim, acredita-se que todas as coisas estão, de algum modo, conectadas e, portanto, de algum modo possuem uma unidade. Os milesianos partilhavam a tradicional suposição da religião grega de que o universo não fora *feito*, mas *nascido* – isto é, a analogia básica era aquela do ato de dar à luz, em vez da construção humana similar a um artífice.

A palavra grega para "origens" é *gênesis*, nascimento. Eles se diferenciavam, todavia, radicalmente dos antigos mitos gregos acerca das origens dos deuses e do mundo sensível, como se encontra, por exemplo, na *Teogonia* de Hesíodo, com sua genealogia dos deuses pelo menos em um ponto crucial: Não há antropomorfismo em sua narrativa. Nenhum propósito ou intenção é sugerido. Em vez da vaga personificação dos antigos mitos, nós temos uma descrição da matéria-prima básica a partir da qual a diversidade que nós observamos é produzida. O processo é concebido impessoalmente e em termos de forças naturais e movimentos necessários. Eles não são antirreligiosos, mas simplesmente não religiosos. Eles ignoram as histórias transmitidas dos primeiros tempos, ou seja, como contadas pelos poetas supostamente inspirados acerca das origens dos deuses, terra e povos. Em vez da tradição, eles narram *suas próprias visões*, uma vez que confiam na observação e na razão, elas são as interpretações mais racionais das operações da natureza em sua unidade. Suas considerações acerca da matéria-prima principal a partir do qual todo o resto se desenvolve por meio de sua natureza inerente são rudimentares. Tales chamava de "umidade", visto que, de acordo com a observação primitiva, a água é o princípio da vida. O princípio de Anaximandro é o *apeiron* (o ilimitado ou indefinido), que sugere que a diversidade do mundo veio de algum processo de especificação ou de introdução de limites ao ilimitado. O princípio básico de Anaxímenes é o vapor. Os detalhes aqui não importam; o que importa é a guinada fundamental para uma análise racional dos processos da natureza pelos quais a diversidade emerge de uma fonte que dá unidade a toda multiplicidade da natureza. E isso é feito sem personificação antropomórfica ou qualquer outra implicação de propósito ou intenção.

Esses primeiros pensadores foram seguidos no século seguinte por dois homens de grande estatura que desenvolveram visões completamente opostas e introduziram um segundo problema em filosofia: a relação entre a mudança e a permanência. Por volta de 500 a.C., Heráclito, um jônico de Éfeso, veementemente propôs a visão de que *nada* é permanente, mas que tudo está em perpétuo fluxo. Uma de suas mais famosas considerações foi a de que não se pode entrar em um mesmo rio duas vezes. Muitas vezes ouvimos em teologia que os gregos tinham uma preferência pelo permanente. Esta perspectiva está realmente no pensamento grego, mas Heráclito é tão grego quanto qualquer outro e ele argumentou poderosamente em favor da visão de que em nenhum lugar há de ser encontrada qualquer coisa que seja imutável. Não há somente mudança perpétua, mas há também conflito perpétuo. O quente, o úmido o bem são os complementos necessários do frio, do seco e do mal. Suas tensões opostas resultam em harmonia. Não há, então, nenhuma preferência expressa por nenhum membro dos pares opostos no processo cósmico. Cada membro do par é necessário, e a oposição é natural. A ordem da natureza só pode existir com oposição.

O equilíbrio entre os opostos é mantido por um princípio imanente que mantém a razão ou proporção entre os opostos. A simples palavra grega *logos* tem uma multidão de significados. Heráclito a usa em um sentido técnico pela primeira vez ao referi-la a este princípio de equilíbrio. *Logos* também dá unidade à multiplicidade do universo tal como este flui através de toda oposição, mantendo o nível de equilíbrio ou razão da tensão, de cada um dos pares opostos. No entanto, o processo do mundo não é de equilíbrio imóvel. É um processo constante de dissolução e reconstituição assim como a razão de tensão constantemente varia, e o universo inteiro prossegue através de um ciclo de caos e ordem. O *logos* é chamado de fogo por Heráclito, presumivelmente em analogia com o modo pelo qual o fogo pode fundir ou quebrar o elo entre as coisas, mas é claro que não se trata do nosso fogo comum. Ele diz que o *logos* é o princípio da vida e da inteligência para os seres humanos, como deve ser presumivelmente porque a razão, ou equilíbrio, são a fonte de todas as coisas. Esta noção de *logos*, como o princípio da natureza e da inteligência humana, também tem grandes implicações quando Cristo é identificado como o Logos.

PARMÊNIDES, um contemporâneo mais jovem de HERÁCLITO, viveu na cidade grega de Eleia, no sul da Itália. Em suas reflexões sobre o problema do Um e dos Muitos, ele concorda com a ideia de que o mundo é derivado de alguma coisa eternamente única, e, nesse sentido, o mundo é um. Mas, por meio de argumentos lógicos, ele pretende mostrar que a realidade é una, sem multiplicidade e mudança. Sua proposição básica é: "O que é é, e é impossível ao que é não ser." A visão do senso comum de que a mudança acontece é rejeitada como uma aparência, e, assim, nós chegamos a uma oposição radical entre *realidade*, alcançada por meio do raciocínio lógico, e *aparências*, dadas por meio de nossa experiência sensível. Para PARMÊNIDES "ser" significa existir plena e completamente, agora e sempre. O Um primário é como é para sempre imutável. Não pode aumentar nem diminuir, e nada pode sair dele. Este é o que é ontologicamente real, e a única coisa que é ontologicamente real. Tudo que é mutável não tem ser; está *tornado-se* para sempre. Assim, surge o famoso contraste na filosofia grega entre o "ser" e o "vir a ser".

A posição de PARMÊNIDES foi fortalecida por seu discípulo ZENÃO de Eleia, que desenvolveu paradoxos tais como aquele de Aquiles e a Tartaruga para mostrar que as consequências extraídas da suposição do movimento ou mudança são mais absurdas do que as consequências extraídas da suposição de PARMÊNIDES de que o movimento é uma ilusão dos sentidos. (Parmênides e seus discípulos chamados de eleatas.)

A distinção radical entre realidade e aparências, ser e vir a ser, foi tão bem defendida que, a despeito do seu choque com a experiência do senso comum, nenhum filósofo posterior podia ignorar a questão do que é "ser". Ela tornara-se uma questão ontológica central.

PLATÃO procurou acomodar a afirmação de PARMÊNIDES de que o que é fundamental deve *ser* – e este dever ser precisa ser plenamente real ou completo, e, consequentemente, imutável. Ele concordou com HERÁCLITO ao ponto de dizer que todas as coisas sensíveis estão em fluxo, mas PLATÃO disse que há coisas que não são sensíveis, as Ideias, que são imutáveis. Como vimos, ele também deu algum nível de realidade às coisas sensíveis ao relacioná-las como cópias das Ideias ao mundo das Ideias.

CAPÍTULO I

Todos estes filósofos, então, influenciaram PLATÃO. Ele teve de encarar a questão do que dá unidade, ou justifica todo o resto. Ele tinha de encarar a questão acerca do "que é", "o que dá o ser". Ele foi convencido por HERÁCLITO e seu próprio raciocínio de que o que dá unidade e tem ser não poderia ser encontrado entre aquelas coisas percebidas pelos sentidos. Sua noção de "Ideias" era a realidade fundamental e o próprio ou verdadeiro objeto do conhecimento. Nós devemos nos voltar agora para os pitagóricos, cuja ênfase sobre a matemática como o lugar para encontrar o que dá unidade à multiplicidade influenciou o desenvolvimento de PLATÃO e sua teoria das Ideias.

PITÁGORAS é anterior a HERÁCLITO e PARMÊNIDES, mas seus seguidores permaneceram por todo o curso da civilização helênica. PITÁGORAS, um jônio, seguiu para o sul da Itália por volta de 530 a.C. Sua preocupação, diferente da de seus colegas jônios, era fundamentalmente religiosa. Algumas das maiores crenças do orfismo, uma religião que surgiu na Grécia por volta de 600 a.C, foram mantidas pela irmandade pitagórica. A alma não é alguma coisa sem substância como uma sombra, muitíssimo menos real do que uma pessoa viva, mas, antes, ela é um ser divino ou imortal que caiu no mundo e foi aprisionada no corpo. Ela está fadada à reencarnação, a menos que possa purificar-se e retornar ao mundo divino. Ao que tudo indica, o próprio PITÁGORAS pensa que o que torna a alma divina é o intelecto, o poder de conhecer a verdadeira e imutável realidade. Esta realidade é a ordem, proporção e harmonia no universo evidente à razão e aos sentidos. As proporções fixas da escala musical, que dão harmonia, são uma imagem da harmonia que deve ser observada nos corpos celestes e buscada no resto das coisas sensíveis. Como a matemática grega é geométrica – isto é, um estudo das razões entre várias extensões, áreas e ângulos – em vez de numérica, então, razão, ou proporção, é o conceito básico da racionalidade e ordem para os pitagóricos, e mais tarde para PLATÃO. A doutrina pitagórica de que as "coisas são números" não é de todo estranha ao *logos* de HERÁCLITO, que estabelece várias proporções dos pares opostos de coisas que geram o universo, mas é mais próxima à noção de PLATÃO das Ideias, apresentada no *Timeu*, como expressáveis por números nos quatro elementos tradicionais – fogo, ar, terra e água –

e nas proporções numéricas que estão presentes na alma do mundo, a qual move os céus de acordo com números.

Todos estes pensadores, os pré-socráticos, influenciaram PLATÃO, mas em grau muito menor do que SÓCRATES. É SÓCRATES quem dá um significado distintivo aos problemas do pensamento pré-socrático com os quais PLATÃO labuta. Podemos obter uma compreensão razoável, se não abrangente, da guinada revolucionária que SÓCRATES deu à filosofia, ao analisar seus relatos autobiográficos no *Fédon* de PLATÃO. Há de se lembrar, no entanto, que os pensamentos de SÓCRATES, como os de Jesus, dependem totalmente do relato de terceiros, pois nenhum dos dois escreveu coisa alguma. No *Fédon*, SÓCRATES descreve sua agitação ao ouvir que ANAXÁGORAS, um contemporâneo mais velho, havia escrito um livro no qual ele declarava que o princípio do movimento na natureza é *nous*, ou mente. SÓCRATES diz que quando leu ANAXÁGORAS, todavia, ficou profundamente desapontado porque o princípio do movimento não era em nada semelhante à mente. Os materiais do universo que são combinados e separados a fim de dar conta de todas as mudanças ou movimentos na natureza não agiam por qualquer propósito. É como se alguém declarasse ter explicado porque ele, SÓCRATES, permanecia na prisão esperando a execução, dando a justificativa em termos dos ossos e tendões de suas pernas em vez das *razões* para recusar a escapar. Mostrar que a mente é a causa da mudança no universo requer que se de razões para suas ações e para os modos pelos quais ela ordenou todas as coisas para o melhor. Pois uma mente que é racional age intencionalmente, e procura alcançar os melhores resultados. ANAXÁGORAS, ao referir-se à causa do universo como mente, levou SÓCRATES a esperar que ele oferecesse uma explicação que fosse diferente daquela dos milesianos, que evitaram noções antropomórficas e falaram somente de causas impessoais em suas explicações de como a diversidade do cosmos origina-se de alguma fonte.

SÓCRATES não queria retornar às cosmogonias arcaicas (relatos acerca da geração do cosmos) com sua personificação crua, especialmente quando os deuses nestas lendas são frequentemente descritos como agindo imoral e irracionalmente. Ele queria descrições dos processos *naturais* que causam as operações da natureza. Mas diferente das considerações dos milesianos e de ANAXÁGORAS, as de SÓCRATES, em relação a tais processos, naturais, dariam também a *razão* para aqueles processos. Ele não considerou explicadas a natureza ou a vida humana quando os relatos só nos dizem que elas simplesmente são da maneira que são, em vez de nos mostrar que elas são da maneira que são porque essa maneira é racional e boa. Assim, SÓCRATES vai contra toda a linha de pensamento filosófico antes dele, exceto talvez em relação aos pitagóricos.

SÓCRATES, no *Fédon*, disse que a ele mesmo faltava a aptidão para a cosmologia (o estudo dos princípios da natureza), assim ele decidiu-se cedo na vida a dedicar-se ao descobrimento do que era bom para a vida humana, ou o que era bom para a alma. Por causa de SÓCRATES, a filosofia voltou-se decisivamente para esta direção, que continuou sendo explorada por seu aluno PLATÃO. Este tratou todas as questões filosóficas que herdara na perspectiva e no contexto da busca pela boa vida. O *Timeu* representa a incursão de PLATÃO na cosmologia; ali ele realiza o que SÓCRATES queria, mas não se considerava capaz de fazer, ao argumentar que o mundo é o artefato da mente e que é como é porque uma mente desejou que assim fosse.

A história da criação de Gênesis e o resto da Bíblia, à primeira vista, parecem ser antropomórficos, similares, em sua ingenuidade, às cosmogonias escritas antes dos filósofos pré-socráticos. Mas os teólogos do cristianismo primitivo, tais como CLEMENTE DE ALEXANDRIA, foram rápidos em apontar para o fato de que a Bíblia, como PLATÃO, enfatiza que a fonte é inefável. CLEMENTE cita a passagem do *Timeu* que diz: "Encontrar o pai e fabricante de todo este universo está fora do alcance, e mesmo se o encontrássemos, seria impossível falar dele a todos os homens." (28c). A Escritura, argumentam estes teólogos, não é mais antropomórfica do que PLATÃO; ambos reconhecem a inefabilidade de Deus. A linguagem da Escritura é uma acomodação as nossas capacidades limitadas. Explicações das operações da natureza por meio de causas naturais não são *rivais* das explicações escriturísticas na medida em que causas naturais são dadas para processos naturais. Mas as causas naturais devem, elas mesmas, ser entendidas. Não se pode dizer que operações naturais são "do jeito que são", mas, em vez disso, devemos dizer que elas são da maneira que são porque elas são criaturas de Deus e expressam a vontade de Deus. Agostinho, por exemplo, em face da questão acerca da relação entre a atividade natural das coisas e a atividade de Deus, adapta um precedente estoico. O princípio formativo das coisas individuais na natureza são "sementes" ou *logoi* seminais (ou *rationes seminales*, para usar a terminologia latina de Agostinho). Deus criou todas as coisas no princípio, diz Agostinho, mas consentiu com que algumas criaturas permanecessem latentes, esperando pelo tempo exato e as circunstâncias ideais para seu real aparecimento. Elas são criadas como "sementes" e mais tarde alcançam a plenitude. Isso permitiu a Agostinho salvaguardar a eficácia natural e causal das coisas e o desdobramento temporal das sequências causais, e não obstante mantê-las dentro do escopo da atividade criadora de Deus. (A ciência natural de Agostinho não tem de ser correta para ele estar correto a respeito da distinção e relação entre a operação das causas naturais e Deus.)

A questão levantada por Platão no *Sofista* (265c) – "A natureza faz nascer [animais, plantas e substâncias sem vida] de causas auto-agentes sem inteligência criativa; ou são elas provenientes da razão e conhecimento divinos?" – indica uma divisão crucial na maneira em que o universo pode ser compreendido. A mudança do nascimento para a fabricação ("os produtos da natureza... são obras da arte divina, assim como as coisas produzidas a partir deles pelos homens são obras da arte humana" – *Sofista* 265e) é uma indicação da clivagem. O nascimento sugere uma reprodução espontânea, enquanto "a fabricação humana" a partir das coisas da natureza sugere uma inteligência e propósito. Platão estava, assim, do lado "certo" da divisão na opinião dos pensadores cristãos. Para ele a inadequação das causas temporais como explicações das operações da natureza está no fato de que elas negligenciam a beleza e bondade da ordem do mundo visível como um todo e em cada detalhe. E o fundamento de Platão para a convicção de que o mundo é um artefato da inteligência está amplamente no fato de que ele pensa que a ordem da natureza assemelha-se à atividade da inteligência humana. Veremos a significação desta ideia resumidamente.

Uma vez que PLATÃO entende que a natureza mostra inteligência com base no modelo de inteligência presente na fabricação humana das coisas, a relação da humanidade e natureza fica invertida. Agora, em vez de ver o mundo como o artefato da mente (porque ele se parece com os produtos da inteligência humana), nós vemos a ordem da natureza como um fundamento para a convicção de que a natureza humana tem propósito e há, então, um modo adequado para a vida humana ser ordenada política e moralmente a fim de cumprir sua natureza. Este raciocínio não é um círculo vicioso. A questão é se a natureza é de fato similar aos produtos do labor humano que são feitos a fim de servir a vários propósitos. Se a natureza é similar ao artefato humano, então ela pode ser usada como base para a busca da melhor ordem para a sociedade, o estado e o indivíduo, porque a humanidade, como todas as demais coisas, tem um lugar na ordem geral. A questão da similaridade das operações da natureza com os produtos do labor humano foi crucial na última parte dos séculos XVII e XVIII. Veremos o significado deste debate para a teologia quando chegarmos ao período moderno. O problema ainda está conosco hoje, como pode ser visto no recente trabalho de FRED HOYLE sobre cosmologia. Ele diz que para explicar as origens da vida, devemos postular que alguma inteligência foi operativa.

No caso do próprio PLATÃO, ARISTÓTELES mostra como se pode conservar a noção de que o universo opera de uma maneira intencional, ou teleologicamente, e ainda não ter nenhum início. O mundo das ideias de PLATÃO é totalmente independente do mundo dos sentidos. Por meio da ação de um artífice, que faz uma cópia do mundo das Ideias, o movimento do mundo é causado por meio da alma do mundo. Assim, a fenda entre o mundo das Ideias e a realidade sensível é preenchida. Mas ARISTÓTELES não acreditava que as Ideias existam por elas mesmas, independentes da matéria. Elas sempre estão presentes na matéria. Elas podem ser apreendidas por meio de um processo de abstração a partir de sua presença nas coisas sensíveis. Visto que as Ideias não existem por si mesmas, não há fenda a ser preenchida entre as Ideias e o mundo visível. O mundo não é cópia de nada.

O mundo, todavia, opera de uma maneira similar às operações da inteligência humana porque toda coisa natural tem uma função ou papel na ordem do mundo, de modo que o mundo como um todo e em cada parte é teleologicamente ordenado. Mas tais operações intencionais não implicam que a natureza é a maneira que *alguém pretendeu que fosse*. ARISTÓTELES mostra uma maneira de pensar a atividade intencional ou finalista, sendo realizada em toda parte da natureza, e os seres humanos, com um fim a ser realizado, sem ver o mundo como sendo da maneira que alguém pretendeu que fosse.

A facilidade com que a história de PLATÃO, da mente fabricando um mundo visível, pode ser tida como supérflua por uma explicação alternativa para a ordem da natureza mostra quão diferente *Gênesis* é do *Timeu*. O contexto da história da criação de PLATÃO é o de uma busca por uma explicação racional do funcionamento da natureza. Seu problema é colocado por questões tais como a relação do Um e dos Muitos e a relação entre a permanência e a mudança. Para entender os fenômenos, argumentos racionais podem levar na direção de uma história da criação como a do *Timeu*, em que a natureza deve ser vista ser da maneira que é porque é semelhante à mente em suas operações. Mas, argumentos racionais podem inutilizar uma história deste tipo através de uma explicação como a de ARISTÓTELES, que, de fato, reconhece que a natureza opera de maneira semelhante à mente, mas sem um ser inteligente que deseje que ela seja do modo que é. Para ARISTÓTELES, não há artífice procurando por um modelo e nem um pai que está além de tudo que é constatado.

A crença cristã em Deus, o Criador, não surge de uma tentativa de tratar dos problemas com que PLATÃO e ARISTÓTELES se debateram. Sua convicção não é proveniente de uma percepção de que a natureza opera de uma maneira semelhante à mente. Ela se sustenta sobre uma crença na iniciativa de Deus chamando um povo e no contínuo trato de Deus com este povo. A consciência da soberania divina sobre todas as coisas e a independência de Deus de todas as coisas conduziu e conduz a uma consciência da dependência de todas as coisas para com Deus. A procura por uma explicação racional das operações da natureza não é a origem nem a base fundamental para a crença cristã no Artífice do céu e da terra.

Por outro lado, como mencionamos na introdução, a criação carrega as marcas de sua origem das mãos de Deus. As reflexões de grandes filósofos tais como PLATÃO e ARISTÓTELES sobre a ordem da natureza são instrutivas. Elas nos suprem com dados valiosos quando tentamos fazer uma estimativa sobre a *extensão* dessas marcas e sobre o *quão bem* a mente pode discerni-las. Assim, a reflexão filosófica sobre a ordem do universo é de interesse para a teologia.

Desde os primeiros dias, os teólogos distinguiram o que eles chamavam de "os Dois Livros de Deus", a saber, a natureza e a Escritura (mais tarde chamada de "revelação geral e especial"). Sem a fé em Cristo e sem a Bíblia como um guia, nós não podemos ler a natureza para aumentar nosso conhecimento do poder, sabedoria e bondade de Deus. E por serem necessárias fé e Bíblia para ler a revelação da natureza, contemplar a natureza como um grande presente e revelação do poder, sabedoria e bondade de Deus, não constitui ainda uma tentativa de provar a existência de Deus a partir da natureza. Por isso, tal contemplação não deveria ser posta de lado como teologia natural pelos teólogos, nem pensada como impossível por causa de filósofos, tais como KANT e HUME, que minaram todas as provas acerca da existência de Deus a partir da natureza.

Estas objeções mal orientadas quanto ao uso do Livro da Natureza para o crescimento no conhecimento e no amor de Deus levaram nos últimos anos, no entanto, à negligência em teologia de obras como os nove sermões sobre o capítulo de abertura de Gênesis – o *Hexameron*, ou *Seis dias* – de BASÍLIO DE CESAREIA (c. 300-379), por séculos sua obra mais celebrada. *A jornada da alma para dentro de Deus* de BOAVENTURA (1217-74) teve um tratamento levemente melhor nos círculos católicos romanos, mas o altamente influente *Didascalion*, ou *Instrução*, de HUGO DE SÃO VICTOR (*m.* 1141) quase não é mais lido em lugar nenhum, exceto ironicamente entre os historiadores da ciência e da tecnologia. HUGO foi além de uma mera contemplação da natureza. Ele tentou demonstrar que a tecnologia e o comércio ajudam a restaurar nossa relação apropriada com a natureza, que é um tipo de administração, e ajuda-nos a restabelecer (aperfeiçoar) nossa vida primitiva assim como aproximar mais plenamente nossa condição original no paraíso. Sua consideração detalhada sobre a tecnologia, sua insistência de que ela pertence às "artes" (significando com isso "conhecimento"), e sua elevação do trabalho manual a um papel espiritual, criou uma tradição rival, embora menos conhecida, àquela de Tomás de Aquino, que ignorou estas matérias. Aquela gerou frutos na afirmação protestante de que todos os cristãos têm vocações, e na revolução científica do século XVII. Hoje o mundo natural só exerce um papel significativo em teologia entre aqueles que têm interesse em teologia e ciência.

Capítulo II
PLATÃO

Este mundo não é o nosso lar

Para PLATÃO, assim como para o cristianismo, este mundo não é o nosso lar. Temos um destino que não pode ser cumprido plenamente aqui, e a vida humana é uma jornada deste mundo à realidade suprema. No entanto, PLATÃO e o cristianismo, como vimos, diferem sobre a natureza deste mundo, sobre a natureza do nosso verdadeiro lar e sobre como chegamos lá. Mas a insistência de ambos em que o mundo sensível depende de uma realidade não sensível e que nossa felicidade ou bem-estar deve ser encontrado lá, os torna aliados. PLATÃO foi um grande apoio para o cristianismo em sua disputa com as posturas materialistas do mundo antigo. AGOSTINHO, em suas *Confissões*, descreve a assistência que ele recebeu dos platonistas. Ele disse que eles o capacitaram a superar, em sua jornada ao cristianismo, o embaraço causado por sua própria incapacidade de conceber qualquer realidade que não fosse sensível. Agora, examinaremos a explicação de PLATÃO acerca da natureza da alma e como ela faz sua jornada para o seu verdadeiro lar.

A própria palavra "alma" é um enigma para nós hoje. A palavra grega *psiqué*, que nós traduzimos por "alma", significava para o grego comum o sopro da vida, ou o que é necessário para viver. Assim, qualquer coisa viva possuía uma alma. Se a alma devesse sobreviver à morte, à parte do corpo, sua existência seria miserável. HOMERO descreve a residência dos mortos na *Ilíada* como uma espécie de vida sombria. Aquiles diz que ele preferia ser o servo de um homem pobre sobre a terra do que rei dos mortos. Nem mesmo os órficos e pitagóricos, que consideravam a alma "divina" (ou imortal) e aprisionada no corpo, a entendiam como o aspecto intelectual e moralmente responsável de um ser humano. É SÓCRATES quem primeiro trata a alma não somente como a fonte do movimento, mas também como a inteligência ou mente de uma pessoa (ver, por exemplo, *República* 1.353d).

Quando SÓCRATES abandonou o estudo do mundo físico, depois do seu desapontamento com o fracasso de ANAXÁGORAS em explicar a ordem do mundo em termos de realização de fins bons, ele começou sua busca pelo bem para a vida humana. Qual é o seu propósito? O que é verdadeiramente benéfico para nossas almas? Ele nos diz em sua defesa durante seu julgamento (*Apologia* de PLATÃO) que em vez de introduzir deuses estranhos e corromper os jovens da cidade, conforme a acusação, ele havia estado a serviço de seus concidadãos. O oráculo de Delfos havia dito que ele, SÓCRATES, era o homem mais sábio em Atenas. Ele achou impossível acreditar nisso até ter começado a interrogar seus concidadãos a respeito da natureza da virtude (*Arete*, que é mais bem traduzida como "excelência humana"). Sob seu questionamento, eles caiam em contradições até tornar-se claro que eles não sabiam. Assim, o oráculo de Delfos estava correto. Ele era o homem mais sábio em Atenas, pois ele, ao menos, sabia que não sabia nada, enquanto seus concidadãos pensavam que sabiam, quando, na verdade, não sabiam. Em obediência aos deuses, ele aceitou a tarefa de conscientizar seus concidadãos de sua ignorância quanto ao modo apropriado para um ser humano viver – quer dizer, de como encontrar uma vida que é verdadeiramente benéfica – e de ajudá-los a compreender que o cuidado da alma é a tarefa mais importante. Graças a SÓCRATES, "cuidar da alma" tornou-se uma busca e interesse de grande importância no mundo helênico. Nos primeiros séculos, isto representou uma grandiosa ajuda ao cristianismo.

SÓCRATES era atormentado pelos sofistas, que diziam ser capazes de ensinar o povo a viver prosperamente. Os sofistas eram, de modo geral, professores de retórica. Era particularmente importante para um homem livre na antiga Grécia ser capaz de falar bem na assembleia e no tribunal, uma vez que todos os homens livres tomavam

Capítulo II

parte nas assembleias de suas cidades-estados e, por não haver advogados, tinham de pleitear suas próprias causas e se defenderem de acusações. Os sofistas declaravam estar preparados para ensinar ao povo a arte da persuasão sem referencia à verdade ou falsidade, ao justo ou injusto, de qualquer problema em questão nas assembleias ou cortes. Eles não estavam interessados em um exame profundo das questões morais ou da natureza da vida moral, mas aceitavam os costumes de seu tempo e lugar e mostravam a uma pessoa como viver de maneira bem-sucedida em seu próprio meio.

Nos diálogos socráticos chamados pelo nome de dois grandes sofistas, *Protágoras* e *Górgias*, SÓCRATES enfatiza a importância da crença na bondade genuína contra os sofistas, que viam a moral apenas como um problema de costume e convenção. Apenas ter o poder de persuasão sobre alguém pela posse da arte da retórica pode, na realidade, causar danos a alguém, a menos que se saiba o que é benéfico ou bom para os seres humanos. SÓCRATES não só afirmava que era necessário saber o que era bom ou benéfico, mas que a virtude também era um tipo de conhecimento. Esse conhecimento não pode ser conferido a uma pessoa por outra pessoa. Em vez disso, ela deve ser alcançada através de uma busca ativa. SÓCRATES procura incitar as pessoas à uma busca – tornar-se interessadas pelo bem de suas almas – as convencendo de sua ignorância e as persuadindo a não se deixarem desviar pelo sucesso que os sofistas prometem. Quando, por exemplo, na *República*, um companheiro cita um pocta como uma resposta à questão concernente à natureza da justiça, SÓCRATES o leva, por meio de questões, a dar respostas contraditórias. O ponto para SÓCRATES não é mostrar que o dito do poeta esteja necessariamente incorreto, mas que a pessoa, cuja educação consiste no aprendizado do que outros disseram, não chega necessariamente ao conhecimento.

O método de ensino de SÓCRATES por meio de perguntas e repostas leva à perplexidade (*aporia*). Nos primeiros diálogos de PLATÃO, o próprio SÓCRATES não resolve a perplexidade dizendo às pessoas o que é benéfico à vida humana. As várias virtudes permanecem sem definição. As pessoas devem adquirir o conhecimento das virtudes por si mesmas, pois este é o tipo de conhecimento que muda uma pessoa no próprio ato de aquisição dele. Assim, ele não pode ser dado a uma pessoa por outra, mas cada pessoa deve por si mesma procurar pelo bom. SÓCRATES compara este tipo de ensino à arte da parteira. A parteira não coloca nada em uma mãe, mas a ajuda a dar a luz ao que está dentro dela. Por meio de suas perguntas, SÓCRATES estimula as pessoas a descobrirem o que está dentro e finalmente darem à luz a resposta correta.

PLATÃO é assistido em sua compreensão desse conhecimento que beneficia a alma por sua familiaridade com o ensino pitagórico. A alma, de acordo com os pitagóricos e o orfismo, é um deus caído e aprisionado no corpo. É preexistente e imortal, e pela purificação ela pode escapar da reencarnação e retornar ao seu devido lugar. PLATÃO compartilhava com SÓCRATES a convicção de que o mundo sensível é o resultado da inteligência benevolente muito antes de escrever o *Timeu*, onde ele tenta descrevê-la. Os princípios racionais usados para dar ordem à natureza não surgem da matéria. Antes, são estes princípios racionais que constituem o universo físico ordenadamente. A razão humana é similar aos princípios racionais que vemos na ordem da natureza, pois nós compreendemos os princípios ordenadores por nosso intelecto, não por nossos sentidos. Assim, PLATÃO não adota noções órficas e pitagóricas inadvertidamente, mas ele tem suas próprias razões para tratar a alma humana como distinta do mundo sensível.

Para PLATÃO, felicidade perfeita é conhecer o padrão supremo sobre o qual o mundo é modelado. Suas lendas sobre a preexistência da alma, a sobrevivência à morte corporal, a necessidade de escapar da reencarnação por meio de uma boa vida sobre a terra e o desejo pelo mundo não sensível são todos contados em forma mítica, muitas vezes usando material órfico e pitagórico. Mas é claro que ele considera a alma imortal e o conhecimento do mundo das Ideias nossa bem-aventurança, pois a presente bondade do mundo que nos atrai poderosamente é só um reflexo do verdadeiro bem sobre o qual ele é padronizado. Assim, é imperativo nos desviarmos do mundo sensível, literalmente, empreendermos uma mudança em nosso ser interior (*metanoia*), e buscarmos o conhecimento da realidade suprassensível da qual este mundo depende. Portanto, a filosofia é para PLATÃO, assim como para SÓCRATES, uma maneira de viver. É viver uma vida que

Capítulo II

busca o verdadeiro bem sabendo que o verdadeiro bem está além deste mundo, embora este mundo o reflita.

Como a alma deve fazer esta jornada? Como vamos encontrar o que é verdadeiramente nosso bem? O amor é nosso grande assistente. PLATÃO dedica dois diálogos importantes, *Simpósio* e *Fedro*, e um mais antigo, *Lísias*, ao tema do amor. *Fedro* é o mais simples de descrever, e ele introduz muitos temas que nós precisamos considerar para nossos propósitos. Vamos examiná-lo. No *Fedro*, PLATÃO narra na forma de mito a preexistência da alma. Ele usa a imagem da alma como uma carruagem puxada por dois cavalos, um branco e um preto. A alma possui três aspectos distintos: a inteligência, que guia a pessoa; desejos honrosos e apetites e desejos desonrosos. A carruagem representa a inteligência; o cavalo branco, os apetites honrosos; e o cavalo preto, os apetites desonrosos e desregrados. Os cavalos têm asas, que puxam a carruagem através do céu e para voar através de uma abertura na abóbada que circunscreve os céus, ou pelo menos, elevar-se alto o suficiente para dar uma olhada rápida através da abertura na abóbada, na realidade suprassensível que fica do lado de fora da abóbada dos céus. Mas visto que os dois cavalos têm desejos contrários, é difícil para o cocheiro conseguir subir alto o suficiente para ver de relance através da abertura na abóbada. Quando finalmente fica claro ser impossível fazê-lo voar alto o suficiente, a alma não consegue obter o sustento provido por um relance na verdadeira realidade que se encontra além da abóbada. Sem esse sustento, as penas das asas dos cavalos caem e eles não podem mais voar, de modo que a alma cai na terra – e encarna.

No entanto, a alma está pronta para retornar ao seu verdadeiro lar, pois ela retém uma memória das Ideias que costumava olhar de relance. Esta memória é latente. Ela pode ser despertada pela visão da beleza; no *Fedro*, pela beleza de um jovem. A pessoa não percebe ou não entende porque a beleza dele insita tão poderosamente com desejo. Na verdade, é por causa do conhecimento latente da verdadeira beleza do mundo das Ideias que a pessoa é instigada pela beleza do jovem, que se assemelha à verdadeira beleza. Tanto o desejo pelo mundo das Ideias quanto o desejo sexual pelo jovem move o ser humano. Isso é retratado na imagem da alma em conflito entre suas diferentes partes: o cavalo preto é apaixonadamente despertado pelo rapaz e arremete-se adiante, buscando satisfação sexual; o cavalo branco, que foi honrosamente treinado, tenta conter-se e obedecer ao cocheiro, que, por reverência e grande respeito pela beleza, tenta conter o desejo por satisfação sexual, personificado pelo cavalo preto. Este quadro é uma grande imagem dos conflitos que nós sentimos em relação a muitos outros tipos de desejos por satisfação sensória. Ela é muito mais realística do que a visão expressa por SÓCRATES nos primeiros diálogos, em que ele afirmava que nós sempre buscamos o bem e só fazemos o mal por ignorância. Seria bom ter em mente a imagem da alma que PLATÃO nos apresenta no *Fedro* para termos uma compreensão mais equilibrada de suas ideias acerca da ação humana.

Se o cocheiro é capaz de controlar o cavalo preto, então a pessoa pode tornar-se um investigador que busca aquele mundo não sensível, que ela agora apaixonadamente deseja como um amante, e que estava latente, até ter-lhe sido despertado pela visão de um belo jovem. Se uma pessoa persiste fielmente na busca do conhecimento daquilo que está além do mundo dos sentidos, ela finalmente voltará para lá e não reencarnará. Para PLATÃO, todos recebem aquilo que mais amam ou desejam: a vida sensual no mundo repetidamente (e com punição entre cada reencarnação), ou conhecimento contínuo da verdadeira realidade que dá alegria eterna.

Esta estrutura tripartite da alma também se encontra na *República*, onde a ascensão ao conhecimento do mundo das Ideias é descrita mais profundamente. O amor que nos assiste é capaz de ser empregado por qualquer parte da alma. A parte mais baixa da alma são os apetites, que podem ser satisfeitos por coisas corporais tais como água, comida e sexo. Frequentemente, o desejo ou amor pela riqueza se origina de um desejo de ser capaz de satisfazer os apetites sensuais. Se a parte mais baixa da alma domina, a pessoa se torna escrava dos seus apetites. Nós somos como vasos rachados (*Górgias* 493a–d); nós procuramos incessantemente encher a nós mesmos, mas nunca conseguimos. Assim, estamos sempre procurando por novos e diferentes meios de satisfação; quanto mais somos levados por nossos apetites, mais procuramos satisfazê-los. Nossos apetites também conflitam uns com os outros, assim, se tudo o que nós procuramos fazer é satisfazer os nossos apetites, nossas vidas se tornam desordenadas e miseráveis. Somos semelhantes a uma cidade dilacerada por uma guerra civil. As minuciosas explicações de PLATÃO, de como a satisfação de nossos apetites pode nos escravizar e nos impedir de retornar ao nosso verdadeiro lar, são uma razão importante para que críticas severas dirigidas às concupiscências sejam tão proeminentes na prática espiritual antiga e medieval, dentro e fora dos monastérios como também em escritos teológicos. De acordo com PLATÃO, a parte mais baixa da alma deve ser guiada pela inteligência, se não queremos ser dominados pelos prazeres sensuais.

A parte média da alma é descrita como a preocupação com a honra e o prestígio social e evidencia algumas das emoções mais intensas, tais como a ira. O desejo por reconhecimento social é descrito por PLATÃO como o prazer que nós temos pelo aplauso. Esta parte da alma é uma aliada muito útil contra as paixões mais baixas, pois se nós somos treinados a amar a honra e a odiar qualquer coisa baixa, ela pode nos ajudar a controlar nossos apetites e os satisfazer moderadamente e de maneira honrada. Por outro lado, o desejo de prestígio pode ser altamente destrutivo. Pois nós podemos nos preocupar tanto com o prestígio que o buscamos por meios desonrosos. Em vez de basear o prestígio sobre o verdadeiro mérito, seremos hipócritas ou buscaremos a aprovação social daqueles que não têm discernimento ou que admiram o poder e a riqueza acima de tudo. Portanto, a parte média da alma, chamada de parte animada na *República*, também precisa ser guiada pela mente. No entanto, para orientar a mente, que é a parte mais elevada da alma, deve-se *saber* o que é bom para a alma como um todo, como este bem deve ser buscado, e como aplicar este conhecimento a todas as exigências da vida.

Na *República* a alma é vista como análoga à cidade-estado: Existem três grandes tarefas que devem ser realizadas em um estado: produção de bens para suprir as necessidades materiais do povo, proteção contra ataques de inimigos internos e externos, e liderança para governar e guiar a vida da cidade. As pessoas têm habilidades diferentes.

Em uma cidade-estado ideal, as pessoas devem ser designadas a uma das três tarefas à qual elas mais se adéquam: na produção, por exemplo, agricultura ou sapataria; no serviço militar; ou governo. Há mobilidade social porque às crianças das três classes são dadas tarefas as quais elas são mais aptas para realizar, e as mulheres podem ingressar na classe militar e governante tal como os homens. Assim, a concepção de Platão do estado ideal é absolutamente radical.

As virtudes ou excelências do indivíduo correspondem às virtudes da cidade, visto que a alma individual é semelhante a uma cidade em miniatura. A função produtiva do estado provê os bens que satisfazem nossas necessidades corporais e desejos, e, no indivíduo, esta função corresponde aos mais baixos apetites da alma. Os protetores da cidade são nobres e correspondem à parte média da alma, que é disciplinada e, assim, resiste às exigências excessivas dos apetites. Os governadores têm o conhecimento necessário para guiar o estado e correspondem à mente do indivíduo, que tem conhecimento para guiar a alma. A inteligência ou sabedoria – na cidade e na alma individual – confere a cada parte a função apropriada, ficando dentro dos seus limites, e, assim, proporciona saúde à cidade e à alma. O bem do todo depende de cada parte fazer o que faz de melhor por natureza e através de uma educação apropriada. Uma educação apropriada é determinada pelo que é necessário desenvolver em cada parte da alma para que ela possa realizar sua função natural no indivíduo e desenvolver cada capacidade natural dele, de modo que cada pessoa possa realizar bem sua função no estado.

As virtudes são, assim, definidas em termos de partes da alma e suas relações. A sabedoria é a virtude ou excelência da mente e dos governantes. A coragem é a virtude da parte da alma animada, ou a parte que busca a honra, e é também a virtude dos soldados. A temperança é a virtude dos apetites controlados e da produção de bens por aqueles que não tentam governar o estado. A justiça é a virtude (ou excelência) de cada parte da alma e de cada parte do estado que realiza a função que faz melhor, não ultrapassando seus limites na tentativa de realizar outra função.

Embora a *República* trate da definição da justiça, Sócrates diz que há algo além da justiça: o Bem, que é a fonte de todas as virtudes e que dá à natureza física e humana a bondade e unidade que há nelas. Só é possível a um número bem pequeno de pessoas chegar ao conhecimento da Ideia do Bem. É uma educação muito avançada para a qual poucas pessoas se adéquam. Somente os melhores da classe dirigente que provaram o seu valor à cidade, realizando bem os seus deveres, recebem esta educação. Ela vai além da educação dada a todos os protetores e governantes quando eram crianças e jovens adultos. Esta distinção entre dois níveis e tipos de educação – uma é em boa parte instrução, a outra é chamada dialética – sugere que as virtudes exibidas pelas pessoas são em grande parte o resultado da instrução, e não o resultado do conhecimento das bases ou fundamento da virtude. Isso também representa um distanciamento do Sócrates dos primeiros diálogos, que dizia que todos deviam ocupar-se com o cuidado da alma através da busca do que é verdadeiramente benéfico para ela. Mas, na *República*, pouquíssimas pessoas são aptas a ir além da instrução na virtude para um conhecimento do fundamento absoluto da virtude, que está além da justiça ou além da importância que um estado e sociedade propriamente ordenados têm para a saúde ou bem da alma do indivíduo. Isso também significa que a conduta de vida correta neste mundo, embora possa resultar em uma boa vida, não é o mais elevado bem para a alma. O cristianismo concorda com esta convicção. No entanto, ele não acredita que o conhecimento, ou o mais elevado bem da alma, esteja restrito àquelas poucas pessoas que têm a capacidade intelectual de alcançá-lo. Por exemplo, Justino Mártir, um filósofo experiente do segundo século que se tornou um apologista cristão, disse que tal conhecimento não é possível para qualquer pessoa que use somente suas capacidades naturais. É só por meio da fé na revelação de Deus, pela Palavra encarnada, que tal conhecimento profundo de Deus é possível, e tal fé não se restringe àqueles de inteligência superior.

Para Platão, o conhecimento da Ideia do Bem é muito difícil de alcançar, e só na *República* ele expressa a confiança de que algumas pessoas têm a capacidade de obter uma ideia ou conhecimento dele. Mesmo assim, Platão nos dá somente um *retrato* da Ideia do Bem. Em três imagens famosas – o sol, a linha dividida e a caverna – ele nos oferece sua convicção ontológica e epistemológica básica. Assim, é só por meio de analogias que PLATÃO falará da Ideia do Bem.

Fundamental para a ontologia e epistemologia de PLATÃO é a divisão entre o que é sensível e o que pode ser captado somente pelo intelecto, entre o mundo dos sentidos e o mundo das Ideias. As três imagens, do sol, da linha dividida e da caverna, explicam por analogias, por um lado, a relação da Ideia do Bem com o mundo inteligível das Ideias, e, por outro lado, com o mundo dos sentidos. Examinemos estas três imagens uma de cada vez.

Para ver as coisas, nós precisamos ter a capacidade de enxergar, ou olhos, e objetos para serem vistos. Também precisamos de luz, ou sol. O sol torna os objetos visíveis e também penetra nos olhos de maneira que eles possam ver. Quando olhamos para coisas coloridas à luz do luar, as cores ficam opacas e os olhos parecem estar cegados; mas quando olhamos as mesmas coisas à luz do dia, não somente as cores se tornam mais vívidas como os olhos as veem distintamente. Portanto, é claro, diz PLATÃO, que os olhos não são cegos, mas têm o poder da visão. A Ideia do Bem no mundo das Ideias exerce o mesmo papel do sol no mundo dos sentidos. A Ideia do Bem dá aos objetos do intelecto sua verdade, e, à pessoa que capta a verdade deles, o poder do saber. Esta é a natureza essencial da Bondade. Ela é a causa da verdade e do conhecimento da verdade. Isto é, ela é a base ontológica da verdade e a base epistemológica do conhecimento da verdade. Assim, a Ideia de Bem, diz PLATÃO, não é idêntica à verdade ou ao conhecimento da verdade, do mesmo modo que a luz e a visão não são idênticas ao sol. Isto nos leva à famosa trindade de PLATÃO: a Verdade, o Bem e a Beleza. O Bem é necessário à verdade; ele é o que dá aos objetos sua verdade. O Bem também dá o poder da visão ao intelecto, e o conhecimento da verdade nos enche com beleza. Há, então, uma *semelhança* entre a verdade dos objetos, o conhecimento da verdade e o Bem, mas eles não são idênticos.

O sol é também análogo ao Bem porque dá às coisas seu alimento e as faz crescer. Ele lhes dá o poder de "tornarem-se". O Bem, então, permite às coisas serem conhecidas, ao iluminá-las, e permite ao intelecto operar; ele também dá às coisas o seu verdadeiro ser. Isto nos

Capítulo II

leva a uma observação verdadeiramente enigmática: "O Bem em si mesmo não é essência, mas até transcende a essência em dignidade e poder insuperável." (509b) PLATÃO não explica esta declaração em nenhum dos seus escritos que chegaram até nós. Sabemos que ele deu uma aula na Academia sobre o Bem, mas nossa única informação a respeito dessa aula é a sua declaração de que: "O Bem é Um."

Estas duas declarações enigmáticas acerca do Bem foram ricamente exploradas por PLOTINO quase seis séculos depois a fim de revelar um universo *espiritual* vastamente povoado e integrado que emana do Um, ou do Bem, e que continua descendo ao nosso universo material. Esse platonismo exerceu um papel importante no pensamento cristão, como veremos. Mas já podemos ver a naturalidade com que o platonismo poderia ser adaptado aos propósitos especificamente cristãos. Deus é o bem do qual todas as coisas derivam o seu ser. Há um universo de seres não sensíveis entre os seres encarnados e Deus. A noção de que o Bem fornece visão ao nosso intelecto como o sol dá visão aos nossos olhos é o germe do pensamento de AGOSTINHO de que o conhecimento das coisas eternas requer iluminação divina. A doutrina de PLATÃO da reminiscência, pela qual a alma relembra das Ideias que ela conheceu antes de encarnar, é abandonada por AGOSTINHO e outros teólogos (exceto Orígenes), porque eles rejeitam a preexistência e a reencarnação da alma. Em seu lugar, AGOSTINHO mantém a perspectiva de que Deus ilumina a mente para que ela seja capaz de alcançar algum conhecimento das verdades eternas a partir das coisas sensíveis, visto que o não sensível não pode ser conhecido pelos sentidos de outra maneira. Uma divisão importante entre os teólogos no período medieval é entre aqueles que seguem a orientação de AGOSTINHO e os que desenvolveram uma linha de pensamento aristotélica. De acordo com esta última, nós chegamos a tal grau de conhecimento de Deus, como é possível a nós, em conexão com as coisas sensíveis. Assim, nós conhecemos a Deus pelos efeitos divinos. Para os agostinianos, nós chegamos ao conhecimento de Deus somente na medida em que Deus ilumina o intelecto.

Outra característica dos agostinianos fica clara quando chegamos à alegoria da caverna. Ela explica a ascensão da alma da percepção sensível (a caverna) até à visão do Bem. O aperfeiçoamento moral, ou purificação da alma, é alcançado com um crescente conhecimento da realidade. Assim, tanto na espiritualidade quanto na teologia cristã, nós temos a noção de que o aumento em conhecimento de Deus segue de mãos dadas com o desenvolvimento das virtudes cristãs (os "dons e fruto do espírito", como encontrados em Is 11.2 e Gl 5.22) e vice-versa. Não há conhecimento profundo de Deus sem tal mudança moral (ou, melhor ainda, espiritual) naquele que quer conhecer. Esta tradição epistemológica platônico-agostiniana segue com a semelhança entre conhecimento e visão e a crença de que tal visão é mais elevada do que o conhecimento que pode ser atingido discursivamente pelo uso de conceitos.

Esta tradição pode ser facilmente ilustrada por alguns dos principais elementos do *Discurso sobre o método* de DESCARTES. De acordo com DESCARTES, o intelecto de qualquer indivíduo é por natureza adequado para perceber a verdade. A ignorância e o erro são causados principalmente pelo preconceito produzido pelo costume e pela experiência sensível que impedem nossa visão. Se alguém afasta estes erros metodicamente, o intelecto se torna capaz de "ver" ou intuir a verdade, exatamente como o olho pode ver. PLATÃO é a fonte de tais metáforas em epistemologia como a "luz natural" da razão, "clareza", "obscuridade", "brilho" e "obscurecimento". Superar os impedimentos é capacitar a razão a intuir a verdade, "vê-la"; assim o nível mais elevado de conhecimento é visão, e muitas vezes a busca pelo conhecimento termina em contemplação. Tratar o conhecimento em termos de visão, no entanto, presume que o conhecimento é sempre a respeito de objetos ou coisas. Mas saber se uma declaração é verdadeira ou falsa não é conhecer um objeto ou coisa. Só muito mais tarde (no *Teeteto* e *Sofista*) PLATÃO reconhece que o conhecimento é expresso pelo uso de sentenças, mas ele nunca integra essa ideia a suas primeiras considerações sobre a visão.

A segunda analogia de PLATÃO, aquela da linha dividida, explica tanto a relação entre o mundo do sentido e o mundo das Ideias quanto o método dialético de raciocínio pelo qual se chega a um conhecimento das relações entre as Ideias. Uma linha é primeiramente dividida em duas partes desiguais para representar o mundo visível e o mundo inteligível. Então, cada segmento é subdividido na mesma proporção da divisão principal. (Estas proporções não são representadas no gráfico.) Estas proporções representam níveis de comparação de clareza ou obscuridade. Elas são classificadas, a partir do fim visível, A até D, que se aproxima o mundo das Ideias. A indica "imagens", isto é, sombras e reflexos dos objetos materiais que nós podemos ver na água ou sobre superfícies brilhantes. B indica objetos materiais. O nível de realidade e verdade das sombras e reflexos em comparação com a realidade e verdade das coisas materiais é a razão das extensões do seguimento da linha entre A e B. Estas imagens e objetos materiais são ambos, por seu turno, "imagens" do mundo inteligível. Como A está para B em termos de realidade e verdade, da mesma forma, o mundo sensível inteiro (A e B juntos) está para o mundo inteligível inteiro (C e D juntos). O mundo sensível inteiro é semelhante a uma sombra ou reflexo na água, em termos de sua realidade e verdade comparadas ao mundo inteligível. Em termos do que "é" (ontologicamente considerado) e em termos da verdade que pode ser "conhecida" a partir dele (epistemologicamente considerado), o mundo sensível é semelhante a uma sombra ou reflexo do mundo inteligível. Assim, PLATÃO chama o mundo visível de o mundo das "aparências" (*fenômenos*) e o total de verdade que nós podemos ganhar pela confiança nele de "opinião" (*doxa*). (Ver gráfico na p. 68)

Este forte rebaixamento da realidade do mundo sensível e as perspectivas de PLATÃO sobre o que nós podemos conhecer pelos sentidos são consideravelmente modificadas no *Teeteto* e no *Timeu*. Estes diálogos foram escritos algum tempo depois da *República* e representam o trabalho mais extenso de PLATÃO sobre o conhecimento sensível e a cosmologia, respectivamente. Na *República*, PLATÃO trata dos sentidos em total isolamento da mente, de modo que tudo o que temos é um fluir dos dados do sentido (*gignomena*, "os que se tornam"), os quais são totalmente transitórios, no sentido mais amplo possível, sendo o mundo visível, então, nada mais do que o mundo tal como os nossos olhos somente o apresentam. Mas no *Teeteto* e no *Timeu*, PLATÃO nota claramente que, na medida em que as coisas sensíveis são "imagens" das coisas inteligíveis, e na medida em que elas são feitas tendo as inteligíveis como seu modelo (de modo que elas são a melhor cópia possível, como enfatiza o *Timeu*), nós não podemos avaliar adequadamente seu estatuto ontológico por meio de uma comparação entre elas e as sombras ou reflexos em uma poça de água.

PLATÃO não se preocupa, como nós temos nos preocupado, desde o surgimento do empirismo e da ciência moderna, se podemos confiar nos fatos empíricos. Mas ele nunca chamaria tal certeza de "conhecimento" (*episteme*). Isto não significa que sua posição exclua a certeza dos fatos empíricos. Os níveis de clareza dos objetos são correlacionados com seu status ontológico, de modo que epistemologia e ontologia são coordenadas. Entre os inteligíveis (C), aqueles mais baixos na escala do ser são chamados de cognoscíveis (*episteme* é usado em relação a eles). Nós podemos conhecê-los, ainda que eles não sejam, ontologicamente, a realidade mais elevada, (pois dependem das Ideias mais elevadas e, em última análise, todas as Ideias dependem do que é ainda mais elevado, o Bem). Assim, se "conhecimento" é usado para o que não é a realidade ontológica mais elevada, o uso da "certeza" em relação ao fato empírico não fica necessariamente excluído pela ontologia das Ideias de PLATÃO.

ANALOGIA DA LINHA DIVIDIDA

mundo visível (opinião)		*mundo inteligível* (conhecimento)	
A	B	C	D
sombra e reflexos	objetos sensíveis	Raciocinando a partir de hipóteses não examinadas (os únicos exemplos que Platão nos dá são da matemática)	Raciocinando a partir de hipóteses até do que elas dependem (usando só Ideias)

Frequentemente, comentadores contrastam o mundo visível e o inteligível chamando um de "aparência" e o outro de "realidade". Isto leva a conclusões erradas, pois para PLATÃO existem *níveis* ou *graus* de realidade. O mundo visível, ainda que seja um mundo de aparências, é, não obstante, real. Pode-se dizer que ele é uma realidade "mais opaca" do que o mundo inteligível, que, em contraste, é perfeitamente real.

O outro aspecto importante da discussão de PLATÃO acerca da linha dividida é a explicação da dialética, que é o tipo de raciocínio pelo qual nós alcançamos uma visão do Bem. A parte da linha que representa o mundo inteligível é dividida em duas seções, C e D. Com C, a mente usa objetos materiais em seu raciocínio e, por meio da elaboração de algumas hipóteses, é capaz de chegar a conclusões razoáveis. O raciocínio não ascende a um princípio, mas descende a uma conclusão. PLATÃO ilustra o que ele quer dizer pela prática dos matemáticos. Eles usam desenhos de figuras em seus raciocínios, e pela suposição da verdade de seus axiomas e definições, eles demonstram suas conclusões. Seus raciocínios e conclusões não são acerca das figuras sensíveis especificas que eles usam, mas são acerca das realidades matemáticas que não são sensíveis.

A seção D da linha se refere ao intelecto que é apto a apreender, quando trata as hipóteses sobre as quais o raciocínio que leva a várias conclusões se baseia. Elas não são mais tratadas como hipóteses das quais se pode chegar a conclusões, mas suas bases são estabelecidas por um exame das relações entre as Ideias. Isto é feito por um raciocínio dialético que reúne várias Ideias sob uma Ideia mais inclusiva. A seguir, esta determina a relação precisa dessas Ideias, umas com as outras. Isto é realizado por um processo de dividir e subdividir a Ideia mais inclusiva, encontrando, como PLATÃO coloca no *Sofista*, as juntas em sua estrutura. A mente chega, então, a uma clara concepção da ordem e relação das Ideias menos universais que estão incluídas em uma mais elevada. Esta prática revela uma definição precisa da Ideia específica cuja definição era buscada. Quanto mais geral é uma Ideia, mais rico é o seu conteúdo ou maior é sua realidade. Assim, a Ideia do Bem, que preside todas as outras Ideias e as conduz para a sua unidade final, contém em si mesma todos os tipos de bem que possam possivelmente existir.

A dialética de PLATÃO é muito diferente da lógica de ARISTÓTELES. ARISTÓTELES está interessado na forma de uma *proposição*, em um sentido muito diferente do termo "forma". Sua forma é uma abstração, privada de conteúdo específico. A forma de uma proposição universal é "Todo S é P." Esta forma pode valer para muitas coisas diferentes.

ARISTÓTELES estudou a relação entre as formas das proposições. PLATÃO, no entanto, não se interessa, de maneira alguma, pelas proposições, mas pelas realidades não materiais que existem à parte de nossas mentes.

O que PLATÃO está dizendo pode ser colocado da seguinte maneira: se você tivesse apenas reflexos dos objetos materiais na água, você poderia aprender alguma coisa a respeito deles, mas não na mesma medida que aprenderia, se pudesse examinar os próprios objetos materiais. Do mesmo modo, você poderia conhecer muito mais, se entendesse os princípios que dão aos objetos materiais suas propriedades e características e conheceria ainda mais, se soubesse como os próprios princípios foram conectados e inter-relacionados uns com os outros. Finalmente, o mais elevado conhecimento seria o conhecimento do princípio organizador do qual eles todos dependem. Assim, tendo ascendido ao princípio mais elevado, você poderia inverter sua direção e seguir do mais elevado (o Bem) descendo a todos os princípios organizados sob ele, conectado a ele e a eles entre si.

A terceira imagem, a "alegoria da caverna", trata da educação da alma, ou como ela deve ser alterada a fim de alcançar um conhecimento do Bem. É a jornada da alma que sai das ilusões rumo à realidade que a purifica até que ela possa atingir o conhecimento. Por meio de tal conhecimento, a alma encontra um nível de plenitude nesta vida, embora esta plenitude só seja completa quando a alma parar de reencarnar e habitar permanentemente em seu verdadeiro lar, o mundo das Ideias. Esta jornada da ilusão à realidade é narrada por PLATÃO como um caminho de salvação.

PLATÃO imagina a vida comum como se estivéssemos todos no fundo de uma caverna, com uma longa galeria conduzindo à luz do lado de fora. Estamos acorrentados de modo que só podemos olhar para uma parede. Atrás de nós, estátuas de coisas vivas são empurradas na frente de uma fogueira e suas sombras são projetadas na parede que estamos olhando. Nós confundimos estas sombras com a realidade. Então, um dos prisioneiros é solto e consegue ver o fogo e as estátuas. Ele fica com a vista turva por causa da iluminação repentina e pensa que as estátuas são menos reais do que as sombras que ele via antes, pois as sombras eram fácil e claramente vistas. Ele teria, por isso, de ser *forçado* ao longo da galeria em direção à entrada da caverna. Quando chegasse ao lado de fora sob a luz do dia, primeiramente, por causa da claridade, ele não seria capaz de ver absolutamente nada. Com o tempo, seus olhos iriam se ajustando à luz e ele veria os objetos como realmente são e seria capaz de olhar até mesmo para o sol. Ele compreenderia que o sol determina as estações e o crescimento de todas as coisas. Então, ele se apiedaria de seus companheiros que ainda estão acorrentados na caverna. Mas ele não respeitaria aqueles que entre eles são honrados como sábios por causa de sua habilidade em detectar padrões nas sombras. Todos têm a capacidade de aprender, da mesma forma que todos têm olhos para ver. É necessário voltar-se para a direção correta, até ter-se desviado das sombras, em direção à luz. Então, exatamente como os olhos podem ver, a inteligência também pode entender.

O que nós precisamos, então, é de *conversão*. Precisamos nos afastar dos objetos sensíveis, que não são verdadeiros objetos de conhecimento, para o que pode ser captado pela mente. Nas primeiras partes da *República* e em seus outros diálogos, conversão tem a ver com a renúncia aos objetos da parte baixa e média da alma: da satisfação dos sentidos. Estas satisfações não levam em direção à realidade, em direção ao Bem. Nossos desejos são conflituosos e nunca têm fim (somos como vasos rachados). Eles podem nos escravizar. Eles, da mesma forma que o desejo por aplauso ou prestígio, dirigem-nos à busca da riqueza e do poder. PLATÃO procurou dar às pessoas o reconhecimento disso e se desviou destes intentos porque era no interesse deles mesmos o melhor a fazer. O conhecimento é o alimento da parte mais elevada da alma. E nós só nos satisfazemos com um conhecimento genuíno da realidade, que é permeado pelo verdadeiro Bem, a fonte do bem que várias coisas boas possuem.

Para uma pessoa que ainda não se virou ou que tenha acabado de se virar, a conversão parece totalmente destrutiva, pois é renunciar aos deleites sensuais e à posição social como os caminhos da felicidade. Assim, no *Fédon*, PLATÃO descreve a filosofia, o amor à sabedoria, como a prática do morrer. Renunciar progressivamente aos prazeres desse mundo é estar "morto" para os seus fascínios. A renúncia ao prazer sensual e à posição social é uma preparação para o encontro da realidade e da verdade e, assim, para o encontro de nossa verdadeira plenitude e felicidade. Quanto a isso, ele está verdadeiramente muito em linha com o cristianismo e lembra alguns dos ditos de Jesus, tais como: "Com efeito, que aproveita ao homem ganhar o mundo inteiro e arruinar sua própria vida?" (Mc 8.36)

É em conexão com a ascensão da alma que este mundo se apresenta como corrupto e cheio de ilusão. Como uma imagem da realidade, o mundo visível é bom, como vimos na discussão sobre *Timeu*. Mas em relação a nossa necessidade de desviar para o nosso verdadeiro lar, ele é uma teia de ilusões, pois não pode dar o que procuramos. Mas PLATÃO diz que a pessoa que se virou em direção ao que não é visto está preparada para satisfazer as duas partes mais baixas da alma de tal maneira que elas não fugirão do controle, e o resultado é uma alma equilibrada ou saudável. Uma mente instruída dirige o querer e as emoções da alma até poder nos ligar ao nosso principal fim, e prosseguindo assim, desfrutar deste mundo melhor do que aqueles que ignoram seu principal fim e procuram encontrar sua felicidade nas coisas deste mundo.

Precisamos dizer mais acerca da alma em PLATÃO. No *Sofista*, ele descreve a alma como mutável e permanente, e explicitamente rejeita tanto a identificação de PARMÊNIDES do permanente com o ser real quanto sua recusa em aceitar que o que muda possa ser um ser real. (248–249d) A alma conhece as Ideias, salienta PLATÃO, e portanto, pergunta retoricamente: "... devemos ser facilmente convencidos de que a mudança, a vida, a alma e o entendimento não têm lugar no que é perfeitamente real – isto é, não têm vida nem pensamento, mas permanecem imutáveis em solene solidão, destituídas de inteligência?" (249a). Assim, a alma para PLATÃO é plenamente real, embora mude.

Mas não fica claro o que seja a alma essencialmente. Segundo a *República* e o *Fedro*, nós a descrevemos como tripartite. Mas será a alma essencialmente inteligência (*nous*), ou serão *alma*, não obstante, os meios e as partes mais baixas da alma, embora menos importantes do que o *nous*, e, assim, também partes de nossa pessoa, como as temos tratado?

A partir do *Fédon*, pareceria que a primeira alternativa é a correta. Nesse diálogo, PLATÃO contrasta a alma com o corpo e até mesmo usa a seguinte expressão pitagórica: "O corpo é o cárcere da alma." SÓCRATES argumenta no *Fédon* que a alma sobrevive à separação do corpo. As emoções e apetites, se elas pertencem ao corpo, não sobrevivem à morte. Eles são sentidos somente por causa da alma permanecer, por um tempo, unida a um corpo. A alma é então tratada como simples, e não tripartite e identificada com *nous*. Todavia, nós devemos dar, em certa medida, um desconto a este diálogo, pois seu contexto é o das últimas horas da vida de SÓCRATES antes de sua execução, e ele, ali, é questionado por seus amigos sobre as razões pelas quais ele crê que a alma sobreviva à separação do corpo. Além disso, no *Fedro* nós temos as três atividades da alma (inteligência, emoção e apetite) tanto antes quanto depois que ela cai dentro do corpo.

As dificuldades de harmonizar as considerações de PLATÃO sobre a alma parecem ser mitigadas quando ele faz distinção entre a alma imortal e a alma mortal no *Timeu*. (Esta distinção é explorada de uma maneira realmente significativa por PLOTINO como um contraste entre uma alma mais elevada e uma mais baixa.) PLATÃO dá a estas duas almas diferentes origens. Mas esta consideração não pode se harmonizar com o *Fedro*, onde a alma, enquanto tal, é eterna (ou divina, no sentido grego de ser imortal). Nas *Leis* (897a), as emoções e apetites são atribuídos à desencarnada alma do mundo.

Parece haver problemas insolúveis em qualquer tentativa de harmonizar as diferentes coisas que PLATÃO diz sobre a alma. Ele parece ser capaz de falar o que somos somente em alegorias e descrições imaginativas, e estas não se conciliam. Isso não se deve a sua falta de habilidade, mas, antes, às dificuldades em determinar o que somos e a sua honestidade em lançar luz sobre coisas importantes sobre de nós, sem tentar encobrir as dificuldades.

Se tomarmos, no entanto, o *Fédon* como a visão definitiva de PLATÃO acerca da alma, então vai parecer que as emoções e desejos não são somente subordinados, mas também não essenciais à natureza humana. Nós somos, então, essencialmente razão ou inteligência. Sentimos porque estamos em contato com alguma coisa que não é essencial para nós, mas a nossa natureza é uma substância espiritual. Este retrato de PLATÃO é totalmente comum nos círculos cristãos. Faz parecer simples, ao preço de uma interpretação grosseira, e também faz com que ele pareça muito mais gnóstico em sua atitude em relação ao corpo do que pode ser justificado, se dermos alguma importância ao que ele diz acerca da alma na *República* e no *Fedro*. Nestas obras, a alma (ou pessoa) não é somente razão ou *nous*. Emoções, apetites ou desejos têm função legítima na vida da pessoa. Eles devem claramente permanecer sob a orientação da razão e ficar subordinados à tarefa de alcançarmos o nosso destino final. Mas nem o ascetismo dogmático de DIÓGENES o Cínico, que tomou SÓCRATES por inspiração; nem a "vergonha por possuir um corpo", atitude exposta por PLOTINO; nem o ódio ao corpo como maligno são justificáveis a partir das visões acerca da alma de PLATÃO.

As várias perspectivas de PLATÃO sobre a natureza da alma criaram dificuldades para AGOSTINHO e outros platonistas cristãos. Eles estiveram, na verdade, mais imediatamente em contato com o reavivamento platônico, e especialmente com PLOTINO, do que com o próprio PLATÃO. Estes platonistas se opuseram ao materialismo dos estoicos, que consideravam a alma simplesmente como um tipo mais rarefeito de matéria. Assim, os estoicos podiam imaginar apenas dois tipos de união: mera justaposição ou mistura. Justaposição não é *união*, e uma mistura implica uma *alteração* nas substâncias misturadas, visto que a alma e o corpo, por sua união, são transformados em uma terceira nova substância. A *visão platonista* da relação da alma com o corpo não é nenhuma destas. Para ela, a relação é muito mais estreita do que uma mera justaposição, embora aí não se trate de uma mistura. Nem a ideia "da alma como forma do corpo" de ARISTÓTELES (o princípio organizacional do corpo) serve, uma vez que a alma não pode existir sem o corpo. Assim, os platonistas desenvolveram a noção de uma "união sem confusão". Esta frase é encontrada em PORFÍRIO, um importante discípulo de PLOTINO, mas o próprio PLOTINO definitivamente tinha a mesma ideia. A alma é unida a um corpo, mas ela não é alterada pela união.

Capítulo II

A relação da alma (mente) e o corpo é um problema filosófico contínuo, e a relação da natureza humana e divina de Cristo é um mistério, como veremos no próximo capítulo. Mas a tradição platônica que influenciou profundamente muitos teólogos, os levou a pensar a alma humana como uma substância espiritual que poderia existir sem o corpo. Assim, os problemas da relação da alma (mente) e o corpo em um ser humano, e o problema da relação da natureza humana e a divina em Cristo, foram postos a Agostinho e outros a partir de uma estrutura filosófica platonista. A fórmula platonista – união sem confusão – está presente na definição da união de duas naturezas em uma pessoa que foi emitida pelo Concílio de Calcedônia no ano 451 da nossa era.

Devemos notar que uma das razões fundamentais que estão na base da convicção de Platão de que a alma não morre com o corpo é moral. Ele acreditava que as consequências do mal que nós praticamos não são anuladas quando conseguimos escapar da punição nesta vida. Nós não podemos escapar da punição que merecemos simplesmente por morrermos antes de sermos descobertos. A justiça é fundamental para Platão, e assim a alma terá de encarar o julgamento após a morte. Seremos recompensados ou punidos de acordo com nossas vidas. Para Platao seria moralmente ultrajante para o bem e o mal, se estes não recebessem suas recompensas. Esta convicção moral vai ser desenvolvida na forma de um argumento explícito, muitos séculos depois, por Kant. Platão também crê (ver o *Górgias* e a *República*) que mesmo nesta vida o indivíduo injusto torna-se escravo de suas paixões, mas que a pessoa justa tem autocontrole e não pode sofrer dano no profundo da alma pelas coisas externas. A justiça resulta em bem-estar ou felicidade. Veremos alguma coisa do significado dessas convicções em conexão com a busca humana por bem-estar no próximo capítulo. Muito depois, nós veremos a mudança fundamental que ocorre na filosofia moral, ou ética, em Kant, que distingue a moral da busca por felicidade.

Outra razão para a crença na imortalidade da alma, e talvez mais persuasiva para os contemporâneos de Platão, se liga ao princípio grego de que o semelhante conhece o semelhante. (Este princípio foi, evidentemente, disputado, mas teve ampla circulação e apoio.) PLATÃO acredita que, visto conhecermos as Ideias, temos um parentesco essencial com elas e, assim, compartilhamos alguma coisa de sua natureza permanente e invariável. Isto é verdade, ele crê, para aquela parte de nós que conhece as Ideias, pela razão ou mente (*nous*). Mas, como vimos, PLATÃO não tem certeza se o resto de nossa alma (ou emoções e apetites, ou desejos) também compartilha desta imortalidade.

Nossa capacidade de conhecer a realidade última e, consequentemente, nosso parentesco com ela é uma asserção amplamente defendida na filosofia grega. Esta asserção pode nos parecer estranha, mas, desde o Iluminismo do século XVIII, muitas pessoas acham que nós podemos conhecer a natureza do universo por meio de nossa ciência. Os positivistas lógicos no século XX tornaram esta asserção explícita na sua insistência de que não há nada misterioso na realidade. Ela pode ser entendida por meio da razão, total e completamente. Não há nada, em princípio, que não possa ser entendido pela razão. Assim, essa convicção grega está muito próxima de nós em uma aparência moderna. Ela marca uma diferença decisiva entre o cristianismo e a corrente dominante da filosofia grega, particularmente a tradição platônica. Em PLATÃO, o produto da mente que nós vemos exposto em torno de nós na ordem do universo visível é essencialmente semelhante à nossa. Assim, nós temos a capacidade de conhecer o universo visível (a ponto de a matéria poder ser interpretada ordenadamente pela mente ou pelo artífice) e a realidade absoluta sobre a qual o universo visível é modelado. PLATÃO é vago a respeito do nosso conhecimento, nesta vida, da Ideia do Bem, sobre o qual ele parece menos confiante em suas últimas obras, e sobre o nosso conhecimento do pai e criador de tudo do *Timeu*. Mas, por mais difícil que nos possa ser nesta vida conhecer as Ideias e a Ideia do Bem que lhes dá sua unidade, não há nada, em princípio, que impeça isto. A razão em nós, a razão evidente no universo visível e a razão como base fundamental do universo visível são essencialmente semelhantes; assim, nós temos a capacidade de conhecer as coisas fundamentais.

Mas para os teólogos cristãos, Deus está acima do nosso intelecto. JUSTINO MÁRTIR, um dos primeiros filósofos experientes, que sabemos ter se convertido ao cristianismo (cerca do ano 130), definiu claramente a diferença entre os platonistas e os cristãos nessa matéria. Nós podemos saber que Deus existe por meio da nossa razão, diz JUSTINO, mas não podemos conhecer a natureza divina a não ser por meio da revelação. Só podemos receber revelação por meio da operação da graça divina e da fé. A visão da realidade absoluta, que é conhecimento no mais puro sentido de conhecimento para os platonistas (*noesis*), não é alcançável somente pelo intelecto, insiste JUSTINO. Durante os séculos, o cristianismo desenvolveu diferentes concepções da diferença entre razão e revelação, mas ele tem consistentemente concordado com JUSTINO neste ponto.

Capítulo III
A TRADIÇÃO PLATÔNICA

Os Estoicos, Plotino e o Pseudo-Dionísio

SÓCRATES deu uma guinada decisiva na história da filosofia. Ele desviou a filosofia de uma investigação do mundo natural para uma preocupação com o bem-estar de nossas almas. PLATÃO, seu grande discípulo, não discute só a natureza da alma, (ou a natureza humana), mas também seu meio ambiente, pois nossa sociedade e o mundo natural claramente afetam nosso bem-estar. PLATÃO crê que todos os três – o povo, a sociedade e a natureza – só podem ser adequadamente entendidos por meio de um reconhecimento da realidade e primazia de um reino imaterial, o mundo das Ideias. Os seres humanos são membros tanto de um reino material quanto de um reino imaterial. Seu bem-estar tem de ser considerado em relação a ambos.

PLATÃO muitas vezes foca sua atenção em nossa vida neste mundo explicando as virtudes cívicas da coragem, temperança, sabedoria e justiça em um estado bem ordenado. Tal vida e sociedade dependem, no entanto, do conhecimento dos princípios ordenadores do cosmos, e esses princípios – as Ideias – encontram sua unidade na Ideia do Bem. Uma sociedade e uma vida bem ordenadas dependem do conhecimento da realidade suprema.

Por outro lado, PLATÃO poderia explicar como temos de viver neste mundo com base na vida após deixarmos este mundo. Sobre a terra, nós não habitamos o estado ideal e, em muitos casos, nem mesmo uma aproximação tolerável a ele. Ainda assim, uma pessoa deve buscar um conhecimento da realidade suprema e ser justa nesta vida. Tal heroísmo é baseado na crença de que nada externo a nós pode causar dano àquela parte de nossa pessoa que é permanente ou imortal. No livro 10 da *República*, PLATÃO afirma que a alma de uma pessoa só pode sofrer dano pelos seus próprios atos de injustiça. Este é o único mal que pode prejudicar a alma. Claramente, PLATÃO está aqui pensando a alma como um agente moral. Nós podemos ser pessoas boas ou más moralmente somente por meio de nossas ações, não por meio do que as pessoas fazem a nós. Elas podem privar-nos dos benefícios da vida social, e podem causar danos ao nosso corpo. Mas a única maneira pela qual nós podemos ser prejudicados moralmente é por meio de nossa própria ação. Visto que a alma é imortal, a injúria moral é o mais sério dano que pode nos ocorrer. Nós podemos sofrer física e socialmente por causa dos outros, mas tal injúria é temporária. Ela termina com a separação da alma do corpo ("morte"). Além disso, a alma deve encarar o julgamento depois da morte, e nós seremos recompensados ou punidos conforme vivemos. Remetemo-nos aqui ao dito de Jesus de que: "Não temais os que matam o corpo, mas não podem matar a alma." (Mt 10.28a).

JOÃO CRISÓSTOMO, no quarto século, foi claramente influenciado tanto por PLATÃO quanto por Jesus em seu *Tratado para provar que ninguém pode causar dano ao ser humano sem causar dano a si mesmo*. Tal perspectiva muitas vezes sustentou aqueles que sofrem injustamente, especialmente os mártires. Mas como SIMONE WEIL, a filósofa e mística do século XX, argumentou a partir de sua experiência com a tortura usada na Segunda Guerra Mundial, a aflição pode ser tão séria e tão prolongada que pode quebrar a alma e levá-la à degradação.[1] Em tal circunstância, o único recurso é uma identificação com o Cristo crucificado e uma confiança em seu poder para salvar.

A confiança de PLATÃO de que nosso bem-estar está em nossas próprias mãos é baseada na convicção de que a justiça será feita na vida seguinte, mesmo se ela não prevalecer, em todo caso, nesta. Mas,

---

[1] Simone Weil, "The Love of God and Afliction" ["Amor de Deus e Aflição"], in *On Science, Necessity, and the Love of God* [*Sobre a Ciência, a Necessidade e o Amor de Deus*], trad. Richard Rhees (London: Oxford Universty Press, 1968), 170-198.

para algumas pessoas, este mundo é o nosso lar; não há outro reino. A confiança de PLATÃO em um mundo das Ideias, uma realidade inteligível que é nosso verdadeiro lar, e em um conhecimento que nos dá a eterna e verdadeira felicidade não foi compartilhada por seu grande aluno ARISTÓTELES. Não demorou muito para a própria Academia de PLATÃO perder o interesse por esse aspecto do seu ensino, de modo que, de sua morte em 348 a.C. até o grande reavivamento platonista por volta do ano 100 a.C., a filosofia não teve nenhum grande representante que acreditasse que nós temos um lar em outro lugar. Nós não podíamos procurar por nossa felicidade além desta vida.

Além disso, a *polis* – a vida rica que podia ser encontrada como um cidadão na cidade-estado que PLATÃO e outros procuraram reviver após a ruinosa guerra do Peloponeso (431-404 a.C.) – continuou seu declínio generalizado. A estrutura de vida na cidade-estado foi irrevogavelmente avariada pela ascensão do Império Macedônico sob Filipe e Alexandre o Grande. Por volta 350 a.C., encontrar a moral e as qualidades religiosas em profunda lealdade às tradições de uma cidade se tornou inadequado para muitas pessoas. Onde haveria uma pessoa zelosa que procurasse um modo de vida que assegurasse seu bem-estar?

Uma resposta foi dada pelos cínicos, cujo fundador, DIÓGENES de Sinope († 323 a.C.), teve tamanha reputação, como aquele de seu herói, SÓCRATES, que ele ainda é conhecido em nossos dias por pessoas que nunca estudaram qualquer filosofia. Ele de fato vivia às vezes em um tonel e, à primeira vista, suas ideias parecem ser tanto uma versão exagerada do ascetismo de SÓCRATES quanto uma versão degredada de sua ironia. Na realidade, DIÓGENES tem uma base lógica para suas ações, uma lógica que possibilitou a tradição dos cínicos durar até o fim do Império Romano.

O cínico é a pessoa sábia em ação. A filosofia é, acima de tudo, um modo de vida, de fato, a vida de uma pessoa sábia ou sensata. Seu fundamento é a autossuficiência (autarquia) ou independência, que é conquistada ao arranjar-se com o mínimo, a fim de não ser dependente de nada nem de ninguém. DIÓGENES viu uma vez alguém comendo com as próprias mãos, e então jogou fora seu único utensílio com a seguinte palavra de autocensura: "Escravo!" A partir do momento em que a cidade-estado não era mais capaz de oferecer segurança e um modo de vida satisfatório dentro de seus costumes e tradições, suas exigências sobre um cidadão pareceram estranhas a Diógenes. A vida na cidade, em vez de ser libertadora, era para ele e outros cínicos uma forma de servidão. Assim, os cínicos não nutriam qualquer lealdade para com a cidade, mas perambulavam de lugar em lugar, espalhando seus ensinos por ações e discursos ousados. Eles faziam necessidades orgânicas em público (ações desavergonhadas, como eram chamadas), alegando que animais faziam o mesmo, pois tudo o que os animais faziam era natural. Assim, eles enfatizavam a vida "de acordo com a natureza" em contraste com as "convenções" da sociedade, este, um tema tratado com muitas variações através dos tempos. Seus atos desavergonhados lhes rendeu o nome de "cínicos", da palavra grega para cachorro, uma vez que eles se comportavam como cães. Na conversa, eles eram destemidos. Uma vez Diógenes foi visitado por Alexandre o Grande, que lhe perguntou se haveria algo que ele pudesse lhe fazer. Diógenes, que estava molhado por causa de uma tempestade, lhe respondeu: "Sim, fica de lado; estás impedindo a luz do sol." Sua popularidade deveu-se amplamente a tal sagacidade destemida.

Viver uma vida simples que proporcionasse independência requeria treino (*ascese*). Assim, o cínico tinha de fortalecer o corpo para suportar uma vida ao relento em qualquer estação. Pelo treino, o cínico desenvolvia a apatia (*apatheia*) uma indiferença em relação ao frio, calor e à dor, para conseguir ficar além do poder de qualquer coisa externa. Uma vida de acordo com a natureza, então, proporcionava uma tranquilidade imperturbável face às mudanças e acasos da sorte (*tyche*). Este era o curso mais seguro para a felicidade ou o bem-estar em um mundo incerto. Os Pais da Igreja Primitiva elogiavam algumas vezes o cinismo como um modo de vida, por causa de sua ênfase na simplicidade como uma virtude positiva e porque ele capacitava a buscar o genuíno bem, em vez das convenções mundanas. A ascese também proporcionava resistência para todas as provações, incluindo a perseguição. O cinismo persistiu até o mundo romano entrar em colapso, pois não fazia sentido louvar um estilo de vida bárbaro quando o mundo civilizado tinha se tornado, ele mesmo, bárbaro.

O estoicismo foi outra resposta ao declínio da *polis*. Ele foi muito mais significativo do que o cinismo, tanto pelo seu apelo a mais pessoas do que qualquer outra filosofia da Antiguidade como por causa de sua influência sobre o cristianismo. Um DIÓGENES glamorizado foi erguido pelos estoicos como o homem sábio ideal. Sua autossuficiência, disciplina, e apatia eram partes de suas próprias perspectivas, mas, em suas mãos, a *tyche*, ou sorte, tornou-se providência. Para o estoico, só há vida no mundo, mas, seguindo o *Timeu* de PLATÃO, este mundo é glorioso. Ele é bom como um todo e em cada detalhe de suas operações. O universo é governado por um princípio único que é racional e imanente. Ele é a força diretiva e vitalizadora em todas as coisas e manifesta-se como organismo em plantas, como apetite em animais e como razão nas pessoas.

É possível a nós termos o nosso bem-estar em nossas próprias mãos. Este cosmos ordenado é nossa cidade ou *poleteia*. Nossa vida deve ser governada por suas leis, e não pelas leis secundárias de uma cidade específica. Consequentemente, o estoico é um cidadão do mundo, um cosmopolita. Esta ideia deu nascimento à poderosa ideia de "humanidade" na cultura ocidental. As pessoas, por sua natureza como pessoas, têm um elo natural que transcende as divisões que se estabelecem ao longo dos delineamentos políticos e culturais, pois todas elas estão sob as leis de um único cosmos, regidas por um único princípio imanente, o qual está também em cada uma delas. No *Timeu*, a mente, como princípio regente do cosmos físico, mantém a justiça como princípio governante da cidade ideal e da alma individual. Mas, para o estoico, a razão, como princípio da natureza, não fortalece uma *poleteia* específica, mas, antes, a ideia de uma lei natural não escrita que é a mesma para todas as pessoas. As morais, as leis humanas, os costumes e as tradições devem se conformar às leis da natureza não escritas. A lei natural transcende as fronteiras da cidade-estado, ou, de fato, de qualquer entidade política, e seguir contra ela é violar nossa verdadeira natureza humana. Assim, na lei natural há um padrão objetivo tanto para a moral quanto para a lei, o qual é baseado sobre a razão e existe para guiar todo sábio ou pessoa racional.

A ideia estoica de lei natural permeou o mundo romano. Foi seguida pelos juristas romanos e desenvolvida dentro de um corpo especulativo de ideias e princípios morais para fortalecer a lei romana (*ius civile*) e racionalizar as leis que governavam os diferentes povos do seu Império (*ius gentium*). Esta tradição foi herdada pela cristandade, relacionada à eterna lei de Deus e amplamente desenvolvida como uma base para a ética e política durante a Idade Média, especialmente por Tomás de Aquino. Ela é muito complexa para ser tratada aqui, mas o longo artigo sobre a lei natural na *New Catholic Encyclopedia* oferece uma visão ampla que é essencial a qualquer estudante de ética cristã.

Para o estoico, a noção de vida de acordo com a razão, ou natureza, significa o exercício de nossa própria razão ou natureza. Objetos coloridos são adaptados a nossa visão, e nossa visão a eles, exatamente como uma lâmina se adapta a uma bainha e uma bainha a uma lâmina. Tudo na natureza tem algum uso, assim, cada item ajuda a tornar nosso universo um cosmos, um todo harmonioso. Cada criatura cumpre o seu propósito agindo de acordo com sua natureza. Os seres humanos, porque possuem razão, têm a tarefa de discernir esses propósitos e prestar louvor pelo todo gloriosamente ordenado.

Os estoicos enfatizam um ponto virtualmente ignorado por Platão. Nem todas as coisas nas operações do cosmos são para o bem dos os seres humanos. Não somente as ações das pessoas, mas também as operações da natureza podem nos prejudicar. É aqui que encontramos a nota distintiva do estoicismo: a *providência*. O estoicismo grego difere consideravelmente do estoicismo romano posterior, posto que a providência, para este último, torna-se fado, e recebe uma acentuada tonalidade de horror. A fonte mais ampla que temos do estoicismo primitivo grego é Epíteto, que, embora tenha vivido no período romano (50-138 d.C.), foi um grego e permaneceu fiel ao estoicismo grego original. Assim, nós nos valeremos dele para tratar das perspectivas estoicas gregas sobre a adversidade do cosmos para conosco, enquanto indivíduos.

Epíteto nos diz que a bondade do cosmos não consiste em todas as coisas indo de acordo com a nossa vontade, com todos os nossos anseios e desejos atendidos. Se olharmos mais amplamente, todavia, nós poderemos ver o maravilhoso ajuste de cada item no cosmos vastamente interconectado. Coisas muito prazerosas e não prazerosas acontecem aos indivíduos por causa dessas interconexões, tanto no universo físico quanto no curso dos afazeres humanos. Mas, em todo caso, nós podemos suportar o que nos sobrevém. Fomos dotados pela natureza de faculdades que auxiliam a suportar tudo o que nos acontece sem que sejamos diminuídos ou esmagados. Podemos limpar nossos narizes porque temos mãos; podemos aceitar ser aleijados como um pequeno sacrifício para o resto do universo; podemos até mesmo resistir a uma morte inevitável com dignidade.

Tudo isso pode ser alcançado através do reconhecimento da necessidade e por meio do exercício da única liberdade real que temos. Nossa situação, no mundo físico e social é uma entre muitas em um sistema de eventos interconectados, cuja maioria está absolutamente fora do nosso controle. O que está além de um controle individual pode algumas vezes prejudicar os bens, a posição social ou o corpo, e pode até mesmo trazer destruição total. Em tais circunstâncias, a única liberdade real de um indivíduo é a maneira pela qual ele responde aos eventos desfavoráveis que vão além do seu controle. Pode-se lamentar tais infortúnios ou suportar o que vier sem aviltamento, quando se vê sua necessidade, cedendo ao evento corajosa e magnanimamente.

Faz-se então *uso* do que quer aconteça, para extrair dos eventos aquelas qualidades do caráter. Uma pessoa pode ser grata à providência (razão ou natureza), em qualquer transtorno que lhe aconteça, por lhe prover a capacidade de reconhecer o universo como um todo ordenado e pela capacidade de submeter-se à adversidade – mesmo à morte – com coragem e dignidade.

Vemos então que, para um estoico que não crê haver outro reino após a morte para onde ir, como acreditava PLATÃO, *este* mundo é o *lar*. Não só o cosmos é ordenado, mas a natureza humana e a física são relacionadas por um único princípio que penetra e dá a elas suas naturezas como a participação em um todo racionalmente ordenado. Com nossa razão, os seres humanos podem reconhecer sua regularidade. De fato, reconhecer sua regularidade é viver de acordo com nossa natureza, isto é, fazer uso de nossa razão. Este é o nosso lar por causa de sua bondade e porque somos preparados para nos ajustar a ele. Mesmo quando encontramos adversidade, temos a capacidade de sofrer como escravos ou de resistir com a sabedoria que reconhece o inevitável e submete-se a ele calmamente. De uma maneira ou outra, como escravos ou como pessoas sábias, temos de obedecer à natureza. Se formos sábios, a adversidade não penetrará o recôndito mais íntimo de nossa alma. Aquiescer, prontos e alegres, ao governo da razão por meio de nossa própria razão é todo dever humano para o cumprimento de nossa natureza.

A famosa apatia ou indiferença estoica, que nós pensamos em termos de "sorrir com desdém e suportar" é consideravelmente modificada por EPÍTETO. A alma tripartite de PLATÃO permite à razão, a parte mais elevada da alma, governar as partes mais baixas da alma. Assim, as emoções e os desejos são partes de nosso ser e não devem ser erradicadas, mas controladas pela razão. O estoicismo grego anterior a EPÍTETO rejeitou completamente as paixões. Elas foram consideradas irracionais, nos dando juízos equivocados quanto ao que é bom e mal para nós. A liberdade de todas as emoções e paixões, ou apatia, é o ideal. O Sábio é absolutamente indiferente, a todas as coisas externas, e sem paixão. Mas se a alma é tripartite, há um lugar para nossos desejos e emoções, por mais que elas sejam governadas e controladas pela razão. Esta ainda é uma ética austera, mas não do tipo do Sábio absolutamente impassível.

Entre os romanos, as modificações foram levadas ainda mais longe. Valendo-se das distinções feitas pelo fundador do estoicismo grego, ZENÃO de Citium (336-264 a.C.), os estoicos romanos disseram que nem todas as coisas externas têm o mesmo status. A virtude não é afetada pelas coisas externas, é verdade, mas algumas coisas externas devem ser "preferidas", outras "censuradas" e, ainda outras, "totalmente ignoradas". Além disso, algumas ações são "adequadas" ou "convenientes" de acordo com o período de vida no qual se está. De fato, deve-se interpretar no palco da vida o papel designado pela razão. Assim o estoico poderia fazer parte da vida pública, mesmo se ele ou ela criticasse todas as instituições, leis e costumes humanos com base na crença em uma lei natural ou universal. Um estoico não precisa se retirar da vida pública nem tornar-se um reformador revolucionário.

É esta versão abrandada do estoicismo que Cícero apoiou e ajudou a popularizar. Cícero (106-43 d.C.) foi um ativo estadista que estudou a filosofia grega como um passatempo refrescante. Suas magníficas traduções de muitas obras da filosofia grega tornaram-no um transmissor da filosofia grega para o Ocidente latino, tanto pagão quanto cristão, e especialmente a Agostinho. Este nos diz que sua própria peregrinação começou com uma leitura do *Hortênsio* de Cícero com a idade de dezoito anos. Essa leitura significou para Agostinho uma conversão (relembrando que Platão, na *República*, descreve o desviar deste mundo para a vida filosófica como uma conversão). Ela lhe deu um novo propósito e uma nova preocupação: a procura da sabedoria imortal. Esta busca, diz-noz Agostinho, finalmente o conduziu ao cristianismo. Na *Cidade de Deus*, Agostinho se vale de Cícero para sua definição de estado pagão e para sua opinião de que as virtudes dos primeiros romanos são a razão do seu sucesso. Cícero também foi importante para os humanistas da Renascença e Reforma. Nós encontramos Calvino se utilizando de Cícero como base de suas convicções de que "há dentro da mente humana, e na verdade, pelo instinto natural, uma consciência da divindade."[2] Esta é claramente pervertida e diminuída pelo pecado, mas ainda é responsável pela universalidade da religião na sociedade e é usada por Calvino contra a acusação feita em seus dias de que a religião era uma invenção de alguns para manter o povo simples na escravidão. Estes são apenas alguns exemplos da notável influência que Cícero teve como transmissor das ideias de outros.

O destaque estoico sobre a providência, especialmente na compreensão de Epíteto com sua ênfase no fato de todas as coisas como possuindo uma função e, portanto, contribuindo com um cosmos glorioso, encorajou o desenvolvimento deste tema no cristianismo. Ele

---

[2] Johan Calvin, *Institutes of Christian Religion* [*Instituições da Religião Cristã*] 1.3.1; ed. John T. Mc Neil, trad. Ford Lewis battles, LCC (Philadelphia: Westminster Press, 1960), 1:43.

está presente no Antigo Testamento, mas não é a maneira dominante pela qual os israelitas pensam a providência de Deus. A providência, no Antigo Testamento, é vista primariamente como a provisão de Deus de benefícios para eles no curso do tempo. Deus dirige e conduz os israelitas através das várias provações na história e intervém em seu favor. A providência é então vista historicamente em termos do que aconteceu ou do que está ainda por ser realizado. Os estoicos veem a providência como a bondade imutável de toda a ordem natural, tanto física quanto humana, de modo que em todos os tempos, nós podemos louvar a "Deus" por sua bondade e, fazendo bom uso de nossas capacidades, perceber nosso potencial e suportar as adversidades. Esta ideia foi ricamente desenvolvida pelo estoicismo e popularizada, para que pudesse ser usada até mesmo na instrução catequética por teólogos cristãos, tais como Gregório de Nyssa († 394). Há louvor suficiente pela bondade do cosmos na Bíblia para o cristianismo se tornar apto a absorver a visão estoica da providência em sua própria visão. Isso é encontrado no culto cristão. Vejamos, por exemplo, o cântico *Benedicte, Omnia opera Domini* no *Livro de Oração Comum*, onde sol e lua, ventos e fogo, geada e neve são ditos louvar e exaltar a Deus simplesmente por agirem de acordo com suas naturezas. Nós, que reconhecemos a providência de Deus em toda ordem da natureza e damos voz a ela em canções, fazemos como Epíteto e Gregório de Nyssa dizem que deveríamos fazer, pois esta é nossa função ou a própria expressão de nossa natureza na ordem providencial. Assim, Paulo, sobre a Colina de Marte, pode citar, com aprovação, uma linha de um velho poema estoico: "Pois nele vivemos, nos movemos e existimos." (At 17.28) O estoicismo foi, entretanto, uma escola entre outras que ofereceu uma regra de vida, ou um caminho para se viver racionalmente e bem. Nós não trataremos do seu grande rival, o epicurismo, pois a influência epicureia sobre a tradição cristã foi ínfima.

Os cínicos, estoicos e epicureus foram todos "popularizadores". Embora Sócrates, Platão e Aristóteles fossem profundamente preocupados com nosso bem-estar e criam que este deveria ser alcançado pelo domínio da razão, em nós, e um conhecimento da verdade; a busca da verdade, para eles, era uma obra para toda vida. Mas, de qualquer maneira, os cínicos não tinham o hábito da erudição, e os estoicos e epicureus estudaram unicamente para encontrar uma inatacável tranquilidade. Assim, suas cosmologias foram considerações relativamente apressadas, se comparadas com seus predecessores, e não estavam à altura do padrão de raciocínio encontrado entre os filósofos acadêmicos de seus dias. Os estoicos emprestaram ecleticamente, e os epicureus, cujos ensinos não foram modificados por seus seguidores, adotaram o atomismo cru de Demócrito (um filósofo présocrático ao qual nós não fizemos menção no início). Mas era em escolas como essas, especialmente as estoicas, onde as pessoas educadas procuravam orientação. A Academia de Platão, logo depois de sua morte, desviou-se de suas preocupações metafísicas e éticas por muitas gerações. Os sucessores de Aristóteles tornaram-se especialistas altamente competentes. Logo, o tipo acadêmico de filósofo não foi de nenhuma serventia para as pessoas que buscavam orientação sobre como viver; uma situação, na verdade, como a nossa própria no século XX na filosofia de língua inglesa. Para muitas pessoas hoje em dia, a filosofia ainda carrega a marca de Sócrates; esta é a busca por um modo racional de vida. Os filósofos acadêmicos de então e de hoje, no entanto, observam os popularizadores e criticam suas visões com tal habilidade devastadora que leva seus leitores a um ceticismo radical concernente à possibilidade do conhecimento. Isto foi particularmente verdade nos tempos antigos. Os céticos produziram, no entanto, uma das mais importantes fontes que nós temos para o nosso conhecimento da filosofia antiga. Sexto Empírico (c. 150-225 d.C.), a fim de mostrar as contradições entre as várias filosofias, precisou falar muito a respeito delas.

Nós também encontramos alguma coisa do seu legado na marca que deixaram em Agostinho. Este passou por um doloroso período em sua juventude quando seu ceticismo o levou à dúvida universal. Mais tarde, Agostinho refutou cuidadosa e exaustivamente a posição cética, procurando pela verdade indubitável, da qual é literalmente impossível duvidar. Diferente dos estoicos e dos epicureus (epicuristas), que estão mais preocupados com um modo de vida que assegure tranquilidade, Agostinho não se satisfez enquanto não pôde refutar os céticos.

Capítulo III

Seu raciocínio foi familiar para aqueles que ouviram o tipo de argumento usado muito mais tarde por Descartes: "Penso, logo existo." É impossível duvidar da própria existência porque, a fim de duvidar, é necessário pensar, e para pensar é necessário existir. Mas diferentemente de Descartes, Agostinho só queria refutar a colocação ou posição cética. Ele não procura construir uma filosofia indubitável com base nas verdades indubitáveis que ele usa para refutar a posição cética, pois Agostinho rejeita a ideia básica de que somente um conhecimento indubitável seja admitido como conhecimento.

Por volta do ano 100 a.C. até 200 d.C. houve um reavivamento de Platão conhecido como Médio Platonismo, que alcançou o seu ápice no terceiro século na obra original de Plotino. Ela é genuinamente platônica, mas difere em muitas maneiras do próprio Platão, ao desenvolver questões que ele só resvalou, e mostra a influência de Aristóteles. Nosso único interesse neste reavivamento platônico se deve ao fato de ele ser um pano de fundo para a filosofia de Plotino, que influenciou profundamente Agostinho e, através deste, a teologia subsequente.

O médio platonismo via a alma humana como pertencente a outro reino, mas que agora está caída no mundo sensível. O objetivo da vida é purificar a alma através da filosofia, para podermos retornar a uma vida incorpórea onde desfrutamos a visão da verdadeira realidade. Isto é muitíssimo familiar a nós do próprio Platão. Os desvios de Platão que nos interessam são algumas modificações do *Timeu*. O médio platonismo coloca uma Mente Suprema, como a realidade suprema, no topo de uma hierarquia de seres. A maneira dessa transformação é facilmente vista se nós nos lembrarmos de que Platão, no *Timeu*, diz que o "pai e fabricante de todo este universo é inescrutável". (28c) Assim, Platão narrou a história de um artífice fazendo o mundo visível usando o mundo das Ideias como padrão. Por isso, em acordo com o *Timeu* de que o mundo visível é o artefato da inteligência, ou mente, os médio-platonistas muito naturalmente explicam o princípio supremo como mente. Na *República*, Platão tinha a Ideia do Bem no topo da hierarquia das Ideias; o médio platonismo identifica a Ideia de Bem com a própria Mente Suprema. Desde que o "pai e fabricante de tudo" é remoto, eles preenchem a fenda entre ele e o mundo visível com uma hierarquia de seres. PLATÃO lhes abriu um amplo precedente, pois sempre que ele tinha dificuldades em conectar uma coisa com outra, ele colocava uma coisa entre os dois (*metaxu / no meio*).

A identificação da Ideia do Bem com a mente suprema reforça o caráter remoto da Mente Suprema visto que, como PLATÃO diz na *República*, o conhecimento do Bem só é possível a poucas pessoas e após um bom tempo de vida e esforço. Para o médio platonismo, o conhecimento do Bem é reservado para a próxima vida, exceto para uns poucos que pensam que lampejos ocasionais da visão do Bem são possíveis nesta vida. Mas o caráter remoto toma um caráter decididamente diferente sob a influência do "motor imóvel" de ARISTÓTELES. Os médio-platonistas, como PLOTINO depois deles, tentaram conciliar PLATÃO e ARISTÓTELES e tomaram deste último alguns dos elementos do seu motor imóvel e os aplicaram na mente suprema. O motor imóvel de ARISTÓTELES é mente, mas é tão remota em relação a este mundo (embora seja sua mente) que é absolutamente inconsciente dele. Só é consciente de seus próprios pensamentos em relação aos quais se mantém em perpétua contemplação. Ela afeta o que está fora dela só indiretamente por meio de intermediários. Os médio-platonistas adotaram a visão da Mente Suprema como absolutamente livre de todas as atividades externas e a exaltaram a tal nível que não há contato direto entre ela e o mundo material. A Mente Suprema é o topo de uma hierarquia de seres, ou o cérebro do universo, diferente do Deus cristão que, como Criador, transcende o universo. Este é um ponto que nós enfatizaremos, mais adiante, em conexão com PLOTINO.

Pode-se facilmente ver a possibilidade de um enorme aumento ou inflação dos poderes intermediários entre a Mente Suprema e o mundo sensível. Quanto mais se enfatiza o caráter remoto da Mente Suprema em relação ao mundo material, tanto mais habilidade se pode despender para povoar o mundo com entidades em decrescentes gradações de realidade ontológica para conectar o topo com o fundo do universo. A mais agradável "história verossímil" de PLATÃO de um artífice copiando o mundo das Ideias é transformada em uma descrição realística.

FILO, um judeu alexandrino que morreu por volta de 50 d.C., foi afetado pela ênfase do médio platonismo sobre os intermediários

Capítulo III

entre a Mente Suprema e o mundo. Ele havia se saturado da filosofia helenística e procurou conciliar as Escrituras Judaicas com Platão. Como judeu, ele cria que Deus estava ativo na criação e governo do cosmos, mas ele também enfatizou a transcendência de Deus e viu Deus agindo através de vários poderes intermediários. Filo é vago quanto à relação entre estes intermediários e Deus, e ele não é consistente em sua explicação a respeito deles. Algumas vezes há dois, outras vezes muitos, mas muitas vezes há um único e grande intermediário: o Logos.

Heráclito foi o primeiro que usou o termo *logos* em um sentido filosófico. Seu *logos* é o princípio, razão, ou ainda proporção, que mantém um equilíbrio entre os pares opostos das coisas no processo do mundo, e ele descreveu este como o princípio da vida e inteligência. Os estoicos, em sua teoria física eclética do cosmos, também falaram de um *logos* e usaram a imagem do fogo de Heráclito para ele. Eles criam que o princípio formativo das coisas individuais na natureza é parte de um princípio ígneo universal. As coisas individuais se desenvolvem a partir de "sementes" ou *logoi*. Para os estoicos, os *logoi* seminais são partes do fogo ou *logos* (razão ou natureza) que permeia todas as coisas, possibilitando seu crescimento, desenvolvimento e ação. Os primeiros estoicos acreditavam em um ciclo infinito de mundos, um pouco como Heráclito acreditava, sendo gerado por meio do fogo divino de todas as coisas, retornando e desaparecendo em uma grande conflagração. Depois de uma pausa, o cosmos retornará mais uma vez. Combinada com sua visão da necessidade ou fado, eles mantiveram, por um tempo, a teoria de que cada mundo no ciclo era exatamente como o mundo anterior, e assim cada indivíduo surgiria repetidamente em cada mundo sucessivo.

Existem, é claro, usos do termo "palavra" (*dâbar*) no Antigo Testamento. Existem até personificações poéticas da Palavra de Deus em Sl 33.4-7; 107.20; e 147.15. Estas passagens são expandidas nos *Targumi*, as tradições do Antigo Testamento. *Dâbar* é traduzida na Septuaginta como *logos*. Assim Filo tinha um termo que era usado em ambas as tradições que ele estava tentando unir, a judaica e a platônica.

Em Filo, o Logos não é só um intermediário, ou instrumento pelo qual Deus faz o mundo, mas ele frequentemente identifica o Logos com o mundo das Ideias platônico. Há pouco havíamos notado que o próprio PLATÃO não identificou o mundo das Ideias com a mente – ou o artífice, ou o pai de todas as coisas. Os médio-platonistas fizeram isto. FILO os acompanha, mas, além disso, dá o importante passo na identificação do Logos com as Ideias. Assim, foi possível, para os Pais da Igreja, pensar os três juntos: a Mente Divina, as Ideias como os pensamentos da Mente Divina e o Logos como a sabedoria de Deus – o instrumento de criação e o princípio de sua ordem. (Ver Pr 3.19-20; 8.22-31, onde a sabedoria é associada à criação.)

A identificação de Jesus com o Logos em Ap 19.13 (o Logos de Deus como vencedor e juiz escatológico) não deve nada a FILO. O uso de Logos para Cristo em Jo 1.1 e em Jo 1.1-18 não foi explicado. Mas FILO claramente desenvolveu o significado de Logos com PLATÃO e os platonistas em vista, enquanto o material joanino desenvolve o tema em referência a Jesus. Ainda assim, o termo *logos* tem importância cósmica tanto em HERÁCLITO como nos estoicos, e seus laços com o mundo das Ideias platônico por FILO deu-lhe associações ainda mais ricas para os teólogos explorarem. Conectar Jesus com esse material filosófico é tornar Jesus não apenas Salvador e Messias em termos judaicos, mas dar a ele um significado cósmico em termos helenísticos. Claramente Jo 1.1-18 pretende elevar Jesus a um papel cósmico relacionando-o à história da criação de *Gênesis* 1. É por meio dele e com ele que o mundo foi criado. Isto é o que impulsiona João, e não qualquer conexão com a identificação *específica* da Mente Suprema e as Ideias de PLATÃO, ou o Logos, a Mente Suprema e as Ideias. Mas FILO fez estas conexões específicas, como fizeram os teólogos cristãos que seguiram os passos de FILO. Como nós dissemos no primeiro capítulo, veremos as consequências desta identificação específica em nossa discussão dos períodos medieval e moderno.

Chegamos agora ao próprio PLOTINO (205-270 d.C.). Ele viveu em um dos períodos politicamente mais conturbados do Império romano, mas não há o menor traço deste fato em seus escritos. As preocupações políticas de PLATÃO não têm nenhuma importância para ele. A cidade-estado dos dias de PLATÃO está tão distante de realizar o potencial dos seres humanos quanto o meio ambiente dentro do qual eles se encontram. Assim, PLOTINO bebe, na maioria das vezes, naqueles Diálogos de PLATÃO que enfatizam que nossa vida mais apropriada deve ser encontrada através do conhecimento de outro reino (o *Fédon*, *Fedro* e o *Simpósio*), ou naquelas partes do *Timeu* e da *República* que afirmam o mesmo. Tanto para os outros platonistas, quanto para PLOTINO, a alma é divina e o objetivo da vida é a compreensão de como podemos restaurar a alma no seu lugar apropriado. Isso pode ser feito através de um conhecimento amplo da realidade e nosso lugar nela. Diferentemente dos cristãos, PLOTINO compartilha a convicção, com maioria dos filósofos gregos, de que os seres humanos têm o poder de conquistar um conhecimento satisfatório de toda realidade, incluindo a coisas divinas, porque eles são divinos por natureza e o semelhante pode conhecer o semelhante. Portanto, o acesso às coisas divinas é possível sem uma revelação. Mas diferentemente dos estoicos, e dos outros médio-platonistas, PLOTINO é um filósofo de grande capacidade. É muito difícil compreender o seu pensamento, mas igual a toda filosofia que descende de PLATÃO, seu duplo caráter é óbvio. A filosofia é uma avaliação completa da realidade que é, ao mesmo tempo, um guia para a vida, e, no caso de PLOTINO, para uma vida além do mundo sensível. Conhecer esta realidade, para ele como para PLATÃO, requer purificação ou virtude, e não apenas capacidade mental.

O que, de acordo com PLOTINO, é esta realidade que deve ser conhecida, se nós queremos viver adequadamente? Podemos abordar esta difícil questão relembrando o problema do Um e dos Muitos. Os filósofos jônicos procuraram descobrir o princípio unificador por trás da multiplicidade do mundo visível. PLOTINO, na tradição platonista, procura essa unidade naquilo que é inteligível, antes que no que é material. Ele herdou do médio platonismo a visão de que o princípio supremo é Mente e o mundo das Ideias é seu pensamento. Mas PLOTINO, que procurava conciliar PLATÃO e ARISTÓTELES, extrai um princípio da teoria de ARISTÓTELES da percepção sensível para conseguir uma unidade ainda maior entre a Mente e seus pensamentos (as Ideias). ARISTÓTELES distingue duas fases principais em toda mudança; o movimento a partir da potencialidade à realidade. Ele as usa em sua explicação acerca da percepção sensível. Um órgão do sentido, tal como o olho, não é o que ele percebe. Mas um órgão sensitivo é potencialmente *semelhante* ao seu objeto de percepção. Ele realmente se torna semelhante ao objeto que ele percebe. Ele recebe a *forma* do objeto, não o próprio objeto. Por receber sua forma, o órgão sensitivo torna-se como o objeto da percepção. PLOTINO lança mão desta visão na sua explicação sobre a unidade da Mente Suprema e seus objetos, as Ideias. Sua consciência é semelhante ao que ela é consciente; de fato, ela *é* o que a conscientiza, visto que tudo do que a conscientiza são seus próprios pensamentos, que são as Ideias. (Na espiritualidade cristã, encontramos frequentemente um princípio similar, a saber, que nós nos tornamos semelhantes ao que conhecemos e amamos. Isto eleva grandemente a importância da oração, da meditação e da contemplação.)

Todavia, a Mente Suprema e o mundo das Ideias, que são seus conteúdos, não são a mais elevada realidade. Para PLOTINO, a unidade entre a Mente Suprema e as Ideias é, de fato, imensa, mas ainda envolve a dualidade sujeito-objeto. Assim, nós não temos uma absoluta e completa unidade. Acima da Mente e das Ideias há o Um. Seguindo PLATÃO, que na *República* disse que a Ideia do Bem está acima das outras Ideias e além do ser, o Um de PLOTINO está além do ser, e nada pode ser dito sobre ele literalmente, nem mesmo que é. Mas ele também denomina isso de Bem, que ele afirma ser um nome para o Um e não um atributo ou propriedade dele. PLOTINO é claramente influenciado tanto pela unidade dada às Ideias pela Ideia do Bem que se encontra na *República* quanto pela noção de PARMÊNIDES de unidade como absoluta e completa unicidade.

Multiplicidade é o resultado da irradiação "descendente" do Um. Este termo espacial não deve ser entendido literalmente. Ele é um termo ontológico designativo dos degraus da realidade; quanto menos unidade, tanto menos realidade. Assim, nós nos movemos descendentemente nesse sentido do Um. O Um irradia por necessidade, e esta irradiação descende de nível em nível até o universo físico. PLOTINO frequentemente usa a metáfora da emanação para esta irradiação e usa a imagem do sol irradiando luz. O Um, por sua verdadeira natureza, irradia realidades. Ele não perde nada por causa dessa irradiação, assim esta efusão não tem começo nem fim. A ordem total e estrutura de todo o universo é imutável ou estática, mas não está morta. Ela é cheia de vida, e vida, em seu sentido mais elevado, é uma vida de atividade contemplativa intensa e autocontida, da qual, a vida de movimento, mudança, e a produção das coisas no nível físico são imagens pálidas. Assim, embora a ordem total e estrutura nunca mudem, há um "fluxo" dentro dela, que consiste em um movimento descendente a partir do Um e outro ascendente de volta ao Um.

Como ocorre este movimento? Para PLOTINO existem três principais "hipóstases" ou substâncias divinas individuais que compõem o universo inteligível: o Um, a Mente e a Alma. Nós já diferenciamos o Um da Mente pelo fato de que a Mente, a despeito de sua imensa unidade, ainda contém a dualidade sujeito-objeto. Mas nós precisamos explicar o mecanismo que produz o fluxo ou movimento do Um para a Mente. Começamos pela Mente que emana de si a partir do Um automaticamente. A Mente tem o potencial de conhecer. Através da sua atividade de contemplação, o mundo das Ideias surge. Isto acontece porque a Mente procura estar unida com o Um a partir do qual ela emana ou irradia, mas ela mesma não pode permanecer como Mente e, ao mesmo tempo, conhecer o Um. Pois então ela seria sujeito e o Um objeto e a unidade seria absoluta. Mas o que resulta da tentativa da Mente de conhecer o Um é o mundo das Ideias. O mundo das Ideias é a maneira pela qual o Um, ou o Bem, é conhecido pela Mente. A unidade absoluta é conhecida no nível da Mente como multiplicidade das Ideias. Há um alto nível de unidade neste patamar, pois as Ideias têm uma unidade ou ordem, e, por conhecer seu objeto, a Mente se assemelha a ele, de modo que a Mente é seus próprios pensamentos. Mas não é a unidade absoluta do mais alto nível onde a unicidade é completa.

A atividade contemplativa (a tentativa da Mente de conhecer o Um) é, portanto, produtiva. Por seu movimento para fora do Um, a Mente tem o potencial para conhecer; por seu movimento de retorno, isto é, a tentativa real de conhecer o Um, ela engendra as Ideias sobre seu próprio nível de realidade. As Ideias *representam* o Um no nível da mente contemplativa. A Mente ou *Nous* eternamente emana ou irradia a partir do Um como potência (capacidade de conhecer), e a Mente eterna realmente conhece o Um enquanto multiplicidade das Ideias. A Mente não pode alcançar o Um em sua própria unidade, em seu próprio nível, sem perder-se a si mesma. Enquanto ela permanecer em sua própria atividade de contemplação, ela pode receber o Um só em pluralidade.

A terceira grande hipóstase é a Alma. Ela também contempla, ou pensa, mas se distingue da Mente, porque seu pensamento é discursivo, ou seja, seus pensamentos são sucessivos. A contemplação ou pensamento da Mente é intuitiva. Para PLOTINO, como para PLATÃO, o mais elevado nível de conhecimento é o intuitivo. Nele, a Mente tem uma visão de toda verdade de uma vez, antes que de pensamento em pensamento. O nível da Mente para PLOTINO é, então, *noese*, ou o reino do conhecimento intuitivo, onde as Ideias são abarcadas todas de uma vez em um *flash*. Assim, a unidade é mais elevada no nível da Mente que no nível da alma, que é o reino do pensamento discursivo (*dianoia*) onde os objetos são conhecidos sucessivamente.

Das três hipóstases, a alma é a mais ampla em extensão e variedade em sua atividade. Ela é a causa do mundo sensível e representa o mundo inteligível para mundo sensível. Ela não só pensa discursivamente, mas também tem toda a extensão das ideias mais baixas da consciência sensível. Embora distinta da Mente, no ápice de sua extensão, a Alma alcança o reino da Mente, e com a Mente ela pode ascender em autotranscendência à união com o Um. O mecanismo para isso será explicado mais tarde, quando tratarmos da mente humana. Mas notemos aqui que embora as três hipóstases sejam distintas e hierarquicamente arranjadas, elas não são totalmente separadas umas das outras. O Um e a Mente estão sempre presentes na Alma, uma presença que é importante para o retorno dos seres humanos ao mundo inteligível.

A vida da Mente é quietude. Ela é a vida do pensamento em eterna, imediata e simultânea posse de todos os objetos possíveis em seu conhecimento das Ideias, todas de uma vez. A Alma, como a Mente, deseja ser si mesma, ou seja, conhecer. Assim, a Alma pode ser alma somente por meio de não ter todas as coisas presentes nela simultaneamente, mas, antes, por possuir seus objetos um após o outro. Assim, há sucessão para sua consciência, uma contínua série de pensamentos. O mesmo se dá com o tempo. Este é a vida da Alma, "movendo-se de um modo de vida a outro". A Alma é então a fonte imediata do temporal, do universo físico, muito embora a irradiação a partir do Um para a Mente seja a fonte primária. A Alma exerce o papel do artífice de PLATÃO, operando diretamente sobre o universo físico com o que ela recebe da Mente (as Ideais). PLOTINO descreve esta relação com o termo *logos*. Na filosofia grega, *logos* muitas vezes significa o princípio ativo e formativo de alguma coisa. PLOTINO mantém esta ideia, mas fala do *logos* como uma expressão, imagem, ou representação de um nível mais elevado de realidade sobre um nível mais baixo. Assim, a Alma é o *logos* da mente, e os princípios ativos que operam no mundo visível através da Alma são *logoi* das Ideias da Mente. Cada nível da realidade, para PLOTINO, é representado em um nível mais baixo, porém cada imagem de uma imagem é um *logos* ou principio formativo menos poderoso. A realidade é um desdobramento a partir de um ápice que desce, por assim dizer, ou a partir de uma unidade máxima a uma crescente multiplicidade, pois os princípios organizadores (*logoi*) são menos poderosos em cada nível.

A Alma governa o mundo material a partir de "dentro". Isto quer dizer que a Alma não é uma inteligência externa planejando e organizando o movimento da matéria sem mente. As moções e a ordem do mundo material emergem da presença da Alma em seus vários *logoi*, permeando o mundo visível e agindo espontaneamente sem pensamento. Assim, temos as Ideias saltando para fora, como um resultado espontâneo da Mente contemplando o Um, e a produção espontânea da Alma dos *logoi* das Ideias, que, por sua vez, movem e ordenam o universo físico. Mas os produtos próprios da Alma são "mortos", isto é, eles são não geradores. Os *logoi* das Ideias nos corpos são incapazes de uma contemplação suficiente para produzir imagens em um nível ainda mais baixo. Assim, o processo descendente do Um chega ao fim. Coisas são produzidas "horizontalmente", por assim dizer, no mundo físico, mas não há mais qualquer produção "descendente" para um novo nível de ser abaixo do físico.

No grau mais baixo da descida do Um nós alcançamos absoluta negatividade. A descida de criação deve trazer à existência tudo que possa ter algum tipo de existência. O Bem, ou Um, só pode parar de transmitir a si mesmo quando chega ao nível onde não pode mais haver nenhuma imagem da bondade, ou unidade, ou realidade. Isto é chegar à quase existência da "matéria", onde as Ideias (ou seus *logoi*) dos corpos são como reflexos em um espelho disforme. As Ideias não se unem com a matéria para constituir uma realidade única, (como elas fazem em ARISTÓTELES). A matéria é um receptáculo passivo em que as Ideias estão presentes, mas ela permanece totalmente imutável e insensível às Ideias. Ela nunca pode receber quaisquer qualidades positivas nem pode ser levada para mais perto da realidade ou bondade. Ela permanece sempre e totalmente diversidade, privação absoluta e negatividade. Então, a "matéria" do mundo sensível, abaixo da esfera da lua, é maligna. Os corpos celestes são perfeitamente formados por suas almas, e a luz que eles emitem não é algo corpóreo, mas ela manifesta sua atividade incorpórea.

Nós, que somos almas, temos conhecimento do mundo *sensível*, mas só porque podemos conhecer as Ideias da Mente. Nosso conhecimento não deve nada ao corpo ou sentidos. Ele vem diretamente "de dentro" por causa do nosso contato e semelhança com a Mente, que nos ilumina. Os sentidos, no melhor dos casos, nos ajudam a voltar nossa atenção para o interior e para cima. Este mais elevado conhecimento das Ideias provê nossa razão discursiva com os princípios apropriados para fazer julgamentos acerca da experiência sensível e guiar nossa vida no corpo. Nós também, é claro, recebemos informações, em contraste com o conhecimento, acerca do mundo material através dos nossos órgãos sensitivos, mas mesmo as percepções sensíveis, os sentimentos e desejos não são puramente corpóreos. Puras impressões sobre o corpo não podem causá-los; só um corpo animado pode tê-los.

Mas não é o conhecimento do mundo material que é significativo para PLOTINO. A humanidade está *essencialmente* e *sempre* no mais baixo dos três reinos, aquele da Alma. O Um e a Mente estão sempre presentes na Alma e, assim, sempre presentes no nosso verdadeiro eu.

Mas a Alma se estende da mais baixa extremidade do reino da Mente até o mundo sensível. A humanidade é, por essa razão, dupla, com uma alma mais elevada íntima à Mente e iluminada por ela, e uma alma mais baixa. A alma mais baixa é uma expressão ou *logos* de nossa alma mais elevada no nível do mundo físico. Temos o trivial, mas necessário dever de disciplinar a alma mais baixa. Se formos filosóficos, nossas almas mais elevadas não terão mais almas baixas quando deixarmos o mundo sensível. Caso contrário, nós reencarnamos com almas mais baixas e, talvez, em corpos não humanos.

O meio pelo qual conseguimos nos livrar de nossas almas mais baixas é adquirindo conhecimento. Nós, presentemente, estamos entre nossas almas mais elevadas e nossas almas mais baixas. Isto é, nossos intelectos são estimulados pela ação sobre nós a partir de cima (daí damos atenção às Ideias), e também recebemos material de nossos sentidos. Podemos dirigir nossa atenção para cima ou para baixo. Ou seja, podemos usar a iluminação da Mente, que está sempre disponível para nós, para expandir em direção à universalidade no mundo eterno do ser verdadeiro e real, ou podemos nos concentrar nas insignificantes preocupações individuais deste mundo, dos nossos corpos e desejos terrenos. (Também podemos flutuar, em nossa atenção, entre os dois.) Toda a nossa maneira de viver depende da direção de nossa atenção, e é função da filosofia nos orientar e guiar para cima.

PLOTINO muitas vezes descreve este "dirigir-se para cima" como um despertar de nossa obsessão fantasiosa pelas necessidades e desejos dos nossos "eus"[3] mais baixos no mundo do sentido. O caminho para sair deste sonho é uma moral vigorosa e uma autodisciplina intelectual. Nós nos movemos em graus em direção ao reino da Mente, com nossa compreensão discursiva do mundo das Ideias, progredindo do conhecimento *a respeito* dele para a intuição ou contemplação das próprias Ideias. O bem-estar do verdadeiro "eu", a alma mais elevada, não pode ser acrescido por um bem externo, nem pode ser decrescido por qualquer sofrimento ou perda externa por maior que

---

[3] Nota do trad.: Em todos os casos que surge a palavra "eu" ou "eus" com aspas, a palavra em Inglês é *self* ou *selves*, sem equivalente preciso em português.

seja. O complexo corpo-alma pode ser esgotado inteiramente, mas a alma mais elevada não pode ser tocada.

O filósofo pode alcançar a meta da vida, a visão e a união com o Bem (Um) neste mundo e enquanto ele ou ela estiver no corpo. O filósofo, que contempla as Ideias é preenchido com o objeto de sua consciência e, então, se torna semelhante a ele. A este respeito, sua alma é semelhante à Mente, que tem o mesmo objeto para sua atenção e que também é semelhante ao que ela conhece. De fato, a Mente é o que ela conhece – ou ao que ela está unida – e assim também é o filosofo em atenção às Ideias. A união com a Mente é alcançada por meio desta comum contemplação. As distintas almas filosóficas, por serem plenamente instruídas pelas Ideias, são unidas a elas e, assim, unidas umas às outras.

É neste ponto que Plotino considera que cada alma é Tudo. Isto se assemelha à noção hindu de que a libertação da multiplicidade é encontrada no reconhecimento e percepção de que eu sou Tudo. Todavia, em Plotino isso parece significar que cada união subjetiva específica com tudo que é conhecido no nível da Mente, – onde os objetos são as Ideias, que são todas as maneiras possíveis das coisas serem – é a mesma coisa que ser identificada com Tudo. Logo, Plotino pode descrever o objetivo da vida como uma realização da alma como sua própria relação com o Todo. *Conheça-te a ti mesmo*, em Plotino, é conhecer o teu lugar no todo da realidade.

A partir deste nível de união, é possível alcançar a visão final e a união com o Um, ou o Bem. Para Plotino isso é uma experiência mística e, como é o caso de muitos místicos, existem interpretações rivais quanto a ser a experiência mística uma absorção ou uma união em que a particularidade permanece. Mas se nós insistirmos na permanente distinção entre a Mente e o Um, e notarmos que a Mente, ao mesmo tempo, alcança a união com o Um, talvez possamos fazer uma ideia da intenção de Plotino.

Para Plotino, nós podemos estar unidos com o Bem por causa do nosso intelecto que é perfeitamente conforme a ele e é, portanto, feito semelhante a ele. Esta conformidade pode ser alcançada pelo amor. A Mente, que emana a partir do Um pelo pensamento, também procura conhecer o Um (estar unida a ele). A Mente, assim, engendra as Ideias, que são a representação do Um no nível da Mente. Mas além de conhecer o Um (Bem) desta maneira, ela também ama o Um (Bem). Este amor é o poder que a capacita a pensar e, pelo pensamento, a produzir as Ideias como o conteúdo de seus pensamentos. Mas este amor é em si mesmo um estado distinto do estado de conhecimento. É um estado no qual os conteúdos dos pensamentos da própria Mente (as Ideias) não estão presentes nela. Este é comparado a um estado de embriaguez, como se fora de si, em êxtase. (PLATÃO, no *Fedro*, chama o amor de loucura divina.) A Mente em amor alcança a autotranscendência – quer dizer, como ela é sem as Ideias como seus conteúdos – e fica unida ao Um através do amor. A Mente permanece eterna, imutável e simultaneamente em dois estados: um "sóbrio" e um "bêbado", um conhecendo e outro amando. Ela prossegue eternamente sua própria atividade de conhecimento, enquanto, eternamente, ergue-se acima de si mesma em união de amor com o Um.

O filósofo que chegou ao nível da contemplação das Ideias pelo "olhar ascendente" ou "olhar interior" (ambos são o mesmo, pois envolvem um desviar da atenção do mundo dos sentidos como objeto de interesse e desejo), e que, portanto, não está apenas *sabendo* das Ideias, pode, através do amor, experimentar a união extática com o Um ou Bem, sendo unido ao eterno e imutável amor da Mente pelo Um. Assim, o objetivo final pode ser alcançado ainda no corpo sobre a terra. A alma mais elevada pode ter os conteúdos da Mente (as Ideias) presentes nela, e, pela atenção nas Ideias, ter a mente presente nela ou unida a ela. A partir desse conhecer em união com a Mente, ela pode ter o Um, que está presente na Mente, presente nela também pelo amor. Após a morte (a quebra do complexo corpo-alma) a alma mais elevada fica permanentemente em seu próprio lugar sem nenhuma representação de um nível mais baixo. A corporificação (representação em um nível mais baixo) é uma lamentável necessidade da plena efusão do Um ou Bem, mas nós devemos procurar viver, mesmo na corporificação, como se estivéssemos fora do corpo, o que significa viver indiferentes aos desejos materiais e terrenos.

A união extática com Deus através do amor, antes do que através da mente, é explícita em algumas espiritualidades cristãs. Ver, por exemplo, no século XIII, *A Jornada da alma para dentro de Deus*, parte VII, do teólogo BOAVENTURA, e *A nuvem do desconhecido*, de um místico inglês anônimo do século XIV que estava frustrado com os limites do intelecto no conhecimento de Deus.

PLOTINO mesmo teve uma intensa e imediata consciência do esplendor, da força e da solidez da realidade espiritual. Seus escritos, não obstante obscuros e difíceis, exerceram um poderoso efeito sobre aqueles que os estudaram. AGOSTINHO reconhece os efeitos deles sobre ele. Eles o capacitaram a compreender que as realidades espirituais existem e que têm prioridade sobre as sensíveis. Isso foi particularmente importante para AGOSTINHO, pois o livrou da adesão ao maniqueísmo como a melhor explicação para o universo. O maniqueísmo foi uma religião popular, intimamente relacionada aos primitivos sistemas gnósticos. Ele, como estes, considerava o Bem e o Mal duas forças independentes engajadas em um conflito incessante. Ambas são materiais; uma é luz material e a outra é escuridão material. Deus é um vasto corpo luminoso além do céu, de quem procede uma elaborada hierarquia de emanações. O mundo material é um reino de mal e trevas, criado pelo princípio Maligno. Os seres humanos são fragmentos da luz divina, aprisionados nos corpos, dos quais eles podem ser libertos depois de muitas encarnações, através de várias práticas ascéticas e uma ascensão purificadora através das suprarregiões do universo. Graças a PLOTINO e também à pregação de AMBRÓSIO que AGOSTINHO ouviu quando estava se familiarizando com PLOTINO, ele pôde compreender que Deus não é material.

AGOSTINHO (354-430) foi um dos grandes platonistas cristãos. Tanto ele quanto GREGÓRIO DE NYSSA (m. 394), como também outros teólogos do quarto e quinto séculos, começaram a usar as ideias de PLOTINO das três hipóstases divinas para conseguir um conhecimento mais profundo de Deus. As modificações que eles fizeram em PLOTINO são vitais, e elas surgiram por causa da doutrina cristã. A doutrina cristã da criação, em particular, tornava impossível a eles pensar em termos de *graus* da divindade. No cristianismo, há uma profunda divisão entre o Criador e tudo o mais. Ou o Um é plenamente divino ou não é absolutamente divino. (Os arianos, na controvérsia sobre a relação

Capítulo III

de Jesus com Deus entraram em conflito com este princípio quando tentaram manter Jesus, o Filho, com o divino, mas em um menor grau do que Deus, o Pai.) Assim, a hierarquia dos graus da divindade – o Um, a Mente e a Alma – é rejeitada, como também a visão de Plotino do lugar dos seres humanos no extremo mais baixo do espectro da divindade da Mente e no extremo mais alto do espectro da divindade da Alma. Os seres humanos são criados à imagem divina, mas nós não somos divinos, e pervertemos nossa natureza de tal maneira que não podemos restaurá-la simplesmente através do conhecimento, como em Plotino, mesmo se incluirmos o programa da virtude e indiferença ao mundo sensível em nossa compreensão do conhecimento, de modo que inclua tudo de nossas pessoas. Em outras palavras, o pecado e a absoluta necessidade da graça de Deus colocam uma fenda intransponível entre o cristianismo e Plotino, e, de fato, de todas as filosofias helênicas e religiões que veem a natureza humana como essencialmente divina e meramente capturada ou cativa de algum modo no mundo sensível. No cristianismo, o nosso problema não é que nós somos divinos e estamos em um lugar que não é divino. Ter um destino, não significa que o mundo sensível não seja o nosso lugar apropriado ou justo. Para o cristianismo, diferentemente do platonismo, a grande divisão é entre Criador e criatura, não entre o mundo inteligível e o mundo sensível.

Estas são apenas algumas diferenças entre o cristianismo e Plotino. Outra que precisamos explorar mais plenamente, diz respeito à afirmação de Plotino de que o Um excede o nosso pensamento e linguagem. O cristianismo diz isto de Deus, e, de fato, os teólogos de língua grega e Agostinho são influenciados por Plotino nessa matéria. Por isso, é importante esclarecer a maneira distintiva pela qual as convicções cristãs utilizam o que é emprestado de Plotino.

Plotino procura justificar a multiplicidade ao nosso redor. Em vista disso, ele deve postular uma fonte para sua unidade. Assim, por meio de um novo raciocínio, ele deve determinar como essa fonte deve ser caracterizada, se deve, de fato, justificar a realidade múltipla da qual somos conscientes. Ele descobre que a fonte da unidade deve, ela mesma, ter uma unidade que seja absoluta; pois um princípio que procura esclarecer a unidade em toda multiplicidade do universo não pode, ele mesmo, ter falta de unidade ou necessitar de uma unificação ulterior. Ele deve ser unidade absoluta e não pode ter a sombra da pluralidade. Este é o elemento de Parmênides em Plotino.

Para Plotino, ser é, em certo sentido, ser uma unidade. O grau de unificação de qualquer coisa determina seu lugar na escala da realidade. No topo da escala da realidade deve haver aquilo que seja o princípio da unidade, aquilo que dá um grau de unidade a cada coisa a fim de ser um único e coerente todo-na-diversidade, seja isso uma folha de capim, uma vaca ou uma pessoa. Mas o princípio de unidade no topo da escala da realidade deve ser absolutamente um. Assim, este não pode ser Mente e Ideias (um sujeito com os objetos de sua atenção). Isso introduziria pluralidade, pois apesar da unidade entre a Mente e seus pensamentos ser verdadeiramente grande, ela ainda envolve a dualidade sujeito-objeto. Todas as especificações como esta são negadaas em relação ao princípio de unidade por receio de comprometer sua unidade e, então, destruir sua capacidade de dar unidade a tudo mais. O resultado é que nós podemos descrever o Um somente por negações. Ele não é Mente; ele não é uma Ideia; ele não é qualquer ser; não possui as propriedades de quaisquer seres que temos no universo inteligível ou no sensível. Ele está acima de todos os seres e acima do próprio ser.

Este aspecto de Plotino *não* é aceitável para o cristianismo. Ele não é a razão dos teólogos cristãos dizerem que Deus está além das palavras e pensamentos. Eles são influenciados pelas ênfases na unidade porque eles também pensam que a unidade é necessária para que qualquer coisa seja alguma coisa. As propriedades e as ações de uma coisa têm de ser mantidas juntas de alguma maneira. Deus, como Criador, é a fonte de existência de vários tipos de coisas, assim, Deus é a fonte dos vários tipos de unidade que nós encontramos em diferentes coisas criadas. Mas eles não recusam todas as determinações de Deus por receio de comprometer a unidade de Deus, como Plotino faz toda vez que ele tem o sentido de unidade parmediano em mente. Os teólogos cristãos creem que a unidade de Deus não é uma unidade absoluta, enquanto mera negação [lógica] da pluralidade. A unidade de Deus

Capítulo III

está de fato além dos tipos de unidade que as realidades criadas têm. A unidade de Deus não é aquela de um edifício, um organismo, um gênero ou espécie, ou qualquer outra classe ou grupo. Assim, ela está além do pensamento humano. Tudo que podemos dizer é que Deus é genuinamente Um e que a unidade divina é uma unidade rica. Mas *como* o poder, a sabedoria, a bondade de Deus e outras características estão unidas, nós não sabemos. Assim, nós, não tememos atribuir a Deus poder, sabedoria, bondade, amor e outros atributos (tais como ser três pessoas, Pai, Filho e Espírito Santo) como também ações (tais como chamar Israel para ser um povo especial ou tornar-se humano a fim de nos redimir). A unidade de Deus, unicidade divina, não impede os teólogos cristãos de afirmar estas determinações específicas de Deus, não importando o quanto eles nos envolvam no mistério do ser, incapaz de ser compreendido, ou especifiquem a natureza da unidade divina em cada uma delas.

Esta diferença é devida ao fato de Plotino ter de justificar a multiplicidade das coisas no universo e, e para isso, ele precisa encontrar um princípio de unidade. Ele sente que este princípio não pode ser comprometido, pois, assim, ele falharia em seu projeto de justificar a multiplicidade ao nosso redor. Neste sentido, o Um de Plotino é simplesmente o cérebro da realidade. Ele não transcende realmente; não importa o quanto Plotino enfatize que ele está além da Mente, além das Ideias, escapando a qualquer determinação, e fonte de todo o resto. A razão decisiva para se dizer que ao Um de Plotino falta uma transcendência genuína é que este irradia ou emana por *necessidade*. Ele não pode existir *por si mesmo*; deve haver alguma coisa em adição a ele.

A princípio, não se afirma que o Deus cristão é por causa de algum desejo de justificar a multiplicidade ao nosso redor. O povo de Israel confessa que encontrou a Deus, ele os chamou para ser povo de Deus. A ação de Deus no curso de suas vidas mostrou-lhes que Deus está acima de todas as coisas e é a fonte de tudo. Mas Deus cria *livremente*, não por qualquer necessidade. Deus pode existir sem qualquer criatura. *Iahweh* pode criar livremente e pode existir sem qualquer criatura porque a Divindade é completa em si mesma. A concepção cristã da completude de Deus é descrita como consistindo de vida como Pai,

Filho e Espírito Santo. A vida Trinitária é uma vida de plenitude e completude, assim, não há necessidade de criar ou se comunicar fora dela.

A completude de Deus é a razão dele não ser o cérebro de uma hierarquia de seres profanos ou não, que a mente descobre ou postula em sua tentativa de explicar ou entender o universo da multiplicidade; ou em sua tentativa de assegurar nosso bem-estar. Deus pode existir plena e absolutamente sem um universo e, portanto, não é seu cérebro. É nesse sentido que, no cristianismo, Deus transcende todas as realidades criadas. Este sentido contrasta com o sentido da "transcendência" de PLOTINO, que é amplamente aquele cujo princípio de unidade não podemos caracterizar, nem dar-lhe nenhuma determinação porque este seria destruído como o princípio que justifica toda a unidade-na-multiplicidade que encontramos em todas as outras coisas e no universo como um todo.

É por esta razão que os teólogos cristãos do quarto e quinto séculos, que foram influenciados por PLOTINO, modificaram-no. Em resumo, o que eles fizeram foi tirar a noção de uma divindade hierárquica – descendo a partir do Um à Mente e à Alma – e empregar muito do que PLOTINO tem a dizer sobre isso a Deus como Trindade. Assim, as descrições da vida intratrinitária como uma vida de coinerência ou habitação se aproximam da compreensão de PLOTINO das realidades espirituais ou inteligíveis. As coisas materiais não podem ocupar o mesmo lugar, mas se excluem mutuamente. As realidades espirituais, não sendo espaciais, não se excluem mutuamente, mas podem permanecer plenamente presentes umas nas outras. Em sua coinerência elas não são uma mistura, como são as coisas materiais quando unificadas. A circulação da realidade no esquema de "movimento" – "exteriorização" – "retorno" de PLOTINO também foi explorada. Os teólogos fazem uso especial do que PLOTINO tem a dizer acerca da Mente (sua segunda hipóstase) aplicando à segunda pessoa da Trindade, o Filho. O Filho é a sabedoria divina através de quem todos os seres criados são feitos e em quem as Ideias – os modelos de todas as coisas criadas – estão presentes. Portanto, todas as coisas só existem na medida em que elas são mais ou menos representações ou versões imperfeitas das perfeições de Deus. É só por meio dessa participação em Deus que elas possuem ser.

A Bíblia diz que o tamanho e a ordem do mundo natural revelam o poder e a sabedoria de Deus. Mas a identificação, destes teólogos, das Ideias com a Mente de Deus indica que podemos receber, através do mundo natural, um conhecimento muito mais específico de Deus do que apenas impressões do Seu poder e sabedoria. É possível mover-se das limitadas perfeições das criaturas ao conhecimento das perfeições de Deus, em vez de conhecer a Deus somente a partir do ato da chamada de Israel e a partir de outros atos salvíficos na história. Natureza e Escritura, ambas concedem as mesmas verdades acerca da natureza de Deus. A Escritura nos dá os nomes dos atributos de Deus, que são os arquétipos de todas as realidades criadas e, consequentemente, acessíveis a nós a partir de um conhecimento das realidades criadas.

A transcendência de Deus é exprimível e foi expressa pelos primeiros teólogos cristãos pelo uso do *segundo* modo de Plotino falar da transcendência do Um. O Um, em Plotino, é também chamado de Bem. Plotino foi influenciado aqui pela observação de Platão na *República* de que as Ideias derivam sua unidade a partir da Ideia do Bem. Esta permanece acima delas no pináculo da hierarquia das Ideias, e Platão diz que a Ideia do Bem está acima do ser (*ousia*). Plotino dá um passo além de Platão; o Bem não é absolutamente uma Ideia, e, assim, ele às vezes fala alternadamente do Um e do Bem. O Um-como-Bem também não pode ter (ou não tem) quaisquer predicados ou determinações. O Um-como-Bem é a fonte de tudo e é *maior e melhor* do que a realidade da qual é fonte. Sua excelência está além de nossa linguagem e pensamento, que são limitados às Ideias; a suas imagens sensíveis, à Mente, à Alma e às mentes e almas inferiores. Ele ultrapassa a hierarquia das realidades limitadas porque é infinitamente perfeito. Esta maneira de Plotino falar do Um – do Um-como-Bem – segue próxima ao conceito cristão de Deus. Os teólogos também falam de Deus com negações quando dizem que a bondade, o poder e a sabedoria de Deus não são a bondade, o poder e a sabedoria das realidades criadas porque, em Deus, elas são perfeitas e sem quaisquer limites. Elas não podem ser compreendidas pelo intelecto por causa de sua *superabundância*. Mas há uma diferença. Para PLOTINO, o Um-como-Bem está além de todo pensamento porque ele está acima da segunda hipóstase, o mais elevado nível de pensamento. Mas no pensamento cristão, a segunda hipóstase – o Filho, a sabedoria do Pai – é *plenamente* divina. Falar sobre os pensamentos ou da mente de Deus é estar falando de Deus, e não somente de algo que é menos do que a realidade suprema. A razão das realidades criadas não nos revelar plenamente a natureza de Deus não é porque as criaturas refletem alguma coisa menor do que a realidade suprema. É porque, em primeiro lugar, as criaturas são reflexos e apenas reflexos da realidade suprema. Em segundo lugar, Deus não tem absolutamente de criar nada. A plenitude de Deus é tal que ele é completo sem as criaturas. Essa completude, tal como é em si mesma, é incognoscível a nós. Tal conhecimento da plenitude da natureza divina, tal como nós temos, nos é dada através da revelação de Deus a nós como Criador e Redentor. Deus, então, ultrapassa as criaturas não só na medida em que bondade, poder, sabedoria e outras qualidades que elas tenham sejam versões limitadas ou reflexos da natureza divina, mas, também, porque elas são versões limitadas ou reflexos daquela natureza na medida em que Deus escolheu estar relacionado a elas. Não se trata meramente do fato de que a mente humana não pode caracterizar a unidade e bondade da Fonte de tudo que torna nossas caracterizações de Deus limitadas. É que a fonte de tudo é mais do que a fonte da unidade e bondade do universo criado.

A despeito dessa importante diferença, a noção de PLOTINO da segunda hipóstase como Mente, e das Ideias com seus pensamentos, é usada pelos teólogos como base para *algum* conhecimento de Deus *na medida em que Deus é o Criador*. Deus é tudo que eles refletem e mais, porque, como sua fonte, Deus é mais do que as suas limitadas perfeições e porque há mais na natureza divina do que ser a causa do universo e o Redentor dos seres humanos caídos. Uma escada dos seres consistindo de degraus de perfeição das criaturas é estabelecida quando os arquétipos das criaturas são identificados com a Mente de Deus, e *algum* conhecimento de Deus nessa relação é possível.

PLOTINO também influenciou grandemente a descrição da perfeição da alma e a vida espiritual. Tanto PLOTINO quanto os platonistas cristãos pensam a perfeição, ou nosso derradeiro fim, em termos de nossa unidade com a realidade suprema. Para ambos, a unidade é alcançada através do ato de nos tornar semelhantes ao mais elevado. Em PLOTINO nós nos tornamos semelhante à Mente (antes de nos movermos para a união final com o Um) pelo conhecimento das Ideias (primeiro discursivamente, e então intuitivamente). Mas, como almas mais elevadas, nós estamos sempre próximos e mesmo presentes na Mente. Em outras palavras, nosso *potencial* de conhecimento das Ideias está sempre presente em nós como parte de nossa natureza. Nosso próprio lugar – no nível da Mente – é inerente a nossa natureza e não é algo concedido a nós. Nem pode ser perdido, mesmo quando nos tornamos corpóreos. Nossa restauração (ou salvação) é então um simples movimento a partir do ser *potencialmente* semelhante à Mente para tornar-se *realmente* semelhante à Mente, isto é, realmente conhecer as Ideias de modo intuitivo. Então, com a Mente, nós podemos entrar em união com o Um.

No cristianismo, nós *não* temos uma semelhança com Deus no sentido de estarmos na mais baixa extremidade do nível divino da realidade, mesmo potencialmente. Embora sejamos feitos à imagem e semelhança de Deus, somos criaturas. Jesus, no entanto, é divino e humano. Assim, ele é o mediador entre nós e Deus. Nossa relação com Deus é estabelecida pela fé e graça, pois estamos em um estado de pecado. Nós somos, assim, levados por meio de Cristo à participação na vida divina.

Pelo fato dos cristãos platonistas pensarem Cristo similarmente à segunda hipóstase de PLOTINO (a Mente divina), eles imaginam nossa ascensão à união com Deus de uma maneira similar; a saber, como ocorrendo através de um crescente conhecimento de Deus. Cristo, como a sabedoria de Deus, ilumina nossas mentes para nos dar conhecimento dos princípios da natureza criada, tanto física quanto humana, e também das ações de Deus na história. Para nós, crescer no conhecimento de Cristo, que é a sabedoria de Deus, é nos tornar mais semelhantes ao que nós conhecemos. Crescer em nosso conhecimento das relações entre o Pai, Filho e o Espírito Santo é nos mover ainda mais rumo à semelhança deles. Assim, por mais que a fé e a graça estejam envolvidas na revelação, a sabedoria também está envolvida em nossa ascensão espiritual. A meta final é a deificação (*henosis*). Nós permanecemos criaturas, assim, não nos tornamos Deus; mas temos tal *semelhança a Cristo como humano* que isto torna possível nos unirmos à Trindade. Isto quer dizer, compartilhamos da vida divina, e esta é a razão para termos sido criados.

A tradição platonista, mesmo quando cristianizada pela fé e a graça, e pelo amor e obediência, tem uma tendência a exagerar na ênfase do papel de um crescente conhecimento de Deus na ascensão da alma. O conhecimento é altamente "espiritualizado", ou seja, ele encoraja um constante afastamento do universo criado onde estamos para aprender a viver, uns com os outros, como criaturas perdoadas. Isso tende a encorajar uma vida contemplativa como sendo a vocação cristã por excelência.

Há notáveis restrições, e mesmo exceções, neste padrão, entre os platonistas cristãos mais importantes. GREGÓRIO DE NYSSA, por exemplo, considerava que a união com Deus consiste de uma unidade da nossa vontade com a vontade de Deus. Ele e seu contemporâneo, GREGÓRIO DE NAZIANZO, afirmaram que, mesmo no mundo por vir, estaremos sempre crescendo no conhecimento de Deus, pois Deus é ilimitado ou infinito, como nós diríamos.

PLOTINO exerceu um efeito claramente infeliz sobre os platonistas cristãos, mas que pode ser ilustrado com AGOSTINHO. PLOTINO pensava a alma como uma substância, isto é, capaz de existir por si mesma, fora do corpo. AGOSTINHO, como um cristão, sabia que toda pessoa não é apenas uma alma, mas corpo e alma (ou espírito, alma e corpo, se seguirmos algumas considerações de Paulo, mas isto não muda o que está sendo colocado aqui). No entanto, AGOSTINHO ainda considerava a alma como uma substância espiritual separada, independente e completa. Para ele, somos almas racionais que têm um corpo do qual nos utilizamos.

Nós podemos ver esta perspectiva da alma, como completa em si mesma, em operação, na teoria do conhecimento de AGOSTINHO. Em sua refutação dos céticos, ele confia no nosso conhecimento de nós mesmos como sujeitos pensantes. Este conhecimento não é alcançado através dos sentidos. De fato, seguindo os platonistas, sempre que emitimos um juízo verdadeiro, este deriva sua necessidade e universalidade de alguma iluminação de nossas mentes pelas Ideias que se encontram na mente de Deus. Assim, é só a partir de Cristo, a divina sabedoria, que nós alcançamos a verdade não só em relação a matérias espirituais, mas também em relação a este mundo. (AGOSTINHO nunca explica precisamente como nossas mentes são iluminadas pelas verdades eternas, as Ideias.)

Esta ênfase sobre a alma como uma substância espiritual com acesso ao genuíno conhecimento espiritual – em contraste com a informação provida pelos sentidos – encorajou AGOSTINHO em direção a uma "interioridade". Como PLOTINO, ele tende a se afastar do mundo externo e material (muito embora este esteja baseado nos arquétipos da mente divina) e a se concentrar na a relação entre Deus e a alma. Isto, de fato, tende a sublimar a vida cristã. No entanto, nós veremos que a partir de sua grande obra *Sobre a Trindade*, que a interioridade platônica de AGOSTINHO pode, ainda assim, alcançar resultados positivos.

O reavivamento platonista, que começou por volta do ano 100 a.C., não se concluiu com PLOTINO. Ele passa por uma nova fase que é muitas vezes chamada de neoplatonismo, para distingui-lo do médio platonismo. Ele expandiu grandemente os níveis das realidades inteligíveis e adicionou complexidades às relativamente simples hierarquias de PLOTINO. Dois aspectos do platonismo depois de PLOTINO são de importância para nós, e ambos têm sua origem em PROCLO (410-485), que liderou a Academia em Atenas. Primeiramente, PROCLO rejeita completamente tanto a visão da matéria como maligna como o princípio do Mal, que nós encontramos em PLOTINO. Para PROCLO, a matéria é parte da ordem universal e, não obstante, boa. O mal não é matéria, mas simplesmente a ausência ou deficiência de bem. O Mal não tem ser, mas é sempre um defeito ou perversão no que é bom. Ele é, então, um parasita e não uma realidade à parte do bem. Essa compreensão do mal como privação é muito difundida na teologia cristã.

O segundo ponto de interesse para nós é uma série de obras coletivamente conhecidas como *Corpus Areopagiticum*. Estas obras foram supostamente escritas por um ateniense convertido pelo apóstolo

Paulo, DIONÍSIO AREOPAGITA. Elas desfrutaram de grande estima tanto no Oriente grego quanto no Ocidente latino. HUGO DE SÃO VICTOR († 1141) comentou a *Hierarquia Celeste*, e TOMÁS DE AQUINO escreveu um comentário sobre *Os Nomes Divinos* em 1261. Na verdade não sabemos quem foi o autor do *Corpus Areopagiticum*, mas eles foram claramente escritos muito tempo depois do tempo de Paulo. O seu autor é muitas vezes chamado de PSEUDO-DIONÍSIO. A delimitação da data de sua composição se encontra entre os períodos posteriores aos capadócios (IV século) e anteriores ao ano 528. O PSEUDO-DIONÍSIO aparentemente se valeu de PROCLO, e, se não, certamente dos neo-platônicos do século V que havia, em grande parte, aperfeiçoado a relativamente simples hierarquia de PLOTINO. PSEUDO-DIONÍSIO desenvolve, em grandes detalhes, como nós podemos conhecer a Deus a partir de um conhecimento das criaturas de Deus, como esse conhecimento é limitado e como a alma pode ascender à união com Deus. Sua influência sobre o cristianismo bizantino foi imensa, e considerável sobre o Ocidente latino medieval.

Semelhante a PROCLO, ele descreve duas maneiras de aproximação a Deus, uma positiva (*catafática*) e outra negativa (*apofática*). A maneira positiva começa com aquelas criaturas que são mais parecidas a Deus, ou as melhores manifestações de Deus. É mais verdadeiro dizer que Deus é sabedoria, vida e bondade do que dizer que Deus é ar ou pedra. Os nomes sabedoria, vida e bondade referem-se a alguma coisa que está realmente em Deus, mas Deus é ar ou pedra no sentido de que ele é a causa delas. A maneira negativa começa com as coisas que são menos semelhantes a Deus. Nós então negamos que Deus seja estas coisas e nos elevamos às coisas que lhe são mais e mais representativas.

Mas, em ambos os casos, – a maneira positiva, ou de eminência, ou negativa, de redução – o que nós aprendemos acerca de Deus, a partir das criaturas, não pode ser aplicado a Deus como ele é em sua essência. Devemos negar tudo que dizemos acerca de Deus. Quando negamos, por exemplo, que Deus é sabedoria, poder ou bondade, não é porque Deus está *abaixo* da sabedoria, do poder ou da bondade, mas, pelo contrário, porque Deus está *acima* delas. Deus é hipersabedoria, hiperpoder e hiperbondade. De que maneira estas coisas são em Deus e como elas estão unidas na realidade divina, nós não podemos saber.

Estas duas vias nos capacitam, no entanto, a nos mover do nível de conhecimento que elas proporcionam à compreensão de que Deus é, em essência, incognoscível. Este é um estado positivo. Na verdade, para alcançar um estado de desconhecimento (*agnosis*), nós nos movemos para a união (*hemosis*). A "escuridão divina" do desconhecido, na qual nós entramos, não é uma falha do intelecto, mas uma expansão de nossas mentes até que nós não possamos mais confiar em seu poder, mas, pela submissão delas, encontramos o Um que vem ao nosso encontro.

Os Pais gregos e Agostinho extraíram muito extensivamente da filosofia de Platão e dos platonistas. Mas nós vimos que outros elementos, tais como o estoicismo e a psicologia da percepção de Aristóteles e sua noção de potência e ato, exerceram importantes papéis mesmo no mais platônico dos platonistas, o próprio Plotino. Todavia, o reavivamento platônico determinou tão profundamente a visão de tantos teólogos que nem sempre é fácil reproduzir as categorias de pensamento grego platônicas para as latinas, especialmente depois de Aristóteles ter traçado um grande percurso pelo Ocidente latino na Idade Média. A ênfase sobre o Um e sua elevação acima do ser em si mesmo no neoplatonismo levou Etienne Gilson em sua *História da Filosofia Cristã na Idade Média* a considerar retorcidamente que "os sutis e um tanto laboriosos comentários de Tomás de Aquino sobre *Os nomes divinos...* deixam abundantemente claro que não é fácil falar, de uma vez e ao mesmo tempo, a linguagem do Um e a linguagem do Ser" (p. 94).

Capítulo IV
ARISTÓTELES

Suas Categorias *e o Mistério de Deus*

Nós dividiremos nossa cobertura de ARISTÓTELES em duas partes. Aqui, examinaremos as *Categorias* de ARISTÓTELES porque esta obra, ao lado de outra de lógica, *Sobre a Interpretação*, são as suas únicas conhecidas, dos tempos antigos, até a Idade Média (após a queda de Roma). Não foi senão na metade do século XII que o resto das obras de ARISTÓTELES tornou-se acessível no Ocidente latino. Antes disso, os Pais gregos as haviam usado somente de maneira econômica dentro do seu platonismo; BASÍLIO DE CESAREIA foi uma exceção. Consideraremos, então, uma breve seleção de textos sobre a Trindade a partir dos escritos de um dos maiores interpretes e defensores do Concílio de Niceia (325). Colocando este e o outro material filosófico em ação, por assim dizer, nós ilustraremos seu valor para a compreensão teológica.

Embora as *Categorias* de ARISTÓTELES seja uma obra riquíssima em suas implicações, suas ideias básicas podem ser estabelecidas, antes, de maneira simples. Primeiramente, há os indivíduos, tais como uma pessoa particular, um cavalo particular, um repolho particular. Nós, muitas vezes, nos referimos a eles por nomes próprios, tais como "João" ou "Pégaso", ou apontamos para eles e dizemos: "Este repolho!" ARISTÓTELES chama tais indivíduos de substâncias primárias.

Em segundo lugar, indivíduos tais como pessoas, cavalos e repolhos têm qualidades, tais como as cores. É dito que estas qualidades estão "presentes nas" substâncias primárias, isto é, elas não podem existir independentemente ou à parte dos indivíduos. (Por exemplo,

Capítulo IV

o verde não pode existir independentemente dos indivíduos que são verdes.) *Predicar* a qualidade de um indivíduo (dizer que: "O repolho é verde") requer palavras que são gerais. Uma palavra que é usada exclusivamente para falar de um indivíduo não é um predicado. É um nome próprio, como "João" ou "Pégaso". A palavra *verde* é um predicado porque é usada para falar da cor de alguma coisa que é verde e não para falar apenas da cor de um único e exclusivo objeto. Isto é possível porque as cores, tais como as várias tonalidades do verde, são similares umas as outras. Assim, nós podemos usar uma palavra tal como verde para falar de todas elas; e nós podemos dizer: "Este repolho é verde", predicando a "verdura" do repolho porque sua cor é similar à cor de outros repolhos particulares e, de fato, à cor de outras coisas particulares. Assim, nós temos uma distinção entre substâncias primárias e acidentes (substâncias e qualidades "presentes nas" substâncias). Esta é também uma distinção entre sujeitos e predicados, coisas que nós dizemos em relação aos sujeitos.

Agora nós podemos fazer outra importante distinção. Indivíduos, ou substâncias particulares, não têm somente qualidades, mas podem também ser agrupados dentro de *tipos* de substâncias. Homens particulares são similares uns aos outros e, assim, porque eles são semelhantes, nós podemos falar de todos eles como "homens". O mesmo dos cavalos e repolhos. Nós podemos dizer: "João é um homem", "Pégaso é um cavalo", e "Isso é um repolho". "Homem", "cavalo" e "repolho" podem ser predicados de substâncias individuais. Eles nos dirão que *tipo* de substância individual e substância particular cada qual é. Nós podemos considerar a semelhança entre tipos de indivíduos – espécies – tais como a semelhança entre homens e cavalos, e assim formarmos a ideia de gênero "animal". Estas também podem ser predicados de indivíduos: "João é um animal", e "Pégaso é um animal". Ou podemos mesmo fazer as seguintes combinações: "João é um homem, e o homem é um animal" e "Pégaso é um cavalo, e um cavalo é um animal". Gênero (a maneira em que as espécies são semelhantes) e as espécies são chamadas "substâncias secundárias" em contraste com as substâncias individuais ou substâncias primárias. (ARISTÓTELES não usa as expressões "substância primária" e "substância secundária" em seus outros escritos, mas mantém a distinção. Ele fala de substâncias, gêneros e espécies. Mas não obstante sua terminologia, a ideia de *tipos* de substâncias é absolutamente vital a sua filosofia. É útil lembrarmos de que, quando pensamos acerca de "tipos", ou "classes" de indivíduos, "gênero" vem da palavra grega *gênesis*, significando "nascimento", visto que a noção de substância secundária é estreitamente relacionada aos *tipos* naturais de coisas que são engendradas pelo nascimento, em contraste com as coisas artificiais. Mas ele aplica os termos *gênero* e *espécie* tanto aos tipos de coisas naturais quanto artificiais.)

As coisas mais importantes que nós predicamos de um indivíduo (para propósitos filosóficos, como veremos) são seu gênero e espécie. Estes nos dão sua essência; nos dizem *o que* o indivíduo é; nos dizem o *tipo* de ser que ele é. (Isto é um homem; isto é um cavalo; isto é um repolho. O "isto", em cada exemplo, refere-se a uma substância primária; "homem", "cavalo" e "repolho" referem-se ao tipo de coisa que cada "isto" é.) As outras coisas que nós predicamos de uma substância primária *não* nos dizem o tipo de coisa que ela é. Assim, existem dois tipos de predicados: aqueles que nos dizem que tipo de coisa cada coisa individual é e aqueles que não dizem. Substâncias secundárias nos dizem o que uma substância é *essencialmente*; os outros predicados nos dizem o que ela é *acidentalmente*. (Por exemplo, João tem 1.60 de altura e é branco. Mas um homem pode ter 1.80 de altura e ser amarelo. Assim, a fim de ser um homem, João não precisa ter a altura que tem ou ser branco.)

Nós podemos colocar esta distinção de outra maneira. Temos uma divisão entre substâncias e acidentes (entre indivíduos e o que está presente neles). Temos uma distinção entre as próprias substâncias: substâncias individuais (substâncias primárias) e *tipos* de substâncias (substâncias secundárias). Gênero e espécies, que agrupam substâncias individuais dentro de vários tipos de substâncias, e acidentes são predicados de substâncias primárias. Mas só o gênero e a espécie nos dão o que é essencial a uma substância primária, isto é, nos dizem o que uma substância primária *deve* ter a fim de ser esse tipo particular de realidade.

Em geral, existem dez categorias (o número varia em outras obras). Substâncias primárias e secundárias compõem a primeira das dez categorias. Aqueles atributos que estão "presentes nas" substâncias primárias são agrupados dentro de nove categorias, de acordo com suas similaridades. Os nove tipos de atributos presentes nas substâncias são quantidade, qualidade, relação, lugar, tempo, posição, ter (por exemplo, um paletó), agir e sofrer. Estas nove categorias são os *tipos* mais gerais de termos predicado (ou classes de predicados). Podemos ilustrar estas nove categorias como segue: "João tem 1.60 de altura, é branco, maior que o seu irmão, em Atenas, de manhã, em pé, com um casaco, caminhando com alguém e sentindo calor." Nenhum destes atributos é *essencial* para "ser homem" (espécie) ou "ser um animal" (gênero). Eles são os modos pelos quais um homem, que é um animal, *pode* ser. Mas só o gênero e a espécie nos dizem o que o indivíduo João deve ser a fim de ser o tipo de indivíduo que ele é (um homem, que é um animal). Nós não *definimos*, no entanto, um indivíduo (João). Nós *identificamos* indivíduos e definimos *espécies* (homem). Nós definimos uma espécie (homem) apresentando seu gênero e diferença (animal e racional).

Na *Metafísica*, ARISTÓTELES diz que as categorias são os sentidos pelos quais se pode dizer que uma coisa "é". Em um sentido, "ser" (*ousia*) significa uma substância individual; em outro sentido, "ser" significa "o que uma coisa é"; em ainda outro sentido, significa "uma coisa é de tal e tal quantidade, qualidade, relação etc." Mas ser uma substância individual (primária) é o sentido fundamental do ser. Existem tipos de substância somente pelo fato de que existem substâncias individuais; e "bom" ou "sentado" deve ser dito daquilo que é bom ou está sentado. Todavia, aquilo que "é" *primária e simplesmente* (não "é alguma coisa") é uma substância primária.

Agora, vamos presumir que uma pessoa tenha esta informação acerca das *Categorias* de ARISTÓTELES e leia a *Carta 38* de GREGÓRIO DE NYSSA, escrita em torno do ano 380, na qual ele procura informar seus correspondentes acerca da maneira apropriada de falar da unidade da Trindade. Minha asserção é de que ela será capaz de evitar uma interpretação *incorreta* de GREGÓRIO e também ser capaz de formar uma compreensão razoavelmente segura do que GREGÓRIO está dizendo acerca da unidade de Deus. Citaremos apenas a parte de abertura da carta de GREGÓRIO, que foi, por muitos séculos, incorretamente atribuída a seu irmão mais velho, BASÍLIO O GRANDE. Estes dois irmãos, juntamente com GREGÓRIO DE NAZIANZO, referidos na história da Igreja como os "Pais Capadócios", são responsáveis pela fixação da linguagem e significado da Trindade como *mia ousia, treis hypostaseis*, o equivalente grego de "uma substância, três hipóstases", que é uma tradução do Latim. GREGÓRIO escreve:

> 1. Muitas pessoas, em seu estudo dos dogmas sagrados, não conseguindo distinguir entre o que é comum na essência, ou substância, e o significado das hipóstases, chegam a estas mesmas noções e pensam que não faz diferença alguma dizermos οὐσία / *ousía*, ou hipóstase. O resultado é que algumas destas, que aceitam declarações sobre estes temas sem qualquer investigação, ficam satisfeitas em falar de "uma hipóstase", exatamente como elas fazem quando falam de uma "essência" ou "substância"; enquanto, por outro lado, aqueles que aceitam três hipóstases ficam conformados com a ideia de que eles são obrigados, em acordo com esta confissão, a declarar também, por meio de analogia numérica, três essências ou substâncias. Sob estas circunstâncias, a fim de não cairdes dentro de um erro similar, compus um curto tratado para vós por meio de um memorando. O significado das palavras, em poucas palavras, é como segue:
>
> 2. Em relação a todos os substantivos, o sentido de alguns, que são predicados dos sujeitos plural e numericamente variados, é mais geral; como, por exemplo, *homem*. Quando nós assim dizemos, empregamos o substantivo para indicar a natureza comum, e não para confinar nosso significado a qualquer homem em particular que é conhecido pelo nome. Pedro, por exemplo, não é mais *homem*, que André, João ou Tiago. O predicado, não obstante ser comum e extensivo a todos os indivíduos classificados sob o mesmo nome, requer alguma nota distintiva por meio da qual possamos entender não homem em geral, mas Pedro ou João em particular.
>
> De alguns substantivos, por outro lado, a denotação é mais limitada; e pela ajuda desta limitação nós temos diante de nossa mente não a natureza comum, mas a limitação de alguma coisa, tendo, tanto quanto a peculiaridade se estende, nada em comum com o que é do mesmo tipo; como, por exemplo, Paulo ou Timóteo. Pois, em uma palavra, a partir deste tipo não há nenhuma extensão ao que é comum na natureza; há uma separação de certas concepções circunscritas a partir da ideia geral, e expressão delas por

meio de seus nomes. Suponhamos, então, que dois ou mais sejam colocados juntos, como, por exemplo, Paulo, Silvano e Timóteo, e que uma indagação seja feita quanto à essência ou substância da humanidade; ninguém dará uma definição da essência ou substância no caso de Paulo, uma segunda no de Silvano e uma terceira no de Timóteo; mas as mesmas palavras que tenham sido empregadas na demonstração da essência ou substância de Paulo se aplicarão também aos outros. Aqueles que são descritos pela mesma definição de essência, ou substância, são da mesma essência, ou substância, quando o inquiridor tiver aprendido o que é comum e volte sua atenção às propriedades diferenciadoras por meio das quais um se distingue de outro, à definição pela qual cada qual é conhecido e determinado não mais como designado em todos os particulares pela definição de outro, muito embora em alguns pontos sejam encontrados acordos.

3. Minha declaração, então, é esta. Que o que é falado de uma maneira especial e peculiar é indicado pelo nome da hipóstase. Suponhamos que dizemos: "um homem". O significado indefinido desta palavra incide certo sentido vago sobre os ouvidos. A natureza é indicada, mas o que subsiste e é especial e peculiarmente indicado pelo nome não se torna claro. Suponhamos que dizemos: "Paulo". Nós anunciamos, pelo que é indicado pelo nome, a natureza subsistente.

Esta então é a hipóstase, ou *"compreensão"*, não a concepção indefinida da essência ou substância, que, por causa do que é significado em geral, não encontra *"estabilidade"*, mas a concepção que, pelo significado das peculiaridades expressas, dá *estabilidade* e circunscrição ao geral e incircunscrito.[1]

GREGÓRIO escreve esta carta, ele nos diz, para evitar que as pessoas usem de *ousia* e *hipóstase* alternadamente. Se alguém não consegue distinguir os dois termos, o Pai, o Filho e o Espírito Santo, que são uma *ousia*, serão também uma *hipóstase*. Como uma hipóstase, eles seriam um indivíduo, e isso impediria o conhecimento de que o Pai, o Filho e o Espírito Santo são irredutivelmente distintos. Por outro lado, se aceitamos três *hipóstases* (que o Pai, o Filho e o Espírito Santo são distintos um do outro e irredutíveis) se chegaria à conclusão de que eles são três *ousioi*, e assim destruiria a unidade de Deus. GREGÓRIO

---

[1] Extraído de: *Nicene and Post-Nicene Fathers* [Os Pais Nicenos e Pós Nicenos], 2d ser., ed. Phillip Schaff and Henry Wace, trad. Blomfield Jackson (Grand Rapids: Wm B. Eerdmans Publisging Co., 1955), 8:137-38. Este volume contém as obras de Basílio.

formula uma distinção entre *hipóstase* e *ousia*, entre indivíduos e sua natureza comum, de modo que *hipóstase* e *ousia* não sejam usadas alternadamente.

Alguns substantivos, ele escreve, são predicados de mais do que um sujeito, tal como o substantivo "homem". Este substantivo se refere a uma natureza comum (à humanidade), e não é restrito a qualquer homem em particular. Pedro não é mais homem do que André. GREGÓRIO se refere à natureza comum como "essência ou substância" (assim ele traduz a palavra *ousia*). "Homem" corresponde à substância secundária (*deutra ousia*) de ARISTÓTELES; "homem", para ARISTÓTELES, se refere a uma espécie.

Outros substantivos que são nomes, continua GREGÓRIO, denotam indivíduos, tais como Pedro, André, Paulo. GREGÓRIO se refere a um indivíduo como hipóstase. Seu uso é paralelo ao de substância primária (*protê ousia*), ou seres individuais, de ARISTÓTELES. A qualquer pessoa que perguntasse pela essência ou substância da "humanidade", responde GREGÓRIO, não seria dada uma definição a partir de Paulo, outra de Silvano e uma terceira de Timóteo. As mesmas definições seriam usadas para dar a essência ou substância de todos os homens. Eles são da mesma essência ou substância (*houmoousioi*). Assim, GREGÓRIO afirma que os termos *ousia* e *hipóstase* não devem ser usados alternadamente: *ousia* se refere à essência ou substância; *hipóstase* se refere aos indivíduos, que podem ter uma comum *ousia*, ou uma natureza comum.

Em muito da exposição de GREGÓRIO nós podemos seguir facilmente porque ela corre paralelamente à distinção de ARISTÓTELES entre substância primária e substância secundária. Mas GREGÓRIO não aplica as palavras *ousia* e hipóstase a Deus precisamente da mesma maneira que ele faz a indivíduos tais como Pedro, André, Paulo, Silvano e Timóteo. Pai, Filho e Espírito Santo são distintos e, não obstante, unidos. Isto é similar, mas não idêntico a dizer que Pedro, André e Paulo são indivíduos, não obstante são unidos porque têm uma natureza comum. GREGÓRIO traça uma distinção entre os indivíduos e a natureza da qual eles compartilham, no caso das pessoas e coisas comuns, para evitar o uso de *hipóstase* e *ousia* de modo alternado quando falamos de

Deus. Mas quando falamos da *unidade* do Pai, Filho e Espírito Santo, *ousia* tem significado diferente de quando nos referimos, por este termo, à natureza comum de Pedro, André e Paulo. Estes compartilham de uma natureza comum enquanto homens – eles são da mesma *ousia* – mas eles não são tão unidos a ponto de ser *um homem*. Eles são *três homens*. Pai, Filho e Espírito Santo têm uma natureza comum enquanto Deus – a mesma *ousia* – mas eles não são *três* deuses. Eles são *um Deus*. Assim, a *ousia* do Pai, Filho e Espírito Santo não é uma substância secundária, isto é, um gênero ou espécie.

Vemos então que GREGÓRIO transcende as *Categorias* de ARISTÓTELES. É um erro pensar que ele crê que a unidade de Deus seja idêntica à unidade entre indivíduos (por exemplo, homens) que têm a mesma *ousia*. Todavia, é só por um conhecimento das *Categorias* de ARISTÓTELES que nós podemos entender a acusação comumente feita de que GREGÓRIO tenta explicar a Trindade nos moldes aristotélicos (e então, assim, enfatizar a distinção dos indivíduos como o achado adequado da unidade de Deus). GREGÓRIO sabe que a unidade dos indivíduos que compartilham uma natureza comum é, no melhor dos casos, apenas análoga à distinção e unidade do Pai, Filho e Espírito Santo. Mesmo que se o interprete sob uma compreensão platônica das naturezas comuns, em que particulares participam em uma única Ideia (de modo que a unidade entre indivíduos é maior do que a aquela que é encontrada em ARISTÓTELES), GREGÓRIO claramente crê que a unidade dos indivíduos seja só um reflexo da unidade do Pai, Filho e Espírito Santo. Assim, ele escreve:

> Contudo, recebam o que eu digo como, no melhor dos casos, um símbolo e reflexo da verdade; não como a real verdade em si mesma. Pois não é possível que haja aí uma completa correspondência entre o que é visto nos símbolos e os objetos em referência aos quais é adotado o uso dos símbolos.[2]

Sua ênfase sobre a distinção entre *hipóstase* e *ousia*, quando estamos tratando de pessoas, tem a intenção de nos guardar do uso destes

---

[2] *Ibdem*, 139.

termos de maneira alternada; pois se eles forem usados desta maneira, nós seremos levados ou a negar as distinções entre Pai, Filho e Espírito Santo ou a afirmar três deuses. Por um lado, a maneira que nós usamos *hipóstase* e *ousia* para pessoas é só uma analogia para auxiliar o seu uso apropriado em relação ao Pai, ao Filho e ao Espírito Santo. A *ousia* do Pai, Filho e Espírito Santo não é uma substância secundária; pois Pai, Filho e Espírito Santo não têm a mesma *ousia*; eles são a mesma *ousia*. Eles são uma *ousia* porque eles são Deus. Nem um dos dois tipos de unidade – aquela de um indivíduo (uma *hipóstase*) e aquela de uma natureza comum (uma *ousia*) – é a unidade que Deus tem. Há somente uma similaridade entre a unidade de muitos indivíduos que têm uma natureza comum e a unidade entre o Pai, o Filho e o Espírito Santo.

Nós não procuraremos aqui apresentar uma extensa explicação acerca das opiniões de Gregório de Nyssa acerca da unidade do Pai, o Filho e o Espírito Santo, pois nosso propósito é meramente dar um exemplo de como o material filosófico neste livro pode nos capacitar a compreender melhor uma doutrina central e um teólogo importante. O texto que nós selecionamos é particularmente ajustado ao nosso propósito, e um retorno tão rico não pode ser esperado em relação a toda doutrina e teólogo que se examina. Por outro lado, o texto que examinamos é conhecido, escrito por teólogo cuja obra, sobre uma doutrina central do cristianismo, foi crítica no estabelecimento do seu significado.

Uma compreensão das *Categorias* de Aristóteles também torna as questões levantadas no Concílio de Niceia mais inteligíveis. O concílio entendeu a unicidade em substância (*ousia*) como significando uma unidade genérica, de modo que é a *semelhança* ou *igualdade* de substância (*homoiousia*) que é afirmada? Ou a unicidade em substância era entendida como significando uma *unidade* de substância (*homoousia*)? O que dissemos sobre a importância do material filosófico para a compreensão de Gregório, também serve quanto à compreensão de Atanásio da natureza da unidade do Pai, Filho e Espírito Santo, como também serve para a compreensão de todos os três Pais Capadócios.

Há outra questão muito importante que o breve texto de Gregório de Nyssa nos capacita a levantar sobre a natureza da teologia. A ocultabilidade de Deus, ou o mistério do ser divino, que deve permear toda reflexão teológica, não deve ser evocada *arbitrariamente*. Ela emerge, antes, em conjunturas específicas, quando reconhecemos que chegamos a um ponto onde a verdade está além de nossa capacidade de compreender; é quando nós podemos atribuir nossa ignorância ao mistério. Uma dessas conjunturas é bem ilustrada pela reflexão de GREGÓRIO sobre a unidade do Pai, Filho e Espírito Santo. Sua unidade está além dos conceitos que nós usamos para caracterizar a unidade das pessoas e das coisas. Nossa compreensão de Deus surge de nossas reflexões sobre suas operações ou ações (*energeia*) pelas quais ele se relaciona conosco.³ Alguns conceitos da natureza divina são obtidos por nós a partir das operações divinas, e cremos que as obras de Deus são fieis à essência de Deus. Mas nossas concepções não exaurem o ser de Deus nem nos capacitam plenamente a compreendê-lo. A partir de nossa compreensão das operações divinas – e não a partir de algumas noções filosóficas ou algumas ideias místicas acerca da absoluta transcendência de Deus – nós reconhecemos que Deus é Criador e Redentor. Nós podemos entender que nossa redenção é alcançada pela encarnação de Deus. Também entendemos, a partir de um exame da revelação, que o Criador e Redentor (Deus o Pai e Jesus Cristo) não são redutíveis um ao outro. É também claro na Bíblia que Deus é Um. É a *maneira*, pela qual estas coisas estão conectadas, que está além de nossa compreensão. O mistério surge não porque nós não podemos entender várias coisas acerca da natureza de Deus, tais como aquela de que Deus é Criador e Redentor ou que Deus é Um em toda diversidade das ações divinas. Antes, o mistério surge porque nós não temos conceitos ou modelos que nos capacitem a entender a *maneira* pela qual Deus é unido em toda a diversidade das ações divinas, ou a

---

³ Os teólogos cristãos mudaram a terminologia que PLOTINO usou. Ele tem o padrão do Um (*mone*) – emanação (*prodos*) – retorno (*epistrophe*). Em seu lugar, eles colocam o Ser (*ousia*) – poder (*dynamis*) – ação (*energeia*). Visto que os pensamentos de Deus nunca são frustrados, mas atualização concluída, o poder, ou a capacidade de agir e sua conclusão, ou ação, são frequentemente unidos e referidos juntamente como *energeia*. Somos então deixados com a *ousia*, a essência, ou natureza divina, e a *energeia* divina, a operação, ou ação divina.

maneira pela qual Deus é Um. Assim, é por meio das operações divinas, que nos revelam a natureza de Deus como Criador e Redentor, que nós também sabemos que o ser de Deus é um mistério para nós.

Muito embora a unidade divina seja única e não possa ser reduzida às relações entre várias criaturas (como o gênero que une vários indivíduos) nem ao tipo de unidade exibida por um indivíduo (visto que a diversidade das operações de Deus como Pai, Filho e Espírito Santo fica colapsada dentro de uma individualidade), é possível chegar a alguma compreensão dessa unidade por meio de analogias. Que Deus agiu e que algumas das relações entre essas ações foram reveladas não está em questão em tal reflexão. Assim, sua experiência, e mesmo a natureza especulativa, não lança nenhuma dúvida sobre a verdade que foi revelada. Apesar seja especulativa, ela é muitas vezes religiosamente recompensadora. Visto que Deus é o objeto de nosso pensamento, o quanto melhor compreendemos a Deus, maior será a nossa alegria.

Este tipo de inquirição teológica será ilustrado por um breve exame das reflexões de Agostinho sobre a unidade da Trindade divina e as reflexões de Boaventura sobre a pluralidade na Trindade. Ambas são, de fato, "fé em busca de compreensão". Empreender este tipo de reflexão sobre o mistério de Deus por si só, não compromete uma pessoa à tendência platonista de associar um crescimento em conhecimento com um avanço na condição espiritual. Tão pouco nos compromete com o objetivo platonista de ir além do conhecimento conceitual a uma visão do Bem, como em Platão, ou à união com o Um como em Plotino. Trata-se, antes, do fato de que nós podemos conseguir algum conhecimento de Deus – conhecimento conceitual – através da reflexão, sobre a revelação de Deus, por meio de algumas analogias, e, assim, reconhecermos que Deus transcende tanto nosso conhecimento conceitual quanto as criaturas que nós usamos em nossas analogias com a finalidade de ganhar algum conhecimento.

No texto selecionado que nós examinamos, Gregório de Nyssa começou com três indivíduos e desenvolveu seu trabalho da diversidade em direção à unidade; nós veremos que Agostinho começa sua reflexão com a consciência de uma mente singular e desenvolve seu trabalho em direção à diversidade. É dito que estes pontos iniciais são bem típicos dos Pais gregos e da Igreja Latina que segue Agostinho, este o maior teólogo ocidental dos tempos antigos. Mas esta tipicidade não é atestada em todos os casos importantes, como vemos em Boaventura.

Agostinho, não mais do que Gregório de Nyssa, pensa que Deus, Jesus e o Espírito Santo são Um porque eles não são nem substância primária (um indivíduo, como tu e eu somos indivíduos) ou uma substância secundária (unida por compartilhar de um gênero ou espécie). Gregório tomou em consideração as substâncias secundárias – o modo das coisas compartilharem uma natureza comum – para encontrar uma analogia para a unidade de Deus. Agostinho, no entanto, tomou em consideração a substância primária, em particular a mente dos seres humanos, como uma analogia para a diversidade e unidade de Deus. Agostinho usou a mente humana como seu análogo, pois os seres humanos são criados à imagem de Deus. A natureza física reflete a grandeza e bondade de Deus, mas só os seres humanos são feitos à imagem de Deus. Assim, um ser humano é a melhor criatura e ser examinada no nosso pensamento sobre a Trindade; nós deveríamos ser capazes de encontrar em nós mesmos "trindades" que são imagens da Trindade.

Agostinho distingue três coisas; (1) a mente humana; (2) seu poder de conhecer e amar; e (3) nós mesmos como objetos de nosso conhecimento e amor. Cada um destes é distinto e irredutível aos outros. Aí deve haver um sujeito para exibir seus poderes de conhecimento e amor; deve haver um objeto para conhecer e amar. Quando nós conhecemos e amamos a nós mesmos, somos tanto sujeitos do conhecimento e amor quanto objetos do conhecimento e amor, e é por nosso conhecimento e amor que nós nos relacionamos com nós mesmos como sujeito e objeto. Todos os três – (1) conhecedor e amante; (2) objeto de conhecimento e amor; e (3) conhecendo e amando – são *relações*. Ou seja, eles não existem um sem o outro. Se há um conhecedor e amante, há conhecimento e amor, e há também um objeto conhecido e amado.

Os três são substantivos e não propriedades de um sujeito, como são as cores e forma. Cor e forma estão em um corpo; eles não podem ser transferidos e pertencer a um corpo diferente. Mas a mente pode conhecer e amar não só a si mesma como também a objetos que estão fora dela. Assim, o conhecimento e o amor não pertencem à mente como uma propriedade pertence a um corpo. O conhecimento e o amor são tão substantivos quanto à própria mente.

Embora distintas, as relações de sujeito e objeto, conhecimento e amor são inseparáveis e totalmente envolvidas umas nas outras. Elas são então uma substância. Sua unicidade não é o *sujeito* com exclusão de ser o objeto ou com a exclusão de ser seus poderes; nem é a unicidade o objeto com exclusão de ser o sujeito e poderes; nem os poderes com a exclusão de ser sujeito e objeto. O que é a substância? É o sujeito, o objeto e os poderes.

Isto apresenta uma analogia com a unidade entre Pai, Filho e Espírito Santo. Não que um seja sujeito, outro objeto e o terceiro poderes que relacionam sujeito e objeto. Cada um é um poder (age); cada um é um objeto (dos atos do outro); cada um é um sujeito (com os outros como objetos de seus atos). Eles são então um *Deus*, que é Pai, Filho e Espírito Santo.

Nosso material sobre a tradição platônica nos permite entender quão seriamente a noção de uma imagem é tomada por AGOSTINHO como uma maneira de aumentar nosso conhecimento. Analogias não são meramente possibilidades de similaridades. Visto que cada criatura é uma versão limitada de uma grande perfeição, as similaridades são guias para um conhecimento genuíno das realidades além do mundo material. No cristianismo, somente os seres humanos portam a imagem de Deus; todas as outras criaturas são apenas reflexos do divino. Assim, para AGOSTINHO, como um cristão platonista, as trindades humanas limitadas permitem um genuíno conhecimento da Trindade divina. A tradição platônica reforça a convicção de que nosso conhecimento é sempre limitado, pois qualquer representação é sempre menor do que seu modelo. Em AGOSTINHO, em particular, as "trindades" que devem ser encontradas em nós, que somos os únicos feitos à imagem divina, não são suficientes como a Trindade de Deus para nos capacitar a entender a unidade e diversidade de Deus. Na qualidade de agentes, como nós somos, conseguimos algumas ideias da unidade que deve ser encontrada em Deus, que é Pai, Filho e Espírito Santo; mas nós, enquanto agentes, não nos tornamos capazes de compreender a unidade que pode incluir um ato tal como o da encarnação. Ou, colocando de outra maneira, a unidade de Deus em diversidade tanto nos excede que nós nem mesmo temos uma imagem do mais importante aspecto da unidade, a saber, a unidade que inclui a capacidade de tornar-se encarnado.

A predileção de AGOSTINHO por olhar as relações internas da mente, como o principal guia para a compreensão, é natural para alguém influenciado pelo platonismo. Pois embora a natureza seja o artefato da mente, e também reflita a mente divina, os seres humanos, porque têm mentes, são mais semelhantes a ela do que são seus outros artefatos. Assim, a unidade e diversidade da mente humana é um guia melhor que a unidade e diversidade dos objetos ordenados no mundo. Todavia, tal ênfase sobre a *mente individual* (ou alma racional) isolada dos outros negligencia a maneira pela qual Gênesis descreve a imagem de Deus. O texto narra o seguinte: "Deus criou o homem à sua imagem, à imagem de Deus ele o criou, homem e mulher ele os criou." (Gn 1.27) Isso nos sugere que uma melhor imagem para a Trindade pode ser aquela da relação entre homem e mulher, do que a da diversidade e unidade que deve ser encontrada *dentro* da alma individual. Pode muito bem ser que a doutrina da Trindade, embora expressa bastante corretamente em termos da tradição platônica, deva também ser expressa de outras maneiras com um corretivo. As pessoas em um período histórico diferente, enfrentando outras questões, podem encontrar iluminação teológica a partir de diferentes analogias. Nossa busca por comunidade hoje em dia pode receber orientação concernente ao que é uma verdadeira comunidade – como também o que a frustra e o que a intensifica – a partir de um exame das relações entre homem e mulher como a imagem divina, antes do que a partir do indivíduo isolado.

Um grande exemplo da relação entre a inquirição intelectual e o mistério de Deus, como também do *movimento* na vida divina, que nós não explicamos com GREGÓRIO DE NYSSA e nem com AGOSTINHO, é a obra de BOAVENTURA. Em *Questões controversas sobre o mistério da Trindade,* a inquirição de BOAVENTURA, dentro da dinâmica interior da vida de Deus (a imanente em contraste com a Trindade econômica), é guiada pelo que Deus revelou ser Deus: Pai, Filho e Espírito Santo. A partir disso, ele tenta entender as razões ou princípios do movimento divino em Deus, ou seja, como o Filho é gerado e o Espírito procede, visto que Deus é Pai, Filho e Espírito Santo. Embora BOAVENTURA seja profundamente influenciado por AGOSTINHO em outras obras, suas reflexões sobre a Trindade são baseadas em uma análise da bondade, e não da experiência cognitiva humana, como em AGOSTINHO. Ele funde importantes elementos de DIONÍSIO O AREOPAGITA, ANSELMO e ARISTÓTELES dentro de uma síntese original.

De acordo com DIONÍSIO e PLOTINO, o bem é, por sua própria natureza, autodifusivo. Por este princípio, Deus é necessariamente autocomunicativo. Mas este princípio platônico da autodifusão de Deus não é suficiente para BOAVENTURA. Deus não é difusivo só por natureza, mas também por vontade. Além disso, ele argumenta, seguindo ANSELMO, que Deus é tal que nada maior, ou melhor, pode ser concebido. Portanto, a difusão de Deus é uma perfeita autodifusão.

O universo criado não é suficiente para ser considerado a autodifusão da substância e vontade de Deus. A única autodifusão possível de Deus, que é uma perfeita difusão, é o próprio Deus. Assim, a primária e perfeita difusão da bondade de Deus (a criação é uma difusão menor e, consequentemente, não uma difusão primária) é o Filho e o Espírito, os quais, como perfeitas difusões, são Deus. Visto que Deus difunde-se por natureza e vontade, o Filho e o Espírito são distintos: um é por natureza (gerado); o outro é por vontade (procede).

De acordo com ARISTÓTELES, a única maneira de alguma coisa acontecer é ou por acidente, ou por natureza ou por vontade. Deus não age por acidente. Deus age por natureza, e porque este ato é perfeito, aí só pode haver um Filho. Deus age livremente, e porque este ato é prefeito, só pode haver um Espírito Santo. Deus pode então ser visto como três, e só três pessoas, e um único Deus.

Nós também podemos notar de passagem que, porque a vida interna de Deus é plena e completa, o universo não é necessário, como em PLOTINO, e, como veremos, na teologia do processo; mas um dom

Capítulo IV

profundamente gratuito. E o assim chamado movimento-divino (*Geist* ou espírito) na filosofia de Hegel é, não obstante, um movimento interno ao próprio universo. A falta de uma Trindade cristã permanece na base de todas estas três posições.

Outro lugar onde o mistério de Deus é encontrado é na unidade das naturezas divina e humana na pessoa de Cristo. É afirmado que Jesus é o mediador entre Deus e a humanidade. Nós não podemos chegar a Deus, assim, Deus deve vir a nós, se devemos ser redimidos e compartilhar da vida divina. Todavia, não sabemos como a natureza divina e humana podem permanecer unidas em uma pessoa. Nós podemos nos tornar um diferente *tipo de pessoa*, mas não podemos nos tornar um diferente *tipo de ser*. Não podemos nos tornar um tigre – quer dizer, não apenas ter um corpo de tigre, mas tornar-se um – e ainda manter nossa própria identidade. Mas a segunda pessoa da Trindade pode se tornar outro tipo de ser, um ser humano, e ainda manter identidade com Deus. Como a Palavra de Deus permanece imutável na união das naturezas divina e humana, foi um dos problemas nas controvérsias cristológicas dos primeiros séculos da era cristã.

Uma tendência foi falar da Palavra de Deus como se a natureza humana fosse externa, como se Deus estivesse *usando* um corpo. Mas isto foi imediatamente recusado por muitos teólogos como absolutamente inadequado, pois Deus só pode nos elevar ao nível do divino (ser um mediador), se tornar-se genuinamente o que nós somos, seres humanos. Assim, é enfatizado, na formulação final do Concílio de Calcedônia (451), que a Palavra de Deus é plenamente unida à natureza humana. Jesus ainda é a mesma Palavra através da qual e com a qual Deus criou os céus e a terra. A Palavra mantém na mudança a mesma identidade pessoal. Mas a Palavra agora tem uma natureza humana em adição à divina. Nossa existência como criaturas é derivada, limitada, e deve ser sustentada; a existência da Palavra de Deus não é derivada de nada nem limitada por qualquer coisa e nem tem necessidade de sustentação em qualquer criatura. Ambas as naturezas permanecem verdadeiras quando a Palavra de Deus torna-se humana. A existência da própria união requer a cooperação de Maria; e a união de Deus com a humanidade pode ser interrompida pelas ações das criaturas (Jesus pode ser morto); e deve ser sustentada pelas criaturas (ar, comida e bebida). Assim, a natureza humana não é mudada pela natureza divina. A Palavra de Deus é "impassível", mas a *união* da Palavra de Deus com a natureza humana é sujeita a paixões (pode ser influenciada ou ser passível), amedrontada com o fim, e em necessidade de sustentação, exatamente como nós somos. Como conceber estas duas naturezas, ambas plenamente presentes em uma união, nos é desconhecido. Não conhecemos a natureza divina ou o ser que pode agir assim para unir a natureza divina com a natureza humana.

A reflexão teológica sobre os modos de relação de Deus conosco encontra problemas que estão além do intelecto. A noção de mistério não é invocada a esmo. É antes o ser de Deus, pleno e completo em si mesmo, que nos leva a invocar o mistério em conjunturas específicas em nossas reflexões. É por meio do intelecto que nós entendemos onde nos é impossível entender plenamente. Tal mistério não nos conduz à descrença ou ao agnosticismo. Como GREGÓRIO DE NYSSA disse, ele nos conduz à reverência e ao silêncio na presença da divina *ousia*.

CAPÍTULO V
ARISTÓTELES E A CRIAÇÃO DA TEOLOGIA ESCOLÁSTICA

Quase nunca houve na história da teologia, a despeito de toda diversidade de opiniões, um esforço unido da parte de todos os teólogos, como nós encontramos no começo da teologia escolástica. Ela começa com um objeto claro e comum. Como é colocado pelo eminente historiador, RICHARD SOUTHERN:

> A teoria do conhecimento, que estava na raiz de todo esforço escolástico era a seguinte:
> Deus fez o homem com um conhecimento pleno das coisas criadas e com um conhecimento direto e suficiente de Deus para todas as necessidades humanas. Uma grande parte deste conhecimento fora distorcida, turvada ou obscurecida após a queda, mas alguma coisa permaneceu e muito do que fora perdido foi recuperado pelas subsequentes revelações de Deus na Bíblia, e pelos esforços longos e contínuos de homens de grande força intelectual durante o importante período a partir do século IV a.C. ao século IV d.C., quando o intelecto e a Revelação se uniram mais poderosamente para restaurar o conhecimento diminuído da humanidade.
> [Assim, o objetivo não era fazer] novas descobertas, mas recordar, restaurar e organizar o antigo conhecimento e torná-lo útil ao presente. O problema não é: Como nós sabemos? Pois o conhecimento é inerente à natureza humana. Tampouco: Como vamos restaurar o que foi perdido devido à corrupção da natureza humana? – Pois esta tarefa foi já amplamente cumprida. Antes, o problema era: Como podemos redescobrir as lembranças do antigo conhecimento e torná-lo facilmente acessível, organizando-o em uma forma utilizável?[1]

---

[1] Richard Southern, *Robert Grosseteste* (Oxford: Oxford University Press, 1986), p. 152.

Todo o movimento escolástico foi uma tentativa de restaurar o paraíso, no ponto de vista do nosso conhecimento, que esperava remodelar todas as instituições com este conhecimento restaurado. Após dois séculos de esforço para harmonizar e sistematizar todo o conhecimento, a tarefa provou-se impossível. Novas questões levavam ao surgimento de novas escolas rivais e a cada vez mais contendas, e finalmente a disputas sobre minúcias (tais como: Quantos anjos podem se equilibrar sobre a ponta de um alfinete?). A este último desdobramento é o que todos nós hoje, muitas vezes, chamamos de escolasticismo, mas ele é, de fato, uma degeneração do escolasticismo, e é esta forma degenerada que os reformadores protestantes do século XVI tantas vezes tinham em mente em suas polêmicas.

De acordo com SOUTHERN, antes do surgimento do escolasticismo, no início do período medieval da Europa ocidental conhecido como Era das Trevas, toda esperança de crescimento no conhecimento e amor a Deus recaía sobre o que nós hoje chamamos de "espiritualidade": práticas ascéticas; oração e penitência; auxílio dos santos, inclusive pelo toque de seus restos mortais; e observância dos sacramentos da igreja. O escolasticismo representava uma alternativa, ou, melhor ainda, uma via adicional para o crescimento no conhecimento e amor de Deus ao caminho desbravado pelos Pais e Mães do Deserto e enormemente aprimorado, com o passar dos tempos, especialmente nos monastérios. Alguns escolásticos, tais como TOMÁS DE AQUINO, percorreram ambas as vias, e BOAVENTURA usou cada uma para aprimorar a outra, como nós encontramos em seu clássico da espiritualidade *A ascensão da alma para dentro de Deus*, que se valeu dos resultados de sua investigação escolástica intitulada *Questões controversas sobre o mistério da Trindade*.

Uma lição que nós aprendemos do escolasticismo é o perigo de tentar sintetizar prematuramente todo conhecimento teológico; tais sínteses podem sempre ser, de fato, uma tarefa impossível. Outra lição é a das consequências de uma separação abrupta entre as práticas espirituais, que nos transformam em crentes, da investigação teológica. Teologia acadêmica sem práticas espirituais pode muito facilmente levar à frustração com nossas construções teológicas e até mesmo

Capítulo V

a uma perda da fé, pelo fato de que a prática da teologia pode, assim, degenerar-se em uma exposição de virtuosidade individual, em vez de ser um esforço para crescer no conhecimento e no amor a Deus.

Ao examinar a teologia escolástica, fazemos bem em relembrar que nossa intenção é apresentar só a filosofia necessária para entender teologia, pois o período medieval é rico em grandes pensadores e seria impossível cobrir todos em um livro tão pequeno como este. ARISTÓTELES foi a nova força filosófica dominante desse período. A tradição platônica continuou com muitos representantes importantes, tais como BOAVENTURA, e elementos do platonismo estavam normalmente presentes no aristotelismo, inclusive no de TOMÁS DE AQUINO, como podemos ver em seu tratamento do ato de fé.[2] Entretanto, é o impacto de ARISTÓTELES que domina o período.

Outra mudança significativa foi a de que o ensino não ficou mais confinado aos monastérios. Um novo tipo de professor surgiu. Semelhante às pessoas do comércio, carpinteiros e pedreiros, que se organizaram em guildas, os novos mestres do ensino tinham a consciência de pertencer a uma profissão. Seu negócio era o aprendizado e o ensino em sala da aula. Ele era um professor, um "escolástico". Foi este tipo de mestre de ensino que se voltou avidamente para ARISTÓTELES. As *Categorias* e *Sobre a Interpretação*, que eram conhecidas há séculos, eram agora chamadas de "Antiga Lógica", em contraste com o resto dos escritos de ARISTÓTELES, que se tornaram acessíveis a partir da segunda metade do século XII. Eles se tornaram conhecidos como o *Novum Organum*, ou novo instrumento ou ferramenta para o conhecimento. Enquanto absorviam esses novos textos, os escolásticos notaram que havia outras obras que eles conheciam somente por seus nomes. Isso levou a uma busca pelas obras aristotélicas desconhecidas até então como também pelos outros escritos da Antiguidade. Nós não podemos traçar aqui os efeitos da aquisição sucessiva desses textos, comentários e traduções constantemente melhoradas. Em vez disso, simplesmente apresentaremos as ideias de ARISTÓTELES que nos habilitarão a melhor compreender as questões que os teólogos enfrentavam

---

[2] Aquino, Tomás, *Summa theologica* 1–2, q.2.

e a terminologia filosófica que eles utilizavam. Em sua maior parte, nós ignoraremos as modificações feitas à filosofia de Aristóteles pelos teólogos e suas diferentes interpretações dele, pois um conhecimento do próprio Aristóteles proporciona um parâmetro para se reconhecer essas modificações e interpretações em um estudo de teologia.

Nós devemos, no entanto, abordar a atitude dos escolásticos, em particular daqueles da faculdade de artes na Universidade de Paris. Eles não se contentaram simplesmente em transmitir a sabedoria tradicional, como tinha sido o caso no Ocidente – com algumas notáveis exceções – desde a queda de Roma. Eles queriam aprender e dominar o conhecimento da Antiguidade e compatibilizar a Escritura e os Pais da Igreja com os antigos pagãos, especialmente nas áreas das ciências naturais da medicina, física, astronomia e metafísica. O espírito de curiosidade de Aristóteles e a crítica de outras visões uniram-se as suas próprias e crescentes confianças.

Quando em 1255 a faculdade de artes da Universidade de Paris adotou um novo currículo que impôs o estudo de todas as obras conhecidas de Aristóteles sobre seus alunos, Aristóteles ocupou uma posição que nenhum outro filósofo jamais havia alcançado nos círculos cristãos. Com o *corpus* aristotélico como base da instrução na faculdade de artes, logo se desenvolveram, ali, profundas distinções entre filosofia e teologia, fé e razão, natureza e supranatural, que até então não existiam na cristandade. Estas têm marcado significativamente a teologia ocidental, tanto protestante quanto católica, desde aquele tempo até hoje. Encontramos essa distinção afirmada já no principio da Idade Média; por exemplo, que a ressurreição do corpo é um milagre e, porque está alem das leis naturais, não é tema da filosofia. Da mesma forma, se nós somos a causa de nossas boas ou más ações, a resposta poderia ser dada tanto filosófica quanto teologicamente; *filosoficamente* falando (o que era ainda uma maneira de falar, visto que os escolásticos sabiam que a verdade estava na teologia), nós somos a única causa das nossas boas e más ações; *teologicamente* falando, nos não somos capazes de boas ações, assim devemos receber a graça. Os escolásticos na faculdade de artes, então, introduziram uma nova abordagem, e não demorou muito para a controvérsia ser instaurada.

Capítulo V

Os primeiros Pais da Igreja, que usaram a filosofia grega para melhor entender a revelação cristã, não delinearam distinções tão acentuadas, pois, para eles, sua razão dependia totalmente da fé e da graça divina. Para uma mente cristã, não havia uma disciplina autônoma tal como filosofia.

A razão para essa mudança foi o foco distintivo de Aristóteles. Platão e os platonistas não haviam enfatizado um estudo do mundo sensível. Aristóteles, filho de um médico e um dos maiores biólogos de todos os tempos, tinha uma filosofia *cosmo*-cêntrica. Suas realizações foram tão grandes (às quais chegara sem revelação divina ou graça) a ponto de ser obrigatório dar espaço ao conhecimento *humano*, e assim, é claro, foi necessário considerar as implicações desse conhecimento para a teologia. Assim a tentativa de relacionar o conhecimento humano com a revelação cristã adquiriu um caráter diferente quando foi Aristóteles, e não Platão, o principal representante da capacidade e realização humanas. Assim, os limites entre natureza e graça, fé e razão, filosofia e teologia foram traçados e retraçados. A Reforma Protestante foi uma tentativa determinada, mas apenas parcialmente bem-sucedida, de escapar da estrutura de discussão criada pelos escolásticos.

Com Tomás de Aquino (1224-1274), nós demonstraremos brevemente as novas forças em ação. Os teólogos tradicionalmente procuravam desvelar a verdade revelada por Deus na Escritura com a ajuda dos concílios e dos Pais da Igreja. A função do ensino pertencia à igreja, atuando por meio do clérigo, e não ao indivíduo. Assim, uma transmissão coletiva da sabedoria tradicional seria o ideal. Para isso, presumia-se uma concordância entre as principais autoridades. Qualquer discordância entre as autoridades servia como um estímulo para que o teólogo realizasse maiores esforços para encontrar a harmonia. Isso contrastava com a atitude dos mestres de artes, que estudavam Aristóteles. Esses mestres de artes não estavam lidando com um guia infalível e podiam, então, reconhecer deficiências e conflitos irreconciliáveis nos ensinos de Aristóteles, e até mesmo esperar ir além dele na descoberta de novas verdades. Tomás de Aquino, no entanto, tentou estabelecer uma nova harmonia. Ele incluiu não só o cristianismo e

ARISTÓTELES em seu projeto, mas também o Islã e o Judaísmo, que haviam chegado à atenção dos teólogos como os transmissores de muito do que fora produzido na Antiguidade.

TOMÁS encarou este desafio dando espaço à *filosofia* dentro da matéria da própria teologia. Deus revelou não só verdades estritamente sobrenaturais, mas também algumas verdades filosoficamente demonstráveis, tal como a existência de Deus. Tais verdades filosoficamente demonstráveis são *teologia natural*. Uma harmonia entre teologia e filosofia é parcialmente estabelecida pela criação da teologia natural como um domínio dentro da teologia e pela afirmação de que algumas verdades reveladas são acessíveis à razão, ou filosofia. A harmonia entre filosofia e teologia é favorecida pela descoberta de analogias naturais com verdades sobrenaturais que transcendem o intelecto, a filosofia, portanto, contribuindo para nosso conhecimento teológico. Finalmente, a filosofia é usada para ordenar tanto as verdades naturais quanto sobrenaturais dentro de um sistema dedutivo conforme o modelo aristotélico, com o conhecimento do mundo natural e o cristianismo entrelaçados. A filosofia, assim, se torna o suporte da teologia.

A tarefa de harmonização se tornou especialmente difícil para TOMÁS DE AQUINO porque os islâmicos, que foram os transmissores de ARISTÓTELES para o Ocidente latino, também interpretaram a sua obra. Algumas vezes suas interpretações eram incompatíveis com o cristianismo. AVERRÓIS (1112-1198), conhecido como "o Comentador", se tornou especialmente incômodo, pois manteve um status especial entre alguns filósofos na Universidade de Paris por explicar o genuíno aristotelismo, muito embora algumas de suas interpretações estivessem em discrepância com a fé cristã. TOMÁS, que tomou ARISTÓTELES como a verdadeira filosofia, assim, teve de mostrar que o aristotelismo não estava necessariamente envolvido com as interpretações dadas por AVERRÓIS. Com essas insinuações da complexidade do cenário teológico medieval, nós agora voltaremos à exposição da filosofia responsável por levar a teologia por novos caminhos.

Começaremos com algumas considerações acerca da lógica de ARISTÓTELES porque ela nos supre com alguma terminologia do período e porque ela é a fonte do problema concernente ao status ontológico dos universais. Nós já examinamos as *Categorias* de ARISTÓTELES, mas agora precisamos vê-la em relação com seus *Tópicos*, especialmente como interpretado por PORFÍRIO (232-304 d.C.), um discípulo de PLOTINO. PORFÍRIO escreveu uma introdução (*Isagoge*) às *Categorias* de ARISTÓTELES que foi preservada em um comentário de BOÉCIO (480-524) e conhecida no Ocidente latino antes da descoberta das obras de ARISTÓTELES na metade do século XII.

Nos *Tópicos* há uma análise de cinco coisas que podem ser predicadas, ou ditas: definição, propriedade, gênero, diferença e acidente. Uma definição significa uma essência da coisa e consiste do gênero em combinação com a diferença. (Quando nós acrescentamos ao gênero "animal" a diferença "racional", nós temos a definição da pessoa. Em PORFÍRIO, a "definição" é substituída na lista dos predicáveis por "espécies".) Uma propriedade foi explicada como aquela que pertence a uma coisa *exclusivamente* (por exemplo, a capacidade de ler pertence exclusivamente ao gênero humano), mas ela não a define nem lhe dá a essência. (Em "uma pessoa pode ler, e o que pode ler é uma pessoa", os termos são convertíveis, mas não é dada nenhuma definição da pessoa.) Isso nos deixa com o acidente. Ele é chamado de "nenhum dos outros", e trata-se de algo que pode ou não pertencer a um dado indivíduo (tal como estar sentado).

BOÉCIO acreditava haver a necessidade de harmonizar os *Tópicos* (os "predicáveis", como eles eram chamados) com as *Categorias* (os "predicamentos"). (Na verdade, os predicamentos das *Categorias* são uma lista de tipos de respostas que podem ser dadas à questão "O que é isso?", quando perguntada em relação a uma substancia individual. O livro dos *Tópicos* trata do como um predicado está relacionado a um sujeito em uma sentença. Essa obra é consequentemente parte da lógica de ARISTÓTELES em *nosso* sentido de lógica, isto é, como associamos termos em expressões.) Todavia, BOÉCIO diz que, de acordo com os *Tópicos*, o termo "racional" é classificado como uma diferença, e, consequentemente, não é um acidente. Ele é uma qualidade. De acordo com as *Categorias*, tudo que não é uma substância primária ou secundária (incluindo a categoria de qualidade) é classificada como um acidente.

Boécio tentou resolver esta aparente dificuldade separando as qualidades em dois tipos: aquelas qualidades que são diferenças de substância e aquelas que não são, chamando só as últimas de acidentes.

Boécio usa a distinção entre *ser predicado de* um sujeito e *ser em* um sujeito, que é encontrada nas *Categorias*. A principal divisão nas *Categorias* é entre substâncias e acidentes, e Boécio alinha diferenças com substâncias dizendo que elas são predicadas *de subjecto* (do sujeito) e, assim, contribuem para um conhecimento do sujeito (contribuem para uma "teoria" do sujeito). Predicados *in subjecto* (no sujeito) não pertencem a uma teoria do sujeito. Isso distingue qualidades que são diferenças das qualidades que são acidentes.

Finalmente, Boécio distingue predicados que estão em *eo quod quid* (em relação à quididade). Eles respondem à questão "O que é?" Eles são gêneros, espécies e diferença, e são chamados "quiditativos". Outros predicados são predicados qualificativos (*eo quod quale*) e são acidentes. Isto é, eles vêm e vão sem que o sujeito desapareça. Deve-se notar também que os cinco predicáveis – espécies, propriedade, gênero, diferença e acidente – *podem ser predicados*[3] *de muitas coisas*. Eles então se ajustam à definição de Aristóteles de um universal. Assim, os cinco predicáveis são frequentemente conhecidos como "os cinco (tipos de) universais".

Porfírio levantou o problema dos universais no *Isagoge*, com suas observações concernentes ao referente para gênero e espécie. Ou seja, a que um gênero tal como "animal" e uma espécie tal como "cavalo" referem-se? Ele mesmo se recusou a dizer (1) se elas são realidades em si mesmas ou simples concepções da mente; (2) e, se são realidades, se incorpóreas ou corpóreas; e (3) se são incorpóreas, se existem separadas das coisas sensíveis ou somente unidas a elas.

Uma compreensão apropriada das visões platônicas e aristotélicas acerca dos universais não era possível até a metade do século XII porque algumas de suas importantes obras não estavam disponíveis. Boécio contribuiu para o problema por sua aparente harmonização das duas visões. Em seu comentário sobre Porfírio, ele diz que Platão

---

[3] Nota do trad.: Aqui é verbo.

crê que o gênero, espécie e outros universais são conhecidos separadamente dos corpos e que também eles existem fora dos corpos e extramentalmente. A realidade ontológica a que eles correspondem é a das Ideias. As sensações só são conhecidas porque o intelecto (a alma) é consciente das impressões sobre o corpo, e as sensações só fazem com que nos voltemos para as Ideias. ARISTÓTELES, afirma BOÉCIO, pensa que os universais são objetos do conhecimento, mas que só existem nas coisas sensíveis. Isto se dá porque o intelecto abstrai das coisas sensíveis, isto é, pode *pensar* um universal à parte das coisas sensíveis, muito embora universais não *existam* separadamente das coisas sensíveis. BOÉCIO diz que ele "apoia" ARISTÓTELES, todavia está comentando a introdução de PORFÍRIO sobre as *Categorias* de ARISTÓTELES! Mas, em sua *Consolação da filosofia*, livro 5, BOÉCIO apoia uma visão platônica. Seus leitores, por um longo tempo, pensaram que ele estava tentando harmonizar PLATÃO e ARISTÓTELES. Com um conhecimento limitado de PLATÃO e especialmente de ARISTÓTELES, alguns dos primeiros teólogos medievais presumiram que crer na realidade dos universais era sustentar que os universais são realidades tanto *em si mesmos* como *nas coisas sensíveis*. Não manter isso, assim eles acreditavam, era rejeitar sua realidade.

É impossível apresentar as várias controvérsias sobre os universais na Idade Média. Mas para orientar os estudos sobre os teólogos medievais, vou esboçar as principais posições filosóficas sobre os universais. Vamos começar falando sobre o que está em jogo.

Se começarmos com indivíduos – como pessoas específicas – e com qualidades particulares – tais como a cor específica do cabelo de alguém – não poderemos acompanhar todos os particulares existentes. Assim, nós agrupamos particulares que formam a ideia de espécie, tal como a espécie pessoa. Mas existem muitíssimas espécies para monitorar, a menos que as agrupemos em gêneros (as espécies pessoa, cavalo, e cachorro pertencem ao gênero animal). Fazemos a mesma coisa com as qualidades, como vimos na nona categoria de acidentes de ARISTÓTELES. Estas "palavras gerais", ou universais, como são chamadas, nos permitem falar sobre muitas substâncias e qualidades individuais ou particulares; de outro modo, seríamos incapazes de fazer isso. Nós simplesmente ficaríamos inundados de particulares, capazes de apontar, mas incapazes de predicar ou dizer qualquer coisa a respeito do particular. Nós somos também capazes de raciocinar acerca dos particulares e chegar a conclusões sobre eles desta maneira.

Surge, então, a questão então concernente ao status ontológico dessas palavras gerais, especialmente gênero e espécie. Qual é o status delas na realidade, e como elas se relacionam aos particulares concretos que nós vivenciamos? As várias respostas têm diferentes consequências epistemológicas. Por exemplo, PLATÃO pensava que os universais, ou palavras gerais, se referem a Ideias. Estas Ideias existem à parte dos particulares sensíveis, e nós temos conhecimento dos particulares sensíveis somente porque os sensíveis são "cópias" (*Timeu*) das Ideias. Mas como cópias, os particulares sensíveis não representam as Ideias muito bem. Eles são comparáveis a *reflexos* de objetos vistos sobre a superfície da água com as distorções e limitações próprias de reflexos. Os particulares sensíveis são semelhantes às Ideias apenas o suficiente para nos relembrarmos delas a partir da latência em nossa memória, mas nós não recebemos as Ideias a partir da experiência sensível.

A primeira solução ao problema dos universais, dada por alguns dos primeiros pensadores medievais, é conhecida como *realismo extremo* ou ultrarrealismo. Não se trata da opinião de PLATÃO, muito embora as pessoas frequentemente se refiram à posição do realismo extremo como platônica e muitos pensadores medievais, que mantiveram esta posição, pensavam ter o apoio de PLATÃO. No realismo extremo, o universal (gênero ou espécie) é uma *coisa* que existe extramentalmente e é anterior aos objetos do sentido. Quando presentes nos objetos sensíveis, o universal existe no objeto sensível *da mesma maneira* como é pensado pela mente. Para PLATÃO, como já vimos, a Ideia de pessoa não existe *nas* pessoas; pessoas são apenas cópias do ideal e, como cópias, elas apenas se aproximam do ideal. Os realistas extremos achavam que os conceitos em nossas mentes deviam existir também nos objetos; caso contrário, os conceitos seriam puramente subjetivos. Para termos conhecimento dos objetos, é necessário haver uma correspondência exata entre os objetos e nossos pensamentos sobre os objetos. Além disso, porque PORFÍRIO havia declarado que um indivíduo é um conjunto singular de atributos, a diferença entre dois seres humanos consiste no fato de SÓCRATES (por exemplo) ser constituído por um conjunto de atributos que difere em pelo menos um ponto do conjunto de atributos que caracteriza qualquer outro ser humano. Sob esse ângulo, o indivíduo é literalmente derivado da espécie; a natureza universal (pessoa) torna-se uma pessoa individual (SÓCRATES) simplesmente pela adição de características acidentais a ela.

Em seu diálogo *Parmênides*, o próprio PLATÃO levantou uma objeção crucial à visão de que os universais sejam coisas. Nós usamos o mesmo nome geral (pessoa) aplicando-o a um número de coisas particulares (pessoas) porque os particulares se assemelham uns aos outros. Esta prática é explicada com o argumento de que o nome geral se aplica a cada particular e a cada semelhança dos particulares porque há uma única ideia em que os particulares participam. Se isto significa que uma e a mesma Ideia está *nos* particulares (pessoas), nós temos um dilema. Como pode a Ideia ser singular e indivisível e ainda estar em muitos indivíduos distintos? Ou a Ideia é dividida e multiplicada na mesma medida em que há indivíduos, ou os indivíduos não são distintos. A primeira alternativa destrói a Ideia; a segunda, a pluralidade dos indivíduos.[4]

PEDRO ABELARDO (1079-1142) fez um bom uso da própria crítica de PLATÃO das Ideias como coisas e chegou a afirmar que os universais são apenas palavras significantes, ou conceitos. Ele forçou WILLIAM DE CHAMPEAUX (1070-1121) da Escola Catedral de Paris a abandonar a visão de que os indivíduos diferem uns dos outros por uma diversidade de acidentes. Visto que todas as tentativas de predicar coisas de coisas fracassam, ele demonstrou que a universalidade deve ser atribuída só a palavras significantes. Uma palavra significante pode ser predicado de muitas por causa de sua semelhança comum. Os indivíduos são distintos uns dos outros tanto em suas essências individuais quanto na diversidade de suas diferenças acidentais. A justificativa para

---

[4] Ver Julius R. Weinberg, *A Short History of Medieval Philosophy* (Princeton, NJ: Princeton University Press, 1964).

se predicar o mesmo termo universal (pessoa) de muitos indivíduos é que os próprios indivíduos são semelhantes uns aos outros, e esta semelhança não implica nada – tal como uma natureza comum – distinto a partir dos indivíduos em virtude de suas semelhanças.

A segunda posição é conhecida como realismo moderado (frequentemente referida simplesmente como realismo). À medida que mais obras de Aristóteles se tornavam accessíveis, ela se tornou a posição dominante, e não foi seriamente contestada até o surgimento do nominalismo no século XIV (que nós estudaremos no capítulo 7). No realismo moderado, gêneros e espécies definitivamente têm um fundamento na realidade extramental. As coisas são semelhantes umas às outras e têm a mesma natureza essencial. O intelecto é capaz de *abstrair* dos particulares sensíveis a natureza comum deles. Esta não é a "imagem", o resultado passivo da impressão dos objetos sensíveis sobre a mente, mas um conceito formado pelo próprio intelecto, usando os dados fornecidos pelas imagens. O conceito é um conceito da natureza comum presente nos muitos indivíduos. Gêneros e espécies *como pensamentos ou como conceitos* são universais (isto é, eles se referem a muitos indivíduos). Por meio dos conceitos nós concebemos o que está nos objetos particulares à parte da matéria deles. Mas eles não têm existência independente como as Ideias de Platão. Universais, como conceitos, existem em nossas mentes; eles não são subjetivos porque seu fundamento são as naturezas comuns na realidade extramental.

Este último ponto – naturezas comuns na realidade extramental – distingue o realismo moderado de Abelardo e a terceira posição, o conceitualismo. No conceitualismo, os universais (no sentido de palavras gerais) existem, mas eles são meros conceitos. Há uma lacuna entre nossos pensamentos e os objetos. Nosso conhecimento é, então, de validade duvidosa quando vai além dos particulares que vivenciamos e estudamos. Há diferentes tipos de conceitualismo, dependendo de como as relações entre o pensamento e a realidade são concebidas. O conceitualismo e o realismo moderado são os dois principais rivais na filosofia moderna. Nós apresentaremos uma análise mais abrangente deles no capítulo 7, onde descreveremos o surgimento do nominalismo

Capítulo V

e sua objeção à grande síntese filosófico-teológica entre ARISTÓTELES e a doutrina cristã.

A quarta visão é o nominalismo. Os universais são ditos permanecer como nomes (*nomina* em Latim). Isto quer dizer, com efeito, que os universais não têm absolutamente nenhuma realidade; sua realidade é simplesmente o som da voz. Este tipo de nominalismo não é realmente defensável, mas existiu no pensamento medieval primitivo e tardio (Roscelin, c. 1050-1120, por exemplo, parece ter defendido essa ideia). Esse nominalismo não foi a principal objeção à síntese entre ARISTÓTELES e o cristianismo. No século XIV, esse papel coube ao conceitualismo, embora muitos se refiram a ele como "nominalismo". "Terministas" é um nome mais apropriado para estes conceitualistas, visto que sua obra tratou os universais como termos na lógica e na linguagem.

O realismo moderado de TOMÁS DE AQUINO é ainda proeminente entre os católicos romanos. Esse não é exatamente igual à posição de ARISTÓTELES e inclui PLATÃO em uma forma modificada. A noção de que as Ideias são ideias divinas, ou pensamentos, foi passada aos pensadores medievais por AGOSTINHO e ela continuou no realismo moderado de TOMÁS DE AQUINO. Este diz que elas são exemplares usados por Deus para criar o mundo. Isto é, Deus, conhecendo a essência divina, a considera *imitável* por uma pluralidade de criaturas.[5] Nós não temos um conhecimento direto dos pensamentos divinos ou exemplares. Conhecemos apenas o universal *expresso*, e este universal expresso existe *externamente* somente em particulares e em nossas mentes como abstração. Esta opinião, assim, afirma o *universale ante rem* (o universal existe *antes* que algo exista). Todavia, ele não existe independentemente, como em PLATÃO, mas como um exemplar em Deus. O *universale in re* é a essência individual concreta semelhante aos membros de uma espécie. O conceito universal abstrato é denominado *universale post rem*. Embora várias formas de realismo moderado tenham predominado no século XIII, as primeiras rejeições ao realismo extremo tornaram o princípio de que só as substâncias individuais

---

[5] Aquino, *Summa theologica* 1–2, q.15, a.1, ad 1.

existem como realidades subsistentes (independentes) uma convicção firmemente mantida, estabelecendo, assim, um rumo que conduziu para longe do realismo.

Com mais obras de ARISTÓTELES disponíveis, o papel da lógica em sua filosofia tornou-se mais claro. A lógica, para ARISTÓTELES, não era uma "ciência" ou conjunto de conhecimento. Ele dividiu as ciências em teorética (cujo propósito é o conhecimento da verdade), prática (que concerne à conduta da boa vida e o fim maior de todo ser humano) e a produtiva (cujo propósito é fazer coisas úteis e belas). A lógica é uma *preparação* par o estudo dessas ciências. A lógica nos ensina a raciocinar corretamente a fim de ganharmos conhecimento. Não interessa à lógica construir padrões de pensamento internamente válidos sem nenhuma referência a coisas externas, como é vista hoje em dia.

Sentenças ou proposições precisam ter conceitos *formais*, aqueles exteriores a todas as categorias – tais como "é", "não é", "tudo", "não", "algum", "e", "se... então...", "ou", "consequentemente", e inúmeras outras palavras. Os lógicos medievais chamaram-nas de "termos transcendentais", não objetivos; termos que conectam outros termos em uma sentença ou proposição, que pode ser verdadeira ou falsa. Eles foram então chamados de "sincategoremáticos". Eles vão com os termos categóricos, mas são de outro tipo. Por exemplo, o que faz *Só* – uma sílaba da palavra SÓCRATES não são as outras letras, mas o arranjo, ou forma; assim também, nós unimos sujeito e predicado para fazer uma sentença, ou proposição, e a junção pode ser "é" ou "não é".

ARISTÓTELES, como vimos, começa com termos (as categorias dentro das quais os termos caem), a seguir, ele analisa o significado das proposições, uma análise que envolve um estudo dos termos formais, e finalmente analisa o silogismo, que é um arranjo de várias proposições. O silogismo é a forma dos argumentos racionais. Dadas as premissas, pode-se mostrar que uma nova proposição *necessariamente* resulta delas como conclusão. Tal argumento, quando válido – isto é, quando a conclusão é realmente um resultado obrigatório das premissas – não prova nada de si mesmo. As premissas devem ser verdadeiras para que a conclusão não seja apenas válida, mas também

Capítulo V

verdadeira. Assim, a conclusão é confirmada. Para ser uma demonstração *científica*, no entanto, a premissa maior deve ser um princípio do campo particular de investigação. Tal princípio não é em si mesmo demonstrável (não é em si mesmo a conclusão de um silogismo). Ele é, antes, imediatamente certo ou autoevidente. Assim, o ideal de Aristóteles é o de uma ciência *dedutiva*, pela qual possamos, a partir do geral, ir ao particular, mostrando que o particular obrigatoriamente resulta do geral.

Aristóteles reconhece que muito embora as premissas sejam *logicamente* anteriores às conclusões, a ordem na qual conhecemos as coisas (sua ordem epistemológica) não é a mesma que sua ordem lógica, ou sua "ordem no ser". Os objetos sensíveis são os primeiros a serem conhecidos por nós. Nosso conhecimento começa a partir da experiência sensível, isto é, com o particular, e acaba ali no geral (por meio de um conhecimento das essências). Nós raciocinamos indutivamente. Este é o ponto crucial em toda filosofia de Aristóteles. Ele crê que o geral, ou universal, pode ser apreendido no claramente conhecido sentido particular. Isto é assim por causa de sua compreensão da "forma", que nós examinaremos em breve. Mas por enquanto vamos ter em mente que o ideal é um sistema dedutivo de conhecimento no qual se demonstra que o particular resulta necessariamente do geral. Esta é a "ordem do ser", o modo pelo qual as coisas estão causalmente relacionadas, diferente da ordem em que nós primeiramente conhecemos as coisas. A ordem do ser é *verdadeiramente* conhecimento científico. Mas o modo pelo qual nós conhecemos alguma coisa (conhecê-la incompletamente) é pela força de captação, na percepção sensível dos particulares, da forma, ou essência, ou universal válido para muitos particulares. É somente então que nós aplicamos o conhecimento para operar em prol do ideal de uma ciência demonstrativa. Qualquer que seja a prática real de Aristóteles, mesmo que não se enquadre nesse ideal, sua meta é uma ciência dedutiva.

Talvez o caminho mais fácil para chegar ao coração da filosofia de Aristóteles seja explicar uma das suas considerações sobre a alma. O cuidado da alma foi a preocupação fundamental de Sócrates, Platão e Plotino; todos eles acreditavam que a alma é imortal e é capaz de existir sem um corpo. ARISTÓTELES, no entanto, disse que a alma é a *forma* do corpo. O que não quer dizer o "contorno", como nós podemos ser tentados a pensar. Ela deve ser entendida em termos de umas das distinções mais abrangentes e fundamentais na filosofia de ARISTÓTELES, aquela entre matéria e forma, potência e ato.

PARMÊNIDES argumentou que a mudança era impossível. Por um lado, o ser não pode sair do não ser (do nada, nada pode sair). Por outro lado, o ser não pode vir do ser, visto que o ser já seria. Assim, o fogo não pode sair do ar, visto que o ar é ar e não é fogo. A resposta de ARISTÓTELES veio em uma distinção entre potência e ato. O fogo não sai do ar, mas do ar *que pode ser fogo* e *ainda não o é*.

O fogo não vem do nada e nem do ar enquanto tal, mas de algo que tem uma potencialidade para tornar-se fogo. Essa potência existe não como fogo, mas como ar com a potência para tornar-se fogo. Assim, ele não vem à existência do *nada*, nem vem à existência do ser. Ele vem de um ser que não é a coisa que ele *vem* a ser. A um ser falta o que ele deve se tornar. ARISTÓTELES chama isso de privação. Mas ele tem o potencial (a capacidade ou poder) de tornar-se o que lhe falta. A mudança, portanto, é movimento da potência ao ato, da potência à realização do potencial. Esta é a resposta de ARISTÓTELES à dificuldade que PARMÊNIDES levantou acerca da mudança, a saber, que ela é impossível.

O outro lado da dificuldade com a mudança é que alguma coisa deve permanecer a mesma através da mudança e dar ordem e estabilidade ("ser") à mudança sensível. Caso contrário nós teríamos o fluxo (uma correnteza de sensíveis). ARISTÓTELES lidou com isso pelo uso do mesmo conjunto de conceitos. Diferente de PLATÃO, que foi impelido do mundo sensível rumo ao mundo das Ideias, ARISTÓTELES encontrou o permanente e as fontes da ordem *dentro* do cosmos. Como uma pessoa que estudou plantas e animais em grandes detalhes e quantidade, ARISTÓTELES constatou o fato óbvio de que as plantas e os animais mudam dentro de um modo ordenado e padronizado, de sementes a plantas desenvolvidas, de embrião a animal adulto. A razão para essa mudança ordenada e padronizada não é o fato das coisas serem cópias das Ideias, mas o fato de existir *princípios* ativos presentes *nas* coisas. Mudança ordenada e padronizada ocorre porque cada coisa tem uma forma; isto é, o que uma coisa é deve estar presente primeiro potencialmente e gradualmente realizar-se, conforme a forma vem à plena realidade.

Além disso, é óbvio que as plantas e animais regularmente produzem sucessores que são como eles mesmos. O que uma planta ou animal deve se tornar está presente neles logo no começo, e quando isso é plenamente realizado em planta ou animal adulto, passa-se à nova geração, e, no seu tempo, a velha geração desaparece.

O que faz os indivíduos sensíveis ser o que são não é o fato de serem cópias do que é verdadeiramente real – as Ideias transcendentes de PLATÃO –, mas os princípios ativos neles. Estes também são chamados por ARISTÓTELES de formas, mas estas formas não são remotas, a ponto de demandar uma rejeição dos particulares sensíveis para recuperar o conhecimento esquecido de uma existência anterior. Elas estão bem na nossa frente nos vários gêneros e espécies de plantas e animais sensíveis que vêm a ser, crescer e morrer, e que são sucedidos pelos mesmos tipos de indivíduos como eles mesmos. As Ideias são de fato reais, mas elas estão presentes *nas* coisas.

Nós as conhecemos por um processo de abstração (como nós já indicamos quando tratamos dos universais). A mente é apta a receber a forma presente em determinado objeto, isto é, ela pode perceber ou entender *o que* uma coisa é, deixando fora de consideração sua matéria. Assim, a forma está presente na compreensão *abstrata*, isto é, à parte da matéria. Mas a forma realmente existe inseparável da matéria, tornando a matéria *o que* ela é, um tipo específico de realidade.

Para ARISTÓTELES o particular real, o ser individual concreto, é uma substância. Ele é a realidade primordial, ou ser do qual todo o resto depende para ser (como nós vimos nas *Categorias*). Mas o *conhecimento* é geral. Ele é acerca dos *tipos* de seres individuais que existem e as relações entre eles. Ganhar conhecimento não significa estar interessado no esqueleto de um cavalo, mas no esqueleto dos cavalos e no que é verdade a respeito do tipo de ser que o cavalo é. O ponto inicial da ciência é, portanto, uma *definição* precisa que nos dá a *essência* que um grupo de particulares tem em comum. Assim, nós temos a interessante situação em que particulares são substâncias – aquilo que é – mas o conhecimento é sobre *tipos* de substâncias. Nós sentimos indivíduos (*este* cavalo) ou itens específicos (*aquele* sinal amarelo); *conhecer* (*episteme*) é conectar termos gerais. (Medicina ou carpintaria são artes, não conhecimento. Elas aplicam e fazem julgamentos sobre *esse* paciente ou *essa* cadeira.) O conhecimento, no entanto, não está distante dos sensíveis porque as formas que conhecemos não existam à parte, como as Ideias e PLATÃO. As formas de ARISTÓTELES existem como princípios ativos dos particulares sensíveis, permitindo-lhes mover-se da potência ao ato, e a tornarem-se e serem o tipo de coisas que eles são.

Portanto, dizer que a alma é a *forma* do corpo significa que a alma é o princípio ativo que capacita a matéria (o tipo de matéria que tem o potencial para tornar-se um ser vivo) a efetuar ou realizar aquela potência. As almas das plantas, animais e pessoas (com uma exceção a ser mencionada mais tarde) existem somente como as formas da matéria, tornando-a o tipo de substância individual que ela é. (Como é posto pelos teólogos medievais, todas as criaturas são compostas de matéria e forma. A isso se chama de doutrina do hilomorfismo.) Assim, a alma humana então não está em uma jornada, procurando se libertar do corpo a fim de retornar ao seu lugar de origem, pois a alma por si mesma não é uma substância. A alma – incluindo a alma humana – é a atualização da matéria, que é capaz de tornar-se uma substância viva.

Vamos agora examinar sistematicamente a terminologia crucial da matéria, forma, potência e ato. Todo indivíduo é membro de uma classe, ou é um tipo de substância. É hilomórfico, quer dizer, composto de forma e matéria. Sua forma torna-o o que ele é e nos permite saber o que ele é; o fato de que é um corpo particular informado torna um indivíduo distinto de todos os outros indivíduos do mesmo tipo. Diferente das Ideias de PLATÃO, as formas de ARISTÓTELES têm um *telos*, ou fim, embutido. ARISTÓTELES detecta ou especifica uma forma por meio dos fins ou alvos alcançados. Imaginemos uma caneta. Se perguntássemos o que é isso, poderíamos responder que é algo projetado para escrever. Essa função, o seu uso, propósito, ou fim, nos diz *o que* ela é. Logo, propósito ou fim nos diz qual é a forma de uma coisa. As coisas naturais realizam suas formas ou fins inconscientemente, a menos que sejam seres racionais, mas um fim está presente nelas *potencialmente*, e isto as permite mover-se de maneira ordenada e padronizada para a realização de suas formas e fins.

Matéria também é uma noção complexa em ARISTÓTELES. Se nós mentalmente abstraíssemos da matéria todas as formas, incluindo as formas que fazem dela um determinado tipo de matéria e não outra (por exemplo: tiremos do nosso corpo não somente sua alma, mas também as formas que o fazem um cadáver, até que ele seja decomposto em vários elementos, tais como o ferro ou cálcio, e então removamos as formas do ferro e do cálcio), não nos restaria nada que pudesse ser caracterizado (a isso se chamou mais tarde de "matéria prima"). Não há na natureza uma matéria absolutamente incaracterizável. Por mais baixo que possamos chegar na esfera sublunar, de acordo com ARISTÓTELES, vamos nos deparar com quatro elementos: terra, ar, fogo e água. Estes quatro elementos são claramente informados; isto é, eles são o que são por causa de suas formas. Eles possuem o potencial para se transformar uns nos outros, e, de tais compostos, são informados ainda mais até obter o potencial para tornarem-se matéria para ainda mais coisas.

A matéria então é vista como o que pode receber as formas. Ou seja, ela é potencialmente uma ou mais coisas. Não existe nenhuma matéria absolutamente disforme. As formas que ela pode receber, isto é, o que ela é potencialmente e, portanto, é capaz de tornar-se, depende do que a matéria é *agora* (a forma que ela já realizou). Matéria e forma podem, então, ser vistas como a realização, ou efetivação da potência. Mas a matéria como potência é sempre matéria efetivada, ou seja, informada. Ela sempre é alguma coisa. Porque ela é um tipo específico de coisa, ela tem o potencial para receber outras formas e tornar-se algo diverso.

Matéria e forma, quando consideradas em termos de potência e ato, são aplicadas a um ser específico em termos de um exame ascendente ou descendente na escala do ser. Um tijolo, por exemplo, é forma e matéria. Ele é um tijolo por causa da forma de tijolo introduzida na argila, efetivando, assim, um tijolo. A argila tinha o potencial para tornar-se um tijolo. Do ponto de vista de um tijolo (olhando descendentemente) a argila é matéria; do ponto de vista da argila (olhando ascendentemente) um tijolo é um fim, ou uma forma realizada. Um tijolo é a realização de uma das potências da argila. Um tijolo, no entanto, pode ser usado para construir uma parede. Ele tem esse potencial. Do ponto de vista da parede (olhando descendentemente) um tijolo é matéria. Assim, um tijolo pode ser visto tanto como fim (uma forma) quanto um meio (matéria). Logo, toda coisa individual tem dois aspectos: ela é tanto um meio quanto um fim. Ela é matéria e forma. *Matéria* é o termo usado em referência a *qualquer que seja* o meio para um fim, e *forma* é usada para qualquer fim.

Esse exemplo é para coisas artificiais, não naturais, e os termos – *forma, matéria, potência* e *ato* – são usados analogamente a princípios dos seres naturais. Vejamos como matéria e forma estão relacionadas à potência e ato com seres naturais. Os seres naturais se desenvolvem no tempo rumo à efetivação de seu potencial. Em qualquer momento durante um processo, uma coisa é formalmente o que ela tem em comum com outros seres. Assim, sua forma pode ser a de uma bolota. Mas, em outro sentido, sua forma é um carvalho. Isto nos apresenta sua direção de desenvolvimento, sua meta natural. A forma é sua orientação interna, que dirige seu desenvolvimento e organização da matéria que ela toma (ar, água e outros nutrientes) em direção a certo fim. ARISTÓTELES chama as formas nas coisas naturais de *entelequias*. Elas são as orientações e direções internas às coisas e que as habilitam a efetivar seu potencial.

Nas *Categorias*, ARISTÓTELES observou que a maior característica a respeito das substâncias é que elas são capazes de admitir qualificações contrárias (4a, 10-12). Ou seja, um determinado homem, por exemplo, pode mudar sem deixar de ser um homem, enquanto "branco" e "círculo" não podem mudar sem deixar de ser o que são. Uma substância que estava fria, agora, pode estar quente; uma que estava aqui, agora, pode estar lá; uma que era pequena, agora, pode ser grande. A substância continua sendo o mesmo *tipo* de coisa (uma pessoa, um cavalo, um cachorro), visto que sua essência é a mesma. Suas mudanças são todas acidentais (qualidade, lugar, quantidade). ARISTÓTELES chama este tipo de mudança de "alteração".

Capítulo V

Não obstante, algumas mudanças são "substanciais". Deixe-me primeiro ilustrar com um objeto artificial. A madeira pode ser transformada em uma cadeira, ou seja, um artefato. Essa mudança é uma mudança no *tipo* de coisa que nós temos. Uma forma substancial substituiu outra; a forma da cadeira substituiu a forma da madeira. A única coisa que permanece a mesma é o material. Temos a mesma madeira de antes dela se tornar uma cadeira e depois de se tornar uma cadeira. Assim, o *substrato*, como Aristóteles o denomina, nos permite ter mudança, ao nos dar continuidade através da mudança, que, neste caso, é a uniformidade do material.

A mudança substancial das coisas naturais é semelhante, mas requer que nós recorramos à "matéria prima" para fornecer o substrato. Quando um cavalo come grama, a grama é digerida e recebe uma nova forma substancial. Ela se torna parte do cavalo. Todavia, a destruição da grama não é completa. A matéria prima, que não existe precisamente como matéria prima, mas sempre em conjunção com a forma, é, contudo, um elemento real em todo objeto material, incluindo a grama que o cavalo come. Esse elemento permanece, mesmo quando a grama perde sua forma e se torna um elemento da matéria do corpo do cavalo.

Este processo nos leva à geração de novos indivíduos. Na geração, a matéria do esperma e a matéria do óvulo de dois ratos, por exemplo, são combinadas para tornarem-se a matéria, ou o potencial para um novo indivíduo. Essa matéria, quando realizada, será um rato maduro. Temos assim uma nova substância, ou seja, um novo indivíduo distinto de seus pais, mas do mesmo tipo; ele tem a mesma natureza de seus genitores. Há continuidade porque a matéria dos pais (o óvulo e o esperma) e a prole (o óvulo e o esperma combinados) contêm a mesma matéria prima como um elemento, embora as formas do esperma e do óvulo, e do esperma e do óvulo combinados sejam diferentes.

Até aqui vimos todo tipo de mudança em Aristóteles, exceto aquela da locomoção ou mudança de lugar. Antes de examinarmos este tipo e suas mais variadas implicações, precisamos completar nossas considerações sobre os conceitos de matéria e forma como também aos, estreitamente relacionados, conceitos de potência e ato. ARISTÓTELES nos diz que o mais elevado conhecimento é aquele que é buscado por causa de si mesmo e não porque ele pode ser usado como um meio para se produzir outra coisa. Ele é o mais elevado porque é desejado por sua própria causa. A ciência que é desejável por sua própria causa é a ciência dos primeiros princípios, ou causas. Essa ciência surgiu porque as pessoas queriam saber a explicação ou a causa das coisas que elas viam. "Filosofia primeira" (ou metafísica, como nós chamamos por causa do seu livro sobre a filosofia primeira ter sido disposto depois (*meta* em Grego) da *Física* no *corpus* aristotélico editado) surgiu então do espanto, ou do desejo de entender, um desejo natural dos seres humanos. Este desejo natural de conhecer tem enormes implicações para a visão de ARISTÓTELES quanto à própria realização da natureza humana, ou, mais especificamente, para a ética, como nós veremos. Todavia, por agora, nós queremos ver sua conexão com os conceitos aristotélicos de matéria e forma, potência e ato.

ARISTÓTELES nos diz, na *Física* e na *Metafísica*, que a explicação, ou causas, das coisas são quatro em número: matéria, causa da moção, essência ou forma, e fim. ARISTÓTELES parece ter um artífice em mente. Para fazer algo, o artífice precisa de alguma coisa *a partir da qual* criará, ele deve suprir o poder para fazê-la (deve ser feita *por* alguma coisa), deve transformá-la *em* alguma coisa, e deve fazê-la *para* algum propósito ou uso. Estas são as famosas quatro causas de ARISTÓTELES. Elas são chamadas, respectivamente, causa material, eficiente, formal e final. Em contraste às coisas artificiais, feitas por um artífice, as causas das coisas naturais reduzem-se a duas. Não há necessidade de um agente externo, tal como um artífice. A própria forma, ou enteléquia de uma coisa natural é a causa eficiente. O fim, ou propósito, ou causa final de uma coisa natural não é consciente, exceto aos seres racionais. Isso se resume a mover-se da potência ao ato. Assim, nos restam forma e matéria na explicação das coisas naturais porque a forma – o que uma coisa é – é a causa eficiente e só é distinta da causa final quando a forma tiver completado sua realização, tendo se movido da potência ao ato e realizado seu fim. ARISTÓTELES usa a terminologia da matéria e forma, potência e ato em todo assunto de investigação, fazendo

Capítulo V

ajustes adequados em cada estudo em particular. Vou mostrar brevemente, a partir da *Física*, pois isso nos capacitará a tratar da moção local, que nós ainda não estudamos.

O tema da física (que simplesmente significa "natureza" em grego) é sobre aquilo que é sensível e mutável nos modos além da pura locomoção. Isto diz respeito às substâncias que nós percebemos, excluindo os céus (visto que para ARISTÓTELES a mudança das estrelas e dos planetas é só de lugar), e também excluindo os artefatos. As coisas naturais – pedras, plantas e animais – são objetos naturais porque o impulso para mudar está dentro delas. (Pedras caem naturalmente – por sua própria natureza – enquanto se movem para o seu lugar natural.) Os artefatos precisam de um movente externo. (Uma mesa não cai na medida em que é uma mesa, mas na medida em que é madeira.) A física então é preocupada com três tipos de mudança: (1) com a mudança qualitativa (uma substância fria que se torna quente), (2) com a mudança quantitativa (uma aumento ou diminuição de quantidade), e (3) com a locomoção (mudança de lugar). O vir-a-ser e a passagem (geração e corrupção) são tratados em biologia (o estudo das coisas vivas), uma subdivisão da física. Nós já tratamos da mudança (alteração) qualitativa e quantitativa, assim, podemos nos voltar agora para a moção local.

Moção local é movimento no sentido atual da palavra. Pressupõe lugar e tempo. Deve haver "lugares", de modo que o que está em um lugar possa ser deslocado por alguma coisa diversa. Pelo fato dos quatro elementos – terra, ar, fogo e água – terem seu lugar natural, eles devem ser afastados dele pela força da moção violenta. Mas uma vez removidas as obstruções (puxar o tampão), eles irão para os seus lugares naturais (a água escoará). Assim, o lugar não é uma coisa relativa a nós. Para ARISTÓTELES, "para cima" é o lugar para onde o fogo se move e "para baixo" o local para onde a água corre. ARISTÓTELES define o lugar como o limite dentro do qual um corpo é; um limite imóvel. Todas as coisas no universo físico estão, assim, em um lugar. A moção local ocorre por meio de uma mudança de lugar. O universo em si mesmo não está em um lugar, visto que ele não se move para frente nem para trás. Ele simplesmente gira.

Um corpo só pode ser movido por um movente *presente* em contato com ele. O problema dos projéteis – casos de moções em que não há movente presente em contato com o que foi lançado ou atirado – não foi nunca resolvido satisfatoriamente em termos aristotélicos. (Isso foi o ponto inicial para Galileu, e sua obra se tornou um fator importante para o descrédito de Aristóteles no século XVII.) Aristóteles entendia que a moção natural acelera (como é evidente a partir da queda dos corpos), mas que uma moção não natural, ou moção coerciva, tende a desacelerar.

Plotino pensa o tempo primariamente como um fenômeno mental, mas para Aristóteles o tempo está estreitamente associado à moção local ou mudança de lugar. Só as coisas que estão em movimento ou são capazes de mover-se estão no tempo. O que é imóvel e eterno não está no tempo. O que é eterno, mas em movimento, está no tempo. Aristóteles não identifica o tempo com o movimento dos corpos porque ele crê que nós podemos reconhecer um lapso de tempo com uma mudança em nosso estado mental. O tempo, todavia, é um aspecto do elemento da mudança, e ele é uma medida da moção *uniforme*. O movimento natural dos corpos terrenos acelera, mas o movimento natural das esferas celestes é circular e uniforme. Assim, nós medimos o tempo pela nossa moção. Se não houvesse nenhuma mente para medir a moção ou ser ciente do tempo, não haveria nenhum tempo, estritamente falando, mas haveria o substrato do tempo.

De acordo com Aristóteles, o universo consiste de duas partes distintas e muito diferentes: a sublunar e a supralunar. A terra é esférica no aspecto e em repouso no centro do universo. Em torno dela há uma série de esferas invisíveis – uma dentro da outra – sobre as quais estão os vários corpos celestes. A lua é a esfera mais próxima da terra. A lua, os outros corpos celestes e suas esferas não são compostos pelos quatro elementos terrenos – terra, ar, fogo e água – mas de um quinto elemento amplamente superior, o éter. Este é incapaz de qualquer alteração, mas muda de lugar em moção circular. Esta é sua moção natural, enquanto a moção natural dos elementos terrenos está em uma linha reta. (Uma das críticas mais devastadoras à cosmologia e astronomia aristotélica foi a ênfase de Galileu sobre o fato

Capítulo V

de que mudanças, além destas de lugar, ocorriam nos céus, visto que o universo *não* consiste de duas partes distintas, uma com geração e declínio, e outra imperecível.)

Aristóteles postulou um total de cinquenta e cinco esferas concêntricas (em outro lugar trinta e nove), para justificar as moções observadas dos planetas, conforme se imaginava naquela época. Além disso, havia uma esfera mais afastada para as estrelas, e além dessa habitava o Primeiro Motor Imóvel.

Há no cosmos de Aristóteles, portanto, uma gradação ou escala de ser (e importância). Como a escala é ascendente, a forma é sempre mais predominante (lembremos-nos de Plotino, para quem a escala é determinada pelos níveis de unidade). Na *Física* e *Metafísica*, Aristóteles argumenta que deve haver ao menos um ser que é ato puro – isto é, forma plenamente realizada e, consequentemente, sem qualquer matéria – para explicar o movimento. Como ato puro, em si mesmo, ele não se moveria, visto que o movimento é uma mudança da potência ao ato. Ele não seria acionado por qualquer coisa, pois não possuiria nenhuma potência ainda não realizada (um tipo de potência é a capacidade de ser acionado por alguma coisa). Ele seria um motor imóvel. Vejamos primeiro porque Aristóteles pensava existir ao menos um motor imóvel e, então, como ele gera a moção do universo como sua causa final.

Para a moção ocorrer, deve haver um movente. Este movente deve ser o próprio objeto ou algum outro. Se for algum outro objeto, então ele também deve ser seu próprio movente ou ser movido por outro objeto. Finalmente, devemos concluir que há um primeiro motor que é imóvel, ou uma causa da mudança, que não muda a si mesma do ser imóvel para ser móvel, (que seja sem qualquer potência). Isto talvez fique mais claro quando perguntarmos quando a primeira causa gera a moção. Em Aristóteles, todo movimento qualitativo e quantitativo precisa de locomoção. Assim, o motor imóvel deve se relacionar de algum modo à locomoção. Mas como ato puro, ele não pode impulsionar ou empurrar coisas, pois assim ele mesmo seria mudado e então não seria ato puro. Para a locomoção ser eterna, ela precisa ser circular, pois o movimento para trás e para frente é um movimento composto e precisa de uma razão para mudar a direção. Não há na terra o movimento circular eterno; o movimento natural da matéria terrena é para cima e para baixo e de um lado para outro. Mas nós podemos ver o movimento circular nos céus. Assim, a matéria celeste deve ser diferente da nossa. ARISTÓTELES, como dissemos, a chama de "éter". O movimento eterno na forma circular pelos corpos celestes é o resultado deles estarem fixados ao movimento das esferas, que são sólidas, mas invisíveis. A geração sobre a terra é causada em sua maior parte pelo calor do sol. O veículo material desta ação é chamado *pneuma* ("fôlego" ou "espírito" em grego). Ele não é um ar aquecido, mas é vivificante e permite à alma agir sobre o corpo. O *pneuma* está presente nas sementes e é o princípio ativo na geração (a umidade é o princípio passivo). Este singular intermediário teve grande aceitação e é denominado, na Fisiologia, de "espíritos animais" no século XVII.

Nós ainda não conectamos o motor imóvel às esferas e, assim, indiretamente através do sol às moções sobre a terra. É difícil interpretar ARISTÓTELES porque ele não parece estar seguro se há somente um motor imóvel ou vários. Algumas vezes ele tem apenas um, mas nos escritos mais tardios ele tem muitos (um para cada esfera), tanto na esfera mais remota (das estrelas) e também o Primeiro Motor Imóvel além da esfera mais remota.

O princípio, no entanto, é claro. Há movimento porque toda coisa boa é desejada na medida em que é conhecida. O Primeiro Motor Imóvel é um ser perfeito e eterno e, assim, um objeto de desejo. A primeira esfera das estrelas fixas, que parece ser viva e inteligente, deseja a perfeição do Primeiro Motor Imóvel. Ela imita essa perfeição o melhor que pode, movendo-se com o mais perfeito de todos os movimentos, o circular. Assim, o Primeiro Motor Imóvel age como uma causa por ser ele mesmo a causa *final* da moção.

Mas não fica claro como a moção da esfera mais remota é transmitida às outras esferas. Isso seria possível por alguma forma de movimento local causado talvez pelo *pneuma*. Mas a locação dos céus não pode ser causada pela rotação da esfera das estrelas fixas porque as esferas giram em direções diferentes. Assim, ARISTÓTELES fala de muitos moventes imóveis, um para cada esfera, com cada moção circular da esfera causada pela imitação da própria realidade do movente imóvel.

Capítulo V

A atividade do Primeiro Motor Imóvel é pensamento, mas não pensamento discursivo, pois isso envolveria um movimento do não conhecido ao conhecido, logo, uma moção da potencialidade ao ato. Seu pensamento, então, é intuitivo, ou perfeito e seu objeto só pode ser ele mesmo. É este motor imóvel que o médio platonismo e Plotino adotaram como a hipóstase da Mente. Também é o ser que os teólogos medievais, que procuravam relacionar Aristóteles com o cristianismo, procuravam adaptar e relacionar ao Deus revelado na Escritura. O Primeiro Motor em Aristóteles, no entanto, não é um objeto de culto. Ele não conhece qualquer coisa fora de si mesmo, e não é um criador. Ele é postulado simplesmente como uma consequência necessária de uma análise da moção como uma mudança da potência ao ato e como um estudo das moções terrenas e celestes.

No seu tratado *Sobre o Céu*, Aristóteles apresenta sua história dos céus, que consiste em esferas concêntricas aninhandas uma na outra com a Terra no centro, utilizando-se das mais atualizadas observações astronômicas disponíveis. Na Alta Idade Média, o *Almagesta* de Ptolomeu (final do segundo século d.C.), com suas melhores observações, tornou-se novamente acessível. Sua teoria dos excêntricos e epiciclos era incompatível com a teoria de Aristóteles das esferas concêntricas. Os teólogos medievais ficaram preocupados com essa contradição entre a astronomia matemática de Ptolomeu, que melhor explicava os fenômenos observados no céu, e a teoria física de Aristóteles, que eles presumiam ser deduzida dos primeiros princípios.

Tomás de Aquino apoiou Aristóteles. Aquino concordou que as hipóteses de Ptolomeu eram apoiadas pela experiência, mas a experiência não faz e nem pode demonstrar uma hipótese. A consideração de Ptolomeu, ainda que mais harmoniosa com as aparências, não é a única teoria astronômica possível. Talvez os fenômenos pudessem ser explicados de outra maneira, que ainda estivesse por ser descoberta – uma que, diferente das hipóteses de Ptolomeu, fosse harmoniosa com a teoria de Aristóteles sobre o céu. A defesa de Aristóteles por Tomás de Aquino sugeriu que a harmonia entre filosofia (Aristóteles) e revelação não precisa ser perturbada pelos dados contrários da experiência. Foi assim que a destruição da física aristotélica pela revolução científica do século XVI – e XVII – implicou, para muitos, na refutação da aproximação que Tomás de Aquino propunha entre revelação e filosofia.

Indicamos que o cosmos de Aristóteles era um cosmos hierárquico, com uma escala ascendente do ser em que a forma vai se tornando sempre mais predominante. Isto é, o potencial na matéria é mais e mais realizado ou efetivado, de modo que no topo há o ato puro, ou ser perfeito. Essa escala do ser é evidente em sua biologia e ética, e ambas são integradas a sua física e metafísica.

Como mencionamos, Aristóteles foi um grande biólogo. Ele nos deixou observações detalhadas sobre aproximadamente quinhentos seres vivos. Ele parece ter estudado física como o fator material e a alma como o fator formal dos objetos vivos. Assim surgiu a frase que nós mencionamos no início: a alma é a forma do corpo. Mantendo, como princípio geral da hierarquia, a ascendência de acordo com a maior realização do potencial da matéria, os corpos vivos também são arranjados hierarquicamente. Uma vez que essa ideia tem implicações para sua ética, nós precisamos examiná-la brevemente.

Um corpo natural, que é um corpo potencialmente vivo, deve ser orgânico, ou seja, ter as partes instrumentais necessárias para a realização de suas funções. O tipo de corpo mais baixo é o das plantas. Este nível de vida é capaz de se nutrir e, assim, crescer ou diminuir de tamanho. O próximo nível de vida é aquele dos animais, que não só têm o poder de nutrição, mas também de sensação e de moção local. Assim, eles têm desejos e a capacidade de mover-se a fim de satisfazer seus desejos. O nível seguinte é aquele dos seres vivos que possuem o poder das plantas e dos animais e também a razão. Cada tipo de ser vivo, que está em um nível mais elevado, possui os poderes dos seres em níveis inferiores. O corpo vivo é uma unidade, não uma alma e um corpo. Matéria e forma são aspectos de uma única coisa e são separáveis só em pensamento. Assim, para a alma, viver depois que um ser vivo morre não faz sentido, pois a alma é a forma do corpo.

Este quadro fica ainda mais complicado, contudo, pela ideia de Aristóteles sobre a razão. Existem muitos aspectos a seu respeito que já abordamos. Mencionamos que Plotino se utiliza da visão de Aristóteles acerca da percepção e do conhecimento. O olho e o ouvido são diferentes de seu objeto, mas potencialmente semelhantes e, na verdade, tornam-se como ele, ao receber a forma do objeto percebido. Mas há um passo neste processo que nós não tratamos antes. Os cinco sentidos recebem algumas sensações que pertencem exclusivamente a eles. É por meio do "senso comum" que associamos as sensações especializadas de diferentes órgãos com o mesmo objeto. Algumas percepções, tais como tamanho, formato, duração, repouso e movimento não são percebidas por nenhum dos sentidos especiais. Estas são também percepções do senso comum: A abstração, que é tão importante para ARISTÓTELES, envolve a produção de imagens pela faculdade da mente; as sensações são recebidas e formadas em imagens (*phantasmata*). Estas diferem das sensações porque elas podem permanecer depois que o objeto, que as causa, não estiver mais presente. As imagens são os dados crus a partir dos quais os conceitos são formados. A atividade mais elevada da alma racional é a recepção da forma inteligível exatamente como a sensação é a recepção da forma sensível. É aqui que a mente se torna o que ela pensa; isto é, a forma é inteiramente abstraída a partir da matéria das coisas sensíveis e realiza o potencial da mente para pensá-la. A forma está, então, realmente presente em nossas mentes e existe nelas.

A mente, todavia, não é uma potência totalmente passiva esperando ser realizada pelas formas nos objetos sensíveis. É o intelecto passivo que se torna o que ele conhece. O ato sempre precede a potência, de modo que a existência real e poder ativo são necessários para iluminar a mente e realizar as formas que existem potencialmente na mente. Os objetos sensíveis não são causas suficientes porque eles não produzem formas realmente inteligíveis (conceitos), mas só a matéria-prima das sensações, que produz imagens, uma matéria-prima que um agente ativo deve usar para produzir conceitos.

ARISTÓTELES chama o intelecto ativo de *nous*. Ele fala pouco sobre ele. Ele está sempre em ato, sem potência, e assim é imutável, eterno e é capaz de existir à parte do corpo. Assim, ele não é a realização do corpo. Ele vem de fora. Ele claramente nos fornece um parentesco com o Primeiro Motor Imóvel e as outras inteligências, mas ARISTÓTELES nunca explora essa ideia. Nós não sabemos se há um intelecto ativo comum a todos os seres humanos, ou se existe um intelecto ativo para cada indivíduo. Mas a sobrevivência do intelecto ativo em nós após a nossa morte não significa que nós sobrevivemos. A memória é uma condição necessária para a identidade pessoal, ou para a continuidade da personalidade. A memória é uma função da unidade corpo/alma e ela não pode sobreviver à morte.

Essa ideia, é claro, causou muitas dificuldades para os aristotélicos cristãos, pois o cristianismo afirma a vida pessoal após a morte. De acordo com ARISTÓTELES, o que individualiza cada substância, para que seja diferente dos outros indivíduos do seu tipo, é sua matéria. *O que* um indivíduo é, sua essência, é comum a todos os membros da sua espécie (mais precisamente sua *infimae species*, a menor divisão nos tipos de indivíduos). Os indivíduos não diferem uns dos outros por causa de sua forma específica uma vez que ela é a mesma. Uma pessoa é "esta" pessoa em vez "daquela" pessoa porque a matéria de cada uma delas é diferente. Elas diferem uma da outra somente por causa de suas qualidades acidentais. Uma vez que uma pessoa individual não esteja mais incorporada, ou seja, uma vez que o corpo vivo morre, tudo que resta é *nous*. Sem qualquer matéria não há maneira de distinguir o *nous* que foi ativo em um indivíduo morto específico. ARISTÓTELES não é claro em relação ao seu status. Como dissemos, pode ser que cada indivíduo em pensamento ativo seja simplesmente parte da ação de um único Intelecto Agente (como o intelecto ativo, ou *nous*, é chamado), que reside acima da esfera terrena.

Esta é, de fato, a interpretação que AVERRÓIS apresenta de ARISTÓTELES. Nosso intelecto ativo não é uma parte essencial de nós. Nossa atividade racional é o resultado de *um* Intelecto Agente, que é uma inteligência separada e unitária na esfera lunar. O intelecto passivo de cada pessoa individual é acionado pelo Intelecto Agente, para que possamos formar conceitos e desenvolver atividade intelectual. Com a morte de um ser humano, o Intelecto Agente não tem mais aquele indivíduo para iluminar. Assim, a crença de que sobrevivemos à morte não pode ser baseada na incorruptibilidade de nossa atividade racional e sobre a base de que ela é ativa e, assim, distinta da alma, que é a forma do corpo.

Capítulo V

Aquino argumenta que um aristotelismo *consistente* deve olhar o intelecto de cada indivíduo em si mesmo como um intelecto distinto. Caso contrário, todos os indivíduos teriam o mesmo intelecto, ainda que as pessoas pensem e raciocinem diferentemente. Além disso, nosso *nous* sobrevive à morte corporal por *sua própria natureza* (assim nós temos uma imortalidade por natureza), e o corpo será ressurreto. Dessa maneira, cada *nous* individual pode ser distinguido dos outros. A sobrevivência do princípio racional, por sua natureza, à morte corporal, é algo que pode ser demonstrado; a ressurreição do nosso corpo é revelada e é apoiada por argumentos prováveis.

Alguns teólogos contestaram a afirmação de Aquino de que o nosso *nous* sobrevive por sua própria natureza ou que isso pode ser demonstrado. Mas o que Aquino e outros cristãos aristotélicos temiam era a interpretação de Averróis sobre Aristóteles; de acordo com ela, nossa racionalidade não é parte de nossa forma específica. Consequentemente, com base nesta filosofia, a possibilidade de imortalidade poderia ser negada.

Totalmente à parte da questão sobre a sobrevivência pessoal, a razão exerce um papel importante na ética de Aristóteles. A ética para Aristóteles não é uma disciplina teorética, mas preocupada com a prática, a conduta da boa vida humana. Ela é baseada sobre a nossa natureza. Dado o que nós somos, algumas práticas são boas para nós; ou seja, elas nos capacitam a realizar nossa natureza. O justo é definido em termos daquelas ações que conduzem a bons fins. Assim, o justo é definido como um *meio* para se chegar aos bons fins. Existem muitas coisas que são boas para os seres humanos, assim, parte da tarefa da ética é ordenar aquelas que conduzem para o principal ou mais elevado bem para nós.

Aristóteles afirma que todos consideram a felicidade o principal bem para nós e ele prossegue dizendo que a felicidade para os seres humanos é encontrada ao se fazer o que é peculiar aos seres humanos. Ou seja, não pode ser crescimento, reprodução ou o ter sensações, visto que todas estas são atividades que nós compartilhamos com as plantas e animais. Trata-se antes, segundo Aristóteles, da prática de uma vida *de acordo com a razão*, pois a razão é o elemento distintivo da nossa natureza. A virtude moral em si mesma não é a finalidade da vida, pois esta pode prosseguir com miséria. Assim, ARISTÓTELES distingue as virtudes morais (tais como a coragem, a temperança e a justiça) das virtudes intelectuais (tal como a prudência), pois a razão deve ser usada para se viver uma vida de acordo com a razão. Assim, o uso da razão, na procura de uma vida que realize nossa natureza, requer o bom julgamento em assuntos práticos (*phronesis*). A virtude, para ARISTÓTELES, significa "excelência" (*Arete*), como vimos na discussão sobre PLATÃO. Trata-se do engajamento nas práticas que resultam em um ser humano virtuoso ou *excelente* e são atividades de um ser humano virtuoso. A forma da humanidade, por assim dizer, é realizada em uma pessoa virtuosa, de modo a termos um espécime excelente, exatamente como temos árvore ou repolho excelente.

As virtudes morais envolvem a formação do caráter; ou seja, uma pessoa desenvolve ou tem uma virtude (uma excelência), ao formar um hábito de ação, de uma maneira particular, quando é apropriado. Nós formamos estes hábitos praticando boas ações exatamente como uma pessoa aprende um ofício pela prática. Estas virtudes morais são definidas em termos de hábito ou disposição para escolher uma ação ou sentimento que evite os extremos do demasiado e da falta. É uma disposição para escolher um preceito que uma pessoa verdadeiramente virtuosa, possuidora de uma sabedoria prática, escolheria. Por exemplo, uma pessoa deve ter autorrespeito e não deveria chegar ao *excesso* da presunção nem ao defeito da *abjeção*.[6] Nem todas as virtudes têm dois extremos. Nem se deveria pensar que as virtudes são um meio-termo preciso entre os extremos, nem que o significado próprio de cada uma seja o mesmo para todas as pessoas. Um trabalhador braçal precisa de mais comida do que alguém que trabalha no escritório, assim, se este come a mesma quantidade de comida de um trabalhador braçal, ele será um glutão. Uma pessoa realmente virtuosa, possuidora de uma sabedoria prática, é a única que pode determinar uma resposta apropriada a uma dada circunstância.

---

[6] Nota do trad.: O autor usa aqui a palavra "humility" [humildade]. Ora, *humildade*, para nós, não contrasta com o vício da *presunção*, e é até mesmo uma das grandes "virtudes", tanto filosófica quanto teologicamente falando. Por isso consideramos um melhor contraste à presunção o vício da auto*abjeção*.

Capítulo V

As virtudes intelectuais são divididas em dois tipos, de acordo com duas operações intelectuais. Uma é a operação intelectual que se relaciona à atividade moral e política. Como nós mencionamos, o uso da razão na busca de uma vida que realize nossa natureza requer um bom julgamento em matérias práticas (*phronesis*). A sabedoria prática está preocupada em determinar os meios para se chegar aos fins. Nenhuma virtude pode existir sem a virtude da prudência (escolha justa e razoável). A outra virtude intelectual é a busca do conhecimento teórico. A ela interessa somente aqueles objetos que são necessários. As virtudes são aqueles hábitos, ou disposições, pelos quais nós podemos demonstrar ou provar, e são também a capacidade desenvolvida de extrair uma verdade universal depois de vivenciar muitos exemplos particulares. Juntas elas manifestam a *sophia* (sabedoria teórica). É aqui que os seres humanos encontram a mais elevada parte de sua natureza realizada. Pois o nosso *nous* encontra a sua plenitude no conhecimento teórico. Mantemos aqui uma afinidade com as inteligências puras das esferas e com o Primeiro Motor Imóvel, cuja atividade consiste em pensamento. Nossa mais elevada atividade, e consequentemente felicidade, é encontrada na busca do conhecimento científico – o conhecimento da causa das coisas – ou, em resumo, um conhecimento da realidade suprema. Espera-se que a totalidade da vida moral é consagrada para esse fim. As virtudes morais são boas em si mesmas e também são condição para a investigação e contemplação intelectual do conhecimento teórico, pois devemos ser livres de vícios perturbadores de nossa natureza mais baixa a fim de desenvolvermos essa atividade. Da mesma forma, uma pessoa que vive em sociedade deve desenvolver a virtude intelectual do "bom senso" (*phronesis*) para viver bem com as pessoas e também ter bens suficientes para não viver em miséria e ser hospitaleiro. Estas são, todas elas, condições indispensáveis para a felicidade, ainda que não sejam parte da própria felicidade.

Para Aristóteles, a felicidade não consiste em prazer, mas o prazer está necessariamente envolvido porque ele acompanha toda atividade livre e bem executada. A prática das virtudes, então, é prazerosa. Mas tanto Aristóteles quanto Platão antes dele temiam os prazeres fáceis do corpo. Estes prazeres não requerem atividade repetida ou a formação do caráter antes que eles possam ser desfrutados. As virtudes, no entanto, e o prazer que acompanha o seu exercício, requerem o desenvolvimento do caráter *antes* de se tornarem prazerosas na prática. As pessoas são, assim, imediatamente atraídas pelo prazer de satisfação corporal e, a menos que sejam contidas, não desenvolverão as virtudes e, desse modo, não serão capazes de reconhecer, a partir da experiência pessoal, que a prática das virtudes deve ser preferida à indisciplinada satisfação corporal.

Pelo fato da ética de ARISTÓTELES ter tanto bom senso, ela foi adaptada e incorporada na teoria da ética cristã, especialmente pelos teólogos católicos romanos. A noção de desenvolvimento dos "hábitos" exerceu um papel importante na concepção da formação espiritual, com uma ênfase sobre a repetição e a negação dos apetites. A ética de ARISTÓTELES, é claro, deve ser modificada para ser aceitável. Por exemplo, além das virtudes morais e intelectuais, que são *naturais*, é preciso acrescentar as virtudes teologais – fé, esperança e amor – que são infundidas pela graça. Há o problema do pecado original e sua relação com as virtudes naturais. A ênfase sobre a felicidade (*eudaemonia*), ou bem-estar como o objetivo da vida e a base da ética, também é uma fonte de controvérsia teológica. Nosso desejo por felicidade é considerado por alguns uma preocupação egoísta. Ainda que nosso objetivo seja Deus, o conhecimento Daquele que nos dá felicidade, o motivo é questionável, a menos que ele possa ser distinguido do desejo por bem-estar pessoal como o alvo determinante. Isso é discutido muitas vezes em termos do contraste entre *eros* (o desejo egoísta por bem-estar) e *agape* (o amor espontâneo e não egoísta que vem da graça de Deus). Trata-se de parte de uma antiga dificuldade para o cristianismo Ocidental em especificar os respectivos domínios da natureza e da graça.

ARISTÓTELES afirma que a política é a principal das ciências práticas porque ela trata da vida em comunidade dos seres humanos. A ética lida com o caráter e comportamento individual e é, portanto, subordinada a ela. Ele considera que a boa vida para o indivíduo só pode ser alcançada em e por meio da comunidade. Assim, ele mantém uma visão positiva do Estado e é uma das influências continuas sobre esse tipo de teoria política, em contraste com os teóricos do *laissez-faire* que geralmente veem o governo de maneira negativa. ARISTÓTELES diz que o Estado procura servir ao bem supremo dos seres humanos, diferentemente da família e do clã, que existem para servir a fins limitados da vida. O Estado é uma sociedade *natural* porque ele serve a nossa natureza, e é primário (no sentido de ter precedência por natureza) ao indivíduo, família e clã.

A concepção positiva de ARISTÓTELES sobre o Estado e a maneira pela qual sua filosofia apoia a integridade das coisas naturais foram as maiores forças no desenvolvimento da lei natural na Idade Media. Elas também criaram muitas das bases para as controvérsias sobre a jurisdição entre Igreja e Estado. Os cristãos pertencem a outra comunidade, que está acima do Estado, a saber, a sociedade da Igreja. O propósito da Igreja é mais elevado do que o do Estado, de modo que o Estado deve se subordinar ao fim espiritual dos seres humanos e assim também à Igreja. E ainda que a lei natural e o caráter natural do Estado deem ao Estado sua própria integridade, o lugar e papel do Estado precisam ser definidos em relação à lei eterna de Deus (que, por ser Deus o Criador, sustenta a lei natural) e à Igreja. É claro que essas questões já haviam sido levantadas antes, mas, com a redescoberta de ARISTÓTELES, elas foram discutidas em termos das concepções filosóficas extraídas dele.

Capítulo VI
O PROGRAMA DE TOMÁS DE AQUINO E DUAS CRÍTICAS

Karl Barth e a Teologia do Processo

Vamos comentar agora como a filosofia de Aristóteles deu um novo rumo à teologia em Tomás de Aquino e mostrar, mais uma vez, a importância da filosofia para a compreensão da teologia. Podemos ter uma boa ideia da imensidão do empreendimento de Tomás de Aquino por meio de um exame de seu programa sobre a teologia natural, que já vimos no capítulo anterior. Isso nos permitirá entender, por um lado, as objeções à teologia natural pelo maior teólogo protestante do século XX, Karl Barth, e, por outro lado, a proposta da teologia do processo, um movimento contemporâneo que visa substituir a teologia natural com uma versão desenvolvida por ela.

Na *Suma Teológica*, Tomás de Aquino fornece cinco provas da existência de Deus, ou "cinco caminhos" como ele as chama.[1] Precisamos de uma prova porque a existência de Deus não é autoevidente. Uma proposição autoevidente é uma proposição na qual o predicado faz parte do que é significado pelo sujeito. "Deus existe" é uma proposição em que o predicado ("existe") já é parte do significado do sujeito. É deste fato que Anselmo de Cantuária tentou fazer uso em seu famoso argumento ontológico (que nós veremos em conexão com seus críticos modernos). Anselmo tentou mostrar que a natureza de Deus é tal que

---

[1] Tomás de Aquino, *Summa theologica*, 2–2, q.2.

a partir da Sua essência (a partir *do que* Deus é) nós podemos concluir que Ele *existe*. Mas, AQUINO diz, a proposição "Deus existe" não *nos* é autoevidente porque nós não podemos apreender a essência divina. Assim, a via de um argumento ontológico, um argumento a partir do ser ou essência de Deus para a Sua existência, é impossível. Podemos ver isto mais claramente se notarmos que em ARISTÓTELES uma demonstração envolve o uso de um silogismo. Sujeito e predicado são conectados pelo uso de um termo médio. (Um exemplo de um termo médio é visto no seguinte silogismo: "Todos os x's são y's. P é um x. Logo, p é um y." O termo médio é x.) Se soubéssemos o que faz a existência (o predicado) pertencer a Deus (o sujeito), nós teríamos o termo médio apropriado. Mas a essência de Deus nos é incognoscível, visto que o termo médio que conecta o predicado ao sujeito nos é inalcançável.

Mas Deus como Criador tem *efeitos*. Assim, nós podemos demonstrar a existência de Deus mostrando que existem efeitos *causados* por Deus. Portanto, diferentemente de ANSELMO que conecta o predicado (existe) ao sujeito (Deus) por meio da causa de sua conexão (a essência de Deus), AQUINO os conecta procedendo de um *efeito* (a criação) voltando a sua causa (Deus). Quando raciocinamos do efeito até a causa não alcançamos a essência de Deus. Ou seja, Deus é maior do que o mundo que Ele produz; assim, nós não podemos compreender a natureza ou essência de Deus a partir de Seus efeitos. Mas podemos constatar *que* Deus existe e caracterizá-lo corretamente.

Na doutrina cristã primitiva, Deus é apresentado como não gerado (*agenetos*) e incorruptível. Deus e só Deus é "não nascido" (*agenetos*) e imortal. Todas as coisas dependem de Deus para sua existência; Deus não depende de nada para existir. Ele não só é o Criador, mas ele cria livremente porque é completo e pleno em sua divina vida trinitária de Pai, Filho e Espírito Santo. Nós não podemos compreender esta vida, pois seria compreender a essência de Deus. Descrevemos este conceito de Deus como Criador em nossa introdução como o fundamento ontológico da teologia. Nós podemos entender o programa de TOMÁS AQUINO relacionando-o a esta doutrina.

AQUINO insiste que a doutrina cristã da criação, que afirma um começo para o mundo, não é demonstrável. Mas a filosofia pode mostrar que todas as coisas dependem de um Deus que existe e que nós sabemos algumas coisas a respeito da natureza divina. Não podemos compreender a essência ou natureza divina plenamente, mas podemos saber algumas coisas a respeito da essência de Deus pelo uso da filosofia de Aristóteles, que, para Aquino, era a mesma coisa que dizer pelo uso da filosofia ou razão.

Os cinco caminhos, ou as provas tradicionais da existência de Deus (como são frequentemente mencionadas hoje em filosofia da religião), confiam acima de tudo na concepção de Aristóteles do movimento como atualização da potência. Nós não iremos entrar rigorosamente nestas provas porque um exame delas não é necessário para compreendermos esta parte do programa teológico de Tomás de Aquino. A conclusão do primeiro caminho nos apresenta a existência de um ser que é ato puro (em quem não há potência). Isso é similar ao Primeiro Motor Imóvel de Aristóteles, e, de fato, Aquino adaptou o argumento de Aristóteles para a existência de pelo menos um ser que é ato puro. Mas o segundo caminho nos leva além de Aristóteles. Usando os conceitos de Aristóteles, Aquino mostra que Deus é, também, a primeira causa *eficiente*, de modo que todas as causas eficientes no mundo são sempre dependentes da causalidade eficiente de Deus a fim de serem causas. Elas são chamadas de "causas secundárias". Da mesma forma, Aquino continua caracterizando Deus como ser necessário no terceiro caminho. Aristóteles distingue os seres que vêm à existência, e passam, daqueles que são eternos. Para Aristóteles os corpos celestes e o Primeiro Motor Imóvel são eternos. Nesse sentido, ele os considera como seres necessários e os chama de deuses (como os gregos faziam com tudo o que não fosse mortal). Todavia, Aquino aqui vai além de Aristóteles. Admitindo que existam seres eternos, eles, no entanto, são *contingentes* ou seres dependentes, pois neles a essência (o que eles são) e a existência (o fato de que eles são) podem ser distinguidas. Mesmo que eles sempre existam, é *possível* que eles possam não ser, pois o que eles são (sua essência) não os capacita a existir por si mesmos. Assim, deve haver um ser cuja essência e existência são a mesma coisa para que se possa explicar ou justificar os seres nos quais a existência e a essência são distintas. Este ser é Deus, que é distinto de todos os outros seres como um ser necessário porque Ele não é apenas eterno, mas porque a existência perpétua de Deus fundamenta-se na essência divina, sendo idêntica ao ato divino de existir.

Aquino não supõe que tenhamos um conhecimento da essência de Deus, de modo que possamos, por meio desse conhecimento, provar que Deus existe. Esse seria o argumento ontológico. Em vez disso, ele mostra que a existência dos seres contingentes e seres eternos requer a existência de um ser necessário em quem essência e existência sejam o mesmo. A existência de Deus não é tratada como um atributo da essência divina. Deus não existe a partir da essência divina. A essência de Deus *é* um ato de existência puro e subsistente. Deus é existência absoluta, o único ser que pode ser dito *ser* existência. Deus é Deus em si mesmo (*esse per se*).

Até Tomás de Aquino, o cristianismo entendia a diferença entre Deus e todos os outros seres e o mundo, como um todo, consistindo no ser de Deus não gerado e incorruptível, de modo que uma dimensão temporal estivesse envolvida na distinção de Deus das criaturas. Deus não começa e nem termina, enquanto elas e o cosmos, sim. Mas, como mencionamos, Aquino não crê que possamos provar pela razão (filosoficamente) a verdade revelada de que o mundo teve um começo. Ainda no terceiro caminho, Deus é mostrado filosoficamente ser *esse per se*, o único que é a partir de si mesmo. Isso se estende até onde a caracterização "Criador" se estender; isso distingue Deus do mundo como autossuficiente. Esta notável conclusão foi levantada por Anselmo, que também pensou Deus como autoexistente. Mas Aquino defende este ponto de uma maneira diferente, e, além disso, ele deixa claro que a existência não é um *atributo*, mas que o ser de Deus é um *ato* de existência.

O quarto caminho, tomado em conjunto com o terceiro, nos permite caracterizar a Deus como a fonte das perfeições limitadas (tais como o bem e a verdade), que nós temos no mundo. Na tradição platônica, as Ideias, postas dentro da mente de Deus, são as perfeições de Deus. Elas agem como os exemplares das coisas criadas. Deus, conhecendo a essência divina, sabe que essa essência deve ser imitável pelas criaturas. As perfeições de Deus existem nas criaturas como perfeições limitadas e imperfeitamente refletem o ser divino. E finalmente, Deus é conhecido com a causa final ou a contínua fonte da moção ordenada de todas as coisas da potência ao ato. A regularidade da moção delas requer inteligência, e uma vez que muitas coisas que se movem não têm inteligência, Deus as guia.

Nos seus cinco caminhos, AQUINO caracterizou Deus de maneira que vai além do Primeiro Motor Imóvel de ARISTÓTELES. Deus não é só a primeira causa da moção como ato puro (o primeiro caminho) e a causa final de todas as coisas (o quinto caminho), mas Ele é também a primeira causa eficiente (o segundo caminho) e a causa exemplar ou formal de todas as perfeições (o quarto caminho). Além disso, para AQUINO, Deus é radicalmente diferente do Primeiro Motor Imóvel de ARISTÓTELES em seu terceiro caminho. Deus é existência absoluta; Deus é *esse per se*. Portanto, Deus não é um termo em contraste com os outros seres, que seriam o outro termo, como o Primeiro Motor Imóvel de ARISTÓTELES que, mesmo como o puro pensamento e o mais elevado ser, é ainda parte do mundo. Deus, como *esse per se* e autossuficiente, é separado de todo o mundo. Deus é absolutamente capaz de ser sem um mundo.

A doutrina da criação na Bíblia fala de um Deus que cria livremente. Deus pode fazer assim porque a vida divina é plena e completa em si mesma. AQUINO afirma que nós também podemos chegar a esta compreensão de Deus por meio dos cinco caminhos, que nos apresentam Deus como um que é ser em si mesmo e absolutamente completo. O Uno, que é ato puro, por exemplo, não é composto de potência/ato e não depende de absolutamente nada. Não há composição de essência e existência, uma vez que Deus não precisa de nada para ser. (Esta independência de Deus é o que significa a expressão *asseidade* de Deus.) Assim, a visão de Deus, que é resultado da revelação, como aquele que é absolutamente independente e autossuficiente, cuja vida é plena e completa em si mesma, também pode ser alcançada pela filosofia. AQUINO nunca se cansa de mencionar que Deus, que é *esse per se* de acordo com o raciocínio filosófico, é autorrevelado como "Eu sou" (cf. Ex 3.13-14). Embora seja admitido que a interpretação de TOMÁS DE AQUINO desses versículos é um tanto quanto artificiosa, a exposição do seu programa apresentado aqui deixa claro que ele não resiste ou cai sobre um fragmento de interpretação bíblica.

Capítulo VI

Tomás de Aquino passa da demonstração da existência de Deus pela razão para a demonstração de muitos dos atributos divinos por meio da razão. A partir de Deus como ser em si mesmo, ou seja, a partir de sua asseidade, todas as outras perfeições, tais como unidade, verdade, infinitude, imensidade, ubiquidade e eternidade, podem ser deduzidas. Uma distinção é extraída destes atributos, entre os *entitativos* (ou seja, os que não têm qualquer relação com os seres contingentes; que nos dizem como Deus é em essência), e os *operativos*, que dizem respeito à natureza de Deus em relação a outros. Eles também são demonstrados pela razão natural e se referem ao intelecto e vontade de Deus e, assim, nos permitem entender Deus como um ser pessoal. O programa de Aquino na teologia natural é, então, um modo pelo qual nós podemos ganhar um limitado, mas genuíno conhecimento sobre o que é Deus em essência e como Ele se relaciona conosco sem revelação. Esse conhecimento é obtido pela demonstração, e, assim, a teologia natural é uma ciência.

Este programa foi inspirado na *Metafísica* de Aristóteles. Este diz ali (entre muitas coisas, pois a *Metafísica*, na verdade, não é um único tratado) que a Filosofia Primeira é um estudo do ser enquanto ser. Para Aristóteles o tipo primário de realidade é a substância. Mas além das substâncias individuais que são sujeitas à mudança, há as substâncias que são livres de mudança, ou puras atualidades. Estas são os elementos mais completamente reais que existem. Assim, a Filosofia Primeira concentra-se no estudo do ser em sua mais perfeita forma. Ela tem seu clímax em um conhecimento dos atributos do Primeiro Motor Imóvel, ou teologia, como Aristóteles denomina. Mas, como vimos, a engenhosidade de Aquino é tal que ele pode, com seus cinco caminhos, chegar a uma caracterização do ser primário que é muito mais do que o Primeiro Motor Imóvel e, acima de tudo, não é um ser entre os seres. Em Aquino, nosso conhecimento de Deus é, todavia, limitado. Deus é muito mais do que nós podemos apreender, pois Ele não pode ser *definido*. Os seres criados têm um gênero e uma espécie (eles são *tipos* de seres). Mas Deus, como ser em si mesmo, para ser definido, teria de ser colocado sob o gênero do ser. Ser, no entanto, não é um gênero. Um gênero é *determinado* ou especificado por aquelas diferenças que não são contidas nele. Nada, no entanto, pode ser adicionado ao ser porque fora do ser não há nada. Colocando de outra maneira, Deus não é *um* ser, mas ser em si mesmo. A essência divina não é que Deus seja este ou aquele tipo de ser; Deus é um ato de existência independente. Nós não temos, portanto, categorias para definir a Deus.[2]

Embora não possamos definir a Deus, podemos ter *algum* conhecimento de Deus. Mas nossas caracterizações não podem ser aplicadas de maneira *unívoca*. Ou seja, elas não significam a mesma coisa quando aplicadas a Deus e às criaturas. Nós devemos *negar* qualquer caracterização que damos a Deus a fim de enfatizar que estas caracterizações não são a natureza ou essência divina. (O modo da negação nos é familiar a partir do platonismo cristão.) Por outro lado, algumas caracterizações se ajustam a Deus melhor do que outras. Os atributos positivos das criaturas, tais como bondade e inteligência, são atribuídos a Deus. Eles existem nas criaturas de uma maneira limitada, mas, em Deus, a fonte deles todos, eles existem eminentemente. Visto que a essência de Deus, ou seu ser, nos é desconhecida, não podemos saber como eles existem em Deus, mas podemos afirmá-los propriamente em referência a Deus.

Visto que Deus e as criaturas diferem tão drasticamente em ser, as perfeições das criaturas são aplicadas a Deus por analogia em um

---

[2] Este ponto é tão fundamental que nós precisamos entrar em questões técnicas por um momento. "Foi Aristóteles quem primeiro demonstrou que o Ser não é absolutamente um gênero, e, assim, *a fortiori*, não o *summum genus*. Todas as diferenças de qualquer gênero devem ter ser. Mas, sustenta Aristóteles, é impossível a um gênero separado de sua espécie, [por exemplo, *animal* à parte do *humano*, *vaca* e semelhantes], ser predicado de suas próprias diferenças [dizer, por exemplo, que *racionalidade* é um *animal*]. Se as diferenças *racional* e *bruto* dividem o gênero *animal* [isto é, todo *animal* ou é *bruto* ou é *racional*], então é impossível que *animal*, quando separado das espécies *animal racional* ou *animal bruto*, seja predicado de *racional* ou de *bruto* [ou seja, dizer aquela *brutalidade* é um *animal*, ou aquela *racionalidade* é um *animal*]. Se ser é um gênero, Aristóteles por conseguinte argumentou, segue-se tanto que suas diferenças devem ter ser quanto que o ser não deve ser predicado delas. Nessas circunstâncias, visto que é autocontraditória, a hipótese de que o ser é um gênero deve ser falsa (*Metafísica* B, 998b, 21-27)." (Alan Donagan, *The Later Philosophy of R. G. Collingwood* [Oxford: Oxford University Press, 1962], 281). Talvez, o erro de HEGEL esteja em elevar isto que o permitiu falar acerca do *Ser*, em contraste com o *Não-Ser*, negado dentro do *Vir-a-Ser*.

sentido *particular* de analogia. Ela é chamada de analogia de proporção. A semelhança, entre Deus e as criaturas, é baseada na participação proporcional das criaturas na realidade expressa pelo conceito. Elas participam da perfeição de acordo com a natureza de ser de cada uma delas. Dizer que Deus é inteligente, portanto, é dizer que há alguma coisa que porta o mesmo tipo de relação com a natureza divina, do mesmo modo como inteligência é relacionada com a natureza humana. A analogia é expressão de um *paralelo* na relação entre inteligência divina e natureza divina, por um lado, e entre inteligência humana e natureza humana, por outro. A perfeição atribuída a Deus e à criatura está realmente presente em ambos, mas não de um mesmo modo. Deus a possui eminentemente; na criatura ela está presente de uma maneira limitada. (Lembremos-nos do quarto caminho de AQUINO, em que as perfeições divinas são exemplares imitados pelas criaturas.)

Outro tipo de analogia é aquele da proporcionalidade. Por exemplo, nós vemos através dos nossos olhos, não através de nossas mentes. Mas há uma similaridade entre o modo pelo qual o olho se relaciona à visão e o modo pelo qual a mente se relaciona à apreensão. Pelo fato das duas *relações* serem similares, nós podemos falar tranquilamente sobre a apreensão da mente como um tipo de visão. AQUINO favorece mais a analogia da proporção do que a da proporcionalidade. (Ela pode se tornar muito confusa porque hoje a analogia da proporção é chamada de analogia da atribuição, e a analogia da proporcionalidade é chamada de analogia da proporção.)

Assim, para AQUINO, nosso conhecimento é, de fato, muito limitado, pois nós não conhecemos a natureza divina. Nós só sabemos que algumas perfeições são aplicadas a ela e que a natureza de sua realidade em Deus nos é estranha. Não podemos formar um conceito sobre o puro ser (da existência) enquanto tal; conhecemos o ser sempre *como este ou como aquele ser* (gênero e espécie). Assim, a analogia do ser não é uma maneira para descobrir a natureza do ser divino por meio de um movimento das perfeições das criaturas às divinas, mas um modo de saber em que certas perfeições devem ser atribuídas a Deus.

AQUINO e outros teólogos enfatizam que os atributos divinos são um, não múltiplos. Pois eles designam uma entidade ou realidade que nós entendemos sob múltiplos e diversos aspectos. Podemos verificar que eles são unidos enquanto mostramos que os atributos divinos podem ser derivados de uma ou outra das perfeições. Geralmente, as outras perfeições são derivadas da asseidade; ou seja, uma mostra como elas estão implicadas por ela. (Escoto demonstra sua unidade derivando-as da infinitude.) Mas isto não quer dizer que em Deus uma perfeição seja mais fundamental que as outras. Trata-se somente de que tal perfeição *nos* parece ser anterior a qualquer outro atributo. Assim, quando é dito que o fundamento da teologia é a criação, isto não quer dizer que o poder e a bondade sejam mais constitutivos da natureza de Deus do que outras perfeições.

O projeto de Aquino de uma teologia natural, cuja finalidade é nos dar conhecimento de Deus por meios filosóficos, reconhece, assim, o mistério impenetrável. Nós podemos, por meio da filosofia (razão), saber que Deus existe, que Ele é um, bom, perfeito, inteligente e o mesmo, mas o que estes são na essência divina não é cognoscível por meio da filosofia nem da revelação. Não obstante, Aquino foi além do que qualquer um dos Pais da Igreja antiga, tanto oriental quanto ocidental. Ele não só admitiu a filosofia na teologia (como teologia natural), mas, por sua identificação da essência de Deus com o ato de existência de Deus, ele foi capaz de atribuir a Deus um grande número de características, de especificar o significado dos atributos analogicamente e relacioná-los uns com os outros em uma ciência demonstrável.

Este é apenas um esboço de parte do programa teológico de Tomás de Aquino. A realização desse programa é admirável, seja qual for a avaliação filosófica ou teológica final. Não faltaram críticas tanto na Idade Média quanto hoje. Nesse sentido, quero observar brevemente duas críticas contemporâneas e, então, no próximo capítulo, as críticas do século XIV à tentativa de unir o cristianismo e Aristóteles.

Comecemos com Karl Barth. Ele rejeita a teologia natural enquanto tal porque ela é uma construção *filosófica*. A divindade nela não é o Deus de Abraão, Isaque e Jacó. O Deus que é autorrevelado *só* pode ser conhecido pela revelação e não sem ela. O Deus de Aquino, a despeito de muitas diferenças, não é mais do que é o Primeiro Motor

Imóvel de Aristóteles. Esse Deus é a criação da razão humana e, portanto, um ídolo. Não há maneira de se chegar a Deus a partir da razão humana; Ele deve vir a nós.

Essa crítica pode ser significativamente mitigada se a teologia de Aquino for interpretada como uma tentativa de *pensar* sobre Deus, em vez de chegar a Deus; isto quer dizer, compreender seu projeto como uma teologia *racional* que procura entender *o que* significa dizer que Deus é completo e pleno em essência. A mente que busca determinar o que nós podemos conhecer de Deus não precisa ser uma mente descrente. Não é necessário interpretar os cinco caminhos de Aquino como demonstrações que nos conduzem à fé, mas como os caminhos pelos quais uma mente crente chega a uma apreensão racional de Deus. O que é apreendido pela mente crente, na existência e operações naturais do mundo, não é menor e nem menos apreendido se não for apreendido ou reconhecido pelos não crentes.

De maneira muito interessante, Barth apresenta esse mesmo tipo de leitura do argumento ontológico de Anselmo. Ele enfatiza que Anselmo raciocina dentro do ambiente da fé e que a compreensão que ele tem de Deus vem da fé e não da consciência humana sobre Deus. Ele não estabelece a existência de Deus, mas para aqueles com um conhecimento de Deus que vem da revelação e fé, Anselmo estabeleceu uma proibição: não tentar imaginar nada maior ou melhor do que Deus. Isso coloca um limite definido sobre os conceitos em relação a Deus e o distingue de todo o resto.[3]

Uma questão ainda mais reveladora é a interpretação do Deus cristão em termos, ou conceitos, aristotélicos, a saber, o ato puro e o Uno cuja essência é o ato de ser. O problema pode ser posto da seguinte maneira. Uma das tarefas da teologia é relacionar os atributos morais e metafísicos de Deus, ou seja, o que Deus é em essência e o que Deus é autorrevelado em relação a nós. Aquino demonstrou pela razão (filosofia) que Deus tem certos atributos, tanto entitativos quanto operativos. A questão é se esses atributos devem preceder às descrições bíblicas, de modo que as descrições bíblicas seriam tratadas como

---

[3] Ver Anselmo, *Fides quaerens intellectum*.

acomodações ao entendimento popular, quando houvesse qualquer tensão entre os dois. O fato de que os atributos são demonstrados não é decisivo, visto que nós não conhecemos precisamente o que a caracterização *significa* em sua aplicação a Deus. Se em nossa interpretação dos atributos usamos a terminologia da filosofia aristotélica como nosso guia, nós parecemos dar à razão sozinha o poder de interpretar a Bíblia. Isso parece subordinar a revelação à razão.

BARTH, em sua *Dogmática da Igreja,* fala do ser (essência) de Deus como ato de Deus e também do ato de Deus como ser de Deus. Mas no volume 2/1, onde ele trata da relação entre os atributos metafísicos e morais, ele insiste em interpretar todos os atributos em termos de Deus como *Trindade* (que é, obviamente, Deus autorrevelado). Isso significa interpretar todos os atributos em termos da Bíblia. Falar da inteligência e do poder de Deus, por exemplo, não é fiar-se em um caminho pelo qual a inteligência e o poder estejam fundados na perfeição limitada das criaturas. Antes, confia-se no modo pelo qual Deus é revelado na Escritura. O que Deus é na revelação é usado para nos informar acerca do sentido apropriado para entender a inteligência e poder divino. Não há nenhuma reivindicação de se conhecer o que Deus é em essência. Nós conhecemos a Deus somente na medida em que Deus se revela para nós. Nós cremos, pela fé, que Deus não é menos em essência do que Ele é enquanto autorrevelado, ou que Deus não contradiz o que Ele é enquanto autorrevelado. (Contudo, deve-se presumir uma conexão suficiente entre a linguagem da Escritura e o resto de nosso discurso.)

Outra objeção ao empreendimento tomista tem sido lançada recentemente pela teologia do processo. Ela frequentemente objeta que o Deus do "teísmo clássico" (o nome dado à divindade escolástica pelos teólogos do processo) não é o Deus da Bíblia. Pois a divindade do teísmo clássico não é afetada por qualquer coisa externa. Segundo as *Categorias* de ARISTÓTELES, o que nós predicamos de uma substância é o tipo de ser que ela é ou o modo pelo qual ela *pode ser.* O modo pelo qual uma substância pode ser não é essencial a sua natureza e é, assim, um acidente. No teísmo clássico, as relações de Deus com qualquer coisa não são essenciais ao ser de Deus e são acidentes.

Mais danosa é a afirmação de que o Deus do teísmo clássico não mantém relações *reais* com coisa alguma. Uma substância pode, por exemplo, ser imutável em si mesma, e outro elemento pode aproximar-se dela. A relação deles passa a ser de proximidade. Mas só uma das substâncias mudou. No que diz respeito à substância imutável, a relação de proximidade é puramente externa e não real. Porque Deus é imutável, o Deus do teísmo clássico não se relaciona realmente com o universo ou seus membros. Deus seria, no melhor dos casos, semelhante ao Primeiro Motor Imóvel de ARISTÓTELES, que não é afetado por nada fora de si. Outros seres são movidos por ele só porque eles imitam sua perfeição. Ele é apenas uma causa final externa, e a relação com ele é puramente externa e não real, pois ele não é influenciado pela relação. O Deus da Bíblia é ativo e tem relações reais. Além disso, a visão de Deus como imutável, que significa que Deus não é temporal, é incoerente, de acordo com os teólogos do processo.

Aqueles que seguem ALFRED NORTH WHITEHEAD (1861-1947) e, em particular, CHARLES HARTSHORNE (1897-2000), que apresenta uma interpretação teológica de algumas poucas considerações de WHITEHEAD sobre Deus, têm sua própria teologia natural, ou filosofia. Embora eles reivindiquem que esta faz muito mais justiça à Bíblia do que o teísmo clássico, a visão bíblica de Deus não é o fator decisivo no pensamento do processo, como as críticas precedentes ao "teísmo clássico" podem ter sugerido. Eles podem e de fato ignoram, revisam e negam as maiores doutrinas cristãs, pelo menos no mesmo nível do "teísmo clássico"; isso de acordo com suas críticas. Isso pode ser brevemente indicado em referência à doutrina da criação como o fundamento da teologia cristã. WHITEHEAD não considera o status ontológico do universo sequer como um problema. Ele aceita a existência do universo como tal, de fato como eterna. (Nisso ele é muito grego.) Sua preocupação é explicar seu funcionamento. Para fazer isto, ele postula só o que deve ser postulado para explicar suas operações. Seu esquema categórico, como ele chama, demanda um "princípio de limitação". Isto porque há um infinito número de possibilidades que podem ser realizadas, e nem todas elas são de fato realizadas. Assim, alguma coisa deve agir para limitar as possibilidades. (Esta é uma versão do argumento de que deve haver um designer para a ordem do cosmos, pois os seres que nós temos não são em si mesmos suficientes para explicar esta ordem.)

Meu ponto principal diz respeito ao método. WHITEHEAD coloca só o que ele considera que deve ser colocado para explicar a ordem do mundo, exatamente como PLATÃO faz no *Timeu* (que, de fato, é uma das principais fontes de inspiração de WHITEHEAD). Assim, o Deus de WHITEHEAD é postulado como um princípio de limitação. Mas WHITEHEAD diz em uma famosa observação que nós não temos de pagar a Deus quaisquer "elogios metafísicos". Isto é, nós não devemos atribuir várias perfeições a Deus e certamente não em um nível infinito. Deus não é o criador do universo; Deus não é ilimitado em poder, conhecimento e bondade. Estas coisas ditas sobre Deus seriam elogios, porque elas são absolutamente gratuitas. Não há qualquer base para afirmá-las, visto que elas não são necessárias em uma explicação das operações do mundo (especialmente a natureza física). Este procedimento está perfeitamente em acordo com um filósofo e com a construção de uma filosofia. Mas o cristianismo não está ligado a essas exigências metodológicas, como muitos teólogos do processo que seguem WHITEHEAD e HARTSHORNE estão.

Como indicamos na introdução, a Bíblia não está empenhada na especulação filosófica sobre o que precisamos para explicar as operações do mundo ou mesmo sua existência. Ela é um testemunho da ação de Deus na redenção de um povo do Egito, o estabelecimento de uma aliança e o testemunho do povo acerca de Deus como o Criador dos céus e da terra. A Bíblia não considera a atribuição do poder de criar e, de fato, criar livremente, como um "elogio metafísico". Esta é a maneira de Deus mostrar como Ele é aos israelitas. Deus cria livremente porque só Deus é completo e pleno e não tem necessidade de nada. Deus, de fato, se relaciona com o universo, pois Ele é seu Criador e Sustentador, mas a *relação* entre Deus e o mundo é menos básica em um dos *termos* da relação, a saber, Deus, que é mais fundamental do que a *relação* entre Deus e o mundo. É precisamente a partir desta realidade da relação com o mundo como Criador que a *primazia* da independência e plenitude de Deus é afirmada. A crença bíblica e cristã em Deus como completo em essência e sem necessidade de um universo não é o resultado da filosofia grega. Qualquer que seja a abrangência da filosofia grega empregada pelos teólogos cristãos, é a convicção bíblica de Deus como criador que está na base da convicção de que Deus é completo e pleno em essência e não precisa estar relacionado a qualquer coisa externa.

Pode ser que nem uma teologia cristã, guiada pela antiga filosofia grega, nem a teologia do processo (que é em si mesma uma variante dos temas do *Timeu* de PLATÃO) tenha êxito. Pois, claramente, o cristianismo vê a Deus como ativo na criação e na redenção, e, de fato, como Pai, Filho e Espírito Santo em comunhão conosco. Por outro lado, é somente porque Deus é completo em essência que o seu amor na criação e redenção é absolutamente gracioso. Minha própria suposição é a de que nós precisamos reconhecer que Deus, que é pleno e completo, tem o poder de tornar-se *menor*, ao menos em alguns aspectos; isto é, Deus tem a capacidade de condescender com a criatura e tornar-se semelhante a ela, comportar-se como tal e ter necessidade. Isto é o que a encarnação certamente sugere. O que quer que seja, é certo que tanto BARTH quanto a teologia do processo têm, de qualquer forma, verdadeiramente encorajado uma nova consideração acerca da natureza de Deus. Seus ataques têm estimulado o diálogo entre teólogos católicos e outros, com a consequência de que ambos, os filósofos e os teólogos protestantes, reconheceram a fecundidade do empenho deles mesmos com a teologia escolástica.

Capítulo VII
OS INÍCIOS DO MUNDO MODERNO

Nominalismo, Humanismo e a Revolução Científica

Tratar do nominalismo do século XIV em um capítulo chamado "Os inícios do mundo moderno" pode parecer estranho. Ele é parte do mundo medieval e não parte da Renascença ou da Reforma, que são, normalmente, vistos como o início da transição do mundo medieval para o moderno. Mas eu tomo aqui a revolução científica dos séculos XVI e XVII como o ponto mais significativo de divisão entre as mentalidades medieval e moderna. O eminente historiador HERBERT BUTTERFIELD tem a seguinte opinião à contribuição da revolução científica:

> Ela ofusca tudo desde o surgimento do cristianismo, e reduz a Renascença e a Reforma a meros episódios, meros deslocamentos internos, dentro do sistema da cristandade medieval. Visto que ela mudou o caráter de operações habituais dos homens, mesmo na conduta das ciências não naturais, enquanto transforma todo o diagrama do universo físico e a própria constituição da vida humana, ela se desenha tão grande quanto a origem real do mundo moderno e da mentalidade moderna, fazendo com que nossa habitual periodização da história europeia se torne um anacronismo e um embaraço.[1]

O surgimento da ciência moderna tem um significado especial para nós porque a ciência moderna repudiou os conceitos de potência/ato,

---

[1] Herbert Butterfield, *The Origins of Modern Science: 1300–1800*, rev. ed. (New York: Free Press, 1957), pp. 7-8.

matéria e forma – ou seja, a visão de ARISTÓTELES sobre a mudança – a base de sua física. Foi com os conceitos de ARISTÓTELES que a síntese escolástica entre teologia natural (filosofia ou razão) e teologia havia sido alcançada.

Assim, por causa desse repúdio às categorias ou conceitos aristotélicos, eu considero o nominalismo parte do início do mundo moderno, muito embora ele seja muito mais um fenômeno escolástico medieval sem o poder de causar a reorientação que nós chamamos de mundo moderno. Nós também restringiremos nosso tratamento do humanismo da Renascença. Consideraremos apenas sua contribuição para o surgimento da ciência moderna.

Vejamos primeiro o nominalismo. O fundamento da síntese do século XIII entre filosofia e teologia, entre razão e fé, entre natureza e graça, havia sido atacado pelo movimento conhecido como *via moderna* (o caminho moderno). Seu maior representante foi GUILHERME DE OCKHAM (c. 1285-1347). As grandes escolas rivais de TOMÁS DE AQUINO e JOÃO DUNS ESCOTO (c. 1266-1308, que revisou, em uma perspectiva aristotélica, a visão de BOAVENTURA, o grande rival contemporâneo de TOMÁS DE AQUINO), e a escola de Giles de Roma, eram todos chamados de a *via antiqua* (o caminho antigo). Como vimos, a introdução da filosofia de ARISTÓTELES no Ocidente latino criou o maior desafio aos melhores teólogos daqueles dias. Eles procuravam harmonizar ARISTÓTELES com a doutrina cristã e disso resultaram algumas sínteses (a *via antiqua*). Todos eles aceitavam a doutrina cristã como normativa e consideravam que a filosofia era autônoma em sua própria esfera. A filosofia não recebia seus princípios da teologia. Quando ARISTÓTELES entrava em divergência com a doutrina cristã, havia duas possibilidades. Uma era eliminar as contradições com uma reinterpretação de ARISTÓTELES, mas que ainda deixasse o sistema aristotélico intacto. Este foi o caminho tomado por AQUINO. Os teólogos franciscanos consideravam isso inadequado. De fato, BOAVENTURA, cuja inspiração era fundamentalmente platônica, nunca pensou a razão como algo absolutamente sozinho em suas operações (na tradição de AGOSTINHO). A fim de desenvolver sua própria síntese teológica, ESCOTO, cuja obra excedera a de seu grande predecessor franciscano, explorou os elementos mais platônicos em ARISTÓTELES nos mesmos moldes médio platonistas e neoplatonistas do período antigo. ARISTÓTELES foi, então, seriamente revisado e não permaneceu com um sistema filosófico intacto. Este, então, foi o outro caminho. Assim, surgiram profundas e significativas diferenças na síntese filosófico-teológica da *via antiqua* do século XIII, mas todas elas dependiam de alguma versão do realismo moderado.

O realismo moderado é a posição filosófica que defende que nós somos capazes de abstrair dos particulares sensíveis suas essências. As essências, ou formas específicas, estão ontologicamente presentes nos sensíveis, e quando elas são abstraídas, nós podemos demonstrar verdades necessárias concernentes aos seres sensíveis e suas relações uns com os outros e, assim, chegarmos a um conhecimento demonstrável das causas dos seres particulares. Além disso, nós podemos ganhar conhecimento demonstrável da existência e atributos de Deus, como acabamos de ver em TOMÁS DE AQUINO.

GUILHERME DE OCKHAM rejeitou o realismo, o fundamento epistemológico e a base ontológica das grandes sínteses do século XIII. Assim, ele e os demais que rejeitaram o realismo foram seguidores de um "novo caminho". A questão filosófica aqui é tão importante para a teologia que nós precisamos examinar, mais uma vez, o problema dos universais.

Uma maneira de abordar esse problema é pensar as três divisões das *Categorias* de ARISTÓTELES. Substâncias primárias e secundárias envolvem uma distinção entre substâncias individuais, gêneros e espécies. Os gêneros e espécies especificam os *tipos* de seres individuais que existem e assim são *gerais*. (O gênero e a espécie se aplicam a mais de um indivíduo.) Uma qualidade, tal como a cor branca dos cabelos de uma pessoa, também é um indivíduo, embora não seja uma substância. Mas "branco", que é predicado de muitos indivíduos, é tão geral quanto um gênero ou uma espécie. Pode ser predicado de mais de um exemplo individual de branco. Em ARISTÓTELES, o conhecimento, como vimos, é geral. Ele é primariamente um conhecimento dos gêneros e espécies, isto é, um conhecimento da essência, que é uma natureza comum a muitos seres individuais. O problema dos universais é que objetos de pensamento são universais (aplicados a mais de um indivíduo), mas tudo que existe é um particular ou um indivíduo.

O realismo moderado foi a resposta dada pela maioria dos teólogos, uma vez que a principal parte do *corpus* aristotélico tornou-se disponível no Ocidente latino. A partir de nossa experiência sensória dos indivíduos, nós abstraímos, por meio do nosso intelecto, sua natureza comum. A natureza comum de muitos indivíduos é distinta do que os individualiza como indivíduos diferentes. As teorias realistas moderadas podem ser divididas em três tipos, dependendo de como elas veem a *distinção* entre as naturezas comuns (as formas específicas que tornam cada indivíduo o tipo de indivíduo que ele é) e o que torna cada indivíduo um *indivíduo*, diferente de outros do seu tipo.

Um tipo de realismo moderado sustenta que há uma distinção *real* entre a natureza comum e o que individualiza. A natureza comum é um fator presente em muitos indivíduos e, logo, ela não difere um indivíduo de outro do mesmo tipo. OCKHAM argumenta que, se a natureza humana de SÓCRATES (a forma específica, que é a natureza comum presente nele) é *realmente* distinta dele, então, ela não é a natureza ou essência de SÓCRATES. Pois uma coisa não pode ser considerada ser *essencialmente* algo que ela realmente não seja. Por outro lado, se a natureza comum (forma específica) não é *uma,* mas muitas (de modo a individualizar SÓCRATES), então, a *comunidade* da natureza comum fica perdida. Surgem, então, consequências inaceitáveis, se a forma específica for realmente distinta ou realmente indistinta do que individualiza.

DUNS ESCOTO criou o segundo tipo de realismo moderado. A *haecceitas* (ou diferença individuante) "contrai" a natureza comum à singularidade. Assim, a natureza comum é realmente idêntica ao que individua, mas ela é "formalmente" distinta, assim como gêneros e espécies são distintos das diferenças que os "contraem". Contra esta posição, OCKHAM argumenta que mesmo uma diferença formal é uma diferença real ou uma identidade real. Não há uma base intermediária. Assim, somos levados de volta para onde estávamos com o primeiro tipo de realismo moderado.

A terceira posição realista moderada, articulada por AQUINO, afirma que uma coisa é singular e universal, dependendo de como ela é considerada. Nós apresentamos esta posição anteriormente, sem mencionar este aspecto, quando dissemos que é o *conceito* formado pela consideração da semelhança dos indivíduos que é universal. Sua base na realidade é a natureza comum *nas* coisas sensíveis, que é distinta em vários indivíduos. O universal (o conceito) existe apenas como uma abstração; pois embora a natureza comum possa ser abstraída da matéria pelo pensamento, ela não existe à parte da matéria na realidade. Assim, os universais e a natureza comum fazem referência a algo que não é individual nem singular em si mesmo, mas que se torna singular por ser recebido na matéria individualizante e se torna universal por ser recebido na mente. Ockham desdenhosamente responde que qualquer coisa é singular por causa de si mesma, e não porque um elemento (matéria individualizante) é adicionado a ela.

A rejeição de Ockham à realidade de naturezas comuns ou formas específicas presentes nas coisas é, assim, um ataque ao fundamento de todas as sínteses teológicas do século XIII que se fiam na terminologia aristotélica. O principal princípio causal da filosofia de Aristóteles é destruído, pois matéria e forma, relacionadas como potência e ato, são as chaves de Aristóteles.

Com a rejeição às formas, a matéria, para Ockham, não é uma potencialidade, mas é atual [ou real] por direito próprio. A forma, para Ockham, não é mais do que a figura ou estrutura das partes materiais. As causas finais, pelas quais a natureza é dita ser completamente teleológica (o movimento intencional de cada coisa da potência para o ato), é vista por Ockham como metafórica. A causalidade torna-se causalidade eficiente e é conhecível pela repetida experiência de uma sequência regular. Ou seja, uma coisa é a causa de outra coisa se, quando aquela estiver presente, houver um efeito, e, quando ela não estiver presente, o efeito não ocorrer. Tal relação causal só pode ser conhecida por meio da experiência. Não há possibilidade de inferir, a partir do conhecimento de uma coisa, que alguma outra coisa deve resultar dela, como é o caso com as essências que, uma vez abstraídas, permitem que se vá além dos particulares que foram vivenciados. A visão de Ockham da causalidade, assim, torna a demonstração impossível, pois nosso conhecimento não pode se estender para além

Capítulo VII

da nossa experiência. Além da nossa experiência só há probabilidade. Construções ontológicas dedutivas que começam com a experiência, mas que podem ser conduzidas além da experiência presente, por causa de atributos essenciais de vários seres, são impossíveis.

O projeto de Aquino de uma teologia natural como a coroa de todo conhecimento natural se torna, assim, impossível. Este é, de fato, o resultado que se segue quando a realidade das formas substanciais é negada. Sem a conceitualidade aristotélica, as provas da existência de Deus e uma demonstração dos atributos divinos como um preâmbulo à fé se tornam totalmente minadas. Aquino acreditava que uma teologia natural é pressuposto da revelação, mas Ockham relega a existência de Deus, com todo o resto em teologia, à esfera da fé. A lei natural, como uma base para a moral e a política, fica, com isso, seriamente enfraquecida, pois a ordem moral estabelecida por Deus só pode ser conhecida por meio da revelação. É possível aproximar-se dela através da razão natural somente pela reflexão sobre as necessidades dos indivíduos e da sociedade. Portanto, é provável que, a qualquer momento, o raciocínio do povo cristão sobre moral e política e o ensino da revelação divirjam, de modo que a harmonia entre fé e razão, filosofia e teologia, natureza e graça não seja mais garantida.

Embora Ockham rejeitasse o realismo moderado, ele não foi um nominalista. Ou seja, ele não sustentou, mais do que muitos outros do "caminho moderno" sustentaram, que as coisas chamadas pelo mesmo nome têm só o nome em comum, visto não haver uma base extramental para denominar uma série de coisas pelo mesmo termo geral. Ele rejeitou as naturezas comuns, mas o conceito universal é apropriadamente aplicado a cada conjunto de indivíduos se eles se parecem uns com os outros e se o conceito assemelhar-se a cada indivíduo. Ockham foi o que nós chamaríamos de *"conceitualista"*. Sua obra sobre o uso dos termos gerais em proposições é, filosoficamente, de altíssima qualidade. Com ele, a questão dos universais foi transformada de problema ontológico das naturezas comuns presentes em vários indivíduos para uma questão de linguagem e lógica. Ele trata dos termos das proposições e o que elas expressam.

Ockham não era cético em relação ao nosso conhecimento do mundo natural. Ele acreditava que as coisas operam de uma maneira ordenada por causa da vontade de Deus, e nós podemos, por essa razão, confiar no raciocínio provável. Ele também achava que temos um conhecimento *direto* dos seres particulares e de suas qualidades pela percepção. Esta visão sobre a percepção (uma intuição direta da existência e propriedades dos seres sensíveis) é chamada de "realismo" na filosofia moderna. Todavia, ele não deveria ser confundido com o realismo que concerne à realidade ontológica das naturezas comuns nas coisas. É o conceitualismo que nega a realidade das naturezas comuns nas coisas e que é uma visão rival ao realismo ontológico.

As visões de Ockham também são positivas. Elas são baseadas na revelação e fé, em vez de demonstrações filosóficas; assim, não há espaço para a teologia natural. Nem é a teologia uma ciência. Por outro lado, a teologia não pode ser mais refutada pela filosofia, já que não pode ser demonstrada por ela. Deus é onipotente e livre porque não há "essências", e a natureza de Deus não inclui exemplares delas. Assim, a ordem e estrutura dos seres – o mundo natural – não tem necessidade em si mesma. O mundo criado é um fato absoluto, absolutamente contingente à vontade de Deus e sem qualquer base metafísica de necessidade para construir uma filosofia demonstrativa com a qual a teologia deva concordar. Esta ênfase sobre a pura novidade criadora das ações de Deus é a última sombra das Ideias de Platão como realidades ontologicamente independentes, cuja independência já tinha sido modificada quando se buscou torná-las os pensamentos de Deus e, assim, parte da natureza divina.

Embora ele mesmo um escolástico, Ockham representou um poderoso ataque a Aristóteles. Não era mais possível pensar Aristóteles como "o filósofo", como Aquino e outros falavam dele. A situação filosófica havia se tornado mais fluida pela *via moderna*, de modo que diferentes maneiras de se explicar a ordem e o movimento natural tinham melhores chances de serem ouvidas. Assim, Ockham contribuiu em certo grau, embora minimamente, para a revolução científica que é, acima de tudo, a grande responsável pela nova divisão na história da humanidade.

Antes de nos voltarmos para a revolução científica, precisamos considerar a contribuição do movimento humanista. O humanismo é primariamente um movimento literário e filosófico que começou no final da última metade do século XIV e que se espalhou por grande parte da Europa. O próprio nome "humanismo" sugere o valor que ele depositou sobre a humanidade. Isto significou, em parte, a redescoberta do valor dos seres humanos como seres *naturais*. Os humanistas buscavam reintegrar-nos ao mundo da natureza e história como o lugar apropriado para a realização de nossas capacidades.

O humanismo em si não é contrário ao aristotelismo cristão, que reconhecia a integridade dos seres humanos como seres naturais com fins naturais a ser realizados. Mas os humanistas da Renascença, os quais, em ampla maioria, continuaram a crer na supremacia do fim sobrenatural dos seres humanos sobre o fim natural, contudo, sentiram que aspectos de nossa realização natural haviam sido negligenciados pelo escolasticismo. Seu ideal era a *humanitas* romana (enraizada na *paideia* grega), que significa a "educação" de uma pessoa dentro da verdadeira excelência humana (virtude ou *arete*). Os instrumentos para educar os seres humanos como tais não eram a lógica e dialética "estéril" dos escolásticos e nem a física e metafísica de ARISTÓTELES. O instrumento de educação era a arte literária da Antiguidade clássica: poesia, retórica, história, ética e política. Estas emancipariam o homem para que pudesse tomar parte nos negócios humanos como um ser humano genuíno.

A importância da personalidade humana, como um centro original e autônomo de realização, e a confiança na iniciativa humana são aspectos essenciais do humanismo. A felicidade terrena é um objetivo genuíno que formou um poderoso motivo na revolução científica ou na busca pelo conhecimento útil (como BACON colou) – um que nos daria o poder de curvar a natureza aos nossos propósitos. Esta atitude contrasta com a *theoria* de ARISTÓTELES, que deve ser contemplada como um fim em si mesmo.

A paixão pela Antiguidade clássica no início do século XV levou a uma grande recuperação dos manuscritos latinos, uma que jamais havia sido realizada antes. Esta atividade aconteceu antes mesmo da queda de Constantinopla em 1453, que ensejou uma importação dos manuscritos gregos. Não obstante o entusiasmo humanista pela harmonia entre PLATÃO e o cristianismo, ele não criou nenhuma ideia filosófica que nós já não tenhamos examinado e que seja necessária para a compreensão da teologia. Sua influência sobre a revolução científica tem por base alguns dos textos que o movimento descobriu. Ele forneceu, por exemplo, um conhecimento muito mais completo de ARQUIMEDES (c. 287-212 a.C.), cuja obra sobre estática tornou-se amplamente acessível nos centros científicos, especialmente depois de sua tradução para o Latim em 1543. Sua obra mostrou como a natureza poderia ser estudada matematicamente (ou, mais precisamente, geometricamente) e mostrou o valor de tal abordagem. O texto exerceu influência direta sobre GALILEU (1564-1642), cujo trabalho sobre projeteis e queda dos corpos criou uma abordagem inteiramente nova quanto aos problemas da moção que o método de ARISTÓTELES nunca havia sido capaz de resolver de maneira apropriada. Além disso, com os novos textos as pessoas tomaram consciência da doutrina heliocêntrica de PITÁGORAS, de que a terra gira em torno do sol. A visão pitagórico-platônica de que a natureza é escrita em caracteres matemáticos serviu de inspiração a COPÉRNICO e, especialmente, a KEPLER (1571-1630), cuja obra se tornou um pilar indispensável para a síntese newtoniana. Na medicina, a obra de HIPÓCRATES (c. 460-377 a.C.) e de outros antigos médicos se tornaram acessíveis pela primeira vez e deram frutos nas faculdades de medicina das universidades italianas.

Muitos aspectos do humanismo renascentista ajudaram a criar nosso mundo moderno. Mas os dois que temos enfatizado foram especialmente relevantes para o surgimento da ciência moderna, assim nós temos nos restringido a estes dois aspectos. Visto que o termo humanismo é usado hoje por alguns protestantes como um termo de *opróbrio*, são necessárias mais algumas considerações.

Primeiramente, a palavra *humanismo* tem uma série de significados diferentes. Originalmente referia-se ao movimento literário da Renascença, com sua devoção aos clássicos latinos e gregos. Seu significado foi ampliado para referir-se ao movimento no século XII quando houve também uma redescoberta dos textos da Antiguidade.

Capítulo VII

Acerca deste, as pessoas falam de humanismo da Alta Idade Média. No século XX ele foi usado por WILLIAN JAMES e JOHN DEWEY, dois dos principais filósofos americanos, para se referir ao ideal deles de congraçamento científico com os mais nobres elementos da vida humana. Outros utilizaram o termo em nosso século como um antídoto à especialização vocacional e a uma visão estreita de ciência na educação. Mas talvez o que alguns protestantes objetem seja o tipo de humanismo que se coloca deliberadamente como um modo de vida alternativo à vida cristã, ou a qualquer outro estilo de vida religioso, excluindo explicitamente a crença na existência de Deus e às vezes criticando o cristianismo pela irracionalidade de suas crenças e por sua mutilação do desenvolvimento humano.

Deve-se lembrar, no entanto, que existe um *humanismo cristão*, de modo que o termo *humanismo* não seria sempre considerado um rival do cristianismo. O humanismo cristão é a visão de que a cultura humana é valiosa para a vida cristã, e, embora seja subordinada ao ensino cristão, ela, não obstante, pode intensificar nossa vida cristã. Ela evita tanto a atitude do filistinismo – o vulgar denegrecimento dos genuínos empreendimentos humanos – como também a soberba de se dar mais importância à cultura humana do que seria compatível com uma existência de criatura. O fundamento teológico do humanismo cristão é que os seres humanos são feitos à imagem de Deus. Como *criaturas* nós temos objetivos naturais que são valiosos e só podem ser propriamente alcançados dentro de uma cultura que reconheça, mesmo que só implicitamente, a supremacia e a graciosidade de Deus.

A despeito da oposição da *via moderna* às sínteses teológicas do aristotelismo cristão, e da rejeição da Renascença humanista de muito de ARISTÓTELES como inimigo do desenvolvimento apropriado da vida humana, uma concepção aristotélica básica de natureza continuou a dominar o pensamento das pessoas. O cosmos era ainda visto pelos teólogos, cientistas e humanistas como hierárquico. A terra, no centro do universo, é o único lugar onde coisas nascem, amadurecem, decaem e se desintegram. A matéria das esferas celestes é imperecível. A única moção além da lua é a moção uniforme, circular e local.

A compreensão das moções dos corpos celestes de PTOLOMEU foi "compatibilizada" com a de ARISTÓTELES. Houve tantos epiciclos e outros ajustes feitos ao sistema de PTOLOMEU, para ele se encaixar nas moções aparentes dos corpos celestes, que ele já não podia ser seriamente visto como uma descrição física real dos céus. Ele foi usado simplesmente como um meio de calcular as posições das estrelas. A física de ARISTÓTELES continuava vigorando como a descrição física real da natureza. Seu quadro da escala do ser – que se estende das plantas, animais e seres humanos sobre a terra, subindo através de várias esferas e suas inteligências além da esfera mais remota até Deus – era amplamente defendido. As categorias, ou conceitos, de ARISTÓTELES de matéria e forma, potência e ato, ainda dominavam as universidades.

O que é de particular importância para nós é a união da ciência (ou "filosofa natural", como ainda era chamada no século XVIII) com valores humanos. A estrutura hierárquica da natureza era vista, como a sociedade e a moral, em um grau muito maior. Tudo na natureza tinha seu lugar apropriado, de modo que o universo era ordenado e harmonioso. Essa perspectiva confirmava a crença dos antigos gregos em uma vida humana ordenada. Ir contra sua natureza era danoso e perturbador. Essa ideia também havia sido absorvida pelo cristianismo. Ela era congruente com Gn 1-3, em que o mundo é criado e ordenado pela Palavra de Deus, e a desobediência humana introduz desordem, decadência e morte.

Não é só a natureza física, então, mas todas as relações humanas têm uma ordem natural e própria. Violar essa ordem leva à ruptura social e a consequências nocivas, uma ideia que subjaz algumas das peças de SHAKESPEARE. A base para a ação de *A Megera Domada* é a convicção de que o papel da mulher é ser subordinada ao seu marido, pois esta é a única maneira para ambos serem felizes. A relação deles é um microcosmo da sociedade e do universo físico, que também têm ordenamentos naturais. As pessoas apoiavam a soberania legítima não primariamente a partir do sentimento, mas, antes, sobre uma base racional, pois se acreditava que alguns nasciam para governar. Ir contra a natureza, como faz Macbeth em sua ambição por governar, leva à desordem civil e à tragédia pessoal.

Capítulo VII   191

A ideia de uma ordem hierárquica, tanto nos céus quanto na terra, na natureza e nas relações sociais e políticas, ainda era algo inquestionável no século XVI. Os seres humanos eram o ponto de encontro de tudo o que está acima e embaixo; nós somos microcosmos de todo o universo. Somos, então, mortais e terrenos, mas criados à imagem divina, e pela graça de Deus nós podemos superar os efeitos da queda e nos elevar a um reino imperecível. Então, a teoria de Copérnico de que o sol, não a terra, está no centro do universo não era uma mera hipótese científica. Isso era socialmente revolucionário e ameaçava toda a racionalidade aristotélica quanto à ordem social e moral. Não era só uma teoria física, mas toda uma civilização estava em jogo.

Copérnico mesmo não era um revolucionário. Ele queria, em vez disso, melhorar a teoria de Ptolomeu, tornar o antigo melhor. Ptolomeu era capaz de manter a hipótese fundamental da teoria astronômica de Aristóteles – a moção perfeita é *circular* e *uniforme* – somente por causa de uma pequena fraude, pois as moções observadas dos corpos celestes não eram perfeitamente circulares. A adição de Ptolomeu dos epiciclos para ajustá-los em círculos era aceitável a Copérnico. Mas mesmo com os epiciclos, para obter a moção *uniforme* Ptolomeu teve de inventar um ponto chamado *punctum equans*. Este era simplesmente um ponto no espaço vazio em torno do qual um planeta supostamente se movia. Copérnico queria moção em círculos com velocidade uniforme, sem qualquer trapaça. A fim de chegar a este resultado, ele colocou o sol, não a terra, no centro das órbitas planetárias.

Por causa de uma retratação (adicionada por Osiander) no prefácio do livro de Copérnico *Sobre a Revolução das Esferas Celestes* (1543), isso não causou nenhuma agitação. Ela sugere que Copérnico havia posto o sol no centro do universo só para facilitar a realização de cálculos matemáticos. Não se tratava de uma reivindicação em favor da posição central do sol em relação aos planetas. Não foi diferente do uso feito da astronomia de Ptolomeu, que também fora considerado ser para propósitos de cálculo. Assim, por causa do prefácio, Copérnico não foi uma séria ameaça, embora ele pessoalmente acreditasse que o sol estava no centro do universo. (Ele também sabia que o sistema que ele projetara não era matematicamente preciso, mesmo com a conservação dos epiciclos.)

Kepler, um astrônomo muito mais notável, foi bem mais radical. Ele fora inspirado pela crença platônico-pitagórica nas matemáticas como o meio de entender a natureza. Isso não só o levou à concepção do sol como o verdadeiro centro do universo (*Mysterium cosmographicum*, 1596), mas também ao abandono da moção circular uniforme para os planetas. Essa visão era verdadeiramente audaciosa, pois significava que os céus não se moviam por causa de sua natural moção circular (em imitação de um motor imóvel). Eles se moviam em órbitas elípticas e aceleravam e desaceleravam ao longo do percurso. Isso implicava que alguma explicação *física* tinha de ser encontrada para sua moção, uma explicação física fora daquelas possíveis por meio da física aristotélica.

Kepler foi levado a sua concepção das órbitas planetárias por causa da preocupação com a precisão matemática. Há anos ele tentava descrever a órbita de Marte, o mais difícil dos planetas. Ele tinha a sua disposição os melhores dados observacionais da época (a obra de Tycho Brahe, 1546-1601). Depois de alguns anos de trabalho, ele delineou uma órbita circular de Marte. Ela se diferenciava dos dados observados somente em oito minutos (há 360 graus para um círculo e 60 minutos para um grau). Isso era uma discrepância tão pequena que poderia facilmente ter sido creditada às limitações na precisão da observação. Mas Kepler preferiu sacrificar seis anos de trabalho e começar tudo de novo, procurando agora uma órbita elíptica que se ajustasse melhor aos dados observados. Não foi até *Principia mathematica* (1687) de Newton, que se apoiava na obra de Kleper, que a fecundidade de tal exatidão matemática foi plenamente justificada. Naquele tempo, a obra de Kepler, e em particular suas três leis que incluíam as órbitas elípticas, não minaram a influência da visão hierárquica do mundo aristotélico.

Aristóteles recebeu seus golpes fatais principalmente da obra de Galileu sobre a queda dos corpos e projeteis e da análise filosófica de Descartes sobre as propriedades essenciais dos corpos. Galileu e Descartes, por diferentes razões, consideravam somente as propriedades *matemáticas* dos corpos como essenciais e objetivamente presentes nos corpos. Todas as outras propriedades dos corpos, como aparecem aos nossos sentidos – tais como a cor, a textura, o cheiro e o gosto –, são o resultado do tamanho, forma e o movimento da matéria sobre os nossos órgãos dos sentidos. Estas aparências subjetivas são chamadas qualidades secundárias – poderes secundários que os corpos têm de produzir, em nós, essas aparências secundárias. Mas a matéria, objetivamente, consiste de nada mais do que extensão, forma e capacidade de movimento ou repouso. Estas são chamadas qualidades primárias.

Assim, a mudança, para Galileu e Descartes, é apenas moção local, não uma moção da potência ao ato como uma forma específica que se move para realizar-se. Descartes se referiu às formas específicas como explicações "ocultas" (ou mágicas). Não existem causas formais ou finais na matéria (ou natureza). Todas as mudanças qualitativas (tais como cor, som e textura) são causadas pelo *impacto* no movimento local da matéria, cuja essência é extensão. Ele desenvolveu uma visão de todo o cosmo como um vasto maquinário, com a causalidade mecânica (impacto) como a única causa de toda mudança. A natureza como um vasto mecanismo de relógio tornou-se a imagem dominante do universo e substituiu a amigável hierarquia de Aristóteles. Ela era absolutamente impessoal, diferente do mundo de Aristóteles que operava da mesma maneira que nossas mentes, ou seja, com propósito, e com as aparências sensíveis das coisas como dados objetivos e parte da natureza dos corpos. As substâncias individuais, ou seres, não são mais a realidade primária. A natureza consiste em nada mais do que matéria, que é absolutamente uniforme em sua essência.

Galileu rompeu com a concepção de moção de Aristóteles (como uma mudança da potência ao ato), ao voltar-se à questão da moção dos projeteis e da queda dos corpos. Não havia nada novo na escolha de Galileu por esse ponto de entrada. Esse era o elo frágil da teoria da moção de Aristóteles, e no século XIV uma explicação rival – a teoria do ímpeto – havia sido delineada. Segundo Aristóteles, para uma coisa se mover tem de haver um movente agindo sobre ela *enquanto* ela está se movendo. A moção requer a *contínua* ação de um movente. Mas uma flecha continua a mover-se por algum tempo depois de perder o contato com a corda de um arco, e a queda dos corpos, embora procurando seus lugares naturais (o centro da terra), *aceleram* em vez de moverem-se uniformemente. ARISTÓTELES e os seus seguidores haviam tentado vários expedientes para explicar essas anomalias, mas nenhum era satisfatório. De acordo com a teoria do ímpeto – que rompeu com o princípio de ARISTÓTELES – um projétil continua a se mover, embora não esteja mais em contato com seu movente original, porque ele adquire um ímpeto. Esse ímpeto era algo que se supunha existir dentro do próprio projétil. Exatamente como um tiçoeiro absorve calor de uma fogueira e, assim, mantém o calor por um tempo depois de estar afastado do fogo, um projétil adquire um ímpeto de movimento a partir do seu contato com um movente. Um corpo caindo, movendo-se para o seu lugar natural, adquire da sua própria moção um ímpeto que ele adiciona a sua moção natural e que continua a desenvolver-se, de modo que um corpo em queda acelere.

O que faz GALILEU ser original não é que ele tenha iniciado a partir do ponto mais fraco de ARISTÓTELES, mas o fato de que ele desenvolveu um conceito de moção radicalmente novo. ARQUIMEDES havia estudado os centros de gravidade e a alavanca e os tinha tratado matematicamente. O estudo de ARQUIMEDES, então, encorajou GALILEU a considerar as relações quantitativas como mais importantes do que as qualitativas. (Estas últimas tinham primazia em ARISTÓTELES.) GALILEU propôs uma relação matemática para os corpos em movimento, e o seu elemento revolucionário crucial foi seu tratamento do tempo como um parâmetro abstrato da moção. Ou seja, o tempo fica liberto de todas as associações com a mente e de todas as associações com o desenvolvimento (uma passagem da potência ao ato). Ele é tratado simplesmente como um termo matemático em relação à velocidade e distância, pois GALILEU descobriu uma razão que tornou os três – tempo, velocidade e distância – convertíveis. Assim, GALILEU poderia expressar, de um modo geral em termos de tempo, a relação da velocidade com a distância de um corpo em queda. Com esta mudança, GALILEU poderia fazer uma demonstração matemática precisa e geral de uma lei aplicável a todos os corpos em queda.

A análise conceitual de DESCARTES (em contraste com os experimentos) sobre matéria e movimento o levou ao conceito de inércia. (O próprio GALILEU nunca chegou a essa noção em sua obra.) Essa noção

Capítulo VII

subverte totalmente o princípio de Aristóteles de que o que quer que se mova mantém um movente contínuo com a moção (ou mantém alguma coisa sempre em estado de ato). Para o *princípio de inércia* (que se tornou a primeira lei do movimento de Newton) um corpo em repouso ou em movimento (no vácuo) permanece em repouso ou em movimento uniformemente reto *indefinidamente*. Para continuar em movimento uniformemente reto, não é necessário haver um movente agindo continuamente, e, para permanecer imóvel, um corpo não precisa de nada para mantê-lo assim. O que precisa ser explicado são as variações do repouso e do movimento. Assim, não há necessidade de um movente externo (alguma coisa sempre em um estado de ato, e, em última instância, alguma coisa sempre em estado de ato puro) para explicar o movimento dos corpos. Nem há qualquer necessidade de uma fonte interna de moção, uma forma, que faça com que os corpos sigam da potência ao ato. O movimento dos corpos pode ser justificado pelos seus impactos uns sobre os outros e pelo princípio de inércia.

A filosofia mecânica, pela qual toda natureza deve ser explicada em termos de extensão, figura e movimento, foi considerada por muitas pessoas, e não apenas pelos aristotélicos, como uma ameaça ao cristianismo e a nossa concepção do ser humano. Ela sugeria que a natureza opera às cegas por ações mecânicas, e que as moções da natureza são autossustentáveis. A ideia da natureza como uma grande máquina autossustentável, por não estar relacionada a Deus em suas operações, parecia apoiar o ateísmo. Os seres humanos são uma anomalia. Nós agimos com vistas a alcançar objetivos ou fins, mas o mundo no qual agimos opera supostamente de maneira mecânica. Em vez de nosso ser em um cosmos, como em Platão, Aristóteles, os estoicos, ou Plotino – onde tudo é semelhante à mente em suas operações, refletindo uma realidade suprema que tem afinidades com nossas próprias mentes – a natureza nos é totalmente estranha. Ela simplesmente é extensão e movimento. No século XVII, a expressão "matéria bruta" conseguiu uma ampla circulação, pois a matéria é totalmente desprovida de quaisquer qualidades semelhantes à mente. Aqui eu gostaria de apresentar um comentário feito a mim por meu professor Jessé De Boer:

Quanto ao colapso de ARISTÓTELES e da lei natural dos estoicos,... eu aprendi a não me lamentar por isso. Penso que AGOSTINHO – colocando à parte sua constante inclinação para o platonismo – foi o descobridor da personalidade; e ele também viu que a pessoa é um agente na história que *faz* a si mesma e influencia outras pessoas, e, assim ajuda a criar uma cultura. Esqueça a aparente hierarquia da natureza. Nós devemos *escolher* o que fazer, nos lembrar de onde estamos, olhar para frente, escolher nosso objetivo e agir *agora*! Esta é a existência histórica humana. Nós podemos nos lembrar de tudo até voltar a Adão – o arrependimento dos nossos pecados é um retorno a Adão – e antecipar o Reino. Esta perspectiva – que deve ser desenvolvida pela rejeição a ARISTÓTELES – é muito mais próxima do pensamento bíblico do que o esquema escolástico.

A severidade do novo retrato mecânico da natureza foi diluída e se tornou aceitável por causa de alguns fatores. A começar pelo sucesso das novas explicações científicas, que se tornaram por si mesmas imensamente atraentes a muitas pessoas. O aristotelismo das universidades era frequentemente obscurantista e geralmente estava na defensiva. O *Novum organum* (1620) de FRANCIS BACON foi muito bem-sucedido em marcar um contraste entre a inutilidade da compreensão da natureza de ARISTÓTELES, que não nos capacita a transformar qualquer coisa, e o valor de um estudo da natureza livre de seus conceitos. A nova ciência poderia revelar um conhecimento *útil*; ou seja, nos daria as "fontes da natureza", de modo que poderíamos controlar a natureza e fazê-la servir aos propósitos humanos. BACON deliberadamente escolheu o título *Novum organum* para sugerir um novo instrumento para a investigação da natureza que contrastava com a lógica de ARISTÓTELES. O próprio método de BACON para o estudo da natureza provou ser de pouco uso, mas ele foi bem-sucedido na promoção do valor da nova ciência da natureza e em retratar os conceitos de ARISTÓTELES como um impedimento ao progresso científico. Assim, a promessa do conhecimento que seria usado para melhorar a vida humana sobre a terra tornou-se um tema difundido e poderoso na ciência.

A revolução científica também abriu o caminho para novas investigações intelectuais nos fundamentos da moral, da sociedade, da lei e da política. O aristotelismo cristão havia respeitado a integridade da natureza e havia desenvolvido os fundamentos, com base na natureza, para a moral, sociedade, lei e política, e, então, relacionou todos eles com nosso fim supranatural. Mas com a nova concepção de natureza, estas atividades humanas tinham de ser repensadas a partir do zero. O século XVII é então uma grande era para a teoria política, como testemunhada pelo desenvolvimento da teoria do contrato social do Estado por THOMAS HOBBES (*O Leviatã*, 1651); os *Dois tratados sobre o governo* (1690) de JOHN LOCKE; e a grande obra sobre direito internacional de HUGO GROTIOS (1583-1645). Como a natureza ficou consideravelmente mais independente (um ato puro sempre presente para mantê-la em ação não era mais necessário), os fundamentos das atividades humanas se tornaram menos ligados a Deus do que no aristotelismo cristão.

A divindade não foi totalmente excluída pela nova ciência mecanicista. A presença contínua de Deus não era mais necessária, mas, todavia, uma divindade era requerida. Embora a natureza fosse capaz de manter-se, uma vez posta em movimento, o *primeiro* empurrão tinha de vir de algum lugar e, de fato, sua própria existência também. Assim Deus foi pensado como sendo seu Criador e aquele que lhe deu esse primeiro empurrão, e então a deixou agir por conta própria. Assim, o Deus do trabalho diário foi substituído pelo *Deus do Sábado*, como o historiador da ciência ALEXANDRE KOYRÉ colocou tão graficamente. Acabada a obra da criação, Deus agora descansa, deixando a natureza por conta própria.

Essa concepção foi concluída após considerável oposição. De fato, o próprio ISAAC NEWTON (1642-1727) não subscreveu a autossuficiência das operações da natureza. Havia muitas lacunas nos discursos científicos sobre suas operações. Assim, Newton, como outros, com a melhor das intenções, inseriram Deus naqueles lugares onde nossa ciência não tinha explicações a oferecer. Fazendo isso, manteve juntas explicações naturais e sobrenaturais, ou colocou em uma mesma estrutura explicações totalmente incompatíveis. Isto viola a transcendência de Deus, que não é um ser entre outros seres. As causas naturais devem ser dadas por processos naturais. Buscar e dar explicações completamente naturais para processos naturais não quer dizer que não haja nenhum Deus. Elas são compatíveis com uma crença na transcendência de Deus ou com uma crença em que a natureza é autossuficiente. A diferença entre um crente e um não crente é que o não crente pensa que os processos naturais são "justamente do jeito que as coisas são", enquanto um crente afirma que eles são da maneira que são por causa da sabedoria e benevolência de Deus.

Mas NEWTON e outros algumas vezes usaram Deus, quando não podiam encontrar uma causa natural para algum fenômeno natural. LEIBNIZ (1646-1716) foi rápido em mostrar isso para NEWTON. (Suas correspondências foram publicadas como *Leibniz-Clarke Correspondence*.) Mas LEIBNIZ foi mal entendido por NEWTON e outros, pois a distinção que eu acabei de apresentar foi uma compreensão que muitos dos contemporâneos de LEIBNIZ não tiveram, e, de fato, é uma compreensão à qual muitos religiosos e não religiosos de hoje ainda não chegaram. (Como pode ser visto no recente tratamento da história da criação de *Gênesis* e da teoria da evolução, como se elas fossem explicações *rivais* sobre as origens da vida). Assim, LEIBNIZ foi amplamente mal-entendido. Muitos pensaram que ele havia tornado o mundo completamente autoexplicativo em termos de causas naturais. NEWTON e outros, que consideram iguais e intercambiáveis as explicações dos processos naturais que se referem a Deus e as explicações que se referem às causas naturais, causam, na verdade, um conflito desnecessário entre ciência e religião, pois isso significa que Deus e algumas causas naturais disputam o mesmo lugar na explicação de um processo natural. Como a ciência progride e encontra uma razão natural onde antes não havia nenhuma, Deus, que é usado para preencher o espaço, é posto para fora. Assim, parece que o pensamento científico invalidou a crença em Deus e sugere que a crença em uma divindade desenvolveu-se em tempos primitivos e que, como o nosso conhecimento aumenta, vimos nosso erro e o corrigimos abandonando a crença em Deus. NEWTON, assim, prestou um grande desserviço quando colocou Deus em suas considerações e onde quer que houvesse uma lacuna na ciência do momento. Conforme a ciência progredia, Deus foi sendo expulso dos lugares onde NEWTON e outros o haviam colocado. Quando Napoleão perguntou a PIERRE LAPLACE (1749-1827), que tinha apresentado a ele a sua obra sobre a mecânica celeste, por

Capítulo VII

que não havia referência a Deus nela, Laplace respondeu: "Senhor, eu não tenho necessidade desta hipótese."

A despeito da insegura posição de Deus como Deus dos buracos, ele manteve um lugar seguro como Criador e fonte da ordem do mundo na nova ciência mecanicista. Novas formas de argumentos cosmológicos e teleológicos foram desenvolvidas no século XVII e começo do século XVIII. Um argumento cosmológico é um em que a existência de Deus é inferida a partir da existência do mundo, enquanto um argumento teleológico defende, a partir da ordem do mundo, uma inteligência delineadora da ordem. Nenhuma destas explicações mistura explicações naturais e sobrenaturais, e ambas foram amplamente aceitas pelos intelectuais como bons argumentos até próximo do fim do século XVIII. De fato, durante a revolução científica, elas eram a espinha dorsal do deísmo, ou religião natural, um rival ao cristianismo recentemente criado. Esse reivindicava ser uma religião racional, sem superstição e mistério. Muitos dos expoentes da nova ciência mecanicista do século XVII e começos do XVIII não eram ateus. De fato, nunca na história da cultura ocidental o argumento teleológico desfrutou de tão ampla popularidade, pois parecia totalmente improvável que a "matéria bruta", movida por colisão, se organizasse dentro de uma ordem tão intrincada. Alguma grande mente deve tê-la desenhado. Era isso ou o acaso. Mas também porque o problema do mal atraiu muito a atenção e levou a muitas teodicéias (tentativas de explicar como o mal é compatível com um designer benevolente). Se a crença em Deus for baseada *somente* na ordem do mundo, então, qualquer "desordem" (dor, sofrimento, infelicidade) conta contra a sabedoria e bondade do designer. Se elas não puderem ser satisfatoriamente arrazoadas, então, a hipótese de um delineamento inteligente e benevolente deve ser afastada. A explicação, além disso, tem de ser concluída em termos de necessidade do mal para a *ordem do mundo em si mesma*. Isto verdadeiramente limita muito o escopo de uma teodiceia. A observação de Alexander Pope em seu poema "Essay on Man" ["Ensaio sobre o Homem"] sumariza bem o princípio que a teodiceia na religião natural tem de sustentar: "O que for, é certo."

Enquanto a ordem do ser, desvelada pela nova ciência mecanicista, permaneceu nova e vigorosa para as pessoas, o "desígnio" parecia ser a única explicação possível. A crença na "justiça" da ordem natural era segura, mas, como a inovação desgastou-se, a natureza pareceu "natural" a muitos intelectuais, e o argumento teleológico se tornou menos persuasivo e finalmente foi seriamente desacreditado nos *Diálogos sobre Religião Natural* (1778) de DAVID HUME. A *Crítica da razão Pura* (1781) de IMMANUEL KANT fez o mesmo com o argumento cosmológico. Mas isso vai além dos inícios da mentalidade moderna.

A nova ciência mecanicista, então, conduziu a uma concepção da natureza radicalmente nova. Ela quase deu uma autossuficiência à natureza, de modo que ela se tornou uma quase divindade por seu próprio direito, e Deus foi enquadrado, mais e mais, como o *Deus do repouso sabático*. Novas categorias começaram a substituir as mais antigas de ARISTÓTELES no pensamento das pessoas, e a busca por novos fundamentos para as atividades humanas foi iniciada. A existência de Deus ainda poderia ser afirmada com confiança, pois era solidamente baseada sobre a existência e ordem da natureza.

Capítulo VIII
O INÍCIO DA FILOSOFIA MODERNA

Racionalismo, Empirismo e Iluminismo

A filosofia moderna, que é considerada começar com René Descartes (1596-1650), é primariamente preocupada com a epistemologia. A busca pela certeza e os fundamentos da certeza são suas forças diretrizes. Até então, a teoria do conhecimento e a ontologia sempre interagiram uma com a outra, como indica o material filosófico que vimos até agora. Há uma séria e significativa preocupação com os fundamentos e a natureza do conhecimento nos períodos antigo e medieval. A crítica de Platão da experiência sensível, sua ênfase nos poderes do intelecto para conhecer as Ideias e a doutrina de Aristóteles da abstração estão todas, claramente, no domínio da epistemologia. Todavia, a ênfase sobre a natureza do ser, a elaboração de uma escala do ser e o estudo das propriedades do ser são preeminentes na filosofia pré-moderna. Trata-se simplesmente aqui de uma questão de ênfase. Já no período moderno a ênfase é sobre a epistemologia.

Essa ênfase pode ser mostrada por um exame da busca de Descartes pela certeza. Tanto a continuidade e a novidade da filosofia moderna são evidentes em Descartes. Vimos que o conceito de conhecimento científico de Aristóteles é aquele de um silogismo demonstrativo baseado sobre princípios cuja verdade é autoevidente. Deduzir o particular do geral significa que nós sabemos que o particular não pode ser outra coisa diferente do que ele é. Esse conhecimento nos dá certeza. Ainda que Descartes repudie o silogismo como um método para obter conhecimento, ele, não obstante, aceita o ideal de certeza, quer dizer, a demonstração de que algo que é de certa maneira não pode ser de outra. Ele também é como ARISTÓTELES, quando diz que nós devemos ter princípios autoevidentes e acredita que a substância é a noção metafísica fundamental.

Todavia, em contraste com ARISTÓTELES, para DESCARTES, como para todos os racionalistas do século XVII, a *matemática* é o ideal de todo conhecimento. DESCARTES ficou profundamente impressionado com a clareza e a certeza que são obtidas pela matemática, especialmente em geometria. Sua definição precisa dos termos, a autoevidência de seus axiomas e suas demonstrações claramente formuladas era incomparáveis a qualquer outra matéria. Ele então buscou conseguir a mesma clareza e certeza da matemática em outros campos. Seu programa era adaptar os procedimentos da matemática a um método adequado de busca dos primeiros princípios (metafísicos) para, então, com base nestes primeiros princípios, estudar a natureza.

Fazer a transferência da matemática para filosofia não era algo óbvio. E para isso, DESCARTES não adotou a forma das demonstrações geométricas, como fez depois ESPINOSA (1632-1677), que organizou sua grande obra, *Ética*, literalmente na forma da geometria, com definições, axiomas, teoremas demonstráveis e corolários. É antes a *certeza* obtida pela matemática que fornece a DESCARTES o critério para chegar à metafísica (e até superá-la). Muito da filosofia moderna se preocupa com a tentativa de se chegar à verdade que é *necessária* e consequentemente certa, e com os vários ajustes que são feitos quando tal conhecimento é considerado ser impossível. Durante o nosso percurso, veremos as implicações que estas várias teorias do conhecimento têm para a teologia.

Vamos começar com um exame do procedimento de DESCARTES. Em 1641, DESCARTES publicou sua obra prima, *Meditações sobre a Filosofia Primeira*. A maior parte dela é escrita na primeira pessoa, em um estilo facilmente acessível, convidando o leitor a refazer os passos que conduziram o autor a chegar aos indubitáveis primeiros princípios: o da existência de Deus, o da mente e o corpo, como substâncias distintas, e o da essência da matéria como extensão. Seu método para chegar à certeza começa pela dúvida em relação a tudo que possa ser duvidado até que ele possa encontrar o que não pode ser posto em dúvida, mesmo que se faça a suposição mais artificiosa e improvável.

A proposta de Descartes de duvidar de tudo o que pode ser duvidado tem a intenção de libertar a mente de sua dependência da percepção sensível e outros preconceitos, para que ela possa operar desimpedidamente. Por seus próprios poderes – por sua "luz natural" – nós podemos descobrir as verdades que são absolutamente certas e que formam os fundamentos para todos os outros campos de investigação. Estas verdades não são derivadas da experiência sensível, mas são inatas a nossa própria razão. Daí o rótulo "racionalista", isto é, aquele que crê que nossa razão tem acesso aos princípios gerais que não têm sua origem, e nem podem ser estabelecidos, por meio da experiência sensível.

Descartes procura convencer as pessoas de que essa ideia é verdadeira, fazendo com que elas o sigam através das reflexões que ele descreve em suas *Meditações*. Isto é, elas também devem meditar. Descartes começa sua primeira meditação indicando que ele percebeu, quando ainda era estudante, que ele aceitava muitas coisas como verdadeiras, mas que eram, na verdade, falsas. Ele então decidiu fazer uma varredura completa de todas as suas opiniões do passado e começar, a partir do zero, a estabelecer uma estrutura segura de conhecimento. Para isso, ele não teria tempo de rever cada uma de suas opiniões singularmente, uma por uma, assim, ele adotou como procedimento um exame das *bases* de sua opinião e conteve seu assentimento a tudo o que não era certeza clara e indubitável, exatamente como ele havia contido seu assentimento a tudo que era claramente falso. Assim, a descoberta de *qualquer* razão para se duvidar de alguma coisa justifica sua rejeição como se ela fosse falsa.

Ele diz que, até esse ponto da sua vida, ele aceitara como verdade tudo o que ele tinha recebido da experiência sensível, mas agora ele reconhece que seus sentidos o enganaram algumas vezes. Como então ele poderia confiar neles? Talvez eles sejam incertos somente quando os objetos estão distantes ou são minúsculos. Se nós pudéssemos especificar as situações em que eles são certos, talvez pudéssemos confiar em nossos sentidos, embora, qanto ao que nós percebemos, não seja sempre o caso. DESCARTES, assim, despreza essa possibilidade, pois ele acredita estar presentemente em uma situação em que as condições para a percepção sensível sejam as mais favoráveis. Ele não pode estar certo com base em seus sentidos de que ele está de fato sentado ao lado de uma fogueira, segurando um papel em suas mãos e assim por diante. Não que ele pense ser um lunático com uma mente perturbada. Trata-se, antes, do fato de que ele pode ter as mesmas impressões sensíveis enquanto dorme. Ele teve sonhos onde estava sentado junto à lareira e tudo parecia real, enquanto na verdade ele estava dormindo. Também não ajuda virar-se deliberadamente e pensar que nada tão nítido como isso acontece nos sonhos, pois sabemos que já fomos iludidos outras vezes durante o sono. Não existem, então, sinais sensíveis seguros que nos permitam distinguir o estar acordado do estar dormindo.

Ele então reconsidera essa conclusão. Talvez eu esteja dormindo; pode ser que eu esteja errado em pensar que tenho mãos e corpo. Tais experiências devem ter alguma base nos objetos físicos reais. Os pintores, por mais que inventem novas criaturas tais como sereias e sátiros, sempre mantêm alguma base na realidade para essas ficções. Deve haver alguma física fora dos sonhos, alguma coisa extensa e um lugar para elas existirem, mesmo que seja apenas no sonho. Assim, os campos da física, da astronomia e medicina, que confiam nos corpos compostos, podem estar lidando com ficções, mas a aritmética, que simplesmente escrutina objetos de toda sorte, e a geometria, que trata dos corpos extensos, são perfeitas. De fato, elas podem nos dar a verdade mesmo quando tratam com objetos de sonho. Se estou dormindo ou acordado, dois mais três são cinco e um quadrado tem quatro lados. É impossível duvidar disso, mesmo em sonhos.

Apesar de tudo, a matemática não é imune à dúvida. Se Deus existe, Ele poderia organizá-la a fim de que eu tivesse a experiência sensível, ou seja, as *representações* da experiência sensível, exatamente como agora eu penso ter, quando, de fato, não há terra, céu e nenhum universo físico. Além disso, eu compreendo que algumas pessoas cometem erros nas coisas que elas pensam conhecer perfeitamente. Não poderia Deus, da mesma forma, fazer-me seguir errando quando eu

Capítulo VIII

somo dois mais três, ou conto os lados de um quadrado? Se isso pode parecer incompatível com a bondade de Deus, não poderia haver um gênio maligno que fizesse isso? Se um gênio é minha fonte de existência, então, minha experiência sensível não pode me dar a certeza. Não há contradição entre a minha posse das experiências sensíveis e a realidade supostamente correspondente a elas ser diferente, ou, de fato, não haver, absolutamente, nenhuma realidade além das experiências.

Na primeira meditação, Descartes deixa claro que tais suposições são altamente improváveis. Ele não está em um estado de dúvida real; a dúvida de que ele esta falando não é um estado psicológico. Antes, ele afirma que a experiência sensível não *requer* a existência de um universo físico. Isto é, talvez seja verdade dizer que temos as experiências sensíveis que temos e errado dizer que há um universo físico. Não há contradição lógica nesta suposição. Eu posso, de fato, ter uma experiência de ver uma torre redonda sem que esta experiência implique que uma torre seja redonda. Pode ser que, pela distância, eu a veja redonda, quando na verdade ela seja hexagonal. Posso, de fato, ter uma experiência de estar sentado diante de uma fogueira, mas isso, logicamente, não implica que eu esteja, pois posso estar dormindo e sonhando. Posso, de fato, contar objetos e medi-los, mas isto, logicamente, não implica que eles sejam objetos físicos, visto que as experiências sensíveis de um mundo externo poderiam existir sem que, ali, houvesse tal mundo. Não há contradição lógica em dizer que é verdade ter experiências sensíveis de objetos, e falso haver objetos sensíveis. Assim, a experiência sensível não pode nos dar *certeza*. Descartes construiu esta conclusão passo a passo: a partir do fato de que nós, algumas vezes, interpretamos mal (em más condições) e somos, algumas vezes, iludidos em sonhos, até a hipótese de um gênio maligno que nos engana. É realmente a possibilidade de ser sistematicamente enganado por um gênio maligno que orienta a cunha entre a experiência sensível e a certeza (e que também define "certeza" como unicamente possível com exclusão de toda, logicamente possível, razão para duvidar; pois é logicamente possível que haja um gênio maligno enganando, mesmo que não haja nenhuma razão real para crer que haja um). Descartes não está tentando nos colocar em um estado de dúvida real, mas quer nos mostrar que, se estamos buscando certeza – ou seja, o vínculo entre os fundamentos e a conclusão, ou entre a evidência e a conclusão –, isto terá de ser sobre alguma outra base diferente da experiência sensível.

Qual é o valor de tal pensamento tolo? Por meio da dúvida e, assim, rejeitando a experiência sensível como o fundamento do conhecimento, DESCARTES está pronto para prosseguir e perguntar a si mesmo se há qualquer coisa da qual ele esteja certo. Ele então formula o famoso "penso, logo existo". Esta afirmação é verdadeira mesmo se houver um demônio que me incline ao erro, pois, para ser enganado, eu preciso existir. Da mesma forma, se eu estiver sempre sonhando, ainda devo existir para sonhar. Estar pensando, então, é o fundamento para uma verdade que é absolutamente certa e imune à dúvida, porque pensar logicamente requer a existência.

Com o seguro conhecimento de que ele existe e sem confiança na experiência sensível, DESCARTES prossegue na investigação de sua existência. Ele declara que o seu critério de verdade é a clareza e a distinção. Ele o extrai do exame do seu *Cogito, ergo sum* ("Penso, ou duvido, logo existo"). De posse desse critério, ele prossegue para deparar-se com o fato de que ele é cônscio de si mesmo como um ser (uma substância) consciente que duvida, entende, afirma, nega, deseja e imagina. Mesmo sensações e percepções tais como ver, ouvir e sentir são propriedades da sua consciência e não de seu corpo, pois ele sabe que existe, mas não sabe se existe alguma coisa física.

DESCARTES, assim, chega ao conhecimento de que ele é distinto de um corpo porque ele pode saber que existe e que tem muitos poderes, mas ainda não sabe se existe um universo físico. Neste momento ele conclui que mente e corpo precisam ser substâncias distintas, embora descubra depois que eles são conjugados. Ser distinto, no entanto, significa que é possível para o "eu" continuar a existir, quando essa conjunção for quebrada pela morte.

Por meio de uma análise mais profunda da ideia de si mesmo, ele chega a um conhecimento da existência de Deus, usando algumas novas provas que incluem a descoberta independente de uma prova ontológica similar à de ANSELMO. Quando a existência de Deus é demonstrada, a hipótese do gênio maligno desaparece. Nós podemos ter confiança em nossas experiências sensíveis, pois Deus, que é bom, não nos iludiria com uma crença de que há um mundo externo correspondente a nossa experiência sensível, como nós, plena e naturalmente, presumimos. Todavia, esta correspondência entre a experiência sensível e os objetos físicos não é perfeita. E é por meio de uma análise cuidadosa de nossa experiência dos objetos físicos que Descartes encontra as únicas propriedades que eles têm: extensão, figura e a capacidade de estar em movimento. Estas são *logicamente inseparáveis* da própria ideia de um corpo. Assim elas constituem a *essência* dos corpos, ou matéria.

Portanto, ao nos libertar da confiança na experiência sensível como uma base para a certeza, Descartes está pronto para definir que nós somos, *essencialmente,* mente, ainda que tenhamos corpos, e que a matéria é *essencialmente* extensão (figura, como resultado da extensão, o movimento e o repouso, que são estados da matéria). Se nós confiarmos em nossa experiência sensível, nunca compreenderemos que somos essencialmente mente – quer dizer, uma realidade *não extensa* –, pois na experiência sensível nós parecemos ser inseparavelmente conectados a um corpo e, assim, presumimos que seja impossível para nós existir sem um corpo. Da mesma forma, a matéria parece, aos nossos sentidos, ter cores, ser quente ou fria, ser de várias texturas e coisas semelhantes. Através dos nossos sentidos, nós nunca chegaríamos a compreender que a matéria é essencialmente extensão e que estas experiências sensíveis são produzidas em nossas mentes por suas figuras e movimentos. A matéria então não tem formas inerentes ou causa final dentro dela; ela opera mecanicamente.

Assim, as três realidades ontológicas básicas são as mentes, a extensão e Deus. As mentes obtêm um conhecimento que é certo porque ele é necessariamente verdadeiro por meio do abandono da confiança nos sentidos. A mente não recebe seu conhecimento de fora através dos sentidos, mas por atentar às ideias ou pensamentos (ideias não são imagens sensíveis), que são inatas à mente. Descartes afirma ter alcançado estas e outras conclusões a partir de suas meditações, ao se recusar a assentir, a menos que a evidência seja tal que, logicamente, implique na conclusão (ou, como ele coloca, a menos que ele, *clara e distintamente*, veja que ela é verdadeira). Nesta relação entre evidência e conclusão, Descartes imitou a relação da matemática entre fundamento e conclusão.

O segundo dos três grandes racionalistas, Espinosa, toma esta conexão – necessidade lógica – com muita seriedade. De fato, ele acreditava que esta é a *única* relação entre as coisas na realidade. Não há tal coisa como a *possibilidade* na realidade. É só em relação a nós (a nossa ignorância) que as coisas podem ser consideradas possíveis. Nos falta conhecimento concernente às conexões relevantes em muitas de nossas experiências. Assim, Espinosa interpreta o modelo de Aristóteles para o conhecimento cientifico – mostrar por que X é assim e não pode ser de outro modo – como significando que ele *logicamente* não pode ser de outro modo. Um dos méritos da obra de Espinosa é que ela estimulou as pessoas nos séculos XVII e XVIII a fazer uma distinção entre necessidade lógica, que é uma relação entre proposições, e a necessidade física, que é uma relação entre as coisas sensíveis. Nós falaremos mais sobre essa distinção quando examinarmos a obra de Hume sobre a *causalidade*.

Espinosa também aceitou a definição de Descartes de substância. De acordo com Descartes, só Deus cabe na definição, pois Ele é o único ser que não depende de nada para existir. Descartes chamou a mente e o corpo de substâncias em um sentido secundário. Ou seja, eles dependem *somente* de Deus para existir. Sobre esta dependência básica, a mente pode existir por si mesma, e a matéria pode existir sem a mente. Todavia, Espinosa insistiu no significado da substância no sentido primário e negou que outros sentidos tivessem aplicação. Ele foi capaz de "demonstrar" que, uma vez que a única relação na realidade é aquela da necessidade lógica, só pode haver uma substância e que todas as outras são partes dela. Desde que seja absolutamente independente, não pode ser limitada por qualquer outra coisa. A substância é infinita em todos os aspectos. Nela não pode haver duas ou mais substâncias, porque elas interfeririam uma na outra e não seriam, portanto, infinitas. Além disso, a substância não pode criar nada independente de si mesma – uma realidade genuína separada dela – porque a única relação é aquela da necessidade lógica. (A partir dessa ideia nós podemos ver que a "criação" no cristianismo é uma relação única, pois ela não é de necessidade lógica, nem é igual à relação entre as criaturas, pois nenhuma criatura é um criador de outras criaturas no mesmo sentido em que Deus é o criador das criaturas.)

De acordo com Espinosa, a substância existe por necessidade, de modo que nosso mundo é necessário e todos os seus membros são modos da substância. A *mente* e o *corpo* são atributos da substância, os únicos dois dos quais, fora de uma infinidade de atributos, nós temos consciência. A mente e o corpo são *aspectos* de uma substância, não seres diferentes (ou substâncias) com propriedades diferentes e opostas (uma extensa, a outra não extensa), como em Descartes. Isto permite a Espinosa apresentar uma nova teoria da relação da mente e o corpo de uma pessoa (que é, todavia, um modo da substância). A mente e o corpo são aspectos de uma mesma coisa, que é, em si mesma, mente ou matéria. (Esta ideia é chamada teoria do "duplo aspecto" e está estreitamente relacionada à outra teoria concernente à relação da mente e o corpo, "monismo neutro".)

Espinosa foi considerado por seus contemporâneos um pensador perigoso, e poucos deles admitiriam tê-lo lido exceto com o propósito de refutá-lo. Ele foi considerado ateu. Ele realmente trata o próprio universo, ou natureza, como divindade, mas essa abordagem não foi um aperfeiçoamento no ponto de vista de seus contemporâneos. Ele atribuiu à natureza muitos dos atributos metafísicos que os escolásticos haviam atribuído a Deus, pois ele herdou, de Descartes, muito da conceitualidade da escolástica aristotélica, e pela negação de todos os acidentes, possibilidades e liberdade ele pôde argumentar em favor de um panteísmo monista. Este é altamente religioso no tom, pois, como ele coloca, sua obra foi um culto intelectual a Deus. Tal reverência, que é difícil de caracterizar, deve ser encontrada hoje em alguns cientistas e não cientistas que olham o intrincado funcionamento da natureza com um tipo de reverência religiosa. A obra de Espinosa, entretanto, foi um construto metafísico baseado somente na razão, não no resultado de uma reverência. Sua evidência são argumentos racionais baseados em ideias internas à mente que representam a (ou são um aspecto da) realidade externa (que também é um aspecto da substância).

LEIBNIZ, o terceiro e último dos grandes racionalistas do século XVII, que foi influenciado virtualmente por toda corrente da cultura ocidental e que produziu uma síntese filosófica bem facetada, é de interesse para nós primeiramente por sua reformulação do princípio de razão suficiente. ESPINOSA acreditava que explicar qualquer coisa é mostrar por que ela é assim e por que ela não pode ser de outra maneira *logicamente*. LEIBNIZ crê que essa identificação do princípio de razão suficiente com o princípio de não contradição é um erro. Eles devem ser distinguidos; pois a razão para algo estar conectado a outra coisa na realidade não é porque é lógico estar conectado, mas, antes, porque é *melhor* estar conectado. Assim, explicar por que alguma coisa é de um jeito e não de outro não é mostrar que ela *logicamente* não pode ser de outra maneira, mas, algumas vezes, que não é *melhor* para ela ser de outra maneira. Ou seja, não poder ser *moralmente* de outra maneira é uma razão ou explicação suficiente.

A noção de "melhor" é algumas vezes usada por LEIBNIZ para dizer "mais eficiente", mas ele também a aplica às matérias morais e espirituais. Assim, LEIBNIZ argumenta que algumas proposições são, de fato, verdadeiras por necessidade *lógica*; ou seja, sua verdade é baseada sobre o princípio de não contradição. Negar sua verdade envolveria uma contradição lógica. Todavia, existem outras proposições cuja verdade é baseada sobre o princípio de razão suficiente. Sua negação não produz uma contradição lógica; elas são verdadeiras porque é melhor que elas sejam verdadeiras. Todas as proposições verdadeiras são verdadeiras por necessidade, mas algumas são verdadeiras por necessidade lógica, enquanto outras são verdadeiras por causa do que LEIBNIZ chama de necessidade *moral*. Esta interpretação do princípio de razão suficiente, de acordo com LEIBNIZ, nos impede de cair no panteísmo monista de ESPINOSA e admite a contingência e a liberdade.

O princípio de razão suficiente possibilitou a LEIBNIZ não somente escapar do determinismo lógico do sistema de ESPINOSA, mas também evitar a visão de DESCARTES da liberdade como absoluta indiferença entre alternativas. De acordo com LEIBNIZ, há sempre uma razão suficiente para agir de uma maneira e não de outra. Nós nunca estamos em uma posição de "indiferença" ou de pleno equilíbrio entre alternativas, o que significa dizer que nós nunca agimos arbitrariamente. Assim, LEIBNIZ se opõe à "doutrina do livre-arbítrio" de DESCARTES, como aquela visão da liberdade é chamada. Mas ele não é um determinista duro, como ESPINOSA, pois agir, racional ou livremente, é agir, como agimos, porque é o *melhor*, e não porque é logicamente impossível agir de outra maneira. A posição de LEIBNIZ se encontra, então, entre DESCARTES e ESPINOSA. Ela é um tipo distinto de determinismo algumas vezes chamada "determinismo suave" ou "compatibilismo".

Não foi o monismo metafísico de ESPINOSA, mas a nova ciência das mecânicas é o que trouxe a questão da liberdade para a vanguarda do século XVII. Os seres humanos são seres corpóreos em um universo material que deve operar de uma maneira determinística pelo impacto mecânico da matéria sobre matéria. O dualismo corpo-alma de DESCARTES, em que a mente é imaterial e não afetada pelo corpo, parecia salvar a liberdade humana. Mas ele tem uma grande desvantagem. É inconcebível como uma mente imaterial pode afetar seu corpo – pode movê-lo. DESCARTES, no entanto, insistiu que nós podemos, pelo pensamento, afetar nossos corpos – por exemplo, erguer nossas mãos – e, assim, exercitar nossa vontade. De maneira semelhante, o mundo externo pode nos afetar indiretamente através de nossos corpos. Essa interação entre a mente e o corpo deve deixar a liberdade humana intacta, pois nossas mentes são imateriais (não extensas) e, portanto, não sujeitas à causalidade *material*.

Nem o interacionismo de DESCARTES nem a teoria do ocasionalismo, em que não há interação física (ou seja, um pensamento é a ocasião para uma moção correspondente do corpo e vice-versa, graças à ação de Deus sobre cada ocasião), são satisfatórios. A adaptação do ocasionalismo de LEIBNIZ, pela qual Deus não intervém em cada ocasião, mas pré-programa a mente e o corpo a operar paralelamente um com o outro (harmonia preestabelecida), não teve muitos seguidores. Houve um pouco mais de interesse na teoria do duplo aspecto da mente e do corpo de ESPINOSA, mas é o interacionismo de DESCARTES, tão graficamente descrito como "o espírito na máquina" por GILBERT RYLE, que foi, de longe, a teoria que mais influenciou a questão da relação da mente com o corpo.[1] Ela provocou seu oposto direto, o behaviorismo, que apareceu no fim do século XIX. É a concepção cartesiana da mente e matéria como sustâncias distintas com propriedades polares opostas que tornou a liberdade humana e o problema mente-corpo tão proeminentes na filosofia moderna.

Embora DESCARTES, LEIBNIZ e ESPINOSA sejam, todos os três, classificados como racionalistas, eles são muito diferentes um do outro em pontos importantes. Todavia, todos os três acreditam, como PLATÃO antes deles, que a mente tem ideias inatas, isto é, ideias não adquiridas da experiência sensível.

JOHN LOCKE (1632-1704) criou o empirismo, uma nova abordagem em epistemologia que inclui uma negação das ideias inatas. Ele tentou em sua célebre obra *An Essay Concerning Human Understanding* [*Um Ensaio sobre o Entendimento Humano*] (1690) traçar todas as ideias de volta a sua origem na experiência. Ele chamou sua abordagem de o "método do plano histórico".

A palavra *ideia* é um incômodo que foi usado amplamente nos séculos XVII e XVIII. Ela é proveniente de uma das palavras gregas que PLATÃO usou para suas Formas (daí o porquê as Formas de PLATÃO serem muitas vezes chamadas em português, como fazemos aqui, de "Ideias", e a cidade que PLATÃO desenha na *República* ser chamada de "estado ideal"). Mas a palavra ideia é usada pelos racionalistas e empiristas para denotar o *conteúdo* de nossas mentes. As ideias são o que nós observamos; elas são os objetos do pensamento. Elas podem, assim, incluir a sensação de calor, a visão de um cavalo, o conceito de calor e o conceito de cavalo e assim por diante.

As ideias adquirem uma realidade quase autônoma separada dos objetos sensíveis, parcialmente por causa da noção de que elas são inatas e parcialmente por causa da teoria da representação da percepção. De acordo com a teoria da representação da percepção, que vimos em operação em DESCARTES, nós podemos ter percepções dos

---

[1] Gilbert Ryle, *Concept of Mind*, (London: Hutchinson's University Library, 1949).

objetos sensíveis quando, de fato, não existem tais objetos sensíveis. Nós nunca estamos *diretamente* conscientes dos objetos externos na percepção sensível, mas sim de suas representações as quais chamamos "ideias".

Locke compartilhava com Descartes a crença de que nós estamos diretamente cônscios das ideias, e que algumas delas representam objetos externos para nós. Ele também aceitava a visão de Descartes de que nem todas as coisas em nossas ideias dos objetos externos representam coisas realmente presentes nos objetos externos. Além disso, ele aceitou a visão de Descartes sobre o conhecimento e certeza. Nós só temos conhecimento quando alguma coisa é autoevidente a nós (ou seja, quando nós intuímos a sua verdade) ou quando, pelo discurso racional, nós chegamos a uma conclusão a partir do que é autoevidente, passo a passo (as conexões entre cada passo são autoevidente). Locke considerava tal conhecimento muito menos comum do que pensou Descartes porque para Locke todas as nossas ideias têm sua origem na experiência. As ideias que se originam na experiência sensível não nos dão nem a "essência real" dos objetos materiais (como Aristóteles acreditava ser possível) e nem os primeiros princípios pelos quais nós podemos provar que uma generalização, descoberta através da experiência sensível, se sustente universalmente.

Locke estava convencido, no entanto, de que nós poderíamos alcançar uma *probabilidade* com base na experiência sensível, e, de fato, uma grande probabilidade sobre uma ampla gama de problemas no estudo científico da natureza, da ética, da política e da religião. Esse conhecimento provável é suficiente para melhorar nossa vida sobre a Terra e nos conscientizar de nossos deveres, incluindo nossas obrigações religiosas para com Deus. A certeza não seria alcançada além de uma estrita gama de coisas, mas procurá-la onde ela não estava disponível e cair em dúvida ou até mesmo no ceticismo, como aconteceu com alguns cartesianos, era contraproducente.

Locke também se convenceu de que os métodos empíricos de seu amigo, o químico Robert Boyle, que se baseavam na experimentação – de fato, sobre tentativa e erro em grande parte do tempo – era a única maneira apropriada de proceder. A constituição real das coisas materiais é tão pequena que permanece além do alcance dos nossos sentidos. Assim, nós não conhecemos a essência *real* das coisas materiais, como Aristóteles e Descartes pensavam. Nós devemos, em vez disso, confiar nas observações e fazer nossas generalizações com base nas observações, cuja verdade é, de fato, só provável.

A polêmica de Locke no livro I do seu *Ensaio* é inteiramente efetiva contra qualquer compreensão das ideias inatas entendidas como conscientemente presentes em nossa atenção e como universalmente endossadas pela humanidade. Por outro lado, Locke afirma que se as ideias inatas são disposições que se tornam ideias atuais somente depois de serem ativadas pela experiência, elas não devem ser diferenciadas das ideias adquiridas pela experiência. Assim, não há razão para chamar algumas de nossas ideias de inatas e outras de adquiridas. Locke afirma sustentar sua hipótese, no entanto, na sua capacidade de remontar à origem de nossas ideias principais na experiência, sem depender de sua polêmica contra a existência das ideias inatas. Ao mostrar a origem das nossas ideias de substância, causa, identidade, infinitude e outras ideias filosóficas cruciais, ele crê ter tornado a doutrina das ideias inatas supérflua.

Locke não limita a experiência a experiência *sensível*. A experiência inclui a nossa própria consciência do nosso processo de percepção e raciocínio. (Muitas vezes Locke foi incorretamente considerado um apoiador da doutrina do sensacionalismo, isto é, que a única coisa de que somos conscientes é do que percebemos pelos sentidos.) Assim, seu "método do plano histórico" marcou a filosofia britânica até os dias de hoje. Determinar o que representamos, ou por que deveríamos acreditar que alguma coisa é verdade, muitas vezes significa para as pessoas, especialmente no mundo de fala inglesa, buscar algo na experiência, e particularmente na experiência sensível.

Essa tendência não é totalmente devida a Locke, mas também ao sucesso da ciência moderna, ou melhor, a uma interpretação da razão do sucesso da ciência moderna. O sucesso dela é atribuído à confiança na experiência sensível, em contraste com o método "a priori" (não baseado na experiência) de Platão, Aristóteles (por causa de sua crença nas essências ou formas substanciais) e dos filósofos racionalistas do século XVII. Uma ideia amplamente difundida sobre o surgimento da ciência é de que isso ocorreu quando as pessoas começaram a fazer observações e experimentos. De fato, pessoas como ARISTÓTELES já faziam observações cuidadosas na Antiguidade, e a revolução científica no campo da física não se baseou totalmente em experimentos, mesmo no caso de GALILEU, mas preponderantemente no esforço conceitual. Essa ideia não está totalmente errada, mas ela não é uma caracterização adequada da natureza da ciência.

Embora o *Ensaio* de LOCKE não fosse totalmente aceito (pois foi, por exemplo, duramente atacado pelo Bispo STILLINGFLEET de Worcester por causa de sua negação das ideias inatas), ele foi geralmente bem recebido. A teoria dos vórtices de DESCARTES – grandes turbilhões de matéria tênue que movem os corpos celestes girando como lascas de madeira flutuando em um redemoinho de água dentro de um tanque – havia sido totalmente desacreditado pelo *Principia Mathematica* de NEWTON três anos antes da publicação do *Ensaio* de LOCKE. A busca de DESCARTES pelo conhecimento indubitável havia provocado uma análise crítica autoconsciente que levou muitos intelectuais ao ceticismo. A obra de LOCKE, com sua ênfase na a probabilidade, era uma posição equilibrada entre o ceticismo e a certeza. Na França, o centro cultural da Europa, ela era comparada à obra de NEWTON. Assim como NEWTON havia revelado as leis do mundo exterior, dizia-se que LOCKE havia descoberto as leis ou operações do mundo interior, ou seja, a mente.

Todavia, nem tudo ia bem. O teólogo e filósofo irlandês GEORGE BERKELEY (1685-1753), quando ainda bem jovem, publicou *Princípios do Conhecimento Humano* (1710). Ele se lançou sobre a doutrina das ideias abstratas de LOCKE, que explicava como as palavras gerais (nosso velho problema dos universais) podem se aplicar a particulares. LOCKE acreditava que as palavras gerais correspondem às ideias. Seu programa era remontar à origem de todas as coisas, incluindo as ideias, na experiência. A ideia à qual uma palavra geral corresponde é formada pela abstração de um grupo de particulares em que elas se assemelham (deixando de fora os aspectos em que diferem). A ideia abstrata resultante é o que uma palavra geral significa, e esta palavra pode ser aplicada a coisas particulares por causa da semelhança entre os particulares e a abstração. Assim, Berkeley imaginou que a intenção de Locke era dizer que uma ideia abstrata é uma *imagem* mental, e então pediu a seus leitores que tentassem formar uma ideia abstrata (ou imagem) de um triângulo cujos lados não são de nenhum comprimento particular ou determinado, e cujos ângulos sejam tais que ele não seja nem um triângulo equilátero, nem um triângulo isóscele, nem um triângulo obtuso e assim por diante. Visto ser impossível formar tal imagem, ele concluiu que não havia nada semelhante a uma ideia abstrata.

Em seu lugar, Berkeley propôs que o que nós fazemos de fato é selecionar algum *particular* para representar outros particulares similares a ele. Nós então *usamos* a ideia desse particular de uma maneira geral, dizendo coisas acera dele que são também aplicáveis a outros particulares similares a ele. É o uso que fixamos a um particular que dá significado a nossas palavras gerais, não uma ideia geral ou abstrata à qual ele corresponde.

Essa proposta reflete a inclinação de Berkeley para o que nós *percebemos*. Ele cunhou a frase *esse est percipi* ("ser é ser percebido"). Uma ideia abstrata não pode ser imaginada; portanto, não existe algo assim. A única exceção a seu princípio são as mentes. Elas não são percebidas, mas para haver percepção deve haver perceptores.

Berkeley é famoso por sua rejeição à existência da matéria ou, mais precisamente, à "substância material" de Locke. Locke, como dissemos, afirmava uma teoria representacional da percepção em que as ideias, das quais somos diretamente conscientes, são representações ou cópias dos objetos externos. Mas nós devemos, de acordo com Locke, fazer distinção entre ideias primárias e secundárias. As ideias que *representam* qualidades nos objetos externos são ideias primárias. Aquelas ideias que não representam qualidades nos objetos externos são secundárias. Elas estão presentes somente no perceptor e são, assim, subjetivas. As ideias primárias e secundárias são causadas pelas qualidades primárias dos objetos materiais. Estas, para Locke, são partículas materiais minúsculas e insensíveis da matéria constituidora dos objetos.

Esta distinção nos lembra a de Galileu e Descartes. Locke os segue na medida em que ele enfatiza as propriedades *quantitativas* como primárias, embora as listas das qualidades primárias propostas por eles não sejam precisamente iguais. LOCKE apresenta muitos argumentos quanto a esta distinção, mas BERKELEY demole todos eles. Ele mostra que não há maneira de se fazer tal distinção. Nos argumentos cuja intenção é distinguir as ideias primárias das secundárias, o que LOCKE diz das ideias primárias pode ser igualmente dito sobre as secundárias. Além disso, BERKELEY defende que as ideias são a única coisa de que nós podemos tomar consciência e que elas lembram ou se assemelham somente a outras ideias. Não pode haver objetos materiais que se assemelhem as nossas ideias; assim, nossas ideias não são representações (ou cópias) dos objetos materiais. BERKELEY rejeita a existência de uma substância material ou substrato, que seja absolutamente incaracterizável, visto que as *ideias* são as únicas características das quais podemos estar conscientes. Nós estamos conscientes dos objetos *sensíveis*, e eles não são nada mais do que um conjunto de ideias sensíveis. As mentes, que têm ideias, existem, mas não há necessidade de se afirmar a existência de algo desconhecido e incognoscível, algo chamado substrato material ou objeto material subjacente a nossa percepção dos objetos sensíveis.

A posição de BERKELEY de que os objetos sensíveis são conjuntos de propriedades é chamada "fenomenalismo" (a palavra grega para "aparências"). As coisas para BERKELEY são como elas aparecem. O fenomenalismo apela àqueles que preferem uma ontologia em que a realidade é primariamente aquilo do que estamos conscientes no sentido da experiência. Para o fenomenalista, em teorias científicas, termos que não se referem a nada que podem ser diretamente experienciados devem ser, de alguma maneira, redutíveis ao que nós experienciamos diretamente ou tratados como ficções úteis que nos auxiliam na descoberta de verdades sobre o que sentimos. Assim, no século XX entre os positivistas lógicos, o fenomenalismo demandou enormes programas de "tradução" do vocabulário científico e também da linguagem comum a respeito dos objetos materiais e das mentes.[2] O

---

[2] Ver, por exemplo, A. J. Ayer, *The Foundations of Empirical Knowledge* [*Os Fundamentos do Conhecimento Empírico*] (London: Macmillan, 1940).

expediente de BERKELEY para assegurar a existência continuada dos objetos sensíveis, quando nós não os estamos percebendo (pois existir é ser percebido), é invocar a Deus como aquele que continuamente percebe todas as coisas. Os fenomenalistas que vieram depois dele, em seu programa de "tradução" de todas as palavras para um vocabulário de palavras que se referem ao que pode ser sentido, substituíram o Deus de BERKELEY por uma definição do objeto material como "uma permanente possibilidade de sensação". Assim, ainda que ninguém perceba uma árvore, ela não deixará de existir, pois ela é uma permanente possibilidade de sensação; isto é, sob determinada condição (por exemplo, alguém que olhe na direção certa), uma árvore será percebida. BERKELEY foi considerado um filósofo importante depois de 1865, após a publicação de suas obras. Naquela época, a familiaridade com as concepções do idealismo alemão de KANT, FICHTE e HEGEL criara um clima que favorecia sua recepção, especialmente na Inglaterra.

Coube a DAVID HUME (1711-76), o último dos empiristas clássicos, um destino similar. Suas obras filosóficas foram ignoradas durante sua vida, tanto que ele se afastou para escrever uma história da Inglaterra. Foi KANT quem primeiro reconheceu sua importância e o levou ao conhecimento de todo o mundo filosófico por meio de sua *Crítica da Razão Pura* (1781). Assim, nos concentraremos primeiro em uma descrição do Iluminismo antes de examinar HUME e KANT, ambos os produtos desse movimento, mas que solaparam muito de sua síntese e levaram o mundo moderno em uma nova direção.

Principia de NEWTON foi a coroa da nova ciência mecânica. Embora tenha suscitado muitas controvérsias para uma geração, ela tornou-se para as vanguardas o começo de uma nova era para a humanidade. Seu impacto geral foi comparado ao irrompimento da luz, o cessamento das trevas, visto que as pessoas puderam ver o universo pela primeira vez como ele realmente é. Elas o viram como um maquinário preciso, harmonioso e racional, cujas leis do movimento se aplicavam universalmente a toda matéria, desde as partículas mais minúsculas até aos mais vastos corpos celestes.

Essa nova ciência da natureza se tornou uma base para a esperança e o otimismo. O importante não era só o que ela havia conquistado,

Capítulo VIII

mas que ela inspirava as pessoas a pensar no que ainda estava para ser alcançado. O *Ensaio* de Locke foi considerado uma luz para a esfera da mente humana e ele sustentava, mais uma vez, a crença em um novo começo para a história da humanidade. Da mesma forma que a natureza e o entendimento humano podiam ser analisados e suas leis compreendidas, as leis da sociedade e das relações sociais poderiam ser conhecidas. Com tal conhecimento, os problemas sociais poderiam ser resolvidos e governos racionais seriam criados. (O Projeto iluminista, como foi conhecido, é um eco do objetivo escolástico do século XII que pretendia restaurar o paraíso tanto quanto possível.)

Os inimigos do iluminismo e do progresso eram a superstição, o mistério e a tradição, que os perpetuava. O que impedia o progresso, acima de tudo, era o cristianismo. Um dos primeiros críticos, a quem os filósofos (ou críticos sociais, como eram chamados na França) usaram em sua propaganda contra a Igreja Católica Romana, foi Pierre Bayle (1647-1706). Seu *Dicionário Histórico e Crítico* foi talvez o livro mais comprado e lido na França do século XVIII. Bayle, embora afirmasse ser um cristão crente, nunca se cansou de afirmar que o conteúdo da revelação cristã era irracional: ela mantém toda a raça humana condenada por causa da ação de um homem e uma mulher; estes foram responsabilizados por um Deus que previra sua desobediência e, não obstante, os criou; ela é incapaz de explicar a existência do mal. Bayle também enfatizou que o cristianismo não poderia ser o fundamento da moral e que não é necessário ser moral para ser cristão. Ele apontou, por um lado, as atrocidades cometidas pelos cristãos em guerra contra o semelhante e, por outro lado, para o comportamento moral do povo chinês, que nunca ouvira falar do cristianismo.

Essas observações não foram desprezadas pelos filósofos, especialmente por Voltaire. Eles não eram antideus, mas queriam uma religião racional e iluminada. A concepção deles de "racionalidade" pode ser ilustrada pelo famoso exemplo de Descartes de um pedaço de cera (em suas *Meditações*). Descartes listou as propriedades de um pedaço de cera: forma, cor, solidez e cheiro e depois ele o aqueceu e viu que sua forma mudou, sua cor e cheiro se perderam, e ela derreteu.

A única propriedade que permaneceu a mesma nos dois estados era a da extensão, que, assim, era a essência da matéria. A matéria não possui um movimento oculto que a impulsiona em direção a uma finalidade de realização, uma forma misteriosa específica. Essa capacidade de perscrutar e exaurir os conteúdos do que é examinado tornou-se, então, o ideal para os filósofos. Assim, a natureza de Deus poderia ser sondada, da mesma forma como a matéria e a religião poderiam ser racionalizadas. Os milagres, o mistério e as revelações eram todos artifícios usados para apoiar a autoridade de uma instituição, a Igreja. Todavia, a existência de Deus é evidente a partir da natureza – este é o livro de Deus –, e a ordem da natureza, tal como fora descoberta por NEWTON, revelava a Deus como racional e bom. O verdadeiro culto a Deus consistiria de uma vida decente e moral, não de medo covarde, crença em superstições e comparecimento aos serviços da Igreja.

O ataque ao cristianismo como o inimigo do esclarecimento foi um poderoso tema na obra *Decline and Fall of the Roman Empire* [*Declínio e Queda do Império Romano*] do historiador EDWARD GIBBON (1737-1794). Roma é apresentada como uma das maiores realizações da humanidade. O cristianismo, que a substituiu, não era só muitíssimo inferior a ela como também amplamente responsável por sua morte. Agora, a razão e o esclarecimento estavam, mais uma vez, libertando a humanidade desse pesadelo. As pessoas poderiam construir um novo mundo racional, livre do preconceito e da superstição.

BAYLE, VOLTAIRE, GIBBON e outros viam o cristianismo primariamente como um fenômeno social e cultural. Ele era visto por eles como um fato sem qualquer diferença de qualquer outro fato físico ou social. À luz da convicção de que a razão era capaz de perscrutar a essência de qualquer fenômeno, a assim chamada razão dos teólogos pareceu, na verdade, obscurecimento. A natureza humana não deveria ser compreendida através da leitura de tratados sobre o pecado, a graça e a salvação. Em vez disso, sua compreensão deveria ser encontrada pelo método de MONTESQUIEU (1689-1755), que se dedicou a um estudo empírico dos fatores ambientais, tais como o clima, para descobrir seus efeitos sobre a composição fisiológica e psicológica das pessoas. Só assim uma ciência da política poderia ser criada.

Capítulo VIII

DESCARTES, cujo ideal de uma liberdade esclarecida de toda dúvida contribuiu grandemente para a visão da razão como um instrumento de análise, na verdade mantinha a antiga visão platônica da razão. Esta não era um mero instrumento, mas tinha um conteúdo que não aumenta a partir da experiência sensível. Na verdade, esse conteúdo deve ser livre do preconceito da experiência sensível, antes de se tornar disponível. Só por meio de níveis e de contemplação prolongada é que nós nos tornamos conscientes dos seus conteúdos. O próprio título da obra de DESCARTES, *Meditações*, sugere contemplação. De fato, seu livro – dividido em seis partes, com cada uma formando o tema de uma completa meditação diária – ficou muito distante dos procedimentos dos filósofos para se alcançar a clareza. Para eles, a razão opera diretamente, revelando as leis básicas subjacentes à diversidade superficial da natureza, mente e, no tempo, sociedade. A racionalidade do universo é óbvia, e os poderes da razão foram demonstrados pelo sucesso de NEWTON e LOCKE.

As obras de HUME e KANT corroeram esse otimismo. A confiança na razão retornou depois da obra crítica de suas obras, mas com uma visão mais sofisticada da razão. Neste capítulo nós consideraremos três aspectos da obra de HUME que minaram o Iluminismo e que têm relevância para o cristianismo e examinaremos a obra de KANT no próximo capítulo.

A maior obra de HUME, *A Treatise on Human Nature* [*Um Tratado acerca da Natureza Humana*] (1739), foi ignorado na primeira publicação. O livro procurava reencontrar as fontes do nosso conhecimento na experiência humana. Diferentemente de LOCKE, que acreditava ser possível confiar na experiência como fonte de uma sólida probabilidade, HUME fundamentou que nem a razão nem a experiência forneciam tal base. HUME voltou-se para o instinto e o hábito. Ele não revelou a racionalidade da natureza, mas o auxílio dela em face da deficiência da racionalidade.

HUME dividiu todas as nossas percepções em ideias e impressões. Elas diferem em grau de força e vivacidade. Impressões são aquelas vívidas percepções que nos ocorrem quando vemos, ouvimos, sentimos, amamos, odiamos, queremos, ou desejamos. Nossas ideias são cópias das impressões. Investigar nossas ideias na experiência é investigar as impressões das quais elas são compostas. Quando temos qualquer suspeita de que um termo filosófico é empregado sem qualquer significado, nós devemos investigar as impressões das quais ele supostamente deriva.

Como BERKELEY antes dele (e talvez independentemente), HUME é incapaz de encontrar qualquer impressão de uma substância material à qual as qualidades sensíveis pertençam. Nós não temos nenhuma ideia da substância, diferente de um conjunto de qualidades particulares. Mas, diferentemente de BERKELEY, ele pensa que isso é verdade também em relação à "mente" como uma substância imaterial. Pois quando ele examina a si mesmo, tudo que encontra são percepções particulares de quente ou frio, luz ou sombra, amor ou ódio, dor ou prazer. Ele nunca se apanha em qualquer momento sem uma percepção e nunca observa *nada, senão a percepção*. Assim, nós também somos feixes ou conjunto de percepções que se sucedem umas às outras com uma velocidade inconcebível e que estão em um fluxo perpétuo. Não há nada subjacente a esse fluxo que nos dê nossa identidade como algo no tempo. Antes, há uma corrente de percepções cujas inter-relações nos tornam nós mesmos.

Nossas ideias de objetos materiais contínuos e de "eus" surgem por causa de três princípios de associação: semelhança, contiguidade e causa-efeito. Esses princípios, pelos quais nós associamos as impressões, não nos revelam qualquer conexão *necessária* entre nossas impressões. Simplesmente acontece de nos depararmos com o fato de que, quando várias impressões ficam associadas destas três maneiras, a ideia de que elas são conectadas surge muito naturalmente. É neste ponto que HUME realiza a análise crucial acerca da conexão necessária. Ele não nega a causalidade, como tão frequentemente é dito. Sua opinião sobre a causalidade é que ela é uma associação natural que nós fazemos entre nossas ideias. O que ele nega é que tenhamos a impressão de uma *conexão necessária* entre nossas impressões ou entre as ideias formadas a partir de nossas impressões.

Sua análise é esta: nas sequências causais, nós cremos que há algum poder em uma causa que produza um efeito. Conhecer tal poder seria conhecer o que é que capacita a causa a produzir um efeito *particular*.

Desse modo, nós conheceríamos tanto a causa quanto o efeito e a relação entre eles. Mas, na verdade, nós nunca observamos tal poder em qualquer nexo causal. Se virmos uma bola de bilhar chocar-se com outra, e então observarmos que a afetada se move, teremos observado uma série de impressões em uma sequência particular, mas não veremos nenhum poder em nenhuma das impressões produzindo um efeito sobre qualquer outra impressão. Isso é verdade em relação aos nossos pensamentos, seja se estamos meramente pensando (tendo um pensamento sucedendo a outro) ou pensando sobre o movimento de um braço e, a seguir, mover um braço. A partir de uma *única* sequência de qualquer tipo – puramente físico, puramente mental, ou parcialmente mental e parcialmente físico – nós nunca sabemos o que seguirá a que; apenas temos de ter atenção, pois não sabemos de nenhum *poder* em qualquer de nossas impressões que produza outras impressões. Nós dependemos da experiência *repetida* de uma mesma sequência ou séries de impressões antes de podermos aprender quais impressões podem ser esperadas após outras impressões.

Nós podemos achar que percebemos um poder naquelas séries de impressões nas quais encontramos resistência dos corpos que nós empurramos ou puxamos, pois precisamos exercer força. Essa percepção pode nos levar a pensar que há uma força existente entre todas as causas e efeitos. Mas se pensarmos nas sequências mentais, que envolvem impressões que são causalmente relacionadas, nunca encontraremos resistência e aplicação de força semelhante a quando empurramos ou puxamos um corpo, nem sentimos resistência quando queremos mover um braço. Ainda que ambas sejam sequências causais. Como vimos no exemplo das bolas de bilhar, nunca percebemos resistência ou esforço entre nossas várias impressões. Antes, nós projetamos a ideia a partir de nossa necessidade da fazer um esforço quando empurramos ou puxamos um objeto, pensando que uma bola de bilhar também precisa fazer um esforço. Mas nossa própria experiência de fazer um esforço em alguns casos não deveria ser generalizada e considerada presente em *todas* as sequências causais. A única coisa da qual estamos conscientes nessas sequências causais é uma constante conjunção de impressões.

Mesmo nos casos em que temos uma impressão de resistência e uma impressão de estarmos fazendo um esforço, nós não percebemos nenhum poder sendo transferido. Nós precisamos de sequências repetidas envolvendo resistência e esforço para saber quais impressões seguirão a outras impressões. Então, o que nos leva a pensar que há algo mais presente nas sequências causais além de uma constante conjunção de impressões?

Quando experienciamos regularmente A sendo seguido por B, chegamos a antecipar ou esperar B sempre que A aparecer. Este sentimento de antecipação nos ilude a pensar que há uma *conexão necessária* entre A e B. Mas todos os eventos são inteiramente distintos e separados. Um segue ao outro em nossa experiência, mas nós não temos nenhuma impressão de qualquer poder entre eles, nenhuma impressão de conexão necessária entre eles. Se tivéssemos, saberíamos a partir de uma sequência *singular* (individual) que B seguirá A porque teríamos uma impressão do poder em A que produz B. Todavia, nós precisamos observar uma sequência repetida muitas vezes, antes de esperarmos observar B depois de observarmos A. Isso inclui aqueles casos em que encontramos resistência quando empurramos ou puxamos um objeto. É pela experiência que aprendemos quais impressões seguirão outras.

Algumas vezes, esperamos uma impressão seguir uma impressão específica na primeira vez que nós a experienciamos. Mas esta expectativa pode ser explicada pela similaridade das sequências de impressões que vimos muitas vezes antes. Porque a impressão particular encontrada pela primeira vez se assemelha a uma sequência familiar de impressões, nós temos um sentimento de que ela será seguida por um tipo específico de impressão.

Assim, todo o nosso senso comum e leis científicas são baseadas somente em princípios de associação e não se estendem para além de nossa experiência. Nossas leis científicas não são necessárias, mas contingentes. O fato de termos observado sequências de um tipo particular no passado não significa que nós as observaremos no futuro. Pouco se poderia avançar na confiança do Iluminismo no poder da razão para chegar à essência de todas as coisas – matéria, mente, natureza humana, sociedade, religião, Deus. O Iluminismo estava confiante que poderia descobrir as leis de suas naturezas e explicar suas operações. Mas a análise de Hume da causalidade ameaçou a nova ciência das mecânicas e a grande síntese alcançada por Newton. As leis do movimento não nos mostram quaisquer conexões necessárias entre as coisas, disse Hume. As sequências que experienciamos na vida cotidiana nunca produzem quaisquer conexões que devam ser universal e infalivelmente válidas. Assim, não há justificativa para dizer que todas as leis científicas são universal e infalivelmente válidas. Nosso conhecimento não vai mais longe do que as nossas impressões.

Esta parte da obra de Hume foi ignorada ou posta de lado por seus contemporâneos. Mas muitos que se preocupavam com filosofia se refugiaram na escola escocesa do "realismo do senso comum" cujo maior expoente foi Thomas Reid (1710-1796). Reid acreditava que as conclusões céticas de Hume eram consequências inevitáveis da teoria da representação da percepção de Descartes e Locke, segundo a qual, a única coisa de que temos consciência é ideia. Reid argumentou que nós temos consciência imediata dos objetos (daí seu "realismo"). Muitas de suas considerações críticas sobre Hume e algumas de suas próprias análises da percepção e memória são perspicazes, mas a tentativa de Reid em determinar que temos certeza em algumas matérias de crença e moral por meio de um apelo ao senso comum é frequentemente uma façanha que exige uma destreza incomum.

A escola escocesa exerceu uma considerável influência nos Estados Unidos. A questão da certeza religiosa foi resolvida, por muitos, com um apelo à *experiência religiosa*, especialmente à experiência de conversão nos encontros de reavivamento. Essa perspectiva veio junto com um desprezo crescente pelo aprendizado. Aqueles que buscavam dar um lugar ao estudo e a um fundamento para o cristianismo que não fosse meramente reduzido a uma experiência emocional pareciam nascer mortos por causa de certo uso da razão já pulverizado pelo ceticismo de Hume. Assim, eles esperavam que o realismo do senso comum os capacitasse, por um lado, a refutar o ceticismo de Hume, e, por outro lado, a encontrar um meio-termo entre a religião da razão absoluta do deísmo iluminista e o sentimentalismo dos reavivalistas.

O resultado foi muitas vezes uma visão estática da doutrina e da moral cristã sem qualquer sentido de desenvolvimento histórico, uma defesa da inerrância bíblica e um estilo racionalista de apologética. Para alguns reavivalistas o realismo escocês do senso comum tornou-se um baluarte para o seu pietismo bíblico.

Foi necessário que uma pessoa do calibre de KANT reconhecesse o poder da análise de HUME e suas mais extensas implicações. Como KANT colocou: "Despertei-me do meu sono dogmático", referindo-se como isso a sua antiga suposição não examinada do poder da razão para atingir o conhecimento da humanidade, da natureza, e de Deus que vai além da experiência sensível – e, no caso de Deus, além do poder de qualquer experiência sensível possível. HUME o levou a examinar os poderes da razão que nos dão conhecimento em matemática, ciência e metafísica (que para ele incluía a teologia). Porém, ao menos duas outras matérias filosóficas em HUME são de importância para a teologia, assim, vamos examiná-las antes de nos voltarmos para os esforços de KANT em determinar os poderes da razão.

Em 1748, HUME publicou uma versão completamente reescrita do seu *Tratado* intitulado *An Inquiry concerning Human Understanding* [*Uma Investigação acerca do Conhecimento Humano*]. Este não se saiu melhor com o público do que o *Tratado*. O texto contém um capítulo sobre milagres, todavia, baseado no interesse de HUME em historiografia – problemas com escritos de história –, o que antecipa a crescente consciência histórica do próximo século. Seus comentários sobre os milagres são relevantes para o cristianismo porque a Bíblia narra eventos miraculosos. HUME não rejeita os milagres com base na impossibilidade científica, pois até onde ele sabe, a natureza não tem "leis de ferro" que não podem ser violadas. Sua refutação difere daquela dos primeiros críticos do cristianismo, tais como JOHN TOLAND (1670-1721) e MATTHEW TINDAL (1655-1733), que queriam uma religião natural baseada unicamente na razão. Em vez disso, ela é de um argumento que parte da razão provável empregada pelos historiadores que procuram determinar o que é mais verossímil ter acontecido no passado.

HUME argumenta que, em nosso raciocínio como historiadores, tudo o que temos para nos basear são nossas experiências de hoje.

Capítulo VIII

Em nossa experiência, a natureza opera com regularidade. Por causa do curso comum da natureza, é sempre mais verossímil então que os relatos de milagres no passado sejam menos exatos do que verdadeiros. Os relatos de milagres nos chegam de épocas menos iluminadas do que a nossa própria, e, naquelas épocas, a afirmação de que um milagre havia ocorrido originava-se entre as camadas menos educadas do povo e das partes menos desenvolvidas do país. Além disso, as pessoas que narram milagres normalmente têm interesse em alguma causa como os discípulos de Jesus. Mas mesmo que nós ouvíssemos relatos de milagres bem próximos do nosso tempo, e de testemunhas que não tivessem aparentemente nenhum interesse na questão, nós ainda não daríamos crédito a esses relatos. Uma vez que a credulidade humana e a desonestidade são bem conhecidas por nós, e interrupções no curso comum da natureza são completamente desconhecidas, é sempre mais provável que os relatos de milagres sejam incorretos. O argumento de que a Igreja, nos primeiros tempos, precisava dos milagres para dar plausibilidade a seus ensinos e propagar mais rapidamente, mas que, uma vez estabelecida a Igreja, não há mais necessidade deles, é visto por Hume como uma racionalização. Mesmo que houvesse uma interrupção no padrão esperado das operações da natureza, nós sempre procuramos uma nova regularidade na natureza que explique as nossas expectativas frustradas. Assim, é sempre mais provável que não tenhamos entendido a natureza corretamente do que um relato de milagre ser verdadeiro.

O argumento de Hume não mostra que milagres são impossíveis, nem que todos os relatos de milagres na Bíblia sejam falsos. Ele só alega que nós nunca somos justificados pelo raciocínio histórico ao acreditarmos no relato de um milagre, nem que daríamos aos milagres qualquer credibilidade ao escrever história. Nós devemos, é claro, levar em consideração o fato e de que algumas pessoas creem neste ou naquele milagre, pois uma crença, mesmo incorreta, poder influenciar eventos.

Hume parece ter evidenciado um princípio seguro para a escrita da história. Milagres são, por definição, uma exceção em relação ao curso comum dos eventos. Quando pesamos vários fatores, na tentativa de determinar qual deve ser mais provavelmente o caso, a balança pesa contra os milagres, *quando se desconsidera as razões de outros domínios em favor da crença nos eventos relatados pela religião*. Um historiador, *enquanto historiador*, deve sempre dar menos peso aos milagres em qualquer relato do que às causas naturais, mesmo que ele não seja capaz de especificar as causas naturais.

Herbert Butterfield indicou, por outro lado, que nós chegamos a esse conceito da escrita histórica – "história científica" – pela exclusão *metodológica*, do âmbito dos escritos históricos, das suposições e compreensões do povo, e da natureza que divide os povos em cristãos, judeus, marxistas e ateus. O ideal de ciência histórica (é mais um ideal do que uma conquista) é: aquilo que deve ser aceito como história deve ser igualmente aceitável para cristãos, judeus, marxistas e ateus. O ganho é uma maior exatidão sobre algumas matérias. O preço é excluir da disciplina da história todas as questões que não têm a ver com o significado e o propósito da vida humana. Assim, para se dizer com precisão que "a história se preocupa em descobrir o que realmente aconteceu" deve-se ter em mente que o método histórico faz isso através de uma eliminação e exclusão de muitas possibilidades.

O ataque de Hume aos milagres, que opera com a noção de "história científica", só é uma séria ameaça para aqueles que desejam embasar sua religiosidade sobre uma probabilidade histórica aceitável a qualquer historiador, seja qual for a compreensão dele ou dela a respeito da natureza humana ou o comprometimento com o ateísmo, marxismo, e assim por diante. Isso apresenta problemas para os estudiosos da Bíblia, que estão simultaneamente tentando escrever "história científica" e lidando com um documento que, o que quer que seja, não é escrito como uma história científica. Assim, adotam-se duas maneiras de falar sobre os eventos: a maneira pela qual eles devem estar de acordo com a história, e a outra que diz como eles são "segundo os olhos da fé".

A outra contribuição de Hume, que é de importância para nós, se encontra em sua publicação póstuma, *Dialogues concerning Natural Religion* [*Diálogos concernentes à Religião Natural*] (1779). Naquela época a religião natural, ou deísmo, estava silenciada no continente, e mesmo

Capítulo VIII

na Inglaterra estava em vias de desaparecer, embora, nos Estados Unidos, ela ainda fosse forte entre muitos dos fundadores da nação. Todavia, a questão e a maneira pela qual Hume argumenta são ainda de significado vital. A questão básica havia sido levantada por Platão em seu diálogo *O Sofista*. Platão nos diz que nós estamos em face de uma escolha entre considerar a natureza como algo que gera animais, plantas e substâncias sem vida a partir de causas autoagentes, sem inteligência criativa, ou como algo que age por causa do desígnio de alguma inteligência (265c). Hume discute essa questão com base no que diríamos quando confiamos única e exclusivamente na razão. É importante ver o que nós podemos dizer a respeito da ordem da natureza somente com base na razão, muito embora os cristãos creiam que a ordem natural seja o resultado da criação divina.

O *Diálogo* de Hume se dá entre três personagens que examinam a ordem da natureza, sua desordem (sofrimento) e sua existência. Eles procuram determinar o que a ordem, desordem e a existência da natureza nos permitem dizer a respeito da *natureza* de Deus. (Todos os três afirmam que a existência de Deus não será colocada em questão.) Cleanthes representa o deísmo, ou a religião natural (em contraste com a religião revelada). Ele pensa que a religião natural é baseada na experiência e não em um raciocínio especulativo remoto, que, por ir além dos limites da experiência, não é confiável. Ele, portanto, não é de proveito para as opiniões de Demea, que devem representar a ortodoxia e que descrevem, de maneira escolástica, os atributos e as operações que tornam Deus diferente de qualquer coisa da nossa experiência. O próprio Cleanthes prefere o que se apresenta claramente antes de todos nós: a maravilhosa ordem da natureza, que é evidente mesmo à pessoa mais descuidada. Ele afirma que é óbvio que a natureza é planejada; esse pensamento surge *naturalmente* em nossas mentes. Não é o resultado de raciocínio abstrato, nem foi ensinado a nós por um grupo que tenha algum interesse pessoal na crença de que existe um Deus. Em outras palavras, trata-se de uma reação natural e não artificial.

Philo, que ama a controvérsia, nunca nega o fato de que nós *naturalmente* reagimos à ordem da natureza com o pensamento de que ela é planejada. Mas ele tenta mostrar que essa resposta não nos diz nada sobre a fonte da ordem do mundo além da sua similaridade *remota* com nossa inteligência. A fonte da natureza é diferente de nós em algum outro aspecto, em particular nas características morais, de modo que nós não podemos usar a ordem da natureza como fundamento para qualquer religião ou sistema moral. A ordem da natureza não nos diz nada útil a respeito da natureza de sua fonte. Um fato que deve ser reconhecido é simplesmente o de que as operações da natureza são vaga e remotamente semelhantes à mente.

Assim, para Cleanthes estabelecer uma religião natural, deve fazer mais do que indicar a ordem da natureza e a nossa tendência natural de pensar que ela seja planejada. Consequentemente, ele formula uma versão a partir do argumento do desígnio, ou argumento teleológico. Usando uma analogia entre o mundo e um objeto que nós sabemos ter sido planejado, Cleanthes mostra que uma máquina ou uma casa são geradas por um designer inteligente. O mundo, assim, é como uma grande máquina ou como uma casa. Como os efeitos (maquina, casa, mundo) são similares, suas causas devem ser similares (inteligência).

Esse não é um argumento forte, pois máquinas e casas são muito diferentes do mundo. Máquinas precisam de lubrificação e combustível para funcionar; casas têm paredes, janelas e fundações. Philo enfraquece o argumento de Cleanthes sugerindo que o mundo seja similar a um animal ou vegetal. E como não sabemos a causa da sua ordem, assim não sabemos a causa da ordem do mundo. Cleanthes protesta dizendo que o mundo é muito diferente de um vegetal ou um animal. Ele não recebe nutrição e não tem órgãos sensitivos. Philo imediatamente concorda. O mundo é muito diferente de um vegetal ou de um animal, mas ele se assemelha a um vegetal ou a um animal tanto quanto se assemelha a uma máquina ou a uma casa, o que significa dizer que ele não se assemelha absolutamente a nenhum deles. A força de um argumento a partir dos efeitos similares a causas similares está diretamente na proporção da semelhança dos efeitos. Cleanthes foi forçado a admitir que os efeitos são muito diferentes, assim ele deve admitir que as causas também são muito diferentes.

Capítulo VIII

Philo continua sua crítica indicando que as únicas coisas que conhecemos pela experiência que são causadas por uma vontade inteligente são os artefatos, tais como casas e máquinas. Todavia, isso é apenas uma pequena fração de todo o universo. Não seria, então, uma prática sábia fazer inferências concernentes ao todo a partir de um exemplo muito pequeno. De fato, argumentos a partir de efeitos às causas só são razoáveis porque a experiência nos mostrou que, quando temos associação constante e repetida entre duas cosias, então, elas são causalmente relacionadas. Todavia, nós não temos nenhuma experiência de um universo inteiro sendo causado por alguma coisa. Só temos o exemplo singular de um mundo ordenado sem qualquer experiência do mundo ordenado sendo produzido. Assim, não é apropriado usar o princípio da causalidade, que surgiu da experiência de repetidas sequências de eventos, para um caso de tal singularidade como é a causa da ordem do mundo.

A discussão agora se volta para outro problema inerente ao argumento teleológico, que se destaca do princípio de que, se os efeitos são similares, as causas daqueles efeitos são similares. Aqui Demea, o representante da ortodoxia, acusa Cleanthes (e, desse modo, a religião natural) de antropomorfismo. Se a causa de uma casa ou uma máquina é a inteligência *humana*, e o mundo é precisamente semelhante a uma máquina ou a uma casa, então a inteligência de sua causa é semelhante a nossa própria. Sua inteligência é maior do que a nossa própria, mas não diferente em tipo. Essa crítica, no entanto, não perturba Cleanthes, pois ele está totalmente preparado para ser antropomórfico. Alguns poucos pensadores religiosos o são. HUME está simplesmente indicando com o que a religião natural se compromete.

Há dificuldades, no entanto, para o "ortodoxo". Philo mostra a Demea que, de acordo com a linha de pensamento que ele empregou em seu ataque a Cleanthes, ele fica preso à visão de que nós não sabemos nada a respeito da natureza de Deus. O ortodoxo, em sua fuga do antropomorfismo, assim, enfatiza a vastidão da distância entre a natureza das criaturas e Deus e é dirigido à "mística", ou seja, é incapaz de dizer o que é a natureza de Deus.

Philo então se volta para outra linha de ataque. Vamos imaginar que o mundo seja significativamente semelhante a um objeto de invenção humana, de modo que ele possa ser considerado fruto de um planejamento. Essa abordagem, não nos apresenta o Deus com o que nos habituamos. Em primeiro lugar, se um efeito é finito, nós não podemos inferir que sua causa seja infinita. A causa, cuja existência nós inferimos a partir de um efeito, pode não ser maior do que é necessário para explicar um efeito. O efeito que nós estamos tentando explicar é a ordem do mundo. Visto que ele é um efeito finito, nós não podemos inferir um Deus, ou um infinito poder como sua causa. (Esse mesmo princípio subjaz à consideração de WHITEHEAD de que nós não temos de dar a Deus elogios metafísicos. Ambas as objeções foram antecipadas por BASÍLIO, o Grande, no século IV, em seu *Hexaemeron*, e por TOMÁS DE AQUINO, como nós já notamos antes). Em segundo lugar, nós não sabemos se o mundo é perfeitamente planejado. O mundo poderia ter sido mais bem feito; assim, não é possível dizer que Deus é perfeito em sabedoria ou inteligência. Em terceiro lugar, pode haver mais do que uma causa para a ordem do mundo. Talvez ele tenha sido planejado por um comitê. Philo rapidamente cai na fantasia sobre como o mundo pode ter chegado a sua ordem até que é despertado abruptamente por Cleanthes. Este reafirma sua rejeição do uso da razão de uma maneira especulativa. Nossa razão é baseada em nossa experiência e limitada a ela. Com isso, ele está querendo admitir que a ordem do universo não impõe um Deus infinitamente poderoso ou infinitamente sábio e nem mesmo estabelece o monoteísmo. Contanto que se admita que a ordem do mundo naturalmente nos leva a pensar que ele seja planejado, Cleanthes fica satisfeito e corretamente mostra a Philo que ele não disse nada que enfraqueça isso.

Demea, é claro, não fica satisfeito com a religião de Cleanthes. Ele se volta para outro tipo de argumento; um argumento cosmológico, similar ao terceiro caminho de AQUINO. Na verdade, este havia sido formulado por SAMUEL CLARK, amigo próximo de NEWTON. O argumento de CLARK, como todos os argumentos cosmológicos, se mantém sobre o princípio de razão suficiente, a saber, o quer que exista deve ter uma razão para sua existência. Seu argumento é o seguinte:

É impossível para o universo consistir unicamente de seres contingentes. Ou seja, um ser contingente é um ser que depende de outro e isso em uma série pela qual nós podemos explicar porque cada um deles existe em referência a outro. Mas se nós tomarmos toda a cadeia, ou sucessão dos seres contingentes *juntos como um todo*, torna-se claro que esse conjunto requer uma razão para sua existência, do mesmo modo que cada ser individual contingente dentro do conjunto. Nós podemos perguntar: Por que essa sucessão particular de seres contingentes existe e não outra? De fato, por que ela existe, ao invés de não existir? Sua razão não pode ser o acaso, nem pode ser o nada. Deve haver, então, um ser necessário, um que carregue a razão de sua existência em si mesmo.

As respostas de Hume (na pessoa de Cleanthes) se tornaram clássicas, e até os anos de 1970 elas foram consideradas por muitos filósofos e teólogos protestantes como conclusivas. Nós examinaremos as duas mais importantes. Hume afirma que "necessário" não pode ser propriamente usado para um ser. "Tudo o que nós concebemos como existente, nós também podemos conceber como não existente. Por conseguinte, não há ser cuja não existência implique uma contradição."[3] Assim, nesse ponto pode não haver ser necessário, um ser cuja não existência implique uma contradição.

O personagem Cleanthes de Hume afirma que esse raciocínio é conclusivo, e deseja provar sua hipótese apenas com ele. Todavia, em anos recentes, tem sido afirmado que o sentido de "necessário" que Hume está usando é aquele da necessidade *lógica*. O cristianismo fala de Deus como um ser necessário no sentido de um que não tem começo e nem fim porque Deus não é dependente de qualquer coisa para existir. Nada poderia fazer Deus iniciar ou findar. Dizer que Deus não tem começo ou fim, porque Deus não depende de qualquer coisa para existir, não mostra que Ele realmente exista. Significa, porém, que, se Deus existe, sua existência é uma existência necessária. Essa compreensão do ser necessário faz sentido. Não é incoerente.

---

[3] David Hume, *Dialogues concerning Natural Religion* [*Diálogos concernentes à Religião Natural*], (Indianopolis: Bobbs-Merrill Co., 1947), p. 189.

Assim, o argumento cosmológico de CLARK não pode ser posto de lado simplesmente dizendo-se que o argumento deve estar errado porque o próprio conceito de um ser necessário é incoerente.

HUME tem ainda outra maior objeção. Cleanthes afirma que a existência de uma série infinita de seres contingentes realmente não se coloca em questão. CLARKE admite que cada existência de um ser contingente particular pode ser explicada em referência a outros seres contingentes. As séries de seres contingentes se estendem retrocedendo infinitamente. O que então falta explicar? CLARK afirma que as séries infinitas de seres contingentes *tomadas como um todo* precisam ter sua existência explicada, mas Cleanthes diz que isto é absurdo. Há um *todo* somente pelo ato de nossa *mente*. O todo (ou conjunto de seres contingentes) existe porque, por um ato de nossa mente, o fizemos um *todo*, ou um *conjunto*.

Mas essa resposta do Cleanthes de HUME não é mais aceita como decisiva pela comunidade filosófica. A questão colocada por CLARK não é por que o *conjunto* de seres contingentes existe (pois, de fato, o conjunto, enquanto um conjunto, existe por causa de um ato da mente). A questão é por que o conjunto tem os *membros* que tem e não outros membros, ou nenhum absolutamente. Pois muito embora cada membro possa ser explicado em termos de outro membro, por que o conjunto tem esses membros e não outros membros não fica, assim, explicado, e nem por que ele os tem, ao invés de nada.[4]

Como disse, ambas as objeções de HUME ao argumento cosmológico foram consideradas decisivas nos círculos não católicos romanos até poucas décadas atrás. O fato de que elas não sejam decisivas cria uma situação filosófica nova na cultura ocidental, pois significa que a *existência* do mundo, depois de tudo, coloca uma questão legítima. Nós não podemos ser capazes de respondê-la *filosoficamente*, pois o argumento cosmológico depende da verdade do princípio de razão suficiente (o que quer que exista tem uma razão para sua existência). Esse princípio parece autoevidente para muitas pessoas, mas não

---

[4] Ver Willian L. Rowe, *The Cosmological Argument* [*O Argumento Cosmológico*] (Princeton, NJ: Princeton University Press, 1975).

Capítulo VIII

parece autoevidente para muitos filósofos. Nós não sabemos se ele é verdadeiro ou falso. Assim, uma pessoa pode legitimamente responder à questão: "Por que o mundo existe?" – dizendo: "Por que ele deveria ter uma razão para sua existência? O que faz você pensar que ele deva ter uma?" E ouvir a seguinte resposta: "Mas tudo deve ter uma razão para sua existência." – ou seja, simplesmente a repetição do próprio princípio que está em questão. Ninguém ainda foi capaz de mostrar porque todas as coisas devem ter uma razão para sua existência de uma maneira que conquistasse a aprovação da comunidade filosófica como um todo. Todavia, atualmente estamos chegando a uma nova situação, pois é claro que a existência do mundo é uma questão mesmo se nós não podemos respondê-la seja pelos meios filosóficos ou pelos procedimentos científicos de investigação. Essa questão não pode mais ser colocada de lado à maneira de Hume.

O exame e refutação do argumento ontológico nos *Diálogos* são, no entanto, só um interlúdio. Hume retoma seu ataque ao argumento teleológico. Ele já o mostrou ser seriamente limitado quanto ao que nos diz acerca da natureza da divindade. Hume agora segue na ofensiva nas partes 10 e 11 dos *Diálogos* colocando o problema do mal. Se nossa razão disser que há um ser benevolente na ordem do universo, então, nosso sofrimento e o de qualquer dos animais é uma razão para se dizer que essa inteligência não é benevolente. Se nós só considerarmos apenas os aspectos positivos e negativos do nosso mundo como a base para o nosso julgamento, então, é impossível dizer que da mistura de ambos, bem e mal, se possa inferir uma fonte puramente boa. Em vez disso, a única coisa que se pode concluir é que ele é bem e mal, ou que é simplesmente *indiferente* ao bem-estar dos seres humanos e animais. A natureza em si mesma parece indiferente aos seres humanos e aos animais, assim, é verossímil que sua fonte também o seja. Nós não podemos então dizer nada sobre os atributos morais da fonte da ordem da natureza.

A despeito de todos esses argumentos contra a religião natural, ou seja, uma religião baseada somente na ordem e existência da natureza, Hume é incapaz de abalar a tendência natural da mente humana em pensar um desígnio inteligente quando nós experienciamos a ordem do universo. Sua própria filosofia, que se mantém tão firme sobre nossas respostas naturais ou instintivas, o força a respeitá-las. Assim, concluindo seus *Diálogos*, ele tem Philo admitindo que a causa ou causas da ordem da natureza portam alguma semelhança remota com a nossa inteligência. Por ter de abrir mão disso, ele fica preocupado em enfatizar que a ordem da natureza não nos leva a dizer qualquer coisa sobre os atributos morais (ou benevolentes) de sua causa ou causas. Ele pode então afirmar que a ordem da natureza não pode ser usada como um fundamento para qualquer religião ou para a moral. Mas mesmo que se reconheça que a ordem da natureza não pode ser *o* fundamento para a religião ou moral, esse reconhecimento não livra a ordem da natureza de ser usada como *um* fio em uma hipótese sobre a razoabilidade da crença em Deus, como nós encontramos em algumas apologias (ver, por exemplo, a obra de Basílio Mitchell).

A obra de HUME não se tornou imediatamente proeminente, mas uma vez que KANT conheceu HUME, este tomou um lugar, ao lado de KANT, como um grande representante de uma nova direção intelectual da cultura ocidental. A religião natural, que havia crescido sobre os fundamentos da nova ciência mecanicista da natureza, ficou absolutamente desacreditada. Esse apoio no meio-termo entre cristianismo e ateísmo foi totalmente afastado. Um novo começo teria de ser dado para se encontrar uma visão de mundo que fosse intelectualmente viável. Assim, nós deveremos olhar para a própria tentativa de KANT para formar uma nova síntese e para aqueles aspectos de sua filosofia que têm significância para a teologia.

CAPÍTULO IX
KANT E OS LIMITES DO CONHECIMENTO

IMMANUEL KANT recebeu toda sua educação da tradição racionalista alemã de CHRISTIAN WOLFF (1679-1754), um discípulo de LEIBNIZ. Todavia, ele sabia que em todos os esforços sobre a razão e os princípios inatos havia o reconhecimento, tanto de DESCARTES quanto de LEIBNIZ, do valor da experiência sensível. As particularidades da natureza requeriam cuidadosa observação porque não se poderia ir simplesmente dos primeiros princípios da razão aos particulares. O próprio DESCARTES passou seus últimos anos estudando cuidadosamente as plantas de um jardim botânico. Deveria, então, ser por meio de uma combinação de razão e experiência que o conhecimento preciso e detalhado da natureza seria alcançado.

O que preocupou KANT em relação à análise de HUME da causalidade era que ela mostrava que não há conexão necessária observável entre nossas impressões. KANT acreditava firmemente que a mecânica newtoniana era verdadeira e que as leis da natureza eram fixas e universalmente válidas. Todavia, ele não podia encontrar nenhuma falha nas análises de HUME. Visto que KANT, nem por um momento, considerou abandonar a ciência newtoniana, a pedra fundamental do otimismo iluminista, ele foi forçado a perguntar: Como é que nossa razão tem o poder de saber que existem conexões necessárias quando não podemos observar qualquer uma entre as nossas impressões sensíveis? KANT afirmou ser a primeira pessoa a renunciar ao "dogmatismo" em filosofia, pois ele se recusava a aceitar os poderes da razão sem questionamentos, e o primeiro a empreender uma crítica da própria razão. Ele descreve a natureza desta investigação com grande precisão em uma única questão: Como são possíveis proposições sintéticas *a priori*? Vamos ver o que KANT quer dizer com isso.

KANT indica que todo nosso conhecimento começa com a experiência, mas tudo não *provém* necessariamente da experiência (B 1). Ele chama o conhecimento que independente da experiência de *"a priori"*. Ele não é independente porque nós o conhecemos antes de termos qualquer experiência, mas, sim, porque *sua realidade não é estabelecida pela experiência*.

Mas se todo nosso conhecimento *começa* com a experiência, como nós podemos dizer que nem todo ele *provém* da experiência? Como podemos distinguir o que tem sua fonte na experiência do que não tem? Assim, as marcas cruciais, ou critérios de um conhecimento *a priori* são as de que ele é necessário e universal. A experiência pode nos ensinar que uma coisa é de tal modo, mas não que ela *deva* ser de tal modo. Se nós temos uma proposição (um declaração) que é necessária, então esta é uma proposição *a priori*.

Proposições *a posteriori*, em contraste, são proposições autorizadas pela experiência. Elas não são verdadeiras por necessidade. Elas são verdadeiras, exatamente como, por exemplo, é verdade que todos os livros sobre minha mesa são escritos em português. Todavia, não é necessário que esta declaração seja verdadeira. Eu tive de dizer que ela é verdadeira porque você não pode ver por si mesmo. Por outro lado, você não precisa ver nem depende de mim para saber que é verdade que minha mesa e os livros sobre ela são extensos (uma proposição a priori). Você poderia claramente responder que eles são extensos porque o que nós *queremos dizer* com objetos materiais é que eles são extensos. KANT concordaria. Essa declaração é verdadeira e necessária porque ela é uma declaração (proposição) *analítica*, uma em que o predicado está contido no sujeito. Não há um novo conhecimento ganho a partir de uma proposição analítica porque parte do que queremos dizer pelo termo sujeito (objetos materiais, que é o que minha mesa e livros são) é afirmado pelo termo predicado (extensos). Uma proposição analítica é baseada na identidade do sujeito e do predicado. Sua verdade depende do princípio de não contradição. (Ou seja, eu não posso negar sua verdade sem contradizer a mim mesmo.)

Capítulo IX

Em contraste com as proposições analíticas, em que o sujeito está no predicado, existem proposições sintéticas, que são simplesmente proposições em que o predicado *não* está contido no sujeito. Pelo fato do predicado não estar no sujeito – isto é, não fazer parte do seu significado – ele *adiciona* algo ao nosso conhecimento sobre o sujeito. Outro dado que faz com que uma proposição sintética difira de uma proposição analítica é o fato de que, para saber se ela é verdadeira, nós precisamos consultar alguma coisa além do significado das palavras que nós estamos usando. Alguma coisa além do significado das palavras deve justificar a afirmação de que "todos os corpos têm peso", que é uma proposição sintética porque "peso" não é parte do significado de "corpo". (A declaração é falsa porque um corpo no espaço pode não ter peso.)

Isto nos leva ao segundo critério, ou marca, de um conhecimento *a priori* (conhecimento que é independente da experiência, ou seja, não estabelecido pela experiência), a saber, a *universalidade*. "Todos os corpos têm peso" é uma proposição que está na forma universal. Isto é, ela assevera que *todos* os corpos, sem exceção, possuem a propriedade do peso. Ora, não nos é possível comprovar a verdade de uma proposição universal *pela experiência*. Nós podemos checar centenas, milhares ou milhões de corpos, e ainda não teremos checado *todos* os corpos. Se, então, nós temos uma proposição universal que sabemos ser verdade (diferente de uma que diz que todos os corpos têm peso), logo, essa proposição não é baseada na experiência.

O que dizer a respeito da declaração: "Todos os livros sobre minha mesa são escritos em português, francês, inglês ou alemão?" Ela é universal na forma e sua verdade é estabelecida pela experiência (e pode ser confirmada por qualquer um que visite meu escritório). Kant diz que tais declarações não são verdadeiramente, ou estritamente, universais, muito embora elas sejam universais na forma. Uma declaração verdadeira ou estritamente universal é uma em que "todos os x's são y's", mas não é possível verificá-la pela experiência porque a quantidade de x's é ilimitada (diferentemente dos livros em meu escritório). Nós não sabemos se todos os corvos são pretos porque não verificamos e não podemos verificar todos os corvos que existiram, que existem e que existirão para ver se todos eles são pretos. Se tivermos qualquer conhecimento que é verdadeiro ou estritamente universal, então ele é *a priori*. Sua verdade não é estabelecida pela experiência sensível, embora tenhamos experienciado muitos exemplos de sua confirmação de verdade sem que nunca tivéssemos sido capazes de pensar sua declaração absolutamente sem o concurso da experiência.

Estas duas marcas, ou critérios, nos capacitam a determinar quais proposições, cuja verdade nós conhecemos, são independentes da experiência. Se uma proposição é ou necessária ou (estritamente) universal, então ela é *a priori*. Nós sabemos que a experiência não pode nos mostrar que ela *deve* ser assim, ou que ela é universalmente válida. (Os dois critérios são, na verdade, logicamente equivalentes: se um é válido o outro também é.)

Temos, realmente, algum conhecimento *a priori*? Nós temos conhecimento analítico *a priori*, pois é necessário que todos os solteiros sejam machos não casados. Não precisamos fazer uma pesquisa sociológica que evidencie sua verdade simplesmente porque sua necessidade e universalidade é um resultado do significado das palavras "solteiro" e "macho não casado". A questão é se nós temos conhecimento sintético *a priori*. Existe alguma proposição em que o predicado *aumente* o nosso conhecimento sobre o sujeito e que a proposição seja, ao mesmo tempo, necessária e universal? KANT diz que sim. Existem dois grupos principais: as proposições matemáticas e as físicas (que para KANT era a mecânica newtoniana).

Nas matemáticas nós temos proposições em que o predicado não está contido no sujeito e que cada resultado é necessário e universal. Nós sabemos, por exemplo, que $7 + 5 = 12$, e que essa proposição é necessariamente verdadeira. Alguém pode objetar e dizer que ela é necessária porque é uma proposição *analítica*. KANT argumenta que ela não é analítica; o predicado não está contido no sujeito. Ou seja, nós sabemos o que $7 + 5$ significa e sabemos o que 12 significa, mas não é a partir do significado de ambos que nós sabemos que $7 + 5 = 12$. Isso é fácil de compreender quando tratamos com números maiores. Sabemos o que $14.763 \times 4.261,124$ significa. Se for o sujeito de uma proposição analítica, então nós deveríamos saber o resultado sem cálculo, pois se esses números multiplicados (o sujeito) significam o mesmo que o resultado (o predicado), então, pelo conhecimento do significado de um, nós devemos conhecer o outro. Todavia, o fato de que nós tenhamos de calcular mostra que eles não significam a mesma coisa. Assim, as proposições matemáticas são sintéticas.[1]

Com a física a situação é inversa. É claro que suas proposições são sintéticas, mas serão elas necessárias e universais? Em sua Introdução à *Crítica da Razão Pura*, KANT enfatiza o grande sucesso da física, e com isso, ele provisoriamente cita os princípios da física como um exemplo de conhecimento sintético *a priori*. Na parte principal da *Crítica*, ele afirma poder provar que os princípios da física são *a priori*, quer dizer, necessários e universais.

Após determinar a existência de dois corpos de um conhecimento *a priori* sintético[2], KANT agora formula a natureza de investigação desta forma: Como as proposições *a priori* sintéticas são possíveis na matemática? Como as proposições *a priori* sintéticas são possíveis na ciência (significando física)? KANT não pergunta *se* elas são possíveis. Ele afirma que nós temos tal conhecimento nos dois casos. O que sua *Crítica* procura mostrar é *como* a razão pura chegou a tal conhecimento. É claro que a experiência não pode garantir um conhecimento que seja necessário e universal. Como então a razão confere à matemática e aos princípios da física suas características de necessidade e universalidade? Isto é o que uma crítica da razão quer mostrar: ou seja, como a razão fez isso.

SUMÁRIO DOS PRINCIPAIS CONCEITOS DE KANT

a priori (literalmente: a partir do princípio)	*a posteriori* (literalmente: a partir do que vem depois)
– não verificado pela experiência sensível	– baseado ou verificado pela experiência sensível

---

[1] Nota do trad.: Mas não analíticas.
[2] *Ibidem*: O da *física* e o da *matemática*.

– necessário	– contingente
– universal	– pode ser universal na forma, mas não estritamente ou realmente universal
analítico	*sintético*
– o predicado é parte do significado do sujeito. Assim, essas proposições são *a priori* (ou necessárias e universais) por causa do significado dos termos.	– o predicado *não* é parte do significado do sujeito.

Existem dois tipos de proposições sintéticas:

1. proposições sintéticas *a posteriori*, que são verificadas pela experiência sensível.
2. proposições sintéticas *a priori* que são necessárias e universais. Elas não podem ser verificadas pela experiência sensível. Proposições matemáticas e os princípios da física são proposições sintéticas *a priori*, diz Kant. A questão da *Crítica da Razão Pura* é *como* tais proposições são possíveis, ou seja, como elas são verificadas, ou em que se baseiam.

A explicação é caracterizada por Kant como uma "revolução copernicana". Ele aponta para o fato de que Copérnico foi capaz de descrever os fenômenos observáveis do céu por uma reversão naquilo que nós achamos estar em movimento e no que achamos estar em repouso. Ao invés de a Terra estar em repouso, com todo o resto girando em torno dela, é a Terra que está em movimento em torno do sol. Assim também o conhecimento. Nós podemos determinar a existência das verdades necessárias e universais, revertendo a tradicional conexão entre o sujeito (a mente) e o objeto. Em vez de o sujeito mudar para conhecer os objetos, são os objetos que são afetados pelo sujeito em nosso processo de conhecê-los. Podemos saber que algumas coisas devem ser verdadeiras e devem ser universalmente válidas porque a necessidade e universalidade são supridas por nós, por nossas faculdades dos sentidos e por meio das *categorias* pelas quais nós compreendemos. Vemos as coisas no espaço e no tempo porque o espaço e o tempo são as formas da nossa sensibilidade e são os meios pelos quais nós sentimos. Tudo o que sentimos, sabemos que será espacial e temporal. A geometria é a ciência do espaço; portanto, as proposições da geometria serão verdadeiras para todas as nossas percepções sensíveis. (KANT não oferece nenhum corpo de conhecimento para o tempo, comparável ao que a geometria oferece para a faculdade do espaço.)

A opinião de KANT foi explicada algumas vezes com a analogia do olhar através de óculos de sol. Nós vemos coisas em uma cor específica porque nossos óculos são escuros. Assim, nós também vemos as coisas no espaço e no tempo como se usássemos óculos de espaço e tempo, mas esta analogia é enganosa. Nós mesmos, nossos corpos e nossas consciências, estamos no espaço e no tempo. O fenomenalismo de KANT, ou seja, a doutrina de que tudo de que nós somos conscientes são fenômenos ou aparências, é radical. Pois ela *nos* inclui, na medida em que somos conscientes de nós mesmos como seres sensíveis e pensantes com corpos. Portanto, é falso dizer que para KANT, os objetos sensíveis estão *em nós* ou *em nossas mentes*. Esse "nós" é ele mesmo uma aparência. Tudo o que nos sustenta, sustenta os objetos, quer dizer, o espaço e o tempo, nos é absolutamente desconhecido.

Como KANT levou a cabo essa revolução copernicana? Como ele a defende? Ele usa o que chama de "método transcendental". Ele descobre as *condições necessárias* para a experiência, tal como nós a conhecemos, e começa com alguma coisa com que todos nós concordamos e nos mostra o que, além dela, *deve* ser verdade, a fim de que aquilo, com o que ele começa, seja verdadeiro. Por exemplo, ele toma a geometria, que todos nós concordamos ser um corpo de conhecimento necessário (e sintético). Ele pergunta o que *deve* ser verdade para que as proposições da geometria possam ser verdadeiras para todo o espaço – não somente o espaço que nós mensuramos, mas *todo* espaço. Então, ele argumenta que o espaço deve ser uma *forma* da nossa faculdade sensível. Pois se o espaço fosse uma realidade independente, nós teríamos que investigar empiricamente parte após parte do espaço para determinar se as proposições da geometria são verdadeiras para cada parte do espaço. Em outras palavras, se o espaço fosse independente de nossa faculdade da sensibilidade, nosso conhecimento de suas propriedades não iria além daquelas partes do espaço que nós examinamos. Nós sabemos que uma linha reta é a distância mais curta entre dois pontos em cada parte do espaço, e não apenas naquelas que nós examinamos. Nós sabemos disso porque o espaço é uma forma de nossa maneira de sentir: assim, tudo o que nós sentimos será espacial e terá as propriedades que a geometria euclidiana descreve.

Esse é o método transcendental de KANT. Ele mostra as condições necessárias para a verdade de uma proposição, ou experiência, ou mesmo um corpo de conhecimento. Dada a verdade da geometria, por exemplo, o espaço deve ser "idealizado" (isto é, deve se tornar uma forma do modo subjetivo de percepção). Essa é a única maneira de explicar as proposições sintéticas *a priori* da geometria. Argumentos transcendentais capacitam KANT a explicar como nós temos um conhecimento *a priori* não só em geometria, mas também em ciência. É precisamente porque nossas faculdades de perceber e compreender ativamente formam o que nós experienciamos. A única maneira pela qual nós podemos perceber é através do espaço e do tempo e a única maneira pela qual nós podemos entender é pelo processamento dos dados que nós recebemos através dos sentidos pelas categorias do nosso entendimento. O resultado é que as coisas que nós experienciamos e conhecemos são fenômenos (aparências). Isto é, nós experienciamos e conhecemos as coisas não como elas são (númenos), mas como elas aparecem a nós. Como as coisas são em si mesmas, à parte de nós, é um grande mistério. Nós afetamos tudo o que experienciamos tão radicalmente que não podemos dizer nada sobre os objetos ou nós mesmos, nem como eles são em si mesmos e nem como nós somos em nós mesmos.

É precisamente o que nos capacita a ter conhecimento *a priori* em matemática e ciência o que nos impede de tê-lo em metafísica. A mente humana, que começa com os dados da experiência sensível, inconscientemente os organiza, pelo uso de suas categorias, em objetos e eventos da experiência consciente. Nossa razão, que começou esse processo de organização da matéria-prima em objetos e eventos, busca completar a organização. A partir dos pares dos objetos sensíveis, um causando outro, nós procuramos passar para uma generalização mais ampla em relação às conexões entre os objetos. Nossa razão nunca se satisfaz em descobrir a causa de *x*, mas continua até encontrar a causa de sua causa, e assim por diante. Da mesma forma, nossa razão procura conhecer o que subjaz ao sujeito que experiencia objetos, isto é, o que subjaz aos nossos "eus" fenomênicos. Este impulso para mover-se de uma coisa ao seu fundamento, e daí ao que finalmente não tem fundamento em si mesmo é o que nos arrebata da ciência à metafísica. O impulso inerente à razão para completar a compreensão do fundamento de todos os objetos sensíveis, o fundamento para nós como sujeitos, e finalmente o fundamento de ambos, objeto e sujeito – que em si mesmos não têm fundamento – é o domínio da metafísica. Ela nos impulsiona para além dos limites de toda experiência *possível* para encontrar o fundamento absoluto para a experiência.

A metafísica tem três ramos: o "eu" (psicologia racional), o mundo (cosmologia racional) e Deus (teologia racional). Consideremos o primeiro ramo.

Nós naturalmente pensamos que alguma coisa deve subjazer à consciência que nós temos de nós mesmos como sujeitos que experienciam objetos e que podem também ser conscientes de sua própria consciência. KANT concorda; deve haver alguma coisa. Ele chama esta atividade sintetizadora (a *atividade* que unifica todos os dados que nós apreendemos), e que torna possível nossa consciência de nossa experiência como nossa própria experiência, de "unidade transcendental da apercepção". Dada nossa experiência de nós mesmos, deve haver alguma coisa que dá essa unidade a nossa consciência de nós mesmos como sujeitos. Mas o que quer que seja o processo de sintetização, que produz nossa consciência de nós mesmos como sujeitos (ou seja, a unidade transcendental da apercepção), ele não pode ser, em si mesmo, experienciado. Ele é a condição necessária para termos experiência, logo, ele em si mesmo não pode ser experienciado (ou nós precisaríamos ainda de mais alguma outra coisa subjacente a nossa experiência dele para podermos experienciá-lo). A condição para termos experiências – a unidade transcendental da apercepção – não pode ser experienciada. Ela está além de toda experiência possível, em contraste com muitas outras coisas que, embora ninguém as tenha experienciado ainda, em princípio, podem ser experienciadas.

Mas esta unidade transcendental da apercepção, que nós precisamos propor como o fundamento da nossa experiência, não nos capacita a inferir que existimos como "eus" *numênicos*. Poderia haver apenas um único sujeito como a fonte de *ambos*, de nossas experiências conscientes e daquilo que nos subjaz e nos capacita a ter experiências conscientes. Colocando de outra maneira, podemos dizer que a consciência que temos de nós mesmos como sujeitos não requer que sejamos sujeitos *numênicos*. Haver *um* sujeito *numênico* para cada sujeito *fenomênico*, não é uma condição necessária da experiência. *Pode* haver, mas nós não podemos saber se há, pois nunca podemos experienciá-lo (pois, assim, o que nós teríamos experienciado seria a própria condição para a experiência), nem podemos inferi-lo a partir de nossa experiência. Todavia, nós somos constantemente tentados a afirmar a existência de um ego numênico; pois é natural procurar um termo *final*, ou fundamento, para qualquer coisa que seja dependente ou condicionada. Esse impulso é inerente à própria razão. Assim, a razão pode criar a ilusão de que cada um de nós é um "eu" numênico. A experiência de nós mesmos como sujeitos deve ter um fundamento. Nossa experiência de nós mesmos é dependente de alguma coisa. Todavia, mesmo sendo ela condicionada, nós nunca sabemos *do que* ela depende. Nem podemos conhecer a fonte que dá unidade a nossa experiência, para sermos conscientes de nós mesmos como sujeitos. Assim, somos tentados a inferi-la a partir do que experienciamos. Uma vez que é possível que um único ego, por todos nós, produza a experiência de cada um de nós como sujeitos, a razão não pode inferir um "eu" numênico para cada um de nós. Logo, nós encontramos aqui um importante lugar onde a razão fica limitada ao que ela pode determinar. Nós não podemos experienciar o fundamento de nossa experiência, e por isso somos tentados a afirmar a existência do que está *além* de toda experiência *possível* (ou seja, afirmar que nós somos sujeitos numênicos). Assim, a razão não tem o poder de estabelecer que nós sejamos sujeitos numênicos. Este ramo da metafísica – psicologia racional – é, portanto, impossível.

Na segunda divisão, cosmologia racional, a razão é ainda mais limitada. Pois quando a razão vai além dos limites de toda experiência possível para encontrar o fundamento para várias questões que nós fazemos a respeito dos objetos sensíveis, ela acaba se envolvendo em contradições. KANT as chama de "antinomias", e apresenta quatro delas. Em cada caso, nós podemos demonstrar pela razão que uma proposição é verdadeira e demonstrar que sua negação também é verdadeira. Na primeira antinomia, KANT prova que o mundo tem um começo e também que ele não tem nenhum começo; que é espacialmente finito e que é espacialmente infinito. Na segunda antinomia, KANT prova que deve haver uma partícula de matéria que seja a menor e que não pode haver uma partícula de matéria que seja a menor. Na terceira, nós somos forçados a afirmar que há liberdade e também a afirmar que há determinismo causal. Na quarta, nós somos forçados a admitir tanto que há quanto que não há um ser necessário.

Nós podemos ver o princípio envolvido em todas as antinomias mais facilmente por um exame da segunda delas. Ela funciona assim: Nossa razão procura entender os objetos materiais. Um meio pelo qual nós os entendemos é em termos do que eles são feitos, seus constituintes. Assim, nós iniciamos uma série de explicações: explicamos os objetos em termos de seus constituintes; então, explicamos cada constituinte em termos de seus constituintes, e assim por diante. Se nós ficamos sempre completando nossas explicações dos objetos materiais em termos de suas partes, devemos insistir que existem partículas que não têm partes. Caso contrário, seguiremos para sempre tentando explicar os objetos materiais, e nunca chegaremos à conclusão do que eles são feitos. Se nos detivermos em alguma coisa que seja a menor parte da matéria, então nós não poderemos explicá-*la*; pois ela mesma não tem partes, e assim nós não temos uma explicação completa dos objetos materiais. Vemos que para explicar os objetos materiais em termos do que eles são feitos, devemos chegar a algo que elucide tudo, mas, se o fizermos, isso será algo que não poderá ser explicado. Então, aí, nós vemos que tanto deve haver quanto não deve haver uma explicação dos objetos materiais em termos de seus constituintes. Em cada uma das quatro antinomias nós encontramos o mesmo princípio operando. A razão procura responder as questões acerca dos objetos materiais – sejam eles tomados como um todo (todo o cosmos em termos de tempo e espaço) ou como objetos particulares (seus constituintes, suas relações uns com os outros, o tipo de seres que eles são ontologicamente). Mas a razão não pode responder a suas próprias questões. Assim, de fato, a razão é levada a conclusões contraditórias.

A solução de KANT é dizer que os objetos materiais são *fenômenos*, não coisas em si mesmas. Nós podemos estudar os fenômenos na ciência. Aí nós sabemos que nossos princípios gerais devem ser válidos: os objetos serão espaciais (e conformes à geometria euclidiana) e temporais; eles serão substâncias que têm atributos e se relacionam por conexões necessárias. Estas são as formas de nossas percepções e o entendimento. Nós não podemos experienciar nada que não se conforme a elas. Mas as categorias de nosso entendimento são totalmente *formais*. KANT diz que elas são *reguladoras,* não constitutivas. Ou seja, elas são regras para a organização dos dados fornecidos pelos sentidos, mas elas não têm conteúdo. Todo conteúdo deve ser fornecido pelos sentidos. KANT sumariza essa ideia em sua famosa fórmula: "Pensamentos sem conteúdo são vazios, intuições sem conceitos são cegas." (A51/B75) As impressões sensíveis devem ser organizadas pelo entendimento. Mas os conceitos – regras ou categorias – que o entendimento usa para organizar as impressões sensíveis não têm emprego sem as impressões. Eles são simples regras para se organizar os dados e sem impressões eles são vazios.

O entendimento é suprido com dados para que suas categorias organizem pelas sensibilidades (ou sentidos). Nós podemos então fazer um progresso constante indo passo a passo em nossas investigações empíricas concernentes aos objetos materiais. A cosmologia racional surge só quando a razão procura ir além do alcance das investigações empíricas e faz questões sobre a extensão do universo como um todo no espaço e no tempo, sobre os menores constituintes dos objetos materiais, sobre a possibilidade da liberdade e sobre a existência de mais do que seres contingentes. Ela procura então usar as categorias do entendimento *sem* dados empíricos. Isso é um erro, pois as categorias são princípios ou regras para a organização dos dados fornecidos pelos sentidos. Quando nós usamos as categorias do entendimento para encontrar as bases dos objetos empíricos que nós estudamos nas ciências, nossa razão cai em contradições. Se reconhecermos que as categorias devem ser empregadas somente para organizar a experiência, então veremos que a cosmologia racional é impossível. Entendemos que a razão é limitada e que ela não tem o poder de ir além de toda experiência possível ao fundamento da experiência.

Kant nos diz ter procurado limitar a razão para deixar um lugar à *fé*. Assim, na terceira divisão da metafísica, a teologia racional, Kant procura mostrar que nós não podemos provar a existência de Deus. Crer em Deus é uma função da razão *prática* (o domínio da ação moral). Ao mostrar que a razão *pura* é limitada a organizar os dados da experiência sensível, Kant barra todas as razões a favor como as objeções à crença na liberdade (que é crucial para a moral), imortalidade e Deus – quer dizer, todas as objeções que são baseadas na ciência, ou a experiência sensível. A razão pura também é incapaz de nos dar qualquer base para a crença na liberdade, na imortalidade e em Deus porque ela trata somente com aparências. Por outro lado, precisamente por causa da razão pura tratar com aparências, ela se encerra na experiência comum, e assim a ciência não pode nem excluir a possibilidade da liberdade, da imortalidade e de Deus, e nem ser usada para julgar sua probabilidade. Limitar a razão pura às aparências torna a metafísica, enquanto uma ciência (ou como conhecimento), algo impossível; mas isso abre a possibilidade de uma base *racional* para nossas preocupações metafísicas no âmbito da razão *prática*.

Vamos examinar a seção sobre teologia racional em que Kant afirma ter refutado todas as possíveis provas da existência de Deus. Kant afirma que neste âmbito só pode haver três possíveis provas da existência de Deus: a partir do conceito exato de Deus (o argumento ontológico), a partir da existência do mundo (o argumento cosmológico), e a partir da ordem do mudo (o argumento teleológico). O argumento teleológico, diz Kant, não é correto, como Hume mostrou. E mesmo que fosse, sua conclusão de que há um designer não nos dá um Deus que seja criador. Nós devemos confiar no argumento cosmológico para isso.

O argumento cosmológico, no entanto, também não é correto. Ele confia no princípio de causalidade, uma das categorias do entendimento. Nós podemos aplicar esse princípio sobre os seres que são objetos possíveis da experiência somente porque ele é uma regra do entendimento para a organização dos dados fornecidos por nossa sensibilidade. Se insistirmos na existência de uma primeira causa nas séries dos seres gerados, nós teremos aplicado um princípio do entendimento, que é limitado a organizar os dados fornecidos pelos sentidos, àquilo que está além de toda experiência possível (ou seja, ao fundamento da experiência). Colocando de outra forma, o princípio causal se aplica a *cada* ser individual, mas não se aplica ao cosmos como um todo (ao conjunto de todos os seres individuais).

A principal objeção de KANT ao argumento *cosmológico* é sua dependência do mesmo princípio sobre o qual o argumento *ontológico* se apoia. O princípio do argumento ontológico é que um ser necessário é algo cuja existência é exigida por sua essência. Deus é um ser necessário; logo, Deus existe. Se o argumento cosmológico afirma que o conceito de uma primeira causa *significa o mesmo que* o conceito de um ser necessário, logo, nós não precisamos do argumento cosmológico. Podemos ir imediatamente do conceito de Deus como um ser necessário para a existência de Deus. Por outro lado, se o conceito de uma primeira causa *não* significa a mesma coisa que o conceito de um ser necessário, então, mesmo se o argumento cosmológico provasse a existência de uma primeira causa, esta não seria uma prova da existência de Deus. Assim, KANT afirma que o argumento ontológico é a prova crucial da existência de Deus. O argumento *teleológico* nos dá apenas, no melhor dos casos, um designer, e o argumento *cosmológico* nos dá apenas, no melhor dos casos, uma primeira causa.

O argumento ontológico, no entanto, também não é válido. KANT afirma que o argumento ontológico trata a "existência" como um predicado *real*. Muito embora o termo *existe* possa ser predicado de um sujeito, ele difere daqueles predicados que *caracterizam* um sujeito. Predicados tais como "dois metros de altura", "vermelho" e "inteligente" caracterizam um sujeito, e, assim, são predicados "reais", mas "existência" não caracteriza um sujeito. O que ela faz é afirmar que um sujeito com certas características é "tomado em um momento".[3]

---

[3] Nota do trad.: Preferimos traduzir a palavra inglesa "instantiated" que aparece no texto por esta construção perifrástica por considerarmos mais esclarecedora do

Provar a existência de Deus pelo fato de que a essência divina inclui a existência como uma de suas características é tratar erroneamente a existência como se ela fosse uma característica (ou um predicado real).

Essa crítica já foi considerada uma refutação conclusiva do argumento ontológico. Norman Malcom mostrou que Anselmo tinha, de fato, *dois* argumentos ontológicos.[4] No primeiro deles, Anselmo tratou, de fato, a existência como um predicado, mas ele não fez isso no segundo. No segundo argumento ontológico, o predicado é "existência necessária", e existência necessária é um predicado real. Ou seja, é uma característica. Isso se entendermos que Deus não tem um começo e não tem um fim e que Deus não depende de nada para existir.

Isso anula outra objeção que Kant (seguindo Hume) usa, a saber, que o conceito de "necessidade" se aplica a *proposições* e não a seres. Uma proposição ou uma declaração pode ser necessária, mas um ser não pode. Portanto, diz Kant, o conceito de um ser necessário, que é usado pelo argumento ontológico, é incoerente. Mas, como Malcom aponta, o conceito de "necessidade" usado na expressão "ser necessário" não é aquele da necessidade *lógica*, que é, de fato, uma relação entre proposições.

Kant tem ainda uma terceira objeção. A proposição "Deus existe" não é nem analítica e nem sintética, ou seja, ou o predicado não está contido no sujeito, ou ele não faz parte da série que define o sujeito. Se o predicado está contido no sujeito, a declaração é uma proposição analítica. Uma proposição analítica é verdadeira somente por causa do *significado* das palavras. Ela não estabelece a existência de qualquer coisa. É uma mera tautologia (o sujeito é simplesmente repetido no predicado). Por outro lado, se o predicado não está contido no sujeito, não podemos conectar o sujeito ao predicado com base no seu significado. O argumento ontológico faz isso. Ele prossegue a partir do significado de Deus como um ser necessário para a firmação de que, porque Deus é um ser necessário, Deus deve existir.

---

que seria o caso se usássemos uma única palavra, que certamente não seria uma derivação de "átimo".

[4] Norman Malcom, "Anselm's Ontological Arguments", in *Philosophical Review* 69 (January 1960): pp. 41-62.

Esta terceira objeção não é conclusiva, pois o argumento ontológico prossegue a partir de um *discernimento da essência de Deus*, não de um *significado* assinalado à palavra Deus. Por outro lado, é um ponto de debate se nós podemos realmente discernir a essência de Deus, como TOMÁS DE AQUINO indicou muito tempo atrás.

Nós então chegamos a um equilíbrio entre dois elementos opostos. Uma versão do argumento ontológico é falaciosa porque ela trata a "existência" como um predicado real. A outra versão do argumento ontológico não é falaciosa. Ela usa "existência necessária" como um predicado, e é de fato um predicado real. O sentido de "necessidade" não é aquele da necessidade *lógica*, e que Deus é um ser necessário não é o resultado de um significado imposto arbitrariamente. Mas esta versão do argumento não prova que Deus existe. A segunda versão do argumento ontológico consegue nos mostrar o *tipo* de existência que Deus tem. Se Deus existe, esta existência é uma existência necessária porque ela não tem começo e nem fim e não é dependente. O argumento ontológico não mostra que um ser com *este tipo* de existência existe. Nós não temos de penetrar na natureza da necessidade de um "ser necessário" para ver se ele deve existir, como KANT interpreta o argumento de AQUINO. KANT pretendia provar que a razão *não pode* provar a existência de Deus. Mas parece, em um recente trabalho sobre o argumento ontológico, que tudo que podemos dizer é que a razão ainda não produziu uma versão do argumento ontológico que de fato *prove* a existência de Deus. A diferença então estaria entre *não poder* e não *ter ainda*.

KANT muitas vezes foi acusado de sujeitar a ideia de Deus às categorias do entendimento, de modo que "Deus" fosse um conceito do entendimento humano e, portanto, um *fenômeno*. Mas KANT é cuidadoso em distinguir as *categorias do entendimento*, que organizam os dados fornecidos pela faculdade da sensibilidade, das *ideias da razão pura*. A ideia do "eu", por exemplo, como uma realidade contínua e permanente subjacente a toda nossa experiência sensível e capaz de agir livremente, é a ideia de uma realidade *numênica*. Neste âmbito *pode haver* um númeno que combine com essa ideia da razão pura, mas nós não somos capazes de saber, pela experiência ou pela razão pura, se há ou não há. O mesmo é verdade para a ideia de Deus – uma realidade que é absolutamente incondicionada e é a condição suprema de todas as demais coisas. Deus *pode* existir. Mas o fato é que nós não podemos determinar pela experiência sensível ou pela razão pura em seu emprego especulativo (quer dizer, metafísico) se Deus existe ou não.

Além disso, KANT afirma que nós podemos caracterizar ou descrever a Deus analogicamente. Ele explicitamente rejeita a condição colocada por HUME de que nós ou podemos falar de Deus antropomorficamente ou dizer que ele é tão diferente de qualquer outra coisa que não lhe podemos atribuir qualquer característica que seja. A consideração de KANT da predicação analógica é essencialmente a mesma de TOMÁS DE AQUINO que nós descrevemos primeiramente.[5]

Uma vez que KANT mostrou os limites dentro dos quais a razão pura pode operar e além do qual ele não pode legitimamente ir, ele apresenta sua teoria ética essencial na *Crítica da Razão Prática* (e em forma mais abreviada, em sua *Fundamentação da Metafísica dos Costumes*). A razão prática é o domínio da ação. Por uma análise da obrigação moral, KANT nos dá uma base para *postular* (como ele coloca) a liberdade, a imortalidade e a existência de Deus. A liberdade é uma condição necessária para as obrigações; a imortalidade e a existência de Deus são implicadas pela obrigação moral, embora elas não sejam condições necessárias para as obrigações morais.

KANT afirma que, em todas as teorias anteriores da moral, as obrigações são colocadas na frente *condicionalmente*. As obrigações são *meios* para se chegar aos fins e finalmente ao fim principal, nossa felicidade. A forma em que as teorias precedentes apresentam as obrigações é então *hipotética*: se vós fizerdes isso, sereis felizes, assim, deveis agir de tal e tal maneira. KANT afirma que as obrigações *morais* ficam, assim, deturpadas. Pois as obrigações morais são *incondicionais*, ou *categóricas*, na forma. Nós devemos fazer *x* porque é nosso dever fazer *x*, e não porque *x* é ou pode ser um meio para alcançarmos a nossa felicidade. KANT, assim, exclui todo benefício que uma pessoa poderia

---

[5] Ver Immanuel Kant, *Prolegomena to any Future Metaphysics* [*Prolegômenos a toda Metafísica Futura (que possa apresentar-se como ciência)*. Trad. Paul Carus, Indianapolis: Hackett Publishing Co., 1977].

almejar como base para agir moralmente. Ele remove a gratificação de nossa natureza sensível, a aprovação social e a expectativa de recompensa por Deus como motivos.

As obrigações morais implicam que os seres humanos são seres numênicos. E para que os seres humanos sejam obrigados moralmente, eles devem ser livres porque só é possível ser moralmente obrigado se for possível cumprir obrigações. ("Você deve implica você pode.") Todos os fenômenos, no entanto, são completamente determinados pelo princípio de causalidade. Assim, os seres humanos, *na medida em que eles são sujeitos às obrigações morais*, possuem liberdade. Logo, como agentes morais, eles devem ser seres numênicos.

Um agente moral é um ser racional. Isto é, seres humanos, na medida em que eles agem moralmente, não são determinados por suas naturezas sensíveis. KANT explica porque um ser humano age como um ser racional e não como um ser sensitivo. Como seres racionais nós somos autores da lei moral que somos obrigados a obedecer. Reconhecemos uma obrigação de agir de certas maneiras porque há uma maneira de um ser racional *querer* agir. Se nós fôssemos livres de todos atrativos sensitivos e do desejo de ser felizes, nós agiríamos racionalmente. Tais ações viriam a nós não à guisa de "obrigações", mas como ações racionais.

KANT põe em evidência uma segunda afirmação metafísica – nossa imortalidade – com base na razão prática. É um erro procurar ser moral *para ser feliz*. Nosso motivo deve ser sempre o dever pelo dever. Mas é também claro que uma pessoa que é moral *merece* ser feliz. Tal pessoa deve ser feliz. Se o universo ou realidade é *racional*, então uma pessoa que merece ser feliz será feliz. Nós, é claro, não temos garantias de que seremos felizes neste mundo. De fato, temos boas razões para acreditar que não seremos. Logo, deve haver um poder (Deus) que recompense a moral e pune a iniquidade após esta vida terrena. Nós não sabemos se somos imortais ou se existe um Deus. Nosso conhecimento é restrito aos fenômenos. Assim, a imortalidade e Deus são postulados da razão prática, uma matéria de fé racional.

Em sua outra obra *A religião nos limites da Simples Razão*, KANT reconhece a radical corrupção da vontade humana. O fato de que os seres humanos não obedecem à lei moral pode ser explicado somente

Capítulo IX

pelo postulado da corrupção da vontade. KANT primeiramente parece apresentar uma versão da doutrina cristã do pecado original. Mas essa doutrina forçá-lo-ia a confiar em uma doutrina cristã do perdão. Todavia, ele afirma que a vontade, a despeito de sua radical corrupção, deve ser capaz de obedecer à moral até certa medida. Uma pessoa que demonstra aperfeiçoamento moral pode ser perdoada por ofensas *passadas* porque seu aperfeiçoamento a tornou merecedora de perdão. KANT também não quer admitir uma doutrina cristã do pecado original porque então nós teríamos que confiar na graça para regenerar nossa vontade corrompida. Nós teríamos uma desculpa para as falhas morais afirmando que não recebemos graça e, assim, poderíamos negligenciar nossos deveres com base neste mesmo argumento.

KANT insiste que a lei moral não é baseada na vontade divina. Ela é absolutamente autônoma. Além disso, Jesus Cristo não é divino, é apenas o símbolo de uma pessoa moralmente perfeita. Ele não é salvador, porque nada pode substituir nosso dever de obedecer à lei moral. Esta opinião sobre Jesus é absolutamente comum entre os intelectuais do Iluminismo.

A rigorosa limitação de nosso conhecimento aos fenômenos (às aparências) como a única maneira de enfrentar o ceticismo de HUME, todavia, vai contra o otimismo do Iluminismo. Foi necessário encontrar algum meio para contornar KANT. Um foi a maneira encontrada pelo mundo de fala inglesa. Este simplesmente aceitou a contingência, assim, não havia necessidade de voltar ao remédio drástico de KANT. Outra direção foi tomada pelos alemães. Eles acreditavam que precisam achar um modo para reafirmar o poder da razão para nos fornecer o conhecimento da realidade suprema. A filosofia, ou metafísica, *deve* ser possível. Nós não estamos restringidos pelos limites da "filosofia crítica" (o nome que KANT deu para sua própria filosofia), dentro da qual nosso único conhecimento é o conhecimento das operações de nossas mentes e dos fenômenos, com apenas alguns postulados baseados na obrigação moral. Para os alemães, a única maneira foi enfrentar a filosofia de KANT. E é esta tentativa, por causa do seu impacto sobre a teologia, que nós vamos agora traçar.

Capítulo X
HEGEL E A RESTAURAÇÃO DO OTIMISMO

George Wilhelm Friedrich Hegel (1770-1831), como Kant, se debateu com os pensamentos e os problemas dos seus antecessores e ofereceu uma nova síntese filosófica. Todavia, nossa preocupação aqui não é apresentar uma visão de todo o sistema hegeliano, mas apenas dos aspectos dele que são relevantes para a teologia. Comecemos perguntando: O que é que a teologia encontra de interesse particular em Hegel? Aquilo que precisamente capacitou Hegel a superar as severas limitações colocadas por Kant sobre o conhecimento, a saber, *a história*. Platão, Aristóteles, Plotino, Descartes, Kant e outros filósofos que nós examinamos não procuraram os princípios máximos da verdade – a base imutável de tudo o que existe – na história. Por história, Hegel entende o processo de desenvolvimento do conhecimento (no sentido do desenvolvimento da consciência humana e de várias disciplinas, tais como a lógica e a física), como também o desenvolvimento da civilização e das instituições. Platão contemplou as Ideias eternas como o fundamento do reino do vir-a-ser; Aristóteles, as formas presentes nas coisas; e Plotino, o Um, do qual todas as coisas descendem e ascendem eternamente. Ninguém olhou para a história como a manifestação da realização da realidade absoluta. Para Hegel a história é a progressiva autorrevelação e autorrealização do Absoluto.

Os cristãos creem que Deus é a fonte do universo, de seus princípios de operação e de seus propósitos e objetivos. Deus é um ser pessoal que tornou seus propósitos divinos conhecidos ao antigo povo de Israel e, acima de tudo, em Jesus Cristo. Assim, pelo fato do domínio do histórico ser de grande significado para o cristianismo, há então uma afinidade entre o cristianismo e Hegel. De qualquer modo, a extensão do interesse de Hegel é universal. Os teólogos cristãos focam sobre o Israel antigo e Jesus Cristo, mas porque eles se interessam pelo significado universal deles, eles se interessam por Hegel. O que Hegel diz que confirma e apoia o cristianismo? Hegel aprofundou a compreensão do cristianismo sobre sua própria revelação, como alguns teólogos pensaram de Platão e Aristóteles? Ou o hegelianismo cristão causa tais transformações na revelação cristã que acaba subvertendo-a, como outros têm acusado o platonismo cristão e o aristotelismo cristão de terem-no subvertido? Nós não podemos aqui, é claro, responder a tais questões tão fundamentais. Em vez disso, apresentaremos apenas alguns dos maiores aspectos da filosofia de Hegel que são de significância teológica, para que os leitores possam entender melhor o que está envolvido nestas questões.

Hegel acreditava que Kant havia compreendido mal a natureza da lógica, o *organon*, ou instrumento, do pensamento. Pois a realidade é um *continuum*, com nada separado e não relacionado. Mas, por causa de Aristóteles, todos os filósofos empregaram uma lógica que divide o que é realmente contínuo em unidades distintas ou separadas. Isto talvez seja mais fácil de ver em Locke. Ele trata as "Ideias" (ou os conceitos com os quais nós pensamos) como se eles fossem unidades completas em si mesmas ("ideias simples") e como se elas fossem conectadas a outras ideias por meio de uma associação para formar unidades complexas. A realidade, o que as ideias simples reproduzem, seria então constituída de particulares separados. O Iluminismo desmoronou porque foi incapaz de encontrar *conexões objetivas*, seja no pensamento ou na realidade, entre particulares separados. A obra de Hume foi uma declaração explícita da impossibilidade de se encontrar conexões objetivas. A mera contiguidade e sequência de ideias e impressões é a única base para agrupá-las juntas em objetos particulares, e a conexão entre esses objetos é, uma vez mais, mera associação de particulares separados.

A tentativa de Kant de restaurar as conexões objetivas entre particulares transformou todas as coisas que nós experienciamos em fenômenos, ou aparências, e, assim, fomos privados de qualquer conhecimento da realidade. De fato, os sujeitos de que temos consciência são nós mesmos, e esses sujeitos são fenômenos ou aparências. O que está por trás do sujeito fenomênico é desconhecido ou não conhecível. O que está por trás dos objetos fenomênicos – embora chamado de cognoscível e de coisa-em-si (ou objeto numênico) – é incognoscível. Nós temos conhecimento das aparências ao preço de sermos incapazes de dizer qualquer coisa sobre o que está por trás das aparências. Assim, KANT, em vez de ajudar, nos levou mesmo a uma cisão entre nós mesmos, como conhecedores, e o que procuramos conhecer. Na sua tentativa de restaurar as conexões objetivas entre as coisas de que temos consciência, KANT, de fato, pôs lado a lado o sujeito, ou o conhecedor, e o objeto. Mas sujeito e objeto aqui são apenas fenômenos, logo, nós estamos completamente privados de qualquer conhecimento que seja de nós mesmos e dos objetos.

JOHANN FICHTE (1762-1814), o mais velho dos contemporâneos de HEGEL, tentou relacionar o sujeito e o objeto do conhecimento por meio do Eu Absoluto. KANT havia argumentado que há uma atividade que acontece inconscientemente para que cada indivíduo perceba os objetos e seja consciente de si mesmo como um sujeito consciente. KANT chama este processo inconsciente sintetizador de "unidade transcendental da apercepção". Mas ele não diz o que subjaz a este produtor do sujeito e objeto fenomênicos. FICHTE lançou-se sobre isso e fez da realidade subjacente um Eu Absoluto singular. Este subjaz tanto ao sujeito e objeto fenomênicos quanto os produz. Não existem coisas-em-si-mesmas por trás dos objetos fenomênicos, de modo que não há coisas-em-si-mesmas das quais sejamos perpetuamente privados de conhecer. Os objetos fenomênicos de que somos conscientes são os únicos objetos que existem. Da mesma forma, não há nenhum "eu" numênico por trás do fenômeno em si mesmo. Há somente o Eu Absoluto subjacente a todos nós produzindo uma consciência de nós mesmos como sujeitos. FICHTE não resolve realmente o problema da relação sujeito-objeto no conhecimento. Ele simplesmente reduz o dualismo sujeito-objeto a um dos termos da relação, a saber, ao do sujeito (o Eu Absoluto que gera todas as coisas). Nós temos, portanto, um dualismo do Eu Absoluto (sujeito) e o que não é o Eu Absoluto (o "não Eu", ou o objeto do Eu Absoluto).

FRIEDRICH SCHELLING (1775-1854), que ficou muito próximo a HEGEL por um tempo, propôs uma "identidade absoluta" como o absoluto, cuja indiferença é tanto subjetividade quanto objetividade. Ela só é conhecida como aquilo que é a diferença entre subjetividade e objetividade. Tanto FICHTE quanto HEGEL responderam que nenhuma diferença pode surgir da identidade absoluta. A diferença só pode vir da identidade quando ela já é um componente daquela identidade. Assim, o próprio HEGEL desenvolveu a ideia de uma unidade ou identidade que é dialética, quer dizer, uma identidade que inclui dentro de sua própria unidade sua negação, ou seu oposto. (Nós ilustraremos isso com uma parte da obra de HEGEL sobre a relação senhor-escravo, em que cada um deles tem elementos internos tanto de dominação quanto de subordinação.) HEGEL então postula um Absoluto com uma unidade dialética em que ele, como Espírito (*Geist*), torna-se diferente de si mesmo na história, ou no tempo, e, então, se eleva acima da oposição entre ele mesmo e o outro pelo conhecimento de si mesmo no outro e pelo desenvolvimento de si mesmo no outro. Destarte, a unidade dialética final e absoluta consiste no ato de conhecimento (conhecimento absoluto) em que a oposição é incluída dentro do Espírito Absoluto em seu conhecimento e superação do outro. Nós ilustraremos essas considerações sumárias. No fundo permanece a convicção de que a realidade é um *continuum*, logo, nunca há nada absolutamente separado (isolado). De outro modo, não haveria esperança de um dia ser possível superar o abismo entre as coisas ou de conectar as coisas, especialmente de superar o abismo entre o sujeito e o objeto, para que o conhecimento seja possível.

HEGEL acredita então que tanto os empiristas quanto KANT cometeram o erro fundamental de tratar a realidade como algo composto de seres particulares distintos. A lógica deles, baseada em ARISTÓTELES, os enganou, pois os termos ou categorias do pensamento em lógica são abstratos. Como abstrações, os termos da lógica são distintos, assim eles não representam corretamente o *continuum* da realidade da qual eles são extraídos. As coisas particulares de fato são diferentes umas das outras, e a lógica, cujos termos são abstrações da realidade, realçam as diferenças. Ela apresenta a identidade de uma coisa particular – sua essência – como algo que a torna o que ela é e não outra coisa diferente. Mas a lógica não indica que a identidade de uma coisa inclui suas relações com aquilo que ela não é. A lógica, assim, nos engana, pois a realidade é um *continuum* onde todas as coisas, *a fim de serem elas mesmas*, têm como parte de sua identidade suas relações com o que elas não são. À parte de suas relações, uma coisa não é ela mesma. Tentando representar relações, tal lógica as representa "abstratamente", isto é, ela trata cada termo da relação separadamente e, então, os termos são relacionados *externamente*. Na realidade, em contraste com tal lógica, as coisas são relacionadas *internamente*, quer dizer, as relações são parte da identidade de uma coisa.

Esse aspecto de HEGEL pode ser ilustrado com contraste entre dois modos de se imaginar uma linha. O primeiro modo: imaginar uma linha como se ela fosse constituída de unidades separadas nos levam a paradoxos. Mesmo que uma linha seja constituída de unidades separadas, no entanto, por mais que nós a subdividamos, nunca chegaremos a uma parte dela que seja tão pequena que nós não possamos dividi-la. Uma linha deve, portanto, consistir de unidades sem nenhuma extensão. Então, como poderemos obter uma linha que tenha extensão colocando juntas unidades que não têm nenhuma extensão? Esse e outros paradoxos indicam que é um erro imaginar uma linha como algo constituído de partes separadas em vez de concebê-la como um *continuum* não constituído de partes separadas.

HEGEL procura apresentar ao nosso pensamento toda realidade como um *continuum*, isto é, apresentá-la "concretamente". A realidade não pode ser captada nas abstrações da lógica até então concebidas; nós precisamos de uma *nova* lógica que reconheça que toda afirmação deixa alguma coisa de fora e que toda negação ignora algo de positivo. Somente mostrando em que alguma coisa é diferente de algo e semelhante a outras coisas, nós podemos expressar adequadamente o que ela é. Dizer plenamente o que alguma coisa é, implica dizer quais são suas relações com todo o resto. Asserções particulares são parcialmente verdadeiras e parcialmente falsas porque necessitam de perfeição. A "concretude" para HEGEL não é um particular que nós podemos ver e tocar; concretude é imaginar um particular em suas relações com outras coisas e idealmente em relação a todo o resto.

A continuidade da realidade também requer que o *tempo* seja levado a sério no domínio da filosofia ou verdade, pois a realidade é um *continuum* tanto espacial quanto temporal. Para apreender a realidade nós não devemos nos aproximar dela com categorias do pensamento consideradas abstratamente, como em KANT; devemos ver a lógica e as categorias do pensamento no processo histórico. Devemos reconhecer que no processo histórico a realidade suprema, o Absoluto, está realizando-se a si mesma. A realidade está no processo de tornar-se mais plena; mais articulada. HEGEL vê o cosmos inteiro e sua história como o Absoluto chegando a uma maior atualização e maior articulação em multiplicidade de uma maneira ordenada e racionalmente compreensível.

A visão de HEGEL é similar a de PLOTINO, mas com duas importantes diferenças. Primeiramente, em PLOTINO a descida da unidade à multiplicidade e a ascensão da multiplicidade à unidade não são movimentos históricos. Nós não vemos todo o passado, presente e futuro orientados em direção a uma realização cada vez maior. Para PLOTINO, o Um é sempre completo e realizado; ele simplesmente sempre irradia sua plenitude, para que não haja dimensão temporal ou histórica para a realidade suprema. Nosso tempo e história não têm qualquer significância para o Um. Em segundo lugar, em PLOTINO, enquanto nós nos afastamos do Um, temos cada vez menos unidade (ou cada vez mais multiplicidade) e, assim, nos afastamos do verdadeiro ser, ou realidade. Em HEGEL dá-se o oposto. Conforme obtemos mais articulação concreta no tempo e espaço no curso da história, obtemos uma realização cada vez maior do próprio Absoluto.

HEGEL apresenta seu sistema completo com três aspectos principais: a lógica, a natureza e o Espírito (*Geist*, que também significa "mente"). A lógica trata e relaciona todos os conceitos sob a noção de Ideia Absoluta. Ela contém todos os conceitos e suas relações internas. Ela é eles, e eles, ela, por assim dizer. A lógica, tomada como um todo (como Ideia Absoluta), é concretamente realizada e presente no desdobramento da realidade da natureza. Assim, entender a natureza implica um estudo do surgimento e desenvolvimento de todas as disciplinas especializadas que investigam a natureza e um estudo das relações entre as disciplinas especializadas. A terceira divisão, o Espírito, inclui tanto a lógica quanto a natureza, aprofundando e enriquecendo as explicações encontradas em cada uma delas. Como nós mesmos somos espíritos, a explicação do Espírito inclui toda camada de nossa consciência e todas as nossas relações com o que não somos (os objetos de nossa consciência). Ele mostra como sujeito e objeto, que não são absolutamente idênticos, todavia, possuem uma afinidade que é progressivamente realizada. Os espíritos finitos e o Espírito Infinito têm uma implícita unidade-na-diferença que progressivamente se torna explícita.

Isso é apenas uma rápida menção a um detalhe no sistema de Hegel, que inclui um estudo das relações entre todos os espíritos finitos na sociedade, no Estado e em suas conquistas culturais na arte e na religião. Visto que tudo é conectado e exibe uma manifestação progressiva do Absoluto, descobrimos que a lógica, natureza e historia são manifestações de uma mente revelando-se e realizando-se a si mesma. A lógica, a natureza e a história exibem uma progressão que é similar ao nosso próprio pensamento. Elas exibem relações dentro de si mesmas e de uma com a outra que são semelhantes ao movimento de uma mente. Nós descobrimos, assim, que os seres humanos não estão em um universo estranho. Nós temos uma afinidade com o resto da realidade. A ciência mecanicista da revolução científica estabeleceu uma concepção da natureza em que os seres humanos, pelo fato de agirem propositalmente, são alienados. Hegel restaura a imagem da natureza que possuí um movimento teleológico interno, assim, os seres humanos passam a estar em casa. Ele restabelece o antigo conceito grego, que vimos descrito em nosso estudo do *Timeu* de Platão, de uma série de ordens intencionais: Ideais (para Hegel o domínio da lógica), a natureza, a sociedade e o indivíduo.

Hegel não somente faz reviver um cosmos pré-mecanicista, como também restaura a fé iluminista em nossa capacidade de conhecer a natureza, física e humana, e a confiança em nossa capacidade de aperfeiçoar tanto o ambiente físico em que nós vivemos como a ordem social. Ele apresenta um quadro de toda natureza e história como um desdobramento progressivo e realização de um *telos* interno do qual fazem parte nosso conhecimento em várias disciplinas acadêmicas e científicas, nossas instituições sociais e políticas e nossa autorrealização humana. Ele até inclui períodos de evidente decadência como parte de um inevitável progresso. Todo revés contribui para uma maior realização daquele *telos* inerente à realidade em si mesma.

Vamos examinar em detalhes duas partes do sistema de HEGEL para obtermos uma melhor compreensão dele. Ambas as partes estão no domínio do Espírito. A primeira abrange um dos primeiros desenvolvimentos do espírito finito. Trata-se de uma parte do sistema de HEGEL que é, atualmente, relevante para a teologia política, a saber, a análise de HEGEL sobre a opressão na relação entre senhor e escravo. A segunda parte trata do fim contrário ao desenvolvimento do Espírito, que é a realização de nossa identidade com o Espírito Absoluto. Ela nos interessa em sua relação com o estudo de HEGEL sobre a doutrina cristã da encarnação. É esse aspecto da obra de HEGEL que D. F. STRAUSS (1808-1874) e LUDWIG FEUERBACH (1804-1872) usaram em suas tentativas de solapar o cristianismo. Desta maneira, nós podemos brevemente apresentar aqueles elementos da filosofia de HEGEL que são de grande importância para a compreensão da teologia hoje.

A primeira seleção do sistema de HEGEL é tomada de sua *Phänomenologie des Geistes* [*Fenomenologia do Espírito*] (1807). A usual tradução da palavra *Geist* como "mente" é muito estreita em sua conotação, mas, por outro lado, "espírito" é uma palavra vaga em português. HEGEL chamou sua obra de fenomenologia do *Geist* porque ele traça o desenvolvimento do Espírito, ou mente, através dos vários estágios nos quais ele apreende a si mesmo como fenômeno (no sentido de KANT). O Espírito, ou mente, é, assim, capaz de progredir em seu desenvolvimento até se tornar consciente de si mesmo como algo que é em si mesmo (como númeno, no sentido de KANT), quando então cessa qualquer oposição para ele (nenhuma oposição entre o sujeito e seu objeto). O limite de KANT dentro do qual nossa razão está segura, mas incapaz de transcender, se torna, assim, (supostamente) superado.

Na relação senhor-escravo, um indivíduo vê o outro como um subordinado. Eles não estão em um mesmo plano e não são o mesmo tipo de entidade. Um é um sujeito; o outro é, literalmente, um objeto. O escravo deve realizar a vontade do senhor, visto que o escravo é como uma extensão do corpo do senhor, que se move e age ao capricho e comando do senhor.

HEGEL deseja caracterizar a autoconsciência que está operando na relação senhor-escravo. Para compreender essa conceituação nós precisamos observar o programa do seu livro. Ele trabalha com a ideia de que a consciência existe e se desenvolve em estágios contendo vários níveis e contradições. Sua *Fenomenologia* é um tipo de biografia do desenvolvimento da mente, similar ao *Bildungsroman*, um gênero de romance preocupado com o desenvolvimento educativo do personagem principal. A análise senhor-escravo é, todavia, uma pequena seção que descreve o desenvolvimento da consciência, uma parte ou aspecto do *Geist*, ou Espírito. HEGEL começa no nível da experiência sensível, onde um *sujeito* é consciente do *objeto*. Há um dualismo entre conhecedor e conhecido; eles são estranhos, ou opostos um ao outro. Essa oposição é superada quando a consciência chega ao discernimento de que o objeto não é completamente separado do sujeito, mas tem uma afinidade com o perceptor; pois quando o objeto é percebido, ele é o objeto do perceptor. Ele não é apenas "objeto", mas "seu objeto". O dualismo é superado pela dualidade, uma dualidade constituída de (1) um sujeito e (2) os objetos da percepção do sujeito. Nela o objeto é conhecido ou incorporado dentro do "eu" como seu objeto.

Vemos aqui a convicção de HEGEL de que a realidade é um *continuum*. Um sujeito e um objeto são de fato diferentes. Mas eles não são *totalmente* não relacionados ou totalmente *estranhos* um ao outro, pois o objeto conhecido é o objeto-do-sujeito; ou seja, ele é o objeto *do sujeito*. Este está dentro de um microcosmo no método de HEGEL. Ele começa com coisas que parecem ter identidade em si mesmas e são diferentes ou "opostas". Daí ele mostra que existe uma "identidade-na-diferença", visto que elas não são totalmente estranhas uma à outra, mas são relacionadas *internamente*. Algo de uma delas é parte da identidade da outra, e vice-versa, e assim, o que parecia ser absolutamente diferente e oposto não é mais absolutamente diferente e oposto. Seria, então, parcialmente correto e parcialmente errado dizer que um objeto é um objeto e um sujeito é um sujeito, e que eles são totalmente diferentes. Pois parte da identidade de um objeto é que ele é um objeto do *sujeito*, e parte da identidade do sujeito é o objeto do qual o sujeito é consciente. Agora vamos continuar com a análise da autoconsciência.

O "eu" não é somente um sujeito consciente dos objetos que não são ele mesmo, pois há também um dualismo dentro do "eu". Ou seja, não apenas somos sujeitos conscientes dos objetos exteriores, como também, enquanto um "eu", somos sujeito e objeto, pois fazemos de nós mesmos objeto de nossa consciência. Temos um "eu" como sujeito e um "eu" como objeto. Este dualismo é superado por um tipo de identidade do sujeito e objeto na qual o que eu sou é "um 'eu' consciente de um objeto que é eu mesmo". O objeto sou eu enquanto meu objeto. Há um tipo de identidade na qual há uma dualidade: um único "sujeito-objeto". Esse conhecimento ou consciência existe.

Neste movimento, nós podemos ver uma riqueza crescente no conteúdo da consciência; camada se sobrepõe a camada; o que já passou é incluído no que tem sido realizado até agora. O passado não é um passado totalmente acabado e desaparecido. Ele continua presente em todos os estágios da realização da consciência. Uma criança tem de primeiro perceber objetos e tornar-se consciente de que há uma distinção entre os objetos e a consciência dos objetos. Um filósofo com uma consciência desenvolvida pode, por meio de abstração, refletir sobre a camada de consciência daquela criança. Pode-se confundir uma camada da consciência, quando se abstrai em favor da própria consciência. Assim, cria-se o problema filosófico do nosso conhecimento de um mundo exterior, por haver uma diferença entre os objetos e a consciência dos objetos. Surge, então, uma lacuna entre o sujeito (que é cônscio dos objetos) e o mundo externo dos objetos. Isto pode ser visto como um erro e corrigido quando se percebe que não há "objetos" sem "consciência dos objetos". Sujeito e objeto são termos correlatos, e não termos absolutamente estranhos, a ponto de um termo existir e ser ele mesmo (ou ser o que ele é) sem o outro. Assim o problema filosófico do mundo exterior surge quando uma camada da consciência é abstraída e tratada como se fosse a própria consciência, antes que apenas um estágio no desenvolvimento progressivo da própria consciência.

Chegamos ao estágio de desenvolvimento da consciência no qual temos um sujeito consciente dos objetos como seus objetos, e consciente de si mesmo como sujeito que é um "sujeito-objeto". Isso nos leva à parte da *Fenomenologia* em que a autoconsciência presente na relação senhor-escravo é tratada. Hegel afirma que para tornar-se consciente e cônscio de si mesmo em um novo nível – ter reconhecimento da realidade de si como um sujeito em um nível mais elevado do que (1) o perceptor de objetos; e (2) o perceptor de si mesmo como um sujeito-objeto – deve-se ter alguma outra coisa que responda à sua *vontade* para fazer o que se comanda. Desta maneira, uma pessoa chega a um nível mais elevado de autorreconhecimento, ou autorrealização.

Nessas circunstâncias, um indivíduo pode chegar a esse nível mais elevado em relação à natureza; isto é, ele pode tentar fazer com que a natureza cumpra suas vontades. Pode-se também fazer isto em relação a outro indivíduo porque os indivíduos são, de fato, objetos. Mas, diferentemente da natureza, os indivíduos são uma dualidade de "sujeito-objeto". Um indivíduo pode receber um diferente tipo de reconhecimento dos outros porque um indivíduo pode reconhecer que alguém está sendo comandado e o outro indivíduo pode ver que ele é reconhecido como alguém que comanda. Essa interação permite que se chegue à consciência de si mesmo de novas maneiras.

Visto que todos nós somos sujeitos, o conflito é inevitável. Cada qual só pode ser reconhecido e chegar a um novo nível de autoconsciência se sua vontade for obedecida. Cada indivíduo pode alcançar um novo nível de autorrealização somente pelo sacrifício do outro indivíduo. Assim, a forma mais extrema de solução desse conflito é a relação senhor-escravo. Um indivíduo domina, e domina o outro completamente. Hegel começa com essa solução extrema – ou situação de máxima oposição – e, depois de analisar sua dinâmica, mostra como este movimento se afasta dessa forma extrema de oposição rumo a outras relações de oposição que, embora mais satisfatórias, mantêm ainda uma instabilidade. Isso ainda nos leva através de formas de oposição e resolução parciais, até a consciência alcançar sua completa realização como Espírito Absoluto. A condição para este conhecimento absoluto é a de que o Espírito reconheça a si mesmo em tudo que é outro, e, assim, toda oposição ou alienação é superada.

A relação senhor-escravo, a mais extrema forma de oposição entre sujeitos, é, a partir do ponto de vista do senhor, a melhor solução para a oposição. A vontade do senhor é obedecida e, assim, o "eu" do senhor é reconhecido por outro e encontra sua realização nesse reconhecimento. Então, por que esse processo continua? Ele continua porque a solução da oposição é inerentemente instável. Vejamos por quê.

Quanto mais o senhor pode subordinar o outro a sua vontade, mais a singularidade do seu "eu" é afirmada e mais a autoconsciência do senhor como um sujeito é enaltecida. Mas a própria *existência* de um outro sujeito ameaça a singularidade e subjetividade do senhor; assim, o senhor deve procurar anular o escravo enquanto um sujeito. Uma maneira de fazer isso é tornar o produto do trabalho ou esforço do escravo posse do senhor, negando, assim, a subjetividade do escravo, ou a sua semelhança essencial com o senhor. A alteridade do escravo é superada porque o labor do escravo se torna comandado e o produto do seu labor se torna propriedade do senhor. O senhor impõe sua dominação sobre tudo que tem valor, buscando ser glorificado e homenageado, a fim de anular a alteridade do escravo e, por meio disso, preservar a sua singularidade. O senhor mantém a singularidade por meio da imposição de sua independência ou liberdade, ou seja, colocando, de todas as maneiras possíveis, o escravo em absoluta subordinação.

Há, no entanto, uma ironia nesta situação. O senhor não pode ser verdadeiramente independente ou livre a menos que ele, ou ela, *tenha algo que não seja ele mesmo, ou ela mesma*. Deve haver alguma coisa que preste deferência, alguma coisa que seja subordinada. Porque o status do senhor só poder ser mantido pela propriedade dos escravos, ele não tem uma independência perfeita. A própria ideia de independência implica seu oposto – a dependência –, e independência *inclui* dependência em seu próprio cerne. (Mais uma vez nós vemos a ideia mestra de HEGEL: há identidade na diferença, e é parcialmente correto e parcialmente errado dizer que um senhor é independente.)

A própria necessidade do senhor de ser reconhecido e, por meio desse reconhecimento, chegar à realização como um tipo específico de sujeito, implica a existência de outros sujeitos. Assim, a existência de outros sujeitos dá repouso à singularidade do senhor. Mas a própria singularidade da consciência realizada no senhoril é dependente de uma condição que contradiz sua verdade. Isto, então, torna a relação senhor-escravo uma relação instável.

O senhor tenta manter essa verdade oculta, para suprimi-la, tornando o controle sobre o escravo cada vez mais arbitrário, de modo que o tratamento que o escravo recebe é completamente dependente da vontade do senhor. Quanto mais arbitrário o controle, mais completa a dependência do escravo, e, consequentemente, maior a sensação de independência do senhor. Mas isto é claramente uma autoanulação, pois essa consciência de independência requer a existência de alguma coisa a subordinar e alguma coisa que possa reconhecer a dominação do senhor.

Essa relação também é instável porque a dependência do escravo não é unilateral; ela também contém seu oposto, a independência. Pelo trabalho, o escravo se torna mais consciente de sua própria realidade. Os bens são produzidos ao comando do senhor, mas o escravo, por meio disso, desenvolve habilidades e se conscientiza de que o senhor depende do seu trabalho. Faltando-lhe as habilidades do escravo, o senhor depende dele ou dela para ter os bens essenciais.

Agora, cada um deve pensar sobre si mesmo de maneira contraditória. Cada um tem poder sobre o outro, e cada um deles depende do outro. Mas existem diferenças. Por exemplo, o escravo tem medo e está em constante perigo por causa de seu senhor, que tem o poder de vida e morte sobre ele. E porque o escravo desenvolve uma confiança crescente devido à dependência do senhor no seu trabalho, como também um crescente sentido do valor de sua habilidade, a preocupação do senhor aumenta, pois ele precisa cada vez mais do trabalho do escravo. Quando o escravo se torna consciente da diferença entre o "eu" dependente e o "eu" independente, entre o que é subordinado e o que é livre, a relação senhor-escravo fica psicologicamente rompida. Isto acontece quando o escravo encontra uma área em que o senhor não pode controlar: a dos seus pensamentos, e compreende que estes são inalienáveis.

Embora o escravo experimente a independência, ou liberdade, por causa de seus pensamentos serem posses inalienáveis, o mundo externo nega essa independência porque legalmente trata-se de um escravo. Assim, o escravo se torna estoico, negando a significância do mundo externo. O estoico se exclui do mundo externo por meio de uma indiferença para com ele. Desta maneira, a "oposição" é superada, mas, na prática, o estoico continua obrigado, ou limitado. Esta posição também é instável, pois ela contém a inverdade de que se é independente e de modo algum dependente. O estoico progride então para o cético. O cético duvida de tudo, ou, pode duvidar de tudo em alguma medida, e, desse modo, exibir ainda outro tipo de domínio sobre as coisas, outra maneira de superar a oposição.

Essa é a relação senhor-escravo na *Fenomenologia* de HEGEL. Vemos na sua análise dessa relação os princípios que animam seu sistema. Também vemos o valor de sua obra em relação a estes seus detalhes. A relação senhor-escravo, por exemplo, lança bastante luz sobre certos aspectos em toda relação de subordinação e dominação. Ela pode nos guiar em uma avaliação das relações que são destrutivas e quais não são, e também por quê. A dinâmica que ele apresenta pode ser usada para se estudar a relação marital; a relação entre professor e aluno, pai e filho, empregado e empregador, pastor e pastoreado, conselheiro e cliente; e também a relação entre Jesus e seus discípulos; a relação de Jesus com Deus; e a relação de Deus conosco. Assim, HEGEL pode ser de grande valor mesmo se não aceitarmos toda sua filosofia. Não é necessário acreditar que a história seja a autorrealização do Espírito Absoluto para encontrar partes da filosofia de HEGEL que sejam úteis e que iluminem certas áreas da vida.

Vamos observar agora outro resultado do sistema de HEGEL. Em vez de começar com o desenvolvimento da consciência a partir das mentes finitas, começaremos com a Mente Absoluta. Consideraremos todas as coisas como manifestações da Mente Absoluta e veremos como isso afeta o cristianismo. Esta apresentação será baseada nas *Lições sobre a Filosofia da Religião*[1], em que HEGEL descreve o surgimento da religião a partir de suas formas mais primitivas até a mais elevada de todas as religiões, que, de acordo com HEGEL, é o cristianismo. HEGEL interpreta o cristianismo em termos do seu sistema. Ele diz que a verdade tem diferentes expressões em cada um dos três domínios do Espírito Absoluto: arte, religião e filosofia. As expressões artísticas comunicam mais no nível do sentimento; a religião expressa a verdade em representações sensíveis; a filosofia expressa a verdade conceitualmente, ou na forma de razão. Não há nenhuma intenção de denegrir nessa classificação, afirma HEGEL, porque todo tipo de expressão é necessário. Trata-se simplesmente de diferentes tipos de expressão, que são elencados de acordo com a "capacidade de cada qual conhecer" a verdade suprema. .

Vamos agora observar as considerações de HEGEL sobre a natureza do cristianismo e particularmente sua visão de Cristo dentro da estrutura de sua filosofia. Para HEGEL o problema básico na religião e na filosofia, na vida pessoal e na reflexão, é a reconciliação. Na religião cristã, nós somos familiarizados com a necessidade de reconciliação; consideramos a reconciliação primariamente como uma transação entre um Deus *santo*, por um lado, e uma criatura *pecadora*, por outro. Para HEGEL a *oposição* entre Deus e a criatura é aquela entre Infinito e finito. É a fenda que deve ser reparada.

Os seres humanos estão em um estado maléfico porque eles são finitos; sua finitude em si mesma é má. Isto não quer dizer, no entanto, que toda a natureza seja má, pois a natureza em si mesma não pode estabelecer diretamente comunhão com Deus como os seres humanos podem. Os seres humanos, porque são seres pensantes com a capacidade de comunhão com Deus, estão na condição do mal simplesmente por existirem. Eles são em parte seres naturais com corpos, desejos e impulsos. Se eles não fossem nada mais que seres naturais, eles seriam inocentes. Desde que é seu potencial natural estabelecer relação com Deus, sua existência natural em si mesma deve ser vista como

---

[1] Nota do trad.: Título original em Alemão: *Vorlesungen über die Philosophie der Religion*.

Capítulo X

má. Podemos dizer que em Hegel a finitude é má. Por chegarmos à autoconsciência e reconhecimento de nós mesmos como seres independentes, entramos em um estado maléfico, mas também entramos em um estado em que nosso destino é nos relacionar com Deus. Até esse destino ser alcançado, nós permanecemos no estado maléfico.

Vamos agora nos voltar para uma descrição do outro lado da oposição, o Infinito. Hegel insiste que o que quer que seja real deve se tornar concreto e manifestar-se no mundo. Falar de coisas meramente como ideias é falar de abstrações. A menos que as ideias tomem a forma sensível no tempo e espaço, elas são absolutamente irreais (o reino numênico das coisas-em-si de Kant). Isso é verdade também em relação a Deus. Para ser real, Deus deve se tornar manifesto, deve se tornar revelado, deve se tornar conhecível. Assim sendo, Deus tem, entre outras coisas, liberdade absoluta, mas para torná-la atual e real, Deus deve garantir uma existência livre e independente a alguma outra coisa. Deus deve criar alguma coisa que seja diferente da divindade. (Deve-se ter em mente uma comparação com Boaventura sobre a autoexpressão de Deus, que se encontra próxima à parte final do capítulo I) Este outro, por ser independente e livre, expressa ou realiza a liberdade absoluta que está em Deus. Este "outro" independente é o mundo. Por outro lado, esta coisa que existe independentemente é a realização da *própria natureza de Deus* como alguém que possui liberdade absoluta. Esse outro que Deus criou é próprio de *Deus*, o outro *de Deus*. Por essa razão, Deus deve reconciliar esse outro com o divino; Deus deve superar a existência independente do outro, pois sua separação é, na verdade, a realização da natureza divina. Nesta oposição de um com o outro, Deus e o mundo independente devem ser reconciliados e a unidade restaurada.

Podemos ver agora, *de outra perspectiva*, que a finitude é má não porque ela é limitada, mas porque é apenas um estágio na realização, no tempo e no espaço, da natureza de Deus. O finito é mal quando é visto como um estágio que deve "passar" (ser elevado e tomar seu lugar em uma realidade mais completamente realizada). O finito deve chegar a uma consciência de que ele não é verdadeiramente independente, mas que ele é unido ao Infinito como um estágio na vida da história do Infinito. *Nesse aspecto*, o finito não é mal em si mesmo, mas só em contraste com o estágio final de um processo.

Dentro desta estrutura, a queda, para usar a linguagem cristã, é necessária. A humanidade só pode existir em estado de queda. Ela é inevitável. O finito deve existir em independência, e existência independente para os seres humanos é má. Não obstante, o finito deve vir a existir a fim de que a natureza de Deus se realize no concreto, no tempo e espaço. A queda é um estágio necessário na vida de Deus.

A queda não é somente necessária; ela é também a fonte de um bem maior. Sem a finitude, Deus, em toda a riqueza da diversidade divina, permanece irrealizado. Deus permanece meramente potencial, não real. Por meio da queda, a riqueza de Deus torna-se real. A rica diversidade que vem a propósito da atualização de um mundo finito separado de Deus é, no estágio final, reconciliada. Toda existência separada é reunida em uma única unidade. Havia unidade no começo, mas esta era, por assim dizer, uma unidade vazia, uma unidade simples. No estágio final, a unidade que é realizada é rica e diversa, pois contém todo o universo, com sua imensa variedade, toda ela mantida junta em um vínculo, e com os seres humanos conscientes de sua unidade essencial com o divino.

O processo de reconciliação, então, é um processo em que os seres humanos tornam-se cônscios de sua unidade com o Infinito. Eles chegam a ver que toda existência, incluindo a deles mesmos, é a individualidade divina de Deus realizando-se no concreto. Através dessa consciência nos seres humanos, Deus chega a uma nova autoconsciência. Quando essa consciência acontece nos seres humanos, o finito cessa de existir como finito e torna-se cônscio de sua identidade com o Infinito. Esta é a reconciliação do finito com o Infinito.

HEGEL assim pôs uma base "objetiva", como é chamada em teologia (um fundamento ontológico), para a obra de reconciliação realizada por Cristo e experienciada pelo povo na igreja cristã. Ele é explícito em dizer que as pessoas chegam a uma *experiência* de reconciliação de muitas maneiras e não precisam ser conscientes das bases objetivas. Em resumo, a base objetiva para a reconciliação que nós experienciamos é que somos, na realidade, um com Deus, que não é essencialmente diferente de nós, nem totalmente estranho. Há uma continuidade entre nós e Deus. Se fôssemos completamente diferentes de Deus, não haveria nenhuma possibilidade de comunhão. Só podemos ser reconciliados com alguma coisa que seja essencialmente semelhante a nós. Nossa reconciliação é possível somente porque nossa separação é um estágio na verdadeira vida de Deus, somente porque nós somos essencialmente espírito, como Deus é Espírito.

A pessoa e a obra de Cristo devem ser entendidas nesse contexto objetivo. HEGEL diz que a encarnação é um evento necessário no processo vital de Deus. Ela tinha de acontecer porque as naturezas divina e humana não são estranhas. Esta é uma verdade básica sobre a natureza de Deus e, como já enfatizamos, tudo que é verdade da natureza de Deus *deve* tornar-se concreto no mundo do tempo e do espaço. Assim, visto que as naturezas divina e humana não são estranhas, deve haver no mundo, em algum momento do seu processo, algum *caso* de um Deus-humano. A verdade de que o Infinito e o finito são idênticos requer um evento de um Deus-humano, um caso concreto da união das naturezas Infinita e a finita. A Encarnação, ou a pessoa de Cristo, assim, mostra que a natureza finita é compatível com a natureza divina. Ela mostra que o finito é capaz de reconciliação com o Infinito.

O interesse de HEGEL por Cristo está primariamente em sua pessoa, nele como Deus-humano. Como Deus-humano, Cristo é um passo fundamental no processo histórico por meio do qual a oposição entre o Espírito Infinito e o espírito finito está sendo superada. Na ênfase sobre a pessoa de Cristo, HEGEL difere claramente dos pensadores iluministas, tais como KANT. Para eles, Cristo foi apenas um mestre de ética e um exemplo de vida moral. Mesmo nesses aspectos, ele seria descartável, pois a base da moral é a razão, não um mestre de moral ou um exemplo de virtude. O apoio de HEGEL à Encarnação, assim, reverte uma tendência na filosofa moderna.

HEGEL interpreta a obra de Cristo (sua vida, morte e ressurreição) a partir da perspectiva de que ele é o Deus-humano. Na vida de Cristo nós vemos o divino identificando-se plenamente com o humano por viver uma vida humana. Sua morte mostra uma identificação com a humanidade no nível mais alto, pois a morte é a marca crucial da humanidade. Cristo então suporta a morte para mostrar a total identificação do divino com o humano. Assim, a Encarnação (a pessoa de Cristo) e sua vida e morte (a obra de Cristo) apresentam a inviolabilidade do elo e da unidade essencial do Infinito como finito.

A morte de Cristo tem outro aspecto que se torna aparente somente com a ressurreição. A ressurreição mostra que o finito é destruído na morte do Deus-humano – isto é, todas as aspirações naturais e objetivos pessoais do indivíduo que existe independentemente para si mesmo são abdicados. Todos os objetivos egoístas são destruídos. Tudo que é humano e finito é visto como inapropriado para Cristo, enquanto o lado divino mostra ser não só a verdadeira natureza de Cristo, mas a nossa verdadeira natureza. Os objetivos egoístas, a existência independente, a finitude – estas não pertencem *essencialmente* aos seres humanos. Eles devem ser "abdicados" ou "absorvidos" em uma maior verdade sobre nós.

Assim, nós podemos dizer que a morte de Cristo não é meramente a morte de um indivíduo. Cristo morre por todos, e todos morrem em Cristo. Isso não é evidente a partir de um olhar sobre os eventos particulares em si mesmos. Quando os vemos isoladamente, eles são meros atos de um indivíduo. Todavia, quando entendemos, à luz da verdade objetiva (quer dizer, do sistema de HEGEL), esses eventos simples passam a ser vistos como um momento na vida divina de Deus. O Deus Infinito torna-se Deus-humano no tempo e espaço, morre e ressuscita para mostrar que o finito não existe verdadeiramente em independência, mas é idêntico ao Infinito, um estágio em sua vida. O finito, é claro, permanece, mas é transformado ao revelar-se como um estágio na vida do próprio Infinito.

O Encarnado que morre não morre apenas para ilustrar a verdade eterna da unidade subjacente. Jesus Cristo não é um acidente da história. A morte do Encarnado e a ressurreição tinham de acontecer. Os eventos são uma realização de parte da natureza de Deus, pois tudo o que Deus é deve aparecer de forma concreta no tempo e no espaço. Eles devem acontecer a fim de levar a consciência humana ao mais elevado grau de consciência sobre a unidade que existe entre Deus e a humanidade.

Algo que fascina na proposta de Hegel é que ela parece dar aos eventos na Palestina que envolveram Jesus Cristo um significado universal. Ela mostra como os eventos históricos têm significado *ontológico*. Todavia, um problema com a tentativa de tornar um evento histórico uma verdade válida universalmente é a tendência de reduzir o evento ao statu de mero revelador do que já estava lá. A insistência de Hegel, no entanto, de que para uma verdade ser uma, ela deve se tornar um evento no tempo e espaço, parece prover uma base para a afirmação cristã de que Cristo, em sua pessoa e obra, estabeleceu uma nova situação ontológica que é a base da reconciliação entre Deus e a humanidade. Uma vez que Deus e a humanidade são um, de acordo com Hegel, essa verdade deve se tornar real pela existência histórica de um Deus-humano.

Entretanto, o Encarnado não *cria* a possibilidade de reconciliação entre Deus e a humanidade. A base para a reconciliação sempre existiu, pois Deus e a humanidade têm uma unidade subjacente. É esse o ponto que Søren Kierkegaard (ver especialmente seu *Philosophical Fragments* [*Migalhas Filosóficas*]) e Karl Barth atacam, pois, para eles, isso é de importância decisiva. Para ambos, Deus é o "totalmente outro"; há uma "diferença qualitativa infinita" entre Deus e as criaturas. Somente pela graça de Deus (uma ação livre e amorosa), a comunhão entre Deus e os seres humanos é possível. O intermediário que estabelece a possibilidade dessa comunhão é a Palavra de Deus, que se tornou encarnada.

Pode-se perguntar também se, nos termos do próprio sistema de Hegel, pode haver somente um exemplo na história do divino que se torna um indivíduo particular. Esta questão foi primeiramente levantada por D. F. Strauss em sua *Vida de Jesus* (1835), um dos mais importantes estudos críticos sobre a vida de Cristo. Strauss pertencia a "ala esquerda hegeliana"; ou seja, ele apoiava a filosofia de Hegel, mas afirmava que ela era incompatível com o cristianismo, a despeito da afirmação de Hegel em contrário. (Já a ala direita hegeliana via uma completa congruência entre a filosofia de Hegel e o cristianismo.) Strauss argumentava que se existe uma identidade entre o Infinito e o finito, como Hegel afirma, então não é possível dizer que Deus se tornou uma pessoa particular. Pois visto que *todos* os seres humanos são divinos por natureza, mesmo que só implicitamente, uma explícita *unidade na raça*, antes que em um indivíduo, seria uma manifestação mais elevada dessa unidade. É impossível a uma única pessoa compartilhar ou exibir a unidade divino-humana singularmente.

Não é claro, no entanto, que Hegel quisesse sustentar que há verdadeiramente um exemplo, e unicamente um, de um Deus-humano no tempo. Há passagens que parecem indicar que a ideia de uma unidade divino-humana tornou-se vinculada a um indivíduo particular cuja vida expressasse a verdade da unidade divino-humana mais adequadamente. Essa vida particular difere apenas em grau das outras vidas que expressam a mesma ideia imperfeitamente. Além disso, há uma passagem em que Hegel parece dizer que é necessário às pessoas crer em um e somente um caso de Deus-humano, muito embora todos os seres humanos sejam, de fato, de um mesmo status ontológico. Assim, o status ontológico de Cristo não é realmente superior aos outros, mas é somente considerado ser. Essa crença é algo que fatalmente surgiu. Nesta passagem lemos:

> A unidade substancial é a natureza potencial do Homem; mas enquanto essa natureza implícita existe em favor do Homem, ela permanece acima e além da consciência imediata, da consciência e conhecimento ordinários;...
> Isso explica porque essa unidade deve aparecer, para outros, na forma de um homem individual destacado ou excluído do restante dos homens, não como representando todos os homens individuais, mas como Um do qual eles são excluídos. ...[2]

Essa passagem contém o germe da tese principal de outro influente participante da ala esquerda hegeliana, Ludwig Feuerbach. Ele afirma que a natureza essencial da humanidade – nossa identidade com o Infinito – não é parte de nossa consciência imediata. Assim, nós somos levados a pensar sobre ela como unicamente realizada em uma pessoa

---

[2] G. W. Hegel, *Lectures on the Philosophy of Religion* [Lições sobre a Filosofia da Religião], trad. a partir da 2ª ed. alemã por E. B. Speirs e J. Burdon Sanderson, (Londres: Kegan Paul, Trench, Trübner, & Co., 1815), 3:73.

apenas e que somos deixados de fora, ou excluídos, de nossa própria natureza essencial. O que é implícito em nós, nosso potencial, não se torna realizado. O cristianismo – a crença na singularidade de Cristo como o Deus-humano –, assim, se torna uma forma de alienação de nossa própria natureza.

Em seu livro *A essência do cristianismo* (1841), FEUERBACH rompe com HEGEL. Ele rejeita a teoria de que a história é o processo do Absoluto encontrando-se a si mesmo no "outro". A religião não é a representação em forma sensível de sua verdade filosófica. A religião é, em vez disso, uma projeção dos atributos da natureza humana em um ser imaginário (Deus). As características humanas que nós admiramos, tais como poder, bondade, pureza moral e inteligência são atribuídos à divindade. Isso é verdade para todas as religiões. Examine a divindade ou divindades de um povo, e poderá determinar as características humanas que aquele povo valoriza.[3]

FEUERBACH explica o mecanismo psicológico de projeção postulando nos seres humanos um impulso interno para aperfeiçoamento deles mesmos. Nós nos tornamos conscientes de nossa fraqueza atual porque temos inconscientemente um ideal de natureza humana perfeita. Por sermos menos do que aspiramos ser, tomamos o ideal padrão (ou essência) e o projetamos na divindade. Deus passa a ter, assim, as perfeições que nós devemos ter. Logo, podemos escusar nossas falhas afirmando que somente a divindade é perfeita e nós somos mortais e criaturas imperfeitas. Apelamos à divindade para nos aperfeiçoar pela graça, e assim nos tornamos passivos em vez de procurar ativamente por nosso aperfeiçoamento.

FEUERBACH acredita que a religião nos mantém alienados de nossos verdadeiros "eus". A tarefa da filosofia é restaurar a humanidade a si mesma pela nossa libertação das ilusões religiosas. Ele, portanto, rejeita o Absoluto hegeliano como uma ficção; rejeita a filosofia de HEGEL porque ela é uma mera imitação da religião, e a vê como perpetuadora

---

[3] Ver E. E. Evans-Pritchard, *Theories of Primitive Religion* [*Teorias sobre a Religião Primitiva*], (Oxford: Clarendon Press, 1965), para uma importante crítica às teorias da projeção em relação às origens da religião de Feuerbach, Freud e Durkheim.

de nossa alienação. No século XX, KARL BARTH endossou a crítica de FEUERBACH de que a religião e, em particular, a teologia do século XIX, é uma projeção humana (antropologia). Diferente da "religião" e da teologia do século XIX que começou "de baixo" com um estudo da consciência humana, da condição humana e depois subiu o monte, o cristianismo e a teologia cristã começam com a revelação divina que "vem de cima". Assim, BARTH afirma que o cristianismo não é uma projeção.

O próprio HEGEL afirma que há uma compatibilidade entre sua filosofia e o cristianismo. Essa declaração e as tendências inerentes a sua filosofia que são contrárias ao cristianismo permanecem na base da cisão entre seus seguidores em uma ala esquerda e outra direita. Eles foram cindidos pela *Vida de Jesus* de STRAUSS. STRAUSS não só aponta para o fato de que o hegelianismo e a doutrina ortodoxa da encarnação são incompatíveis, como também argumenta que as narrativas do Novo Testamento têm pouco da verdade. Elas não podem ser consideradas como simbolicamente equivalentes à declaração filosófica da verdade. Elas são mitos – isto é, são meras expressões das aspirações da comunidade cristã original. STRAUSS procurou dissociar o hegelianismo do cristianismo completamente.

O repúdio de FEUERBACH à avaliação positiva da religião por parte de HEGEL, e especificamente do cristianismo, foi ainda mais radical, pois ele chegou a rejeitar a interpretação da realidade de HEGEL como uma manifestação do Absoluto. Essa rejeição formou a base da afirmação de KARL MARX de que era necessário "colocar HEGEL de cabeça para baixo". MARX decidiu que o que move a história não é a Ideia Absoluta realizando-se a si mesma no tempo, mas as forças econômicas. MARX mantém a lógica dialética, mas vê a história como a manifestação da luta de classes. MARX completou as revisões que a ala esquerda fez a HEGEL atacando as visões políticas de HEGEL.

HEGEL acreditava que todas as relações humanas encontram sua culminação no Estado. O Estado é o clímax da manifestação da Ideia Absoluta nas relações sociais. Mas MARX objetou. A origem do Estado não é "de cima", por assim dizer. Ele desenvolve-se a partir das relações sociais humanas. Essas relações têm sua base nas relações econômicas, na luta do povo com a natureza para conseguir seu sustento. A alienação da consciência, então, não começa na dialética do movimento exterior da Ideia Absoluta ao mundo natural (natureza). Antes, a alienação é causada pelo distanciamento dos seres humanos do produto de seu trabalho. Só o labor humano acrescenta valor à natureza, mas ao trabalhador é pago um salário, em vez do pleno valor do produto do seu labor. A mais-valia fica retida como lucro pelo proprietário dos meios de produção. Logo, o trabalhador é explorado. Uma sociedade socialista, pela eliminação da exploração econômica, permitirá às pessoas permanecerem propriamente relacionadas ao seu trabalho e, assim, humanamente relacionadas à matéria, ou mundo natural.

Na metade do século XIX, a ala direita Hegeliana desapareceu, e a ala esquerda prevaleceu. Ela havia, com efeito, repudiado a HEGEL. Sua filosofia, em sua mais própria integridade, não era mais significativamente representada por qualquer pensador; parcialmente por causa dos desenvolvimentos da ala esquerda hegeliana previamente descrita, mas também por causa dos rápidos desenvolvimentos das ciências físicas no século XIX que desacreditaram a filosofia da natureza de HEGEL, a segunda das três maiores divisões do seu sistema (lógica, natureza e espírito). Todavia, a filosofia de HEGEL não estava morta. Ela estimulou indiretamente o idealismo britânico (*ca.* 1865-1920) e também foi retomada em várias formas em muitos países europeus e nos Estados Unidos.

Capítulo XI

A BUSCA POR SIGNIFICADO NA FILOSOFIA CONTEMPORÂNEA

Existencialismo, Fenomenologia e Hermenêutica

Mais uma vez, nossa preocupação é com a filosofia que importa para a teologia. Este capítulo e o seguinte não compõem uma visão completa da filosofia do século XX. A teologia no começo do século XX, e por muitas décadas, não se desenvolveu em resposta aos movimentos filosóficos contemporâneos. Entre os católicos romanos, o resgate de Tomás de Aquino floresceu no século XIX. Seus mais notáveis e influentes filósofos, Jacques Maritain (1882-1973) e Etienne Gilson (1884-1978), conquistaram reputação internacional. Um dos seus pioneiros, Maurice de Wulf (1867-1947), defendia que muitas ideias do escolasticismo deveriam ser simplesmente abandonadas, especialmente as relacionadas à cosmologia e física, mas que muitos dos princípios constitutivos, ou conceitos básicos, são frutuosos ainda hoje. Visto que eu tenho seguido a interpretação de Gilson sobre Tomás de Aquino, não há nenhuma necessidade, para os nossos propósitos aqui, de falar mais sobre o neotomismo.

Entre os protestantes, o teólogo dominante, Karl Barth, rompeu decisivamente com o otimismo liberal do século XIX. Nos primeiros dois volumes de sua *Dogmática da Igreja* ele se referiu ao filósofo dinamarquês Søren Kierkegaard (1813-1855) como alguém que, acima de tudo, se colocara contra a redução da teologia à antropologia, ou às mais elevadas dimensões do espírito humano. Até então, Kierkegaard havia sido negligenciado na teologia. É por essa razão que vamos falar de Kierkegaard neste capítulo, embora ele tenha falecido em 1855.

Kierkegaard objetou a afirmação de Hegel de que sua filosofia era uma expressão filosófica do cristianismo, e atacou tanto Hegel quanto aqueles líderes da igreja que haviam aceitado essa ideia. Kierkegaard protestou dizendo que os cristãos haviam se esquecido do que é o cristianismo; caso contrário, as pessoas teriam se decepcionado com a afirmação de Hegel. Em sua descrição do que é tornar-se cristão, Kierkegaard desenvolveu uma análise original da existência humana que influenciou significativamente o movimento do século XX conhecido como *existencialismo*, que, por sua vez, influenciou a teologia.

As convicções básicas de Hegel de que há uma continuidade entre todas as coisas e que a razão tem o poder de revelar essa continuidade levou Kierkegaard a dizer que Hegel havia se esquecido do que é ser um ser humano *existente*. Os admiráveis progressos que Hegel foi capaz de expor em relação a cada aspecto da cultura não desobrigou o indivíduo a se iniciar como um "primitivo" em dois aspectos vitais. Nos campos da ética e religião não há acumulação pela espécie humana, de modo que um indivíduo existente não herda nada na medida em que se informa sobre as realizações da espécie. A ética e a religião não são partes de uma "subjetividade" própria do indivíduo (ele ou ela), a menos que elas sejam adquiridas ou apropriadas pelo próprio indivíduo.

A ética e a religião não podem ser apropriadas "objetivamente" como, por exemplo, nós adquirimos um conhecimento de física newtoniana pelo uso de nossa razão. Nós observamos a manifestação das leis do movimento e, assim, apreendemos sua verdade. As afirmações da ética e a religião têm a ver com o tipo de *sujeito* que ele ou ela devem *tornar-se*, e não com uma exposição sobre os objetos (ou mesmo com as verdades *sobre* os sujeitos). Um ser humano existente deve decidir, ou escolher, *tornar-se* um indivíduo ético ou religioso. Não se é "imediatamente" ético ou religioso; ao mesmo tempo, não há transição possível entre essas esferas por meio de informações e demonstrações. Se fosse possível a uma teoria ou filosofia dizer o que um indivíduo é – determinar completamente o tipo de ser humano que ele é – então essa pessoa deixaria de ser um *indivíduo*, ou seja, alguém responsável pelo que é e pelo que se torna ou não. Se nós não tivéssemos essa liberdade, não seríamos mais responsáveis pelo que nós somos. Assim, em KIERKEGAARD, a escolha ou decisão destacam-se como a característica mais importante da existência humana.

Dada a afirmação de HEGEL do conhecimento absoluto, uma transição para o cristianismo não envolveria nenhuma mudança essencial no indivíduo. Os seres humanos possuem uma identidade *implícita* com o Infinito; bastaria a ela, então, se tornar *explícita*. Assim, tornar-se um cristão significaria simplesmente saber conscientemente o que, antes, não se sabia conscientemente. Não há *ação* (decisão) requerida da parte do indivíduo ou da parte de Deus para que se estabeleça um vínculo, uma relação. O que se alcança, ao tornar-se cristão, é simplesmente o conhecimento consciente de uma unidade ou vínculo que sempre existira.

KIERKEGAARD insiste que no cristianismo há uma diferença radical entre Deus e os seres humanos ao ponto de nossa relação com Deus requerer tanto a ação divina como a ação humana. O obstáculo entre nós e Deus não é apenas ignorância, como em HEGEL, mas também *pecado*. O pecado também só poder ser superado por meio de ação divina. A ação de Deus em Jesus Cristo superou a barreira do pecado e abriu-nos a possibilidade de reconciliação. Estar reconciliado não é meramente conhecer essa possibilidade, mas realizá-la, nós mesmos, por nossa resposta de fé. É ter fé no que não se pode conhecer, visto que a reconciliação é possível por um único e livre ato de Deus. Que tal ato tenha acontecido é um fato que não pode ser conhecível ou verificável pelo que nós podemos aprender sobre o movimento dialético da história de HEGEL.

O que nós podemos, é claro, é ouvir a respeito do ato de Deus. Tal "comunicação direta", no entanto, pode, no melhor dos casos, apenas predispor uma pessoa a reconhecer que o cristianismo seja verdade. Por mais que nós possamos encontrar suporte para essa possibilidade, por meio de estudos filosóficos ou históricos, nunca nos libertaremos da necessidade de responder pela fé, por meio de nossa própria e decisiva escolha. É preciso aceitar a responsabilidade a fim de se tornar um cristão.

Tornar-se um cristão, então, requer um distanciamento "da especulação" para uma posição de responsabilidade diante das afirmações éticas e o cristianismo. Cada pessoa deve se aventurar na fé, o que, no ponto de vista do "pensamento objetivo", é agir sem razão suficiente. Mas, na verdade, uma pessoa que tem fé *tem* razões para agir. KIERKEGAARD descreve o que *motiva* ou move uma pessoa a escolher reconhecer a validade das obrigações éticas e responder com fé ao Evangelho cristão. Nos anos de 1970, esta posição ficou conhecida como antievidencialismo.

Do ponto de vista da questão: "Como tornar-se um cristão?", há somente duas escolhas na vida de uma pessoa que importam. Primeiro, há a escolha entre reconhecer a realidade do bem e do mal ou não reconhecê-la. Não se trata aqui de uma escolha *entre* o bem e o mal; trata-se de uma escolha entre reconhecer que o bem *e* o mal têm significado para a própria vida ou excluir o bem e o mal como fatores na vida. Nenhuma teoria *sobre* ética pode poupar uma pessoa dessa decisão. Um indivíduo é motivado a reconhecer ou, melhor ainda, a entrar no domínio da ética por causa do aborrecimento intolerável e desespero. Somente a realidade da obrigação ética nos liberta do aborrecimento intolerável e desespero e dá significado ao que a pessoa é, a seus interesses e ao que ela faz. De outra forma, os interesses do indivíduo e o que ele faz seriam meras preferências pessoais. Gostar de sorvete de baunilha é uma preferência pessoal e é, portanto, insignificante. Assim é também todo o resto que me interessa, quando a realidade da obrigação ética não é reconhecida. A segunda escolha é tornar-se religioso. (KIERKEGAARD trata o cristianismo como religião *A* e as outras religiões como religião *B*, mas não é necessário entrarmos nesta problemática aqui.) As dificuldades que um indivíduo tem, na tentativa de cumprir as exigências éticas, pode motivá-lo a tornar-se religioso. Com o tempo essa pessoa fica sobrecarregada pela culpa ou fatigada pelo esforço em ser moral. Tais razões podem fazer com que um indivíduo se volte para o cristianismo. Tais razões significam que o "salto da fé" não é, de forma alguma, arbitrário ou irracional, como KIERKEGAARD foi frequentemente interpretado. Tais razões não estabelecem a realidade das obrigações éticas nem a verdade do cristianismo, mas elas dão ao indivíduo razões para tornar-se ético ou para tornar-se cristão.

BARTH ficou profundamente impressionado com a ênfase de KIERKEGAARD no Deus que é o "totalmente outro" e estabelece livremente a base de uma relação entre Deus e os seres humanos, em contraste com a ênfase de HEGEL sobre a implícita unidade entre Deus e os seres humanos. BARTH também insiste que não há conceitos ou categorias disponíveis a nossa razão que nos capacitem a aumentar nosso conhecimento sobre a existência ou natureza de Deus e, assim, nesse ponto, ele apoia o embargo de KANT a um conhecimento metafísico de Deus. Ele repudia também o idealismo filosófico de HEGEL e a teologia natural de TOMÁS DE AQUINO (como ele a entendia). BARTH foca sobre a ação de Deus em sua autorrevelação como a única e suficiente base da teologia. A Palavra de Deus é o ato fundamental da revelação de Deus: a Palavra de Deus torna-se encarnada como Jesus Cristo. (A Escritura é um testemunho da Palavra de Deus, e a Palavra é conhecida e torna-se presente na proclamação e sacramentos.) A revelação de Deus é "autoautenticante", isto é, nós não temos nenhum critério extrínseco pelo qual julgamos sua autenticidade. A barreira de KANT ao *conhecimento* de Deus é quebrada pelo milagre da autorrevelação de Deus em Jesus Cristo. Assim, KIERKEGAARD e BARTH não ficam abalados pela visão de que toda verdade afirmada deve ser fundamentada com base em evidências (no sentido de "fundamentos objetivos"), nem afetados pelo recente colapso do fundacionismo da filosofia moderna (que será tratado no próximo capítulo). As visões de BARTH são em grande parte uma revitalização do protestantismo, comparável à revitalização do escolasticismo medieval promovida pelo movimento neotomista iniciado no século XIX e XX. Todavia, a posição barthiana guarda mais traços da terminologia filosófica moderna do que o movimento neotomista, pois BARTH, embora repudie a filosofia de HEGEL, usa muitas palavras associadas ao hegelianismo.

KIERKEGAARD é uma grande fonte do existencialismo do século XX, mas seria incorreto chamar KIERKEGAARD de existencialista. Ele estava preocupado em como se tornar e ser um cristão, enquanto o existencialismo se pergunta o que é ser um ser humano. Essa observação pode erroneamente sugerir que para ser existencialista deve-se guardar um conjunto de doutrinas. O rótulo "existencialismo" se refere aos *temas* que ocorrem em inúmeros escritores, e que diferem de KIERKEGAARD em outros aspectos e também uns dos outros. Dois desses temas já foram mencionados: a irredutibilidade e primazia do indivíduo e uma ênfase na escolha. KIERKEGAARD e os existencialistas também mantêm o foco sobre as situações extremas nas quais as maneiras normais e familiares de compreensão e modo de vida não têm êxito. A ordem de Deus a Abraão para sacrificar seu filho significa para KIERKEGAARD que Abraão não tinha nenhum sistema ético ou qualquer teologia que justificasse o assassinato de seu filho. Ao citar situações semelhantes a essa, KIERKEGAARD e os existencialistas procuram nos revelar nossa própria individualidade e nos levar a aceitar a responsabilidade por nossas próprias ações e pelo tipo de pessoas que somos, sem o apoio da filosofia, ciência, ou religião. Assim, o indivíduo deve enfrentar o universo sem nenhum esquema racional para dominá-lo ou controlá-lo.

O existencialismo, por sua preferência pelas situações extremas, chama a atenção para a contingência na natureza e nas relações sociais. GUILHERME DE OCKHAM, que rejeitou as essências aristotélicas nas coisas, e DAVID HUME, que não podia encontrar conexões necessárias entre as coisas, haviam também descrito a contingência. Os existencialistas, no entanto, descrevem como os seres humanos experienciam a contingência sem o conforto do Deus de OCKHAM (que faz a natureza se comportar de uma maneira regular por vontade divina) e sem a complacência de HUME (que acreditava que nós não tínhamos nenhuma opção *na prática* senão depender apenas de nossos instintos). O caráter neurótico e alienado do personagem Roquentin de JEAN-PAUL SARTRE (1905-1980), em *La Nausée* [*A Náusea*], é o exemplo mais conhecido sobre a experiência humana da contingência na literatura existencialista. Como ainda veremos no próximo capítulo, essa ênfase na contingência, tanto na filosofia de língua inglesa como na continental, é o que tem formado o antifundacionalismo.

O próprio KIERKEGAARD acreditava firmemente em Deus. Sua ênfase nas limitações da razão não surge de um embate com o problema filosófico das conexões entre as coisas na natureza ou as limitações da razão na ciência. É a firme reivindicação de HEGEL de ser capaz de compreender a vida ética e religiosa pela razão que desencadeia essa ênfase. A interpretação de KIERKEGAARD da vida como algo repleto de aborrecimento, ansiedade e medo vem de uma compreensão da vida sem Deus por uma pessoa que acreditava em Deus. Ele explicou como se chega à fé e se vive na fé. Ele também descreveu pessoas comuns em situações comuns (por exemplo, o juiz em *Ou-Ou*) e não apenas pessoas em situações extremas. Muitas vezes seus livros explicitamente cristãos, tais como *Obras do amor*, são ignorados pelos filósofos.

O existencialismo de JEAN-PAUL SARTRE oferece uma análise da vida humana em que não há, de fato, nenhum Deus – em contraste com o que se assemelharia à vida de uma pessoa que simplesmente não tem fé. SARTRE também afirma que não existem valores, exceto aqueles projetados pelos seres humanos e que eles não têm suporte em nenhum suposto ser sobrenatural na natureza física ou na natureza humana. Assim, a "absurdidade" significa coisas diferentes para os dois escritores. Para KIERKEGAARD, não há nenhuma maneira de explicar a brecha (pecado) entre nós e Deus; nenhuma maneira de explicar nossa alienação de Deus; nenhuma maneira de explicar como o eterno pode se tornar o que Deus não é – humano. Logo, a filosofia e a ciência, que procuram os primeiros princípios imutáveis, não podem compreender, tal como um "primeiro princípio", como um agente se torna o que Deus não era, humano, de modo que, pela mudança ontológica de Deus, nosso status ontológico em relação ao divino também é alterado. A possibilidade de reconciliação é criada pela ação divina. KIERKEGAARD procura expor as maneiras pelas quais o cristianismo foi atenuado e alterado por HEGEL e pela aceitabilidade social das instituições cristãs a ponto de a "absurdidade" do Evangelho e, consequentemente, sua ofensa serem neutralizadas e tornadas imperceptíveis. Assim, com tais narrações, como o quase sacrifício de Isaque por Abraão, KIERKEGAARD mostra o temor e tremor com que nós devemos nos aproximar de Deus, em vez de sentimentalizar o cuidado de Deus como algo que sempre provê uma saída para nós em tempos de tribulação. As ações de Deus não podem ser racionalizadas ou compreendidas por quaisquer princípios da razão, seja *a priori*, como em KANT, ou *a priori* se desenvolvendo em lógica, natureza e espírito, como em HEGEL. As únicas reações às ações de Deus (se pudermos realmente ver o que está implicado nas afirmações cristãs) são a de fé ou a ofensa pela absurdidade delas.

Para SARTRE a absurdidade está totalmente dentro do ser humano. Nós almejamos plenitude e completude, mas somos livres e, consequentemente, nunca seremos capazes de ser como objetos, que são *en soi* ("em si mesmos" ou completos). Objetos simplesmente são o que são. Os seres humanos não são objetos, mas sujeitos. Sujeitos "existem", então eles nunca "são". Isto é, eles nunca alcançam uma completude por causa de sua liberdade de sempre poder mudar. Por causa de sua inescapável liberdade, os indivíduos nunca são completamente o que eles parecem ser em seus papéis sociais, seja para terceiros, ou para si mesmos. Nós não temos nenhuma essência para ser completada ou plenificada. Nós temos então características contraditórias: o desejo de ser completo (*en soi*) e a incapacidade de se tornar completo. Nossa liberdade condena a paixão pela completude à futilidade, ainda mais porque nós nunca podemos abandonar essa paixão. Assim, os seres humanos são absurdos.

É preciso ter coragem para arrancar a máscara da sociedade e dos nossos papéis sociais e assim experienciar a contingência resultante. A contingência nos dá vertigem porque não podemos nos orientar a partir de nenhum ponto fixo externo ou interno a nós para nos prover nossa identidade. As únicas opções são ou um franco reconhecimento de que não podemos dar sentido ao universo e a nós mesmos, ou agir de *mauvaise foi* ("má-fé", ou em autoengano). Para viver autenticamente, devemos ver essa absurdidade claramente e não nos enganarmos com o conforto que encontramos na ocultação de nossa contingência por meio da "ciência objetiva", papéis sociais ou religião. Nós então reconhecemos que as coisas que valorizamos e de que cuidamos são, na realidade, nossos próprios projetos, ainda que pessoalmente tomemos toda responsabilidade por sua validade mantendo-os apaixonadamente e com integridade. É nisso, o que parece ser a conclusão de SARTRE, que os seres humanos têm sua dignidade. Como veremos no próximo capítulo, a exposição de SARTRE da "má-fé" na sociedade e na política influenciaram profundamente a criação do "desconstrucionismo" na geração seguinte dos intelectuais franceses, FOUCAULT e DERRIDA.

Embora SARTRE rejeite totalmente o sistema racional de HEGEL, ele está enormemente em débito com a *Fenomenologia do Espírito*, especialmente no que se refere ao tema da "negação". A negação, em HEGEL, é o meio pelo qual a dialética da mente se move para formas mais novas de consciência. Esse conceito mantém afinidades com a ênfase de SARTRE na liberdade (que nega toda identidade que nós alcançamos). SARTRE não foi direta e significativamente influenciado por KIERKEGAARD, mas por temas kierkegaardianos que ele encontrou na obra de MARTIN HEIDEGGER, para quem agora dirigimos nossa atenção.

HEIDEGGER (1889-1976) permaneceu associado a EDMUND HUSSERL (1859-1938) por muitos anos, e trabalhou como um dos editores da série intitulada *Jahrbuch für Philosophie und phänomenologishe Forschung* [*Anuário de Filosofia e Pesquisa Fenomenológica*]. Sua maior obra, *Ser e Tempo* (1927), apareceu nessa série. A filosofia de HEIDEGGER é muito diferente da de HUSSERL – tanto mais porque se HUSSERL for tomado como o padrão para o que a fenomenologia pura é – o que frequentemente é feito – então, HEIDEGGER não pode ser considerado um fenomenólogo. HUSSERL, acima de tudo, procurou trazer à luz o que está implícito nos atos que realizamos em nossa vida diária. HEIDEGGER tenta abrir o caminho de volta ao que se tornou totalmente estranho a nós, nos conduzir de volta ao fundamento da metafísica, ao Ser (*Sein*). Todavia, não podemos redescobrir o Ser refletindo sobre o mundo que nos é familiar. Pois o Ser está tão esquecido que o contexto em que nós falamos sobre nosso mundo torna qualquer uso da palavra "Ser" vazio e sem significado.

Podemos perceber rapidamente a novidade do pensamento de HEIDEGGER se considerarmos suas observações sobre a questão colocada por LEIBNIZ: "Por que há alguma coisa ao invés de nada?"; consideração que apareceu em uma introdução a uma obra posterior dele, *O que é metafísica?* HEIDEGGER vê a pergunta de LEIBNIZ como uma questão metafísica, concernente à primeira causa *entre os seres*. Ele é crítico a essa ideia porque tal ser supremo é ainda um ser, mesmo se for o mais elevado e a causa de todos os outros. (Nisso, HEIDEGGER interpreta mal LEIBNIZ). HEIDEGGER está preocupado em tentar recuperar a verdade do Ser, que está oculta nos seres. Ele diz que sua questão é diferente da de LEIBNIZ. Sua questão é: "Por que há alguma coisa ao invés de Nada?" Como vemos, ele nos diz, o "Nada" aqui tem inicial maiúscula para deixar claro que o foco de sua preocupação não é os *seres*, mas o Nada. O Ser está tão esquecido ao ponto de podermos apenas ter a esperança de notar sua ausência, no nosso pensamento, ao falarmos do Nada. Em todos os lugares, os seres têm precedência e reivindicam tudo que "é", enquanto que, o que não é um ser, é entendido como Nada. Ainda assim, ele mesmo é Ser em Si Mesmo e permanece esquecido. HEIDEGGER distorce total e deliberadamente a linguagem a fim de nos dar a possibilidade de ver como muito do nosso atual ato de pensamento e linguagem ocultam o Ser. Em vez de ser uma palavra vazia – um nada – Ser é a mais rica e mais importante de todas as realidades. Até aqui, a filosofia de HEIDEGGER se parece muito com o raciocínio encontrado na teologia negativa da Igreja antiga.

Em *Ser e Tempo*, HEIDEGGER reivindica ter dado os primeiros passos em direção ao restabelecimento da "questão do Ser". Ele faz isso por meio de um estudo do modo dos seres humanos existirem. Ele se refere ao nosso ser como *Dasein*, que literalmente significa "ser-aí". Na filosofia alemã significa "existência". HEIDEGGER toma o termo literalmente e, não obstante, diz que a existência humana é "ser-aí". Nós somos diferentes das rochas, árvores e animais porque podemos questionar nossa identidade e ter uma abertura ao ser. As outras coisas simplesmente "são"; nós "existimos". Assim, em *Ser e Tempo*, HEIDEGGER examina a existência humana não por causa de si mesma – e, consequentemente, não como um existencialista de matiz sartriana – mas como o ser que pode levantar a questão sobre seu próprio ser e, por essa abertura, nos dar acesso ao próprio Ser. *Ser e Tempo* é, assim, um estudo preparatório, pois o interesse de HEIDEGGER não está nos seres humanos enquanto tais. Já estamos concretamente envolvidos, por nossa própria existência com a questão do Ser, porque precisamos *nos tornar* alguma coisa. HEIDEGGER chama esse inescapável comprometimento de "questão *existentell*". Em contraste a isso, um estudo explicitamente teorético, tal como o seu, sobre a estrutura do ser trata da "questão existencial". Mas, mesmo no estudo teorético, nós não somos espectadores. O que nós somos como seres existentes, *mostra*-se a nós uma vez que tiramos os mascaramentos e as distorções. Comprometer-se em um estudo teorético requer envolvimento. Uma análise existencial mostra as características distintivas que nos diferenciam de outros tipos de seres. Entre elas encontramos: (1) existir é "estar em processo", nunca ser completo, mas ser constituído de possibilidades (as possíveis maneiras de existir são chamadas de as *"existentialia"*); (2) existir é escolher ser a si mesmo – consequentemente, ser sempre incompleto – ou perder-se na imersão de si mesmo nas convenções da sociedade. Nossos estados afetivos – medo, alegria, aborrecimento e angústia, especialmente a angústia por nossa finitude, que nos sobrevêm acima de tudo com nossa constante, embora reprimida, consciência da morte – são *"existentialia"* cruciais (modos de existir). A palavra "arremessamento" capta a facticidade brutal de nossa existência, pois nosso lugar de origem e para onde vamos permanece oculto.

Nessa angústia pelo futuro, nós vemos o material do qual Sartre extraiu, e também podemos reconhecer os temas kierkegaardianos. Deve-se notar que, de acordo com Reinhold Niebuhr, a questão da angústia da finitude é da mesma natureza do pecado original (ver seu *Nature and Destiny of Man* [*Natureza e Destino do Homem*]), que Niebuhr derivou a partir das reflexões de Agostinho sobre a angústia humana. Assim, *Ser e Tempo* de Heidegger, não obstante a intenção de ser um estudo preliminar em ontologia, foi facilmente apropriado pelos teólogos cristãos. O mais importante e influente uso foi o de Rudolf Bultmann (1884-1976).

Bultmann possuía uma reputação internacional como estudioso do Novo Testamento à parte do seu envolvimento com a filosofia de Heidegger. Bultmann afirmou que o Evangelho é distorcido porque ele é apresentado em termos de uma cosmologia pré-científica. Essa cosmologia é a de um universo em três níveis, com a vida sobre a terra colocada entre um reino divino acima e um maligno abaixo, com intervenções em nossa vida terrena vindas de ambos os reinos. Tal cosmologia é totalmente insustentável no mundo moderno, onde nós vivemos com uma cosmologia científica. Pessoas intelectualmente honestas são muitas vezes repelidas por causa dessa mitologia e, assim, nunca se encontram com o Evangelho e confrontam seu escândalo. A Bíblia deve ser demitologizada para que o Evangelho se torne acessível às pessoas modernas.

BULTMANN não chega a estas compreensões a partir de um estudo de HEIDEGGER, mas por apoiar *Ser e Tempo* de HEIDEGGER como uma análise da condição humana que está em pleno acordo com um cristianismo, segundo BULTMANN, demitologizado. BULTMANN, então, adota muito da linguagem e análise do *Dasein* de HEIDEGGER. Ele também diz que cada um de nós encontra os limites da existência humana, especialmente a morte, e que cada um de nós deve encarar a finitude autenticamente ou viver inautenticamente. É possível viver inautenticamente em nome do próprio cristianismo, objetivando o Evangelho em eventos históricos em que seres sobrenaturais, vindos de cima e de baixo, entram em nosso mundo. Mas não há mais lugar na história nem na natureza para tal entrada. O "vácuo" newtoniano, por assim dizer, não aparece na história mais do que aqueles seres naturais o fazem na natureza física. Seres e ações sobrenaturais não podem ser colocados na da cadeia de causas e efeitos naturais para atuar como explicações. Demitologizado, o Evangelho se torna um modo de existir, autêntico ou inautêntico. A única diferença significativa do Evangelho em relação à análise de HEIDEGGER da condição humana é que, de acordo com ela, nós não temos em nós mesmos o poder de fazer a transição de uma existência inautêntica para uma existência autêntica.

A obra de BULTMANN ajudou a colocar combustível na discussão sobre a relação entre fé e história que havia surgido no século XIX. Por causa de BULTMANN, o problema tomou uma forma particular. Não se quer, por um lado, perder todos os elos com a história, como uma análise totalmente existencialista tende a fazer e, por outro lado, não se quer "objetivar" o Evangelho, limitá-lo a verdades que podem ser apropriadas por alguém por meio de um conhecimento limitado ao que o estudo histórico pode verificar. Alguma coisa entre uma absoluta facticidade e ficção é pretendida. Esta é uma das razões (para outras razões, ver o próximo capítulo) para o apelo à "teologia narrativa" e a renovação da tradição. A teologia narrativa vê o "relato" – sua função nas comunidades e sua estrutura – como a maneira de se entender a Bíblia.

A despeito de sua influência sobre a teologia, o próprio Heidegger nunca se moveu em uma direção cristã. Continuou na sua busca pelo Ser, olhando não para a condição humana, mas para a linguagem, especialmente a do poeta alemão do século XIX Hölderlin e para os filósofos pré-socráticos, para acessar a "voz do Ser". Ele mesmo falou cada vez menos e, em vez disso, praticou a escuta e a espera.

A obra de Paul Tillich (1886-1965) carrega muitas marcas do existencialismo e, de fato, algumas grandes afinidades com Heidegger. O próprio título de uma de suas mais influentes obras, *Coragem de Ser*, sugere o reconhecimento do perigo da finitude e da falta de sentido – temas existencialistas. Mas, além disso, Tillich considerou a "questão do Ser" como a questão fundamental tanto para a filosofia quanto para a teologia, e a explorou por meio de um estudo da estrutura do ser dos seres humanos. Tillich propõe uma estrutura muito mais racional do ser e Ser (ou, o "fundamento do ser", como ele frequentemente referia-se ao Ser) do que Heidegger. Isso é devido a um tipo de neoplatonismo em Tillich. Pela mesma razão, ele vê os "símbolos" como mediadores do Ser, diferentemente da sinuosidade e distorção da linguagem de Heidegger como meio de obter acesso ao Ser.

Três outros existencialistas devem ser mencionados. O primeiro é Martin Buber (1878-1965), um filósofo judeu que se concentrou na relação "Eu-Tu". Ele tomou o *diálogo* como a realidade fundamental, em contraste com o "eu" solitário. Isso influenciou profundamente o protestantismo, especialmente no desenvolvimento de uma nova abordagem para a revelação. A revelação de Deus não é mais vista como algo primariamente composto de proposições e declarações. É Deus quem é sempre o sujeito na relação conosco. Deus não é um objeto do conhecimento, mas alguém que só é conhecido no *encontro*.

Gabriel Marcel (1889-1973) também enfatizou o engajamento e a participação. Um sistema de pensamento só é disponível à observação distanciada, e o pensamento humano tem uma tendência a retirar-se do imediato da participação. Assim, sempre há uma tendência a tratar a presença encontrada (seja uma pessoa ou Deus) como um objeto que confronta um sujeito autônomo. Mas isso é, na verdade, transformar-se em um objeto. MARCEL é o principal responsável pelo desenvolvimento da noção de *mistério*, que é contrastada com os problemas. Nós procuramos soluções para os problemas. Quando uma solução é encontrada, o problema desaparece. Mas no caso do encontro com um mistério, não há "solução". Em vez disso, participa-se de um mistério. Quanto mais se é aberto a um mistério, mais se aprende pela participação nele, e mais de suas profundidades são reveladas. Um mistério nunca se exaure ou é deixado para trás. Nossa sociedade perdeu o sentido do mistério e, consequentemente, perdeu um sentido da profundidade da vida, do bem e do mal – em resumo, do ser – pois ela tende a tratar tudo como um problema. As maiores obras filosóficas de MARCEL são *Diário Metafísico* (1913-1923, 1927), *Ser e Ter* (1935) e o *Mistério do Ser* (2 vols., 1951). Seu meio de comunicação favorito se dá, no entanto, através de suas peças teatrais, e sua principal preocupação é com a genuína comunicação nas situações concretas. Amor, esperança e fidelidade são seus maiores temas, e sua atitude positiva em relação à vida no mundo o distancia de outros filósofos nesse século, especialmente de outros existencialistas.

KARL JASPERS (1883-1969), como BUBER e MARCEL, rejeita a filosofia como um corpo de pensamento ou conhecimento. Para ele, as situações limite – tais como a morte, o sofrimento, o conflito, o erro e a culpa – nos conduzem ao lugar onde nós podemos ouvir a voz da transcendência e onde a fé se torna operativa. Para JASPERS, os mitos, a religião e a filosofia são "cifras" que podem, em raros momentos, dar acesso ao que está além. Eles são "comentadores" das cifras originais – natureza, história e experiência pessoal.

Por quase cinquenta anos, o existencialismo foi a única corrente filosófica contemporânea com a qual a teologia tinha algum contato vital. A fenomenologia a tocou só indiretamente através das totalmente idiossincráticas fenomenologias de HEIDEGGER e SARTRE. No que se refere às universidades, os movimentos filosóficos dominantes no século XX são a fenomenologia e a filosofia analítica, não o existencialismo. Tanto a fenomenologia quanto a filosofia analítica surgiram dos problemas da filosofia, especialmente como colocados por HUME, KANT e HEGEL, e não das questões da existência humana. Não é nenhum espanto que TILLICH tenha lamentado o "círculo teológico" onde os teólogos leem uns aos outros, mas ignoram o resto do mundo intelectual. Desde a Segunda Guerra Mundial, entretanto, tanto a fenomenologia quanto a filosofia analítica têm exercido influência sobre a teologia cristã, assim, nós nos voltaremos para a fenomenologia agora e à filosofia analítica no próximo capítulo.

A fenomenologia está associada, acima de tudo, a EDMUND HUSSERL. Ela foi desenvolvida em muitos modos diferentes, como sugerimos pela distinção anterior entre a obra de HEIDEGGER e a de HUSSERL. A palavra *fenomenologia* é usada em sentido muito vago. Por exemplo, frequentemente um estudo é considerado fenomenológico simplesmente porque reivindica ser puramente descritivo, sem que a questão da verdade ou falsidade seja levantada. Isso é muito comum em antropologia e na história das religiões. Assim, eu me limitarei a descrever algumas das próprias obras de HUSSERL e indicar os lugares onde elas são relevantes ao cristianismo.

HUSSERL, como outros próximos do fim do século XIX, estava preocupado com o status ontológico da lógica e da matemática. KANT, depois de um período esquecido, foi redescoberto, mas sua classificação das proposições causou um problema. KANT defendia que as proposições matemáticas são sintéticas *a priori*, mas e se a possibilidade de proposições sintéticas *a priori*, como foi o caso nos dias de HUSSERL, for rejeitada? Como ficam, então, a matemática e a lógica? Visto que elas se aplicam à experiência diária e à ciência, parece implausível dizer que a matemática consista só de proposições analíticas (aquelas que são verdadeiras somente por causa do significado dos seus termos, das palavras) e, portanto, o resultado de definições arbitrárias. Mas se elas são sintéticas (verdadeiras não por causa do significado de seus termos) qual é sua base ou fundamento? JOHN STUART MILL (1806-1873), um dos principais empiristas britânicos do século XIX, tentou mostrar que elas são generalizações empíricas. A lógica trata com o pensar corretamente, assim, ela tem a ver com a mente. Consequentemente, a lógica e a matemática são um ramo da psicologia.

A *Filosofia da Aritmética* (1891) de HUSSERL era uma análise psicológica da aritmética. Depois dela, HUSSERL mudou completamente seu direcionamento por causa da obra de GOTTLOB FREGE (1848-1925), que também exerceu uma poderosa influência sobre BERTRAND RUSSELL e a tradição analítica. HUSSERL refuta, cuidadosamente, o "psicologismo", como esta forma de reducionismo é chamada, em suas *Investigações Lógicas* (vol. 1, 1900). Essa obra não apenas se tornou o primeiro ponto de encontro para o movimento fenomenológico como é também importante para a compreensão da natureza da fenomenologia nestes dias.

A fenomenologia é uma ciência não empírica, o que não significa que ela trate com verdades analíticas (proposições que são verdadeiras somente por causa do significado de seus termos). A fenomenologia produz novas informações. Ainda que não faça isso do mesmo modo que as ciências empíricas ou factuais fazem, pois a fenomenologia nos dá acesso ao *fenômeno puro*. É crucial entender o que isto significa. "Fenômenos", em fenomenologia, não significam a mesma coisa que para KANT: ou seja, meras aparências em contraste com o conhecimento das coisas-em-si-mesmas. Os fenômenos de fato aparecem a nós na "experiência imediata", mas ela não é o dado puro das impressões sensíveis ou do fluxo de nossa consciência. Qualquer coisa é fenômeno *se considerada a partir de um determinado ponto de vista*. A explicação do que esse ponto de vista é elucidará, em uma considerável extensão, o que a fenomenologia é. Nós podemos ver como a fenomenologia difere das ciências empíricas pela comparação dela com a psicologia. Os fenômenos puros devem ser distinguidos dos dados da psicologia porque a psicologia é limitada ao material factual e às conexões meramente factuais. Daí, as generalizações empíricas são tudo o que é possível. A fenomenologia, por considerar os objetos ou conteúdos da experiência e os atos da consciência de uma maneira particular, pode intuir as essências e captar as conexões *essenciais* entre aquelas essências. A fenomenologia examina as mesmas coisas como outras disciplinas, mas, por causa de considerá-las de uma maneira particular, ela capacita-nos a intuir o que é essencial, e não meramente o que é contingente ou empírico.

Nós podemos começar nossa avaliação de como consideramos os objetos em certa maneira descrevendo a *intencionalidade da consciência*. Este critério – o da intencionalidade da consciência – é compartilhado por HUSSERL, HEIDEGGER e SARTRE. Ele é interpretado diferentemente por cada um deles, e nem todos que falam de intencionalidade da consciência interpretam este critério na direção do idealismo, como faz HUSSERL. Assim o que segue se aplica a HUSSERL, mas a ideia básica da intencionalidade da consciência pode ser captada a partir de sua visão.

Toda consciência aponta em direção a um objeto: quando nós estamos conscientes, somos conscientes *de* alguma coisa. Não há tal coisa como uma mera consciência. Assim, nós vemos alguma coisa, ouvimos alguma coisa, imaginamos alguma coisa, relembramos alguma coisa, e semelhantes. Não nos é suficiente falar da intencionalidade da consciência. Existem algumas outras características. Primeiro há o modo da intenção "objetivada". Os dados da experiência sensível devem ser distinguidos dos objetos. Nós somos conscientes de muitos dados sensíveis: brancura, rotundidade, peso, grandeza. O fluxo de nossa consciência nos dá muitos de tais *sensa*. Estes *sensa* são relacionados, visto que o do que nós somos conscientes é, por exemplo, uma caixa. Mas uma caixa não é em si mesma um *sensum*. Uma caixa é um objeto. Assim, uma caixa pode ser aberta, carregada, pintada. Os *sensa*, tais como brancura, rotundidade, peso, grandeza, não podem ser abertos, carregados ou pintados. A percepção de uma caixa nos é dada *através* dos *sensa*, mas uma caixa "transcende" os *sensa*. O referente de nossa consciência – uma caixa (por que é do que nós estamos conscientes) – é, então, não uma simples relação. Há uma estrutura complexa em que os *sensa* são material cru, por assim dizer, e são integrados a um objeto total, uma caixa. Nós somos conscientes de uma caixa porque todos os *sensa* se referem a um objeto, uma caixa, e não são isoladas pepitas da consciência. Eles chegam a nós como qualidades *de* uma caixa. A intencionalidade da consciência conecta um objeto em seu "horizonte". A frente de uma caixa, por exemplo, refere ("significa") os lados, o fundo e o interior de uma caixa. O que nós percebemos (à frente) dá-nos esperanças legítimas de futuras experiências (perceber os lados, o fundo, e o interior).

A intencionalidade é também responsável pela identidade de um objeto. Nós poderíamos ter apenas um fluxo de *sensa* brancos, por exemplo, e nenhum deles seria a cor *da caixa* a menos que a intencionalidade da consciência identifique todos estes *sensa* brancos como a cor da caixa. Da mesma forma, as várias perspectivas a partir das quais nós vemos um objeto são integradas em um objeto idêntico. Por causa da intencionalidade da consciência, elas são a maneira em que uma caixa aparece a partir de diferentes perspectivas. Assim, todas elas referem à caixa. A intencionalidade também identifica um objeto em outro sentido. Por causa da intencionalidade, uma caixa (ou qualquer outro objeto) tem uma identidade no sentido de que ela é a mesma caixa se eu a percebo, penso a respeito dela, me lembro dela, ou mesmo duvido de sua existência.

Algum tempo após a publicação das *Investigações Lógicas*, HUSSERL caracterizou a intenção como *constituindo o objeto intencional*. Consequentemente, o objeto intencional não é um referente preexistente ao qual um ato intencional refira como já dado, mas alguma coisa que se origina no ato. Isso é definitivamente algum tipo de idealismo. A fenomenologia como tal, no entanto, não está confinada ao idealismo. Pode-se, em vez disso, falar de objetos como *constituindo a si mesmos* em nossa consciência. Assim, uma análise dos atos constituintes só explora como um fenômeno se estabelece em nossa consciência, sem torná-lo o produto de um eu transcendental.

O conceito de intencionalidade da consciência (ou especificamente aquele de HUSSERL ou não) significa que não há cisão entre sujeito e objeto. Antes, os objetos são objetos *da* consciência e a consciência é sempre consciência de objetos. Não há números, ou coisas-em-si-mesmas kantianas não relacionadas a qualquer consciência. Esta consideração que temos dado até aqui é a da atividade de síntese dos dados sensíveis. A intencionalidade não é restrita somente ao conteúdo da consciência, ou a objetos materiais específicos, tais como caixas, nem à atividade de percepção. A intencionalidade tem aspectos paralelos: o *ato* intencional (chamado *noese*) e o conteúdo intencional (chamado *noema*). A fenomenologia se ocupa com a análise tanto do ato de cogitação (percepção, imaginação, consciência da imagem, memória etc.) quanto com *o que* nós somos conscientes.

Agora que temos apresentado uma avaliação da intencionalidade da consciência, podemos mais facilmente explicar o que significa falar de fenômeno que se torna acessível pelo modo particular com que qualquer ato ou objeto é considerado. Aqui eu me valerei das observações sobre fenomenologia dadas por HERBERT SPIEGELBERG em seu valioso livro *The Phenomenological Movement*.[1] SPIEGELBERG procura descrever o método essencial empregado pela fenomenologia e não especificamente aquele de HUSSERL. Ele faz isso dando uma série de passos ou estágios de análises, cada qual pressupondo o precedente. Só os primeiros passos são vitais para os nossos propósitos.

O primeiro passo de uma análise fenomenológica é ampliar e aprofundar a extensão de nossa experiência imediata. O grito de batalha do movimento fenomenológico – "volta às coisas em si mesmas" – foi emitido por HUSSERL em seu manifesto fenomenológico "Filosofia como Ciência Rigorosa" (1910). Isso não é tão fácil quanto parece; é algo, além do mais, que uma pessoa deve fazer por si mesma; a fenomenologia é alguma coisa a ser feita. Primeiro há um estágio de purificação em que a pessoa deve libertar-se das crenças e teorias engessadas. Esta é similar à tentativa de DESCARTES de se livrar das pré-concepções e prejulgamentos, até observar tudo o que vem diante da consciência e permitir as coisas previamente despercebidas serem notadas. Para os fenomenólogos, entre as obstruções à "experiência imediata" há aquela de uma aceitação das abstrações simplificadas da ciência, e seu vocabulário limitado, como apresentando o quadro completo da realidade. Intimamente relacionada a isso está a restrição de todos os dados a dados sensíveis, uma recusa ao acesso a quaisquer outros dados possíveis.

---

[1] Herbert Spiegelberg, *The Phenomenological Movement* [*O Movimento Fenomenológico*] (The Hague: Martinus Nijoff, 1960), p. 653 ss.

Esta purificação coloca a pessoa em uma posição de intuir fenômenos. A "intuição" não significa ter uma ideia inspirada; literalmente ela significa "olhar" (*Anschauung*). Isso é muito mais difícil do que parece. O exemplo de SPIEGELBERG de uma análise fenomenológica da "força" é um modo útil de ver a dificuldade:

> Por "força" entenderei aqui o referente de tais frases como "usando força", por exemplo, para forçar uma porta, ou em sentenças tais como "uma pedra atingindo-me com considerável força", ou "o carro que se choca com a árvore com grande força"... é particularmente importante manter alguns significados adjacentes introduzidos parcialmente em conexão com a física e especialmente com a dinâmica. Assim "força", como usada aqui, não deve ser confundida com "poder"; na medida em que "poder" permanece em relação a alguma coisa meramente potencial, uma capacidade ou habilidade de se fazer alguma coisa. ...
> Para uma aproximação fenomenológica, a questão de se a física pode ou não operar sem o conceito de força é irrelevante. A única questão é se a força é um fenômeno em nossa experiência real. É isto o que HUME parece estar negando quando, por razões compressivas, ele questiona a experiência da conexão necessária. Quando ao mesmo tempo, no entanto, ele nega a experiência da força, pode muito bem ser que, em adição à precipitada identificação das duas, ele ficou também sujeito ao que eu chamo de prejuízo do órgão-sensível: visto que não há órgão sensível separado por forças como há por qualidades afetadas, ele concluiu que as forças não poderiam ser possivelmente percebidas. ...[2]

Esta é apenas uma pequena parte do primeiro passo de uma descrição da intuição de um fenômeno, neste caso, o da "força". Mesmo assim, nós vemos que não se trata de matéria simples, pois requer que nós nos livremos das associações do termo a partir da física e a partir de uma visão filosófica particular (aquela de DAVID HUME).

SPIEGELBERG também aponta para o fato de que a fenomenologia não está primariamente preocupada com as expressões linguísticas com que nós começamos a análise ("forçando a abertura da porta" etc.). Elas são meramente preparatórias ao estudo do fenômeno ao

---

[2] *Ibidem*, 660-662.

qual se referem. Isto é, de fato, retornar "às coisas em si mesmas". A análise fenomenológica, como mencionada primeiramente, presta atenção aos aspectos paralelos do ato intencional (noese) e ao conteúdo intencional (noema). Dizer que a fenomenologia "meramente descreve" é, antes, um comentário desinformado. A fenomenologia, de fato, descreve, mas não meramente o que permanece diante de uma observação inexperiente; e o que a autoriza é uma muito mais rica avaliação daquilo que nós não somos "imediatamente conscientes".

No segundo estágio, as essências e as relações essenciais entre as essências são intuídas. Esta parte da investigação fenomenológica, em que o limite da consciência imediata é ampliado, não é menos exigente que o primeiro passo. A fenomenologia das essências gerais, chamada *Wesenschau*, ou intuição eidética, levantou a acusação de realismo platônico. É verdade que HUSSERL expõe os universais como entidades irredutíveis. Mas a essência geral não tem realidade superior ou mesmo igual àquela das entidades particulares. A HUSSERL, para apreender a essência geral, nós temos de olhar os particulares *como exemplos* ou como casos da essência geral. (Este processo é chamado de "redução eidética": o movimento de uma essência particular a uma universal.) Olhando o repolho verde particular nós podemos vê-lo como exemplificando a verdura e mesmo a cor enquanto tal. Assim, a intuição de um particular abre o caminho para uma apreensão das essências gerais. Em seu exemplo da força, SPIEGELBERG começa com o caso de forçar uma porta ou ser atingido por uma pedra, mas cada qual destas forças particulares são casos ou exemplos da força enquanto tal.

O terceiro passo é o da apreensão das relações essenciais. Aqui HUSSERL se vale do que ele chama de "variação imaginativa livre". Esta envolve a tentativa de desprender completamente certos componentes ou substituí-los por outros em nosso exame das essências. Podemos então dizer, por exemplo, se o comprimento de um lado é essencial a um triângulo, e podemos dizer se duas ou mais essências associadas são essencialmente associadas uma a outra, essencialmente compatíveis, ou essencialmente incompatíveis. O que nós apreendemos aqui

Capítulo XI

não são verdades analíticas, pois estamos tratando com o que as palavras referem, e não com as próprias palavras. Nem também estas compreensões essenciais são simplesmente induções empíricas, pois os particulares são examinados como *exemplos* de essências. A indução empírica nunca poderia produzir a generalidade e necessidade da intuição eidética. Estas compreensões são obtidas por uma intuição não sensível.

O que deve ser notado aqui é que a fenomenologia trata com fenômenos que se tornam acessíveis a nós pela consideração dos assuntos de uma certa maneira. Isso é frequentemente caracterizado como o resultado da "redução fenomenológica", pelo que há uma suspensão de nosso juízo quanto à existência ou não existência do conteúdo de nossa consciência. Husserl muitas vezes descreveu isso metaforicamente como a operação matemática de "pôr entre parênteses". Colocar em parênteses o problema da existência capacita-nos a focar o conteúdo, o "que" de nossa consciência. Isto é dito ser o que torna os fenômenos acessíveis a nós. Mas, como Spiegelberg insiste, se isso é tudo o que Husserl pretende – ou seja, uma mera suspensão da crença na existência ou não existência – os fenômenos não nos são *ipso facto* acessíveis. Assim, a fenomenologia envolve muito mais, como temos tentado ilustrar com a reprodução anterior das considerações de Spiegelberg acerca da força e de como nós podemos intuir a força enquanto um *fenômeno*. Isso não é *negar* a redução fenomenológica; mas, sim, dizer que a sua descrição como um mero colocar entre parênteses o problema da existência ou não existência é inadequada.

Husserl afirmou que a fenomenologia é uma investigação "sem pressuposição" e que procura dar um fundamento a todas as nossas disciplinas. Ela não constrói teorias, mas descreve os fenômenos tais como eles se apresentam. Mas seremos nós capazes de olhar as coisas sem pressuposições? Este é um ideal a ser alcançado, e parte do desenvolvimento da fenomenologia enquanto um método é a tentativa contínua de praticar análises pressuposicionais. O método real em si mesmo está em processo de ser alcançado, clarificado, e mais propriamente descrito como ele é praticado. Assim, Husserl constantemente descreve-se a si mesmo como um "iniciante". De fato, muitos dos seus próprios escritos, e aqueles de outros fenomenólogos, têm permanecido sobre o aperfeiçoamento e clarificação do próprio método, antes que seu uso se preste aos conceitos e suposições de vários campos de estudo.

MAX SCHELER (1874-1928), um dos primeiros companheiros de HUSSERL, usou seu próprio tipo de fenomenologia para analisar a experiência espiritual, especialmente em sua maior obra, *Sobre o Eterno no Homem* (1921). Para SCHELER, o eterno no humano é nossa permanente possibilidade em relação à experiência religiosa, e isto provavelmente mostra que nós somos mais do que seres naturais. Esta obra mostra que a fenomenologia não necessariamente "apenas descreve", pois suas descrições resultam nas pretensões de verdade feitas por SCHELER.

As análises da consciência cristã, especificamente, e sua estrutura têm sido também tentadas no presente momento, mas suas consequências ainda não têm sido amplamente sentidas. Esta tentativa tem sido em parte estimulada pela noção de HUSSERL de *Lebenswelt*, quer dizer, o mundo da experiência vivida. Ela ficou virtualmente desconhecida durante o tempo de vida de HUSSERL, mas tem, desde então, se tornado uma das mais influentes ideias a emergir de seus escritos póstumos. De acordo com HUSSERL, o mundo-da-vida não é imediatamente acessível ao indivíduo mediano, especialmente se sua compreensão é formada por uma interpretação científica do mundo. Uma suspensão ou redução do olhar científico é necessária a fim de se ver o mundo-da-vida pré-científico e sua estrutura. Este mundo pré-científico forma um horizonte todo inclusivo, elemento da estrutura de referência dos vários fenômenos da consciência e de todas as disciplinas. O próprio HUSSERL creu que a ciência havia desenvolvido sua matriz, de conceitos e métodos, através de um processo de seleção. Sua falta de lembrança desta seletividade é responsável pela intensificação da crise na ciência recente, tanto internamente em relação aos seus próprios fundamentos quanto externamente em relação aos valores e aspirações humanas. Em sua opinião, a única maneira de superar esta crise é compreender que a ciência tem sido extraída a partir de um mundo mais pleno.

Em geral nós podemos dizer que a fenomenologia tem exercido um apelo sobre os teólogos protestantes que se sentem presos entre a neortodoxia de Barth e a redução da religião à subjetividade dos sentimentos na esteira de Schleiermacher. A fenomenologia oferece a eles a possibilidade de uma concepção da consciência religiosa que não é nem drenada para a subjetividade e que pode também tratar dos fenômenos religiosos com uma muito mais ampla extensão do que poderia Schleiermacher. Os católicos romanos que, como Husserl, se opunham ao psicologismo em lógica e que defendem as essências ou formas, muitas vezes consideraram a fenomenologia apropriada. Todavia, o próprio idealismo de Husserl não é uma barreira insuperável porque a fenomenologia não está necessariamente atrelada a ele. A abertura da fenomenologia e sua resistência ao reducionismo materialista e naturalista são responsáveis por uma atitude mais tolerante em relação à religião.

Um desenvolvimento filosófico mais recente de interesse filosófico, a hermenêutica, realmente tem sua fonte em um teólogo, Friedrich Schleiermacher (1768-1834). Wilhelm Dilthey (1833-1911) tem o mérito de ter reconhecido uma nova disciplina em Schleiermacher e de não só reavivá-la, mas também, e significativamente, de reconfigurá-la. No século XX, a hermenêutica havia se desenvolvido consideravelmente sob o estímulo do projeto de demitologização de Bultmann. Ela também tem sido enormemente influenciada pela obra de Heidegger, especialmente como desenvolvida por seu discípulo Hans George Gadamer, e um significativo fluxo de obras que jorram, a partir de Gabriel Marcel, de Paul Ricoeur. Excelentes exames de hermenêutica e seu papel na reflexão bíblica e teológica são bem acessíveis. Nossa preocupação aqui é mais modesta, apenas tratar de alguns conceitos filosóficos cruciais desta disciplina.

A disciplina hermenêutica – ou seja, a que se preocupa com os problemas e princípios da interpretação – tem suas raízes no surgimento da consciência histórica. Dilthey é responsável por insistir em que os métodos e explicações em ciências naturais são inadequados para se chegar à compreensão histórica. Esta não é uma matéria de explicação dos eventos e processos em termos de leis gerais. Antes, a história concerne à vida humana, e só por causa de que somos também seres humanos, nós também podemos projetar-nos para dentro das experiências dos outros. A história só pode ser entendida *através* de nós mesmos. Além disso, nós entendemos a nós mesmos através da história. Ampliamos nossa própria experiência presente através de nossa compreensão do passado.

DILTHEY tentou traçar a distinção entre ciências naturais (*Naturwissenschaften*) e ciência sociais (*Geisteswissenschaften*) por sua ênfase sobre a "experiência vivida". Ele usou a palavra *Erlebnis* (experiência) em uma nova maneira para exprimir a noção de que a experiência humana está engastada no fluxo da vida, e nós podemos ver e entender as ciências humanas só através da participação neste fluxo. A experiência humana tem um encadeamento – uma referência além do que é pensado como dados subjetivos de mera introspecção. A participação de um ser humano na experiência vivida – que tanto torna a história acessível a nós como também nos torna, através da história, acessíveis a nós mesmos – está ausente nas ciências naturais. Elas tratam o sujeito humano e seus objetos isolando-os uns dos outros, visto que a matriz de conceitos nas ciências naturais é "objetiva". Mas as disciplinas humanas estão engastadas na vida humana e não podem ser propriamente entendidas através de tais conceitos "objetivos", ou seja, em isolamento da experiência vivida.

Em um momento de sua carreira, DILTHEY se interessou pela obra de HUSSERL porque este pareceu estar abrindo o caminho para um novo fundamento, mostrando um modo de evitar a tirania daquelas disciplinas cujos conceitos eram formados por sujeitos isolados de seus objetos. De fato, a doutrina de HUSSERL da intencionalidade da consciência faz com que se vá além do dilema sujeito-objeto. Este dilema pode ser caracterizado da seguinte maneira. Por um lado, há três opções. (1) Nós podemos tratar o "eu" (sujeito) como conhecido, mas a existência de seus objetos como duvidosa, como em DESCARTES. (2) Nós podemos ter objetos constituídos pelo "eu", visto que a existência dos objetos, independente do sujeito, é negada, como em BERKELEY. (3) Ou nós podemos reduzir o de que nós somos conscientes a meras aparências e ter os objetos como "coisas-em-si-mesmas" e absolutamente não conhecíveis, como em KANT. Por outro lado, nós podemos começar com objetos enquanto feixes de qualidades sensíveis como sendo a realidade, como em HUME, e reduzir o "eu" a um feixe de qualidades sensíveis. Assim, se enfatizarmos o sujeito, os objetos tendem a se perder (ou pela dúvida, ou pela negação ou pelo não conhecimento); se nós tornarmos os objetos fundamentais, o sujeito tende a se perder (ser reduzido a qualidades sensíveis). Este impasse é, provavelmente, quebrado pela intencionalidade da consciência de HUSSERL, em que os objetos não existem sem um sujeito, mas, da mesma forma, nenhum sujeito sem objetos. O próprio DILTHEY nunca se apropriou da obra de HUSSERL, mas várias formas da intencionalidade da consciência tornaram-se o fundamento da hermenêutica como praticada a partir da perspectiva da fenomenologia, uma perspectiva que, na verdade, tem dominado esta disciplina. O próprio DILTHEY era consciente de que sua compreensão da indispensabilidade da participação na vida para a compreensão histórica e para as disciplinas humanas precisava de suportes filosóficos mais fortes do que os que ele mesmo havia provido.

Outro aspecto, não restrito a DILTHEY, mas grandemente enfatizado por ele, é o de haver uma dimensão temporal ou histórica para todo conhecimento. A partir do nosso estudo da história, nós nos tornamos cônscios de que o caráter da experiência, conceitos e instituições humanas é condicionado pelo tempo, lugar e circunstância. Isto é sutilmente capturado pelo termo *horizonte,* que foi usado por HUSSERL e adotado na hermenêutica. Todos nós vivemos dentro de um horizonte, e percebemos e entendemos dentro dos limites desse nosso horizonte.

Isto nos leva à "questão hermenêutica", como é chamada; à questão de como entender ou interpretar textos de períodos e culturas que não são nossas próprias. Da mesma forma que nós existimos dentro de um horizonte, assim também um texto particular tem seu próprio horizonte. Então nós temos o mundo do texto e o mundo do intérprete. A hermenêutica é o estudo dos princípios de como nós conseguimos uni-los, visto que entender é possível. Tal compreensão envolve uma "fusão de horizontes", esta uma expressão cunhada por GADAMER.

Esta fusão envolve o que é chamado de "círculo hermenêutico". Este tem dois aspectos. Primeiro, nosso horizonte provê-nos uma "pré-compreensão". Esta afeta a maneira pela qual nós olhamos e entendemos um texto, pois nós o tratamos a partir e de dentro de nossas próprias pressuposições. Isto pode ser pensado como uma coisa má, como se nós devêssemos ser despidos de todas as nossas pressuposições e entender um texto a partir de seu próprio ponto de vista para chegar à objetividade. Existem, de fato, muitos problemas sérios relacionados com uma leitura subjetiva, no sentido perverso de *subjetividade*. Todavia, aqueles influenciados pelas várias formas de doutrina da intencionalidade da consciência enfatizam que não há tal coisa como um objeto puro ou pura compreensão. Que tal concepção "realista" – de um objeto conhecível à parte de qualquer envolvimento com um sujeito – é uma ficção. Antes, é precisamente porque nós temos um horizonte (pré-compreensão) que nós somos capazes de interpretar e procurar entender totalmente um texto. Isto não quer dizer que a nossa dificuldade esteja resolvida. Ela é na verdade uma maneira de colocar o problema hermenêutico, a saber: como podemos fazer para nos movermos do nosso horizonte em direção a uma fusão do nosso mundo com o mundo do texto? Isto é alcançado, em parte, (é o que se afirma) ao colocarmos nossas questões ao texto e, então, por sua vez, sermos afetados pelo próprio texto, até que nossa própria autocompreensão (horizonte) seja reconfigurada pelo texto. Um constante vai e vem entre o nosso mundo e o mundo do texto nos move cada vez mais estreitamente a uma "fusão de horizontes".

Neste contexto, tradição e teologia narrativa têm recebido suporte da hermenêutica e têm, em troca, contribuído para a hermenêutica. Nossa pré-compreensão, ou horizonte pelo qual nós somos capazes de compreender um texto totalmente, é afetada por nossa participação em varias tradições. Todos nós vemos a partir de, compreendemos a partir de, interpretamos a partir de uma tradição ou outra que tem formado e continua a nos formar. Esta tradição nos dá acesso a outros horizontes e, em particular, ao passado, e não é alguma coisa que deve ser encoberta. A teologia narrativa é uma forma particular pela qual algumas tradições são continuadas e por meio da qual algumas pessoas participam nelas. A estrutura e as funções das narrativas são examinadas como uma maneira de se aproximar da Bíblia e interpretá-la. Existem, é claro, importantes questões a serem consideradas acerca de como nós podemos criticar nossa própria tradição e configurá-la, mas isto não significa que nós sempre percebemos ou entendemos à parte de alguma matriz de cultura. A tradição, que havia sido tão fortemente repudiada pela filosofia moderna até o movimento romântico, recentemente, tem sido mostrada, pelos filósofos da ciência, na verdade, como um ingrediente essencial na própria ciência. Esta visão, que se tornou famosa através de THOMAS KUHN, como nós veremos no próximo capítulo, tem sido extensivamente desenvolvida por um grande número de filósofos.

O segundo aspecto da fusão dos horizontes tem a ver com um princípio que segue de HEGEL direto até GADAMER: as partes devem ser vistas em termos do todo. Não somente este princípio se mantém na tentativa de entender uma palavra em termos de uma sentença, uma sentença em termos do contexto mais amplo de um parágrafo, e assim por diante, como também um texto inteiro em termos de uma cultura, e uma cultura mesmo dentro de um círculo sempre mais amplo. Este princípio sugere a ausência, no sentido de HEGEL, de "conhecimento absoluto" em um texto que nunca pode ser exaurido; e que é capaz de produzir novos significados e significâncias além da interpretação de qualquer período. Isso também significa que o significado de um texto não é idêntico à intenção ou autoconsciência do seu autor, mas pode ter e tomar um significado que vai além da intenção ou consciência do autor.

HEIDEGGER é amplamente responsável por orientar a disciplina da hermenêutica em uma direção particular de abertura às dimensões transcendentes. Sua análise da existência humana, ou *Dasein*, pode ser vista como parte de seu ataque à cisão entre sujeito e objeto. Esta sua análise é uma tentativa de apresentar o mundo dado *por meio do Dasein*, anterior à cisão do sujeito com objeto, e anterior à conceitualização. Nesta extensão, o *Dasein* é comparável à noção de experiência vivida de DILTHEY, em que a "verdade" não é alguma coisa que se fixa com proposições ou com objetos expostos, mas só é acessível a algo fundado na existência humana. Para HEIDEGGER, no entanto, "tendências objetificantes" nos excluem da verdade que é inacessível não só às ciências naturais como também às ciências humanas, incluindo a filosofia como geralmente praticada. O *Dasein* nos dá acesso ao Ser ou, finalmente, é um caminho de entrada para o Ser.

GADAMER extraiu das reflexões de HEIDEGGER, e sua própria obra criativa tem grandemente delineado a discussão corrente em hermenêutica. Uma maior mudança em relação a HEIDEGGER é aquela em que GADAMER começa sua análise com o "eu" em comunidade e dentro de uma tradição, antes que o solitário "eu" do *Dasein*. Na maior obra de GADAMER, *Verdade e Método* (1960), ele desenvolve uma analogia entre o jogo e a arte. Quando nós jogamos um jogo, somos absorvidos pelo jogo. Este cria um mundo dentro do qual nós entramos e tomamos parte. Esta é a realidade do jogo, não os pensamentos dos jogadores, que dão ao jogo realidade. Da mesma forma, uma obra de arte não deve ser reduzida a uma "experiência estética". Uma obra de arte tem seu verdadeiro ser no fato de que ela se torna uma experiência que muda a pessoa que a experiencia. O que permanece e resiste não são os sujeitos que têm experiências, mas a obra de arte em si mesma. Ambos, o jogo e a arte, puxam uma pessoa para dentro de suas áreas e preenchem esta pessoa com sua realidade. Uma pintura, por exemplo, cria um evento *ontológico* em que a verdade é revelada no presente.

Um texto opera de uma maneira similar. Sua linguagem, quando procuramos entendê-la, nos puxa para dentro do seu mundo (seu horizonte). Como no caso de uma pintura, há uma revelação, visto que a compreensão é um evento ontológico (uma mudança em nosso ser). A linguagem eventual, no entanto, é fundamentada no Ser antes que meramente no pensamento humano. Para ambos, HEIDEGGER e GADAMER, nem a linguagem nem a arte podem ser reduzidas ao que pode estar contido em uma consciência individual.

A obra de GADAMER tem claras implicações para a interpretação bíblica. BULTMANN colocou o problema da hermenêutica bíblica como o abismo entre o mundo do texto, onde existem as intervenções sobrenaturais no mundo natural, e o nosso próprio mundo, onde tal pensamento é (alegadamente) mítico. Assim, a questão de como os "atos de Deus", nas análises bíblicas, devem ser interpretados é crítica e ainda é válida para a nossa interpretação bíblica. Todavia, esta discussão tem sido influenciada pela visão de que compreender uma obra de arte e o mundo de um texto como eventos ontológicos permite a introdução de uma dimensão transcendente dentro da questão da fusão de nosso horizonte com aquele do horizonte bíblico. Na obra de Ernst Fuchs e Gerhard Ebeling, isso levou ao conceito de revelação divina através do texto bíblico como uma "palavra-evento". Aqui, as revelações do texto, para a compreensão humana, são momentos com uma dimensão ontológica que, como linguagem significativa, está fundada no Ser, e não na subjetividade humana. (Essa abordagem é muitas vezes referida como "nova hermenêutica", pois os desvelamentos e mudanças em nossa autocompreensão não são subjetivas ou reduzíveis apenas à consciência humana, como parece ser o caso em Schleiermacher e Bultmann.)

Nosso estudo começou com uma ênfase sobre o mistério de Deus como o fundamento de toda teologia cristã. Ambas, a fenomenologia e a hermenêutica, estão abertas a essa dimensão ontológica. Um dos melhores e mais acessíveis usos de uma abordagem fenomenológica distintiva em teologia filosófica sobre o mistério de Deus é a de Robert Sokolowski.[3] Sokolowski mostra como o Deus da revelação e fé, que está além do poder de nossa razão captar plenamente, é, não obstante, razoavelmente acessível ao nosso intelecto. Observando os contrastes ou fazendo distinções entre as coisas, distinções que na maioria não ocorreriam sem a Bíblia e a prática da fé cristã, a mente chega a apreender a realidade de Deus. Palavras críticas tais como *encarnação*, *redenção*, *amor* e *esperança* não servem apenas para nomear coisas que surgem na experiência humana. O que elas nomeiam é determinado crucialmente pelo Deus que está evolvido nelas.

A principal distinção teológica é entre Deus e o mundo que Sokolowski faz, à exemplo de Anselmo, pondo em dúvida a existência e o valor do mundo como a melhor e mais elevada realidade. Para

---

[3] Robert Sokolowski, *The God of Faith and Reason* [*O Deus da Fé e Razão*] (Notre Dame, IN: University of Notre Dame Press, 1982).

uma pessoa que participa pela fé na comunidade cristã e na sua vida, tal distinção permite ao intelecto uma compreensão de Deus que é suficiente para se fazer teologia e ética. Nem evidência nem fundamentos para o conhecimento, como entendido pelos filósofos modernos (ver o próximo capítulo sobre o "evidencialismo" e o "fundacionalismo"), nem o princípio de razão suficiente (para provar a existência de Deus a partir do mundo natural) são usados nessa abordagem filosófica para um conhecimento de Deus.

Capítulo XII
PÓS-MODERNISMO

Verdade, Objetividade e Certeza

Muitos reivindicam o crédito por sua invenção, mas não se sabe quem foi o primeiro a cunhar o termo *pós-modernismo*. Suas origens obscuras, no entanto, não o têm detido de ser portentosamente usado para descrever o estado atual do mundo intelectual e moral. Nós somos frequentemente informados, com segurança profética, de que estamos agora vivendo em uma era pós-moderna e que somos os sujeitos dessa condição pós-moderna. Talvez. Em todo caso, é necessário que se reconheça que o termo sinaliza que muito do que foi considerado como norma no mundo moderno está agora sob sério questionamento. Enquanto os primeiros pensadores buscaram a certeza e a objetividade, construíram sobre fundamentos inquestionáveis e observaram de maneira neutra e distanciada, os pensadores pós modernos rejeitaram tais suposições.

As questões filosóficas do pós-modernismo são genuínas e afetam como as reivindicações da teologia cristã devem ser entendidas e qual é sua tarefa. Há dois conjuntos de problemas com os quais nós precisamos nos preocupar. O primeiro, do qual trataremos neste capítulo, tem a ver com questões de verdade, objetividade e certeza. O segundo, que será tratado no capítulo XIII, tem a ver com questões que podem ser vagamente nomeadas como morais, pois elas estão relacionadas com o "eu", à sociedade, comunidades, e aos outros.

Inicialmente, ajuda muito examinar o termo *pós-moderno*. Ele é uma descrição muito apropriada das questões intelectuais para as quais aponta, questões que adquiriram importância no período moderno da filosofia. O pós-modernismo declara que o quadro do pensamento humano que havia sido dominante no período moderno perdeu o seu poder. Assim, as questões levantadas agora pelos filósofos e teólogos são, de fato, *pós*-modernas. Mas como muitas delas mostraram rapidamente, eles estão ainda trabalhando à sombra do moderno, pois as questões do período moderno ainda influenciam o curso da discussão. É exatamente aquilo do que tentamos escapar o que mais nos assombra. Ainda não está muito claro em que tipo de novo período nós estamos. Não sabemos se estamos chegando a novas suposições filosóficas similares à mudança que ocorreu do antigo e medieval para o moderno, ou se nós estamos simplesmente reconfigurando velhas questões, que ainda permanecerão conosco por um bom tempo. Por essa razão, seria proveitoso ver o que está por trás do termo *moderno* em filosofia.

O período moderno em filosofia, como vimos anteriormente (cap. VIII), começa com o deliberado projeto de Descartes de mudar a filosofia. Como discutimos então, Descartes pretendia colocar a filosofia sobre uma nova base, especialmente se valendo da matemática e pela construção de um pensamento a partir de fundamentos claros e distintos. A insistência moderna sobre a certeza tomou a matemática como padrão de toda certeza e como modelo para todo conhecimento. No mundo moderno, a certeza mental, que dá apoio ao prosseguimento em uma investigação, simplesmente não é suficiente, nem é a mesma coisa que a certeza que as proposições podem possuir. A certeza tem de ser "objetiva"; ela precisa responder a um fato nela e por si mesmo que não depende de nenhuma qualidade do pensador. Ela precisa mostrar as marcas da universalidade, verdadeira em todos os lugares e em todos os tempos. Ela, consequentemente, exige que o pensador tome o ponto de vista de um observador neutro. A segunda marca da filosofia moderna é sua preocupação com o *método*. Essa preocupação não se relaciona tanto à produção de um conjunto de direcionamentos que nos indique como chegar a uma conclusão, (embora Descartes, muitas vezes, tenha falado dessa maneira), como é o caso do estabelecimento de um conjunto de regras, ou cânon, com as quais nós podemos contar como racionalidade. Seguindo essas "regras", sendo racional da maneira indicada, pode-se estabelecer a pretensão de conhecimento. Muitas vezes na filosofia moderna o conhecimento tem sido reivindicado como "crença verdadeira justificada". Isso quer dizer que não se tem conhecimento simplesmente porque se tem alguma coisa certa – pode-se ter simplesmente adivinhado corretamente; é porque se pode apelar à racionalidade em si mesma que ela se encontra protegida pelos cânones da racionalidade.

A interdependência entre a exigência de certeza e a demanda por um cânon para a razão também dá, ao conhecimento moderno, uma natureza altamente sistemática. Para se conhecer o que não é imediato e óbvio é necessário que se mostre o que é racionalmente dependente de primeiros princípios óbvios. Mesmo em campos tais como a ética, onde diferentes primeiros princípios, conclusões e abordagens usualmente provocam disputa, esse padrão é geralmente aceito como constituinte da natureza racional do campo. Isso também pode ser visto nas origens da teologia sistemática cristã: *A Fé Cristã* (1821) de SCHLEIERMACHER. Essa obra começa com o que SCHLEIERMACHER pensa ser a base, o fato empírico da fé cristã; ou seja, um "sentimento de absoluta dependência", e, assim, ele prossegue mostrando como as doutrinas cristãs podem ser derivadas e relacionadas a ele. Aquelas que não podem sê-lo, tais como a Trindade, ele pensa que deveriam ser colocadas de lado por não possuir um propósito genuíno.

Como exatamente estas preocupações foram exauridas desde DESCARTES é um fato rico e variado, como os quatro capítulos anteriores mostraram. Muitas coisas mudaram desde DESCARTES, e dizer que o pensamento moderno é caracterizado por duas preocupações não deveria obscurecer a variedade com a qual essas preocupações foram tratadas. A inflexão metafísica da filosofia, tão evidente depois de DESCARTES, abriu caminho, depois de HUME a KANT, para uma necessidade de se começar pelos fatos empíricos. A metafísica como um projeto filosófico tem estado sob intensa crítica desde KANT; HEIDEGGER a considerou o maior erro cometido na filosofia ocidental. Além disso, desde KANT, a filosofia sofreu uma especial inflexão *transcendental* (o que *não* quer dizer transcendente), que KANT definiu como "todo conhecimento que se ocupa não tanto com os objetos, mas com o modo de conhecimento dos objetos, na medida em que o conhecimento deve ser possível *a priori*".[1] Ela está comprometida com as questões epistemológicas relacionadas a como nós podemos conhecer algo, ou como alguma coisa, que nós afirmamos conhecer, pode ser justificada.

Depois do reconhecimento das mudanças, é correto dizer que o pensamento moderno tenha se exaurido com uma preocupação pela certeza e método. O pós-modernismo questiona essa preocupação. Mas é necessário distinguir duas maneiras pelas quais esse questionamento foi feito. Por um lado, entre os filósofos analíticos, isto é, a escola filosófica dominante nos países de fala inglesa (muitas vezes referida como filosofia anglo-americana), a crítica à modernidade tem se concentrado nas questões do fundacionalismo, questionando se pode haver algum fundamento genuíno e algum cânone da razão. Aqui o pós-modernismo é sintetizado sob a rubrica "pós-fundacionalismo". Por outro lado, na chamada filosofia continental, o pós-modernismo muitas vezes foi consideravelmente mais longe e argumentou que não só não há fundamentos ou cânones como a chamada verdade é uma simples construção social, verdade esta que estes filósofos se propõem a expor e desconstruir. Essa crítica é muitas vezes feita em nome da justiça, pois se a verdade é uma construção social, então as contradições são facilmente vistas como oposições sociais e, até mesmo, em última instância, como matérias de poder. Nós trataremos de ambas as abordagens, começando pela filosofia analítica.

A filosofia analítica tem seu começo no que tem sido chamado de "virada linguística". Esta estava primariamente interessada em analisar a linguagem, que ela acreditava ser o modo mais apropriado de se apresentar uma avaliação filosófica do pensamento. Em suas primeiras manifestações, ela se ocupou das declarações enquanto proposições que juntam fatos. Isso pode ser visto na obra de BERTRAND RUSSELL sobre os fundamentos da matemática e da lógica. RUSSELL (1872-1970), em colaboração com ALFRED WHITEHEAD, tentou demonstrar que todas

---

[1] Immanuel Kant, *Critique of Pure Reason* [*Crítica da Razão Pura*], trad. Norman Kemp Smith (Londres: Macmillan, 1953), #A12.

as matemáticas se apoiam na lógica. Isto, é claro, significaria que as declarações científicas que se apoiam na matemática, também permanecem sobre a lógica. Para alcançar essa redução, Russell empregou uma lógica verdade-funcional. Em uma lógica verdade-funcional, a verdade ou falsidade de um todo, como na sentença "Está chovendo e é sexta-feira", é completamente determinada pela verdade de cada uma de suas partes consideradas separadamente; ou seja, se está de fato chovendo e se é de fato sexta-feira. A verdade do todo é uma função de suas partes. Isso sugeriu a Russel uma ideia da realidade que ele chamou de "atomismo lógico". De acordo com essa ideia, a realidade básica são átomos de observação sensível, cada um dos quais é certo e indubitável. Estes são de fato os fundamentos empíricos do que nós dizemos. Assim, nós podemos determinar a verdade ou falsidade de qualquer afirmação reduzindo uma declaração ou declarações complexas a suas partes básicas ou atômicas, e então unir cada parte em um "fato atômico" (por meio de observação sensível). Então, a verdade da declaração ou declarações complexas fica determinada totalmente pelo valor de verdade de cada parte.

Essa obra serviu muito bem aos esforços do então chamado "círculo de Viena" e ao "positivismo lógico", que seus membros desenvolveram entre a Primeira e a Segunda Guerra. Em um movimento de volta em atenção às importantes distinções extraídas por Hume e usadas por Kant, o positivismo lógico considerou todas as declarações analíticas ou sintéticas. As declarações analíticas são, dizem eles, puramente declarações lógicas cujas verdades eram baseadas somente no significado das palavras usadas. As declarações sintéticas são declarações de fatos empíricos, isto é, declarações baseadas sobre a observação sensível. Este conteúdo empírico é formado logicamente dentro de uma declaração. Declarações sem tais conteúdos são vazias ou sem significado. Dada essa visão das coisas, ser uma filosofia legítima é não inventar teorias acerca de como as coisas são; ela deve simplesmente se preocupar com a lógica. Com isso, os positivistas lógicos não se referem somente à lógica formal, mas também aos padrões universais de razão que permanecem nos fundamentos das ciências.

A visão positivista lógica das coisas pode ser compreendida no que os positivistas chamam de *princípio de verificação*, o qual afirma que "uma declaração tem significado se, e somente se, ela pode ser verificada ou refutada pela observação sensível". Como se opera este princípio? Inicialmente, por meio da observação, nós vemos o que os fatos são. Por eles mesmos, todavia, nós não obtemos um verdadeiro conhecimento complexo; não obtemos uma teoria científica e nem entidades tais como átomos e elétrons, que nós não podemos ver. No entanto, nós podemos construir declarações teóricas complexas quando essas declarações traduzem observações pelas quais um conjunto de equivalências lógicas, que sendo puramente formais e equivalentes, nunca adicionam ou subtraem do conteúdo empírico. Isto pode ser feito porque a forma lógica é universal e neutra. Assim, é perfeitamente legítimo postular entidades tais como elétrons e átomos – que nós não vemos – se as declarações em que eles aparecem puderem, em última instância, permanecer enraizadas na observação. Agora, o principal intento dos positivistas era eliminar a metafísica enquanto se presumia a normatividade das declarações científicas. Mas não foi só a metafísica *per se* que muitos deles excluíram. A moral, a estética e a religião, consideradas um conjunto de proposições metafísicas, também foram postas de lado como *se não tivessem significado*. Fatos e valores eram, assim, rigorosamente distintos. Na clássica declaração em inglês do positivismo lógico, A. J. Ayer, em seu *Language, Truth and Logic* [*Linguagem, Verdade e Lógica*] (1936), sugeriu que a linguagem da moral e da estética simplesmente evidenciam emoções, mas não suscitam afirmações verdadeiras. Tampouco a religião; e com admirável consistência, Ayer considerou o ateísmo um exercício ainda mais sem propósito porque ele, positivamente, significa negar alguma coisa que não diz absolutamente nada.

Os métodos do positivismo se tornaram um ataque específico ao cristianismo em 1949 quando em um breve, mas amplamente conhecido texto, Anthony Flew aplicou o princípio de falseabilidade às crenças de que Deus nos ama e que Deus criou o mundo. Como o outro lado da moeda do princípio da verificação, o princípio de falseabilidade afirmava que uma expressão não teria significado, a menos que alguma observação sensível pudesse, em princípio, refutá-la. Por exemplo, se o estado de coisas ao qual ela se refere é compatível tanto com a existência e a não existência do amor de Deus, as palavras "Deus" e "amor de Deus" são vazias, ou empiricamente sem significado. Sentenças em que essas palavras ocorrem não são afirmações verdadeiras; isto é, sentenças que podem ser verdadeiras ou falsas. Para serem afirmações verdadeiras elas precisam excluir algum estado de coisas; se são compatíveis com todos os estados de coisas, então elas não afirmam nada. Elas não nos apresentam qualquer informação ou conhecimento evidente em relação ao mundo.

A ordem observável do mundo é igualmente concordante tanto com o ateísmo quanto com o teísmo. Todavia, a adequação de uma inferência a partir desta sua ordem a um designer é controversa. FLEW enfatiza o ponto de que o estado de coisas observáveis – a ordem da natureza – é o mesmo se dissermos que há um designer ou se dissermos que não há um designer. Nada é acrescentado ou lançado fora da ordem observável em si mesma dizendo-se que há ou não há um designer. Assim, a noção de um designer é vazia, pois não acrescenta ou tira qualquer coisa do estado de coisas observável. Da mesma forma, FLEW argumenta que a expressão "Deus nos ama" é vazia porque o amor de Deus é dito ser compatível com sofrimento prolongado e horrível. E assim, as contradições entre a expressão "Deus é amor" e os vários exemplos de sofrimento só são evitadas pela qualificação contínua do que significa "Deus" e "amor". FLEW acusa em relação às palavras "morrer e morte aproximadamente umas mil qualificações", isto é, elas gradualmente se tornam vazias de todo significado empírico porque não excluem qualquer estado de coisas observáveis (qualquer sofrimento especificável). Obviamente, FLEW levanta questões que não são simplesmente filosóficas, mas a forma filosófica em que ele as coloca tornou-se a maneira em que elas têm sido discutidas pelas últimas três décadas em filosofia da religião nos países de fala inglesa.

O princípio de verificação mostra claramente a *crença* de que o conhecimento deveria ser construído sobre a certeza de fundamentos verificáveis de maneira pública, universal e neutra – os fundamentos da observação e a forma lógica, mesmo que este conhecimento seja contingente porque as observações empíricas são contingentes. Sua decadência mostra muito bem quais são os problemas com o fundacionalismo. Os problemas com o princípio de verificabilidade neopositivista são numerosos. CARL HEMPEL, o filósofo da ciência e antigo positivista, mostrou que se as formulações do princípio são suficientemente rigorosas para que se exclua a metafísica, a religião e a estética, elas também o são para que se excluam as declarações empíricas. Se o princípio é amplo o suficiente para incluir as declarações empíricas, então não há, por seu turno, maneira alguma de se excluir a metafísica e assim por diante. Além disso, como o filósofo inglês J. L. AUSTIN mostrou, há numerosas declarações que são significativas, mas que não são nem verdadeiras e nem falsas. Estas incluem especialmente o que ele chamou de "expressão performativa", que inclui promessas, asserções e semelhantes. (Nós falaremos mais sobre Austin abaixo.)

W. V. O. QUINE, em seu famoso artigo de 1951 "Two Dogmas of Empiricism" ["Dois Dogmas do Empiricismo"], tocou no problema das crenças – dogmas, como ele as chamou – que sustentam a própria tentativa de se formular algo como o princípio de verificação. Essas crenças se encontravam, primeiramente, em uma difícil e rápida distinção entre declarações analíticas e sintéticas. A segunda crença, ou dogma, como ele coloca, era a de que as declarações significativas seriam, em última instância, reduzidas "a algum construto lógico com base em que se referem à experiência sensível imediata". Estas duas crenças são idênticas, QUINE pensa, e refletem a assunção de que declarações podem ser analisadas dentro de um componente linguístico e um factual. Como isso se realiza, não é tão fácil. Por um lado, enquanto a distinção entre declarações analíticas e sintéticas é útil, QUINE aponta para o fato de que, todavia, não é possível extraí-la, seja como for, direta e perfeitamente. Isso se deve ao fato de que o que qualquer declaração analítica *significa*, e, assim, se ela é analítica ou não, depende de como se entende as palavras usadas nela. Neste caso, tais declarações não podem ser absolutamente o que elas dizem que são, isto é, estritamente equivalências formais em e por meio de si mesmas sem referência ao mundo externo. Tem-se de saber, por exemplo, o que os homens são e o que significa ser casado ou não para que se possa dizer que todos os homens não casados são solteiros. Por outro lado, Quine nota que a tentativa desse reducionismo falha porque ele presume que, para cada declaração factual, há uma *única* gama de experiências sensórias possível com a qual cada uma corresponde. Todavia, isto não parece ser o caso. Em essência, o argumento é o de que não existem tais coisas como dados sensíveis, isto é, átomos básicos de experiência não interpretada, como Russell pensava. O que nós experienciamos não pode ser nitidamente amparado a partir de nossa linguagem e vice-versa; experiência e linguagem nos chegam como um pacote. Assim, Quine sugere "que nossas declarações acerca do mundo exterior se defrontam com o tribunal da experiência sensível não individualmente, mas somente como um corpo combinado". Evitando a tentativa de traçar "as declarações da ciência tomadas uma a uma", ele vai mais longe e sugere que a totalidade do conhecimento e das crenças é "uma teia fabricada pelo homem que afeta a experiência somente ao longo das extremidades", e que só é alterada gradualmente e por meio de um reajustamento do lugar das declarações dentro "da trama da crença".

Houve numerosos e significativos esforços para se argumentar filosoficamente que não existem dados sensíveis e que nossa experiência está inextricavelmente ligada a nossa linguagem e conceitualidade desenvolvida. Mas foi um livro sobre a história da ciência, *The Structure of Scientific Revolutions* [*A Estrutura das Revoluções Científicas*][2] de Thomas Kuhn, o sinal realmente mais notável da morte do fundacionalismo. Em boa parte, a obra alcança esse status porque mostra que a ciência, que sempre havia sido tomada como o exemplo primário de conhecimento objetivo enraizado na observação irrepreensível da experiência sensível, simplesmente não é o que um positivista, ou a visão fundacionalista, diz que é. Isso foi particularmente irônico porque o texto foi publicado em uma série de estudos sobre os fundamentos da unidade das ciências, concebida e organizada por alguns dos expoentes do positivismo.

---

[2] Thomas Kuhn, *The Structure of Scientific Revolutions*, 2nd ed. (Chicago: University of Chicago Press, 1970).

Nós vemos a ciência, começa Kuhn, como uma acumulação progressiva de conhecimento, nos levando cada vez mais perto de uma verdade final. A narrativa metodológica segue da seguinte maneira: a ciência começa com as observações factuais, obtidas pelos experimentos, e então, por um processo de indução, chega a uma lei, ou teoria, ou declaração geral de como tais fatos devem ser entendidos. Com base nessas considerações, novos fatos obtidos por novos experimentos acrescentam novos dados ao conhecimento previamente acumulado. É evidentemente claro que alguma coisa semelhante a essa narrativa se reflete nas assunções que se encontram por trás do princípio de verificação. A tese surpreendente de Kuhn foi a de que isto é o oposto. Que os fatos que nós vemos dependem das teorias que temos; que os experimentos com os quais nos ocupamos em repetir, também.

Kuhn expôs sua tese desenvolvendo uma explicação que ele chamou de "ciência normal". O que ele queria era apresentar a ciência como ela era praticada em seu próprio tempo e não como seria praticada e concebida em tempos posteriores. Enquanto pode ser útil aos estudantes ter livros textos que apresentem as primeiras descobertas científicas, em termos de que eles terão agora de usar e aprender para a prática científica, isto dá a falsa ideia de que os primeiros pensadores pensavam o que eles estavam fazendo e porque faziam. Para Kuhn, a "ciência normal" é um modo de inquirir que se mistura à atividade científica de qualquer dado tempo ou campo. Ela apresenta um "paradigma" de como inquirir, para proceder, e como as respostas devem ser dadas e entendidas. Tais paradigmas não fornecem respostas, mas, antes, modelos, ou talvez métodos e critérios. Estes tornam a pesquisa possível porque limitam os fatos a serem observados, e não porque os expandem. Afinal de contas, nem todos os fatos são igualmente interessantes e reveladores; se nós constantemente fizéssemos experiências meticulosas sobre os fatos sem excluir a maioria deles, nunca chegaríamos a qualquer lugar. Buscamos pelos fatos que buscamos de acordo com os nossos projetos mais amplos. Paradigmas também expõem projetos a serem trabalhados, e, assim, a ciência normal é sempre um incompleto conjunto de respostas. Ela muitas vezes contém numerosos fenômenos inexplicáveis que podem sugerir problemas com o paradigma, mas que se tornarão áreas de pesquisa e de interesse com cientistas trabalhando sobre eles para encontrar fatos que confirmem o paradigma. O propósito então da ciência não é realmente ser revolucionária ou encontrar novos paradigmas; é operar dentro de paradigmas estabelecidos, pois eles definem o que, intelectualmente, vale a pena trabalhar. Como um dos resultados, KUHN também sugere que há um aspecto social do trabalho cientifico que é crucial. Trata-se do aprendizado de novos cientistas e a produção de livros que permitem aos iniciados começar pelo paradigma sem ter de reproduzir a história da descoberta científica por si mesmos. Ele os ensina a como ver fatos relevantes e até mesmo o que é um fato. Ele também deixa de fora do encontro aqueles que não reproduzem o paradigma ou que o refutam. Sobre essa consideração, KUHN diria, de fato, que há progresso científico. Mas é um progresso *dentro* de um paradigma, visto que é o paradigma que define o que deve ser progresso. O paradigma apresenta os embaraços e problemas a serem resolvidos, e até mesmo um método de como resolvê-los. Quando eles são resolvidos, o progresso foi alcançado.

Esse não é o fim da história. KUHN diz que ao longo da história da ciência existiram muitos paradigmas, e eles se sucederam um após o outro por meio de revolução, e não de contínuo desenvolvimento. É fácil explicar porque isso ocorre. Visto que os paradigmas sempre reconhecem anomalias que não podem ser explicadas dentro do paradigma, sempre há alguma coisa levemente instável na atuação estabilizadora dos paradigmas. Quando a atuação sobre a anomalia dura o tempo suficiente, e ela cresce em importância, a anomalia pode produzir uma crise no campo de pesquisa. KUHN sugere que, quando isso acontece, há uma tentativa de modificar e acomodar a teoria existente para encaixar a anomalia dentro dela. Se isso não funcionar, então, um novo paradigma pode surgir para reorganizar o material disponível sobre uma base totalmente nova, embora não seja garantido que isso aconteça. Um proeminente exemplo do surgimento de um novo paradigma é o estado da física no fim do século XIX. Ela tinha poucos fenômenos inexplicáveis e complicados; muitos pensavam que ela estivesse quase completa e até chegaram a considerá-la um campo de estudo enfadonho. Mas havia alguns problemas, tais como a natureza da luz explicada pelas equações de Maxwell e particularmente pelas afirmações da teoria quântica. Foram estas anomalias que levaram ao colapso da física como ela havia sido entendida, até então, pela teoria newtoniana, e a sua reformulação baseada sobre as "constantes" de Max Planck e a teoria da relatividade de Einstein, fato que Kuhn corretamente explica ser mais do que um simples desenvolvimento da física newtoniana.

A designação de Kuhn dessas mudanças de paradigma como *revoluções* não é hiperbólica. Os paradigmas diferem e não são simples variações ou desenvolvimentos de um tema comum. As mudanças nos paradigmas são, portanto, mudanças na visão de mundo. A física matemática newtoniana não é realmente um avanço que excede a física aristotélica a não ser que ela seja definida como "avanço" dentro do paradigma newtoniano. Seria como comparar maçãs e laranjas, visto que cada avanço, como fato científico, responde a diferentes questões e pressuposições. Paradigmas diferentes são incomensuráveis, e se nós insistimos em compará-los, inevitavelmente faremos isso enquanto estamos no interior de um. O que separa Galileu de Aristóteles, ou Lavoisier de Pristley, é uma mudança de visão; Kuhn sugere que estes "homens realmente veem coisas diferentes, quando olham os mesmos tipos de objetos".[3]

Muitos retrucaram, com razão, que é incoerente dizer em uma página que paradigmas diferentes são incomensuráveis e, então, na página seguinte, iniciar uma comparação, como Kuhn algumas vezes faz. Seu uso do "paradigma" é bastante vago. Todavia, seus pontos mais profundos continuam sendo devastadores para o programa. Por um lado, ele intencionalmente argumenta que dizer "Estes homens realmente *veem* coisas diferentes quando *olham* os mesmos tipos de objetos" envolve uma matéria importante. Nas disputas, o desejo é apelar aos dados sensíveis neutros e inquestionáveis que devem ser, somente mais tarde, interpretados como uma rocha sólida de fundação;

---

[3] *Ibidem*, p. 120.

CAPÍTULO XII   323

e se a ciência é o exercício de um paradigma, então não existem dados não interpretados. Eles só são vistos como dados dentro de um paradigma e, por essa razão, já estão interpretados. KUHN admite que o ponto de vista comum da filosofia ocidental, nos últimos séculos, se apoia em fundamentos claros e que é difícil abandonar em face de um desenvolvimento alternativo. "Contudo", ele prossegue, "ele não funciona mais, e a tentativa de fazê-lo funcionar por meio da introdução de uma linguagem neutra de observações agora é vista por mim sem esperança." O segundo ponto que ele deseja enfatizar é o das "diretivas metodológicas", pelo fato delas mesmas serem insuficientes para nos orientar a responder a muitas questões científicas. Qualquer tentativa de salvaguardar a razão, plena e completamente, dentro de um método ou cânone, esta fadada a fracassar e ignora a história da descoberta científica. Métodos pertencem a um paradigma e servem como exemplares dentro dele; eles não são atemporais. Alem disso, enquanto tais métodos são retratados como compreensíveis[4], eles na verdade tendem a subscrever o pensamento científico, e não conseguem reconhecer certos aspectos não óbvios da razão que exerce um papel nele. Por exemplo, KUHN nota que quando um paradigma substitui outro, essa mudança muitas vezes não acontece somente com base nos fundamentos pelos quais o novo paradigma pode, com sucesso, reconstruir e resolver muitos dos problemas que o paradigma anterior não poderia; o novo paradigma também depende de argumentos que "raramente se tornam explícitos, e que apelam ao sentido do apropriado, ou estético, do indivíduo; assim, a nova teoria é "mais clara", "mais adequada", ou "mais simples" do que a antiga".

O conceito de "paradigma" de KUHN pretende descrever a maneira pela qual a ciência é feita. Como tal, a ampliação do seu uso a matérias inter e intraculturais, estéticas, morais e linguísticas é um abuso. Aqueles exemplos em que os argumentos antifundacionalistas de KUHN encontram analogias nestas áreas, todavia, ilustram um ponto compartilhado entre QUINE e outros. Este ponto é o de que termos e declarações encontram seu significado não por uma específica correlação e única

---
[4] Nota do trad.: No sentido também de "abrangentes".

experiência ou com critérios que ordenam a razão, mas dentro de uma mais ampla e holística rede de significado. Uma das consequências de tal argumento é forçar-nos a pensar a razão, como HEGEL havia sugerido antes, de maneira mais contextual e mais ampla. Isto pode nos forçar a desistir de certas alternativas como absolutas, incluindo não somente a analítico/sintética como a do fato/valor. Outra consequência, a única mais frequentemente reconhecida, é forçar-nos a reconhecer que não há ponto arquimediano fora do mundo pelo qual os julgamentos podem ser proferidos. Em outras palavras, não há fato neutro que estabelecerá a questão da verdade ou falsidade com rigorosa certeza, pois o que conta como fato só tem o seu significado dentro de um contexto, que pode ser sempre oposto a outro contexto. É nisso que a sugestão de KUHN, de que os paradigmas são incomensuráveis, ressoa em outras áreas da vida humana que só na do pensamento científico. E isto, é claro, levanta o aspecto de relativismo – ou seja, a *crença* de que a verdade só pode ser colocada relativamente a um contexto, mas nunca absolutamente – e não simplesmente no trabalho científico, mas também em áreas onde os valores são os objetos preeminentes de pensamento.

A ruína do positivismo tem derivado significativas consequências para a consideração intelectual do cristianismo e a teologia cristã. Uma vez que a exigência de uma verificação empírica estrita não é mais necessária, o tipo de mistério com que a teologia cristã se preocupa pode ser dado a muitos ouvidos que se encontram mais desimpedidos. Mas o cristianismo tem também tido de encarar as consequências do pósfundacionalismo e o que significa afirmar que a verdade de Deus é revelada quando o conceito de verdade já não é mais absoluto, mas muito mais local. A fim de dar algum sentido de como a teologia tem sido afetada, entretanto, é primeiramente necessário considerar uma figura espectral nas discussões teológico filosóficas de meados do século XX, especialmente em sua mais recente descoberta de total interesse e de desaprovação do atomismo: a saber, LUDWIG WITTGENSTEIN (1889-1951).

A obra mais antiga de WITTGENSTEIN, o *Tractatus Logico-Philosophicus* (1922) conquistou um apoio entusiasmado por parte dos positivistas lógicos. Ele havia tentado – e, em algum propósito, teve êxito – delinear a forma lógica de todas as declarações e que determina se elas têm significado ou não. Ele havia explicado a forma lógica do mundo, por assim dizer. Todavia, enquanto os positivistas viram-no como um aliado, havia alguma coisa a mais com sua obra que eles reconheceram. Dizendo, por exemplo, no final do livro, que "A respeito do que não se pode falar, é necessário silenciar", ele estava realmente sinalizando sua crença de que havia mais do que poderia ser dito, e que o que *não* poderia ser dito era muito mais importante do que o que poderia. Isto era o valor, a ética e a estética.

WITTGENSTEIN, no entanto, não continuou neste projeto, semelhante ao russelliano, e radicalmente mudou sua direção alguns anos depois. Em vez de usar a filosofia para prescrever para a linguagem o que poderia e o que não poderia ser dito, ele começou a pensar que a linguagem tinha uma variedade de usos irredutíveis que incorporavam o que nós conhecemos do mundo. Seria necessário, no entanto, olhar a gramática específica de nossas elocuções e não assumir a gramática de diferentes tipos de declarações. Gramática aqui significa alguma coisa como o modo em que as palavras e conceitos são ligados e usados em uma linguagem real; ela constitui as regras de uso. Ele observou: "Quão estranho seria se a lógica fosse preocupada com uma linguagem 'ideal' e não com as *nossas*. [...] Análise lógica é a análise de alguma coisa que nós temos, e não de alguma coisa que nós não temos. Portanto, é a análise das *proposições como elas se encontram*." Ele considerou que as confusões filosóficas eram o resultado do fracasso da filosofia em olhar as coisas como elas se dão e presumir que elas *devem* ser de certo modo.

WITTGENSTEIN, exceto no *Tratactus*, não apresenta suas ideias de uma maneira sistemática, mesmo em sua obra mais tardia, *Investigações Filosóficas* (obra póstuma, 1953). Semelhante a SÓCRATES, ele usualmente preferia formular questões e dar exemplos que fariam os leitores mudarem suas posições por si mesmos. Existe, no entanto, um conjunto de ideias conectadas e que são particularmente importantes para os nossos propósitos. A primeira é a noção de que o significado de uma palavra, de uma declaração ou de um conceito se encontra em seu uso. Esta ideia surgiu primeiramente a WITTGENSTEIN por conta de sua rejeição do projeto de RUSSELL, que defendia que há uma forma lógica singular, ou cânone-critério de racionalidade. O problema com a tentativa de estabelecer uma única linguagem lógica pela qual descrever todos os eventos, como ele tinha tentado fazer no *Tractatus*, é que mesmo que se pudesse dar tal forma lógica de como as coisas são – um retrato da forma lógica do mundo – ter-se-ia ainda de saber como utilizá-la exatamente, como se tem de saber utilizar um mapa, quando se o lê numa rodovia em que se está dirigindo. Obviamente, é possível apresentar regras sobre como utilizar as primeiras regras, mas se teria ainda de saber como utilizar também estas. Isto levaria a um *ad infinitum*. O problema é que o modo da utilização não se encontra nas próprias regras. Assim, toda importante conexão entre o quadro lógico de toda realidade e os eventos específicos não está no quadro, ou na própria lógica. Está em nosso comportamento e em nosso uso dela. Foi desta forma que WITTGENSTEIN chegou a argumentar que ter um conceito era também saber como utilizá-lo – não operando como se sua utilização fosse alguma coisa separada do conceito, mas como parte dele. Mas se isto é assim, não existe nenhuma pura linguagem lógica ou quadro da realidade; todos os conceitos se encontram engastados dentro das atividades em que eles ocorrem.

Além disso, o significado das palavras não é o que elas querem dizer ou referir, como se aí houvesse uma realidade que a linguagem simplesmente reproduzisse integralmente. As palavras não são apenas *nomes*. Em muitos casos, por exemplo, as palavras *fazem* coisas, como J. L. AUSTIN apontou. Elas têm força locucionária. Quando um ministro diz: "Eu agora vos declaro marido e mulher", o ministro não está descrevendo ou nomeando qualquer coisa, mas, antes, casando-os. Eles se tornam casados no pronunciamento das palavras. Similarmente, uma criança é aceita em Cristo com as palavras "Eu te batizo..." Entretanto, palavras com força locucionária não são o único problema. Quando nós pensamos que palavras são nomes, pensamos que sabemos o que elas significam simplesmente por reconhecê-las como algum objeto, seja no mundo externo como uma imagem mental, ou estado de consciência que nós, de alguma maneira, já conhecemos. Mas isto não é o caso, pensa WITTGENSTEIN, pois não se pode

Capítulo XII

admitir que nós podemos identificar e conhecer o que uma coisa ou estado é e concluir a partir disso sem que primeiro tenhamos um conceito dele que esteja na linguagem. É como se nós crêssemos que houvesse um nome mentalizado pelo qual pudéssemos identificá-lo e, então, simplesmente etiquetá-lo com o equivalente em português. O que nós realmente fazemos é selecionar através de um conceito, e um conceito *no uso da palavra*. As tentativas de chegar a um conhecimento por trás da linguagem não funcionarão porque nós importamos as operações do uso linguístico para explicar como tais pensamentos não linguísticos operam.

Para se chegar ao menos a uma noção limitada de significado enquanto uso, considere o seguinte exemplo: alguém nos pergunta o que uma "rainha" é no xadrez. Nós apontamos para a peça. Obviamente não é suficiente saber o que uma rainha é no xadrez até se conhecer como a rainha se move. E se, ao começar a jogar xadrez, a rainha fosse apanhada e se ouvisse dizer "Xeque", saberíamos que o jogador não detinha o conceito de uma rainha no xadrez totalmente dominado. Assim, o significado não é somente o nome da peça, e não se chegaria a encontrá-lo estudando-se a própria peça. Dessa forma, vemos que as palavras têm usos ou realizam funções. Determinar o que as palavras significam é (ainda que não exclusivamente) observar amplamente seus usos. Há um importante corolário aqui. Da mesma forma que o significado de uma palavra se encontra no seu uso, o próprio uso sempre se dá dentro de um contexto mais amplo fazendo com que não se possa estabelecê-lo atomisticamente. É difícil ver, por exemplo, como se poderia saber o que uma rainha é no xadrez sem, ao mesmo tempo, conhecer o que são um rei, um peão, um bispo e assim por diante. Não se pode obter uma palavra a partir de outra linguagem; ao menos algumas já devem ser possuídas. As linguagens podem ser o que Wittgenstein chamou de espaços lógicos, o que quer dizer, possibilidades conceituais.

Wittgenstein também defende que não se pode admitir que palavras homônimas (que tem o mesmo som) signifiquem a mesma coisa nem que elas tenham uma essência comum. Ele explica isso através da noção que ele denominou de "jogos de linguagem". A expressão é um tanto infeliz, visto que sugere alguma coisa trivial e uma mera "brincadeira", mas não é para isto, absolutamente, que WITTGENSTEIN aponta. Antes, a expressão é tomada a partir do seu exemplo de como nós usamos a palavra *jogo*. Nós a usamos com respeito ao futebol e basebol, mas também para o xadrez, e mesmo em relação a garotinhas brincando de boneca, e moças e moços sendo excessivamente reservados uns com os outros. Há um desejo filosófico de reduzir todos estes usos da palavra a uma coisa central – tal como brincar – e deixar que a essência se ramifique sistematicamente em todos os exemplos do seu uso. Mas o que poderia ser esta cosia? Nem todos os jogos envolvem o uso de bolas, ou envolvem equipes, e nem todos são jocosos – atletas profissionais dificilmente pensam que o que rende milhões seja "apenas um jogo". Assim, novamente, o que uma palavra significa está em seu uso e não simplesmente em seus atributos formais. O contexto do seu uso é crucial também. Mas WITTGENSTEIN quer ir mesmo mais longe do que falar acerca do uso de palavras individuais. Ele não pretendeu apresentar simplesmente um exemplo de palavras individuais, mas também de linguagens. Isto é, linguagens que são como os modos pelos quais nós usamos a palavra *jogo*, ou seja, em maneiras amplamente diferentes que podem não ter nenhuma essência comum, mas só uma "semelhança familiar". Cada uma delas tem uma gramática distintiva de como questões são colocadas e respondidas e quanto ao significado dos termos. Seria um erro conceitual, que é chamado de "categoria erro"[5], tratá-las como se elas tivessem uma gramática comum, criticando o que é afirmado em um jogo de linguagem pelo uso de um conceito ou gramática que realmente pertence a outro.

Este ponto é crucial para as discussões sobre a relação da ciência com a religião. A crítica científica da religião inevitavelmente começa colocando algumas questões, que a religião supostamente deve responder, tais como: "De onde nós e as demais coisas viemos?" A resposta cristã acerca de Deus como a causa de todas as coisas é abandonada como sendo uma resposta metafísica, pois ela toma a noção

---

[5] Nota do trad.: A expressão em inglês é: "category mistake".

de "causa" fora do âmbito de significado empírico. Assim, para dizer o mínimo, assentar uma grade científica de explicação causal sobre as afirmações religiosas é imperioso por parte da ciência. Mas não obstante o cristianismo, o Judaísmo e o Islamismo terem doutrinas da criação, o estudo histórico tem mostrado que eles não começam com esta questão. O Judaísmo e o cristianismo começam no êxodo; se alguém pergunta por que se cultua *Iahweh*, a resposta é porque ontem nós estávamos no Egito, e hoje nós não estamos (ver, por exemplo, Dt 26.5 ss.) Nas Escrituras, a reflexão sobre a criação é relativamente posterior, mesmo se em nossas Bíblias ela esteja no primeiro capítulo. Assim, reconhecer que o cristianismo envolve um distinto jogo de linguagem *não* é cometer o erro de pensar que ele é simplesmente uma narrativa colorida em torno de um cerne que responde ao anseio metafísico de se encontrar no exterior a resposta sobre nossa origem. Para entender o que o cristianismo está dizendo, tem-se de olhar em sua gramática de maneira muito mais cuidadosa. Isso não significa que o cristianismo não tenha uma resposta para a questão de onde nós e todas as coisas vieram, mas, quando ele a dá, sua resposta precisa ser vista dentro de sua gramática religiosa como um todo. Então, por exemplo, alguns estudiosos de Tomás de Aquino, influenciados por Wittgenstein, defendem que quando a *Summa theologica* 1.3 fala sobre a simplicidade de Deus (isto é, que Deus não é material nem divisível, nem que qualquer outra categoria criada pode ser aplicada a Deus), ele está fazendo uma observação gramatical de "Deus". Nós não usamos esta linguagem da mesma maneira que quando usamos outros conceitos que se relacionam e pertencem à criação. Pois ela qualifica a prévia demonstração de Aquino de que Deus é a primeira causa do mundo. Assim, embora Deus seja de fato a causa do mundo, tem de ser entendido, como insiste Tomás, que "causa" ali está sendo usada de uma maneira análoga ao modo que o conceito seria usado em relação à natureza. Quer dizer, ela apresenta simplesmente alguma proporção (ver o cap. VI) com este último uso, alguma semelhança familiar, por assim dizer. Assim, a crítica científica erra o ponto em relação à linguagem religiosa. Então, indo mais longe, a religião também tem de reconhecer que ela não é nem física e nem biologia, e a ciência tem de se conter em estender demais suas explicações e se tornar uma religião sucedânea, uma "mitologia científica".

Alguns filósofos wittgensteinianos da religião têm enfatizado esta incomensurabilidade conceitual de tal maneira que eles têm sido acusados de fideísmo. Presumindo que existam diferentes jogos de linguagem, então, supõe-se, pode-se muito bem rejeitar a noção de que existam quaisquer fundamentos comuns e publicamente acessíveis em relação a ambos, a ciência e ao cristianismo. E visto que não existem fundamentos comuns, parece totalmente insípido falar acerca de fundamentos. De maneira mais intensa, o da religião, como outros jogos de linguagem, parece ser *sui generis*. E se tal é o caso, então se torna patente que não há nenhuma necessidade ou possibilidade de se apelar à evidência em favor dela ou a motivações dentro dela. A religião é simplesmente sua fé (*fide*). Isto seria sinal de relativismo e mesmo da impossibilidade de qualquer tipo de conversação significativa ou crítica entre diferentes jogos de linguagem, pois o que cada qual está dizendo seria de fato incomensurável a outros jogos de linguagem.

Uma terceira noção wittgensteiniana, que nós precisamos também agora avaliar, é a de "formas de vida". Ela é importante em si mesma também por responder às acusações de fideísmo. Grosso modo, significa que um indivíduo que pode entender e usar da linguagem assim o faz porque ele ou ela participam, de alguma forma e em algum nível, em uma forma de vida. Esta forma pode ser cultural, mas pode também envolver o fato de que nos relacionamos com o mundo, como o fazemos, em virtude de termos corpos físicos. As formas de vida abrem um espaço lógico para certos conceitos e fecha a outros. Assim WITTGENSTEIN pergunta retoricamente: "É pelo fato dos cachorros serem honestos que eles não mentem?" A questão faz pouco sentido porque a forma de vida que os cachorros têm é de um tipo em que "honestidade" e "mentira" não exercem nenhum papel ou função. A própria vida humana tem muitas formas, pensa WITTGENSTEIN, e o significado ou o uso de palavras humanas e conceitos devem ser entendidos por meio do conhecimento ou da compreensão de uma forma de vida – talvez mesmo mais fortemente, através da vivência em uma forma de vida. A linguagem religiosa, por exemplo, tem seu lugar, seu uso, em uma forma de vida à qual indivíduos particulares podem ou não ter acesso. Por exemplo, WITTGENSTEIN diz que ele tem alguma ideia do que significa dizer *Deus é um juiz*, mas de forma alguma o que significa dizer *Deus é um criador*. Para ele não é permitido dizer "um criador", pois se trata de uma noção sem significado; ele simplesmente não "capta" porque não participa na forma de vida em que essa afirmação faz sentido.

Se for o caso, então, de que os jogos de linguagem têm a gramática que têm por causa da forma de vida a qual eles pertencem, então também não se tem de afirmar que a fé religiosa e a linguagem são sem fundamentos ou razões, como o fideísmo afirmaria. Antes, existem numerosas razões apropriadas à religião para a crença no Evangelho, razões perfeitamente compreensíveis e não redutíveis a uma explicação metafísica de "como nós chegamos aqui". Se o cristianismo é um veículo de salvação e não uma explicação metafísica, então os cristãos certamente seriam razoáveis se encontrassem paz, saúde, esperança e amor nos Evangelhos e nas vidas dos santos e os tomassem como razões para viver uma vida religiosa. Ora, pode-se dizer que as crenças cristãs dão explicações, mas dentro do contexto de sua função no âmbito de nossa redenção. Como foi mostrado primeiramente na discussão sobre KIERKEGAARD (cap. XI), existem motivos que nos dão razão para crer, motivos que podem ser destacados sem que se tente criar uma visão filosófica de mundo. De maneira suficientemente interessante, uma visão similar da linguagem religiosa foi alcançada por SOKOLOWSKI que se utilizou de uma abordagem fenomenológica, como vimos no fim do capítulo anterior.

Uma importante contribuição de WITTGENSTEIN à filosofia da religião foi a de fazer com que os filósofos levem a sério as razões do crente como elas são, para incluí-las em explicações das ações humanas onde for apropriado e não tentar reduzir a outra coisa. Isso só faria com que fosse dado um pleno e honesto tratamento ao que os crentes estão fazendo. Pode ser também o caso de que os próprios crentes precisem viver mais plenamente uma vida cristã, se eles mesmos quiserem entender a gramática da fé cristã. GEORGE LINDBECK toca nesse ponto em seu muito discutido *The Nature of Doctrine* [*A Natureza da Doutrina*] (1984), onde ele discute a natureza e o elo da afirmação doutrinária com as questões relacionadas à prática e identidade cristãs. Todavia, muitas dessas questões de prática e identidade serão retomadas no próximo capítulo.

A forma do pensamento pós-moderno na filosofia continental conhecida como "desconstrução" está enraizada na filosofia francesa da segunda metade do século XX. Ela compartilha de algumas características gerais do pós-fundacionalismo da filosofia analítica, tal como a rejeição de fundamentos e seu interesse na linguagem, como também de certas posições sobre a cultura que têm encontrado fácil fusão com a noção de Kuhn de paradigmas científicos. Mas é também muito diferente. Ela certamente tem uma história diferente. O pano de fundo imediato da desconstrução foi um movimento conhecido como *estruturalismo*, uma reação à fenomenologia existencial de Sartre. O problema que os estruturalistas afirmavam com a fenomenologia era que ela mantinha o sujeito e sua consciência pensante no centro do conhecimento e deixava intocadas as estruturas inconscientes da mente, como também assegurava implicitamente as culturas nas quais nós vivemos. A fenomenologia, assim, privilegia o modo de organizar o mundo do sujeito, tornando-o básico e universal. O estruturalismo propôs ser mais cientifico e objetivo por tratar as estruturas implícitas do conhecimento. Em assim fazendo, os estruturalistas depenedram enormemente da obra sobre os *signos* de Ferdinand Saussure (1857-1913).

Os signos, argumenta Saussure, não apontam simplesmente as coisas. Antes, eles são compostos tanto do significante (a palavra falada) quanto do significado, ou seja, uma ideia que representa as coisas e tem suas próprias qualidades. De um modo um tanto similar a Wittgenstein, Saussure argumenta que nosso conhecimento se encontra em nosso uso dos signos. Para ele, como para Kant, isto significa que não temos acesso a uma experiência direta do mundo. Na verdade, este nos é dado através de um sistema, ou estrutura, de signos que são relacionados e diferenciados uns dos outros e que, juntos, geram um mundo de significado. Com este tipo de compreensão, os antropólogos

Capítulo XII

estruturalistas poderiam estudar povos diferentes deles mesmos observando suas estruturas de significado. Eles poderiam presumivelmente evitar importar seus próprios sistemas de signos quando fizessem afirmações crendo que estavam apontando para algum fato científico neutro, quando, na verdade, estavam, em sua verdadeira distinção da magia e da ciência, presumindo a inferioridade das mentes daqueles que eles estavam estudando. Isto também permitiu aos filósofos, quando eles extraíram de pensadores tais como Marx, Freud e Nietzsche, desvelar as estruturas do mundo social – econômico, psicológico e moral – que governam nosso pensamento e das quais nós não somos normalmente conscientes. Como veremos rapidamente, as ideias destes "mestres da suspeita" foi o que deu ao desconstrucionismo seu giro decisivo.

Ao lado da antropologia, o estruturalismo foi empregado na literatura crítica. Visto que ele ficou interessado em signos, se tornou naturalmente interessado por textos. Mas porque a intenção do autor não era de nenhum interesse particular ou de peso crucial, o leitor de um texto, por meio da crítica, chegava a possuir em si mesmo um interesse central relacionado a como ele ou ela desvelavam os vários significados e possíveis leituras inerentes ao texto. Assim, a partir da intenção original do estruturalismo, que era a de prover uma compreensão mais objetiva e científica da palavra, com o tempo, no entanto, ele se moveu para alguma coisa diferente. Diferentes dos filósofos analíticos que estavam enraizados no empirismo, os estruturalistas não têm qualquer face empírica em seus escritos. Obras científicas, que foram experimentalmente desenvolvidas, eram tratadas, em grande parte, da mesma forma como tratavam Marx, Freud e Nietzsche, e vice-versa. Embora Freud, por exemplo, seja interessante e válido, em psicologia o paradigma superado, a partir dele como um centro e há um longo tempo atrás, o foi porque simplesmente ele não era frutuoso para ulteriores pesquisas. O pós-estruturalismo foi o resultado deste problema.

Como o seu predecessor, o pós-estruturalismo manteve a postura científica e o estilo. Ele também reconheceu suas próprias limitações que são, ele afirmava, os limites da leitura e compreensão de textos em geral. E porque existem estes limites, ele, portanto, duvida que haja aí o que o estruturalismo se propôs descobrir, ou seja, um tipo de verdade indestrutível. Suas leituras então se tornaram irônicas, e o levaram a desconstruir textos, ou seja, expor suas estruturas em multicamadas de significado sem fim. Mas ele viu uma tarefa filosófica legítima em assim proceder, haja vista especialmente que ele poderia ser usado para desiludir as mentes do mito da objetividade e da certeza que tem sido o pão com manteiga do pensamento herdado do iluminismo. Ele então tomou um certo tom moral, como se estivesse pressionado por um serviço de causas libertárias. Enquanto o número de pensadores pós-modernos deste gênero é extenso, o descontrucionismo pode ser descrito e seu método e pressuposições mostrados no trato de duas de suas figuras primárias, MICHEL FOUCAULT (1926-1984) e JACQUES DERRIDA (1930-2004).

FOUCAULT nunca produziu uma grande obra singular de teoria. Ele também tendeu a evitar trabalhar sobre pensadores específicos e teorias, concentrando-se, em vez disso, sobre o desenvolvimento histórico dos conceitos. Sua abordagem rejeita a tendência sartreana de tratar a história como a acumulação das escolhas livres de indivíduos e suas ideias revolucionárias; ele se concentrou, assim, sobre a mais ampla história social e suas categorias, usando uma abordagem inerentemente estruturalista. Ele assim pretendeu mostrar como as contingências da história têm afetado o pensamento dos seres humanos em várias épocas e como o pensamento humano tem mudado – o que não necessariamente significa "progredido". A despeito de tentar ir além de SARTRE, ele mostrou continuidade, como fazem todos os desconstrucionistas, com a ênfase de SARTRE sobre a contingência radical do mundo e da liberdade. Por exemplo, em seu primeiro livro, *História da Loucura na Idade Clássica* (1961), ele mostra como a loucura, nos primeiros períodos, tem aspectos que coordenam certo tipo de respeito temeroso. O louco, no mundo antigo, era frequentemente visto como inspirado e até mesmo como possuindo um tipo de sabedoria. Com toda seriedade, PLATÃO chamava o amor de um tipo de loucura, e os néscios de SHAKESPEARE são muitas vezes os personagens mais sábios das peças em que eles aparecem. Na Idade Clássica (quer dizer, a primitiva modernidade do séc. XVI), no entanto, onde o ser humano passou a ser definido por sua posse da *razão cartesiana*, a loucura passou a significar uma falta de humanidade e, por essa razão, classificada para a exclusão do âmbito humano e muitas vezes ao confinamento. Similarmente, em *As Palavras e as Coisas* (1966), ele argumenta que o conceito de "homem" é uma invenção recente. Os seres humanos enquanto tais não são inventados, mas o que nós agora entendemos por humanos, e da maneira como o fazemos, uma maneira que os torna suscetíveis às investigações da ciência social moderna, é o sinal de uma mudança ocorrida desde as compreensões de épocas mais antigas.

A abordagem de FOUCAULT possui conscientemente uma grande porção de HEGEL, quem primeiro desenvolveu a prática de escrever a história conceitual e quem mostrou a importância da situação histórica para a compreensão de um conceito. Entretanto, diferentemente de HEGEL, FOUCAULT não tem interesse em tornar suas histórias subjacentes à mais ampla história unificada do Espírito. Para ele, os conceitos foram as questões contingentes: "O ritmo de transformação não segue o plano, esquemas continuístas de desenvolvimento que são normalmente aceitos."[6] Ao lado de HEGEL, FOUCAULT também retém uma grande parte de FRIEDRICH NIETZSCHE, e foi ele, entre outros, quem reviveu NIETZSCHE como um filósofo possuidor de um método sério. NIETZSCHE, como KIERKEGAARD, havia causado danos ao racionalismo e os sistemas do século XIX, argumentando que esse século havia se esquecido e exaurido as forças vitais que tornaram a vida humana significante. Ele tinha um ódio particular a SÓCRATES e à tradição moral platônica, da qual ele viu o cristianismo como o primeiro exemplo. Esta tradição moral, ele defendeu, era iniciada por um profundo ressentimento (*ressentiment*) da vontade de poder pelos fracos, e ela levava o rebanho a manter o forte sob controle. Enquanto esta tradição moral se afirmou como sendo necessária e razoável, ela era repressiva; se a humanidade – ou, antes, alguns indivíduos dotados, dos quais NIETZSCHE se considerava um – deveria se tornar verdadeiramente

---

[6] Michel Foucault, *Power/Knowledge: Selected Interviews and Other Writings* [*Poder/Conhecimento: Entrevistas selecionadas e outros escritos*], 1972-1977 (Nova York: Pantheon, 1980), p. 112.

humana, ela precisava superar este ressentimento e o lugar comum, a moralidade burguesa. Deus também precisava ser declarado morto, na medida em que "Deus" era um conceito que fundava esta moralidade. As afirmações de Nietzsche retiram certa força de si mesmas e têm sempre de ser tratadas como tais. Mas o que é de maior interesse, todavia, é seu método de "prová-las". Em face das ideias morais que ele considerou falsas e opressoras, mas que eram aceitas como óbvias, Nietzsche desenvolveu um método de exposição filosófico chamado "genealogia". Expondo o desenvolvimento de uma ideia, ele pensou que poderia mostrar que ela era contingente ou mesmo um desvio. Era este método que Foucault achou particularmente útil, e ele denominou sua abordagem, com um título de um dos seus livros, de "Arqueologia do Saber" (1969). Este método, ele diz, é uma tentativa de:

> ... descrever discursos. Não livros (em relação aos seus autores), não teorias (com suas estruturas e coerência), mas aquelas declarações familiares ainda enigmáticas que são conhecidas como medicina, economia política e biologia. Eu gostaria de mostrar que estas unidades compõem um número de domínios autônomos, mas não independentes, governados por regras, mas em perpétua transformação, anônima e sem um sujeito [isto é, um pensamento subjetivo guiando a transformação – *editor*], mas inspirando um grande número de obras individuais.[7]

Foi através deste método arqueológico que Foucault pensou que podia descobrir as estruturas inconscientes de como as pessoas pensam em qualquer período histórico.

Enquanto Foucault pretendia ser metodologicamente neutro e se utilizava de qualquer ferramenta necessária para extrair dos temas de que ele tratava, próximo ao fim de sua vida, em uma série de entrevistas e ensaios publicados como *Poder e Conhecimento* (1980), ele começou a refletir sobre a relação do conhecimento conceitual com o poder. Indo além do texto, como ele dizia, Foucault começava a levantar questões considerando: o poder, a quem um discurso servia e como. Embora suas análises tenham sido infelizmente colocadas a

---

[7] Michel Foucault, *op. cit.*, p. 117.

serviço do clichê de que "a verdade da história é escrita pelos vencedores", assim, tornando o poder puramente repressivo e sugerindo que a verdade mantém uma relação com o poder, Foucault argumentou alguma coisa mais sutil. A verdade não pertence a um mundo de espírito puro, mas a um mundo social. Não há verdade sem poder, mas o poder também surge em muitas formas e é respeitado por causa delas, incluindo o prazer, o conhecimento, o discurso e a produtividade. As pessoas as seguem e são persuadidas pela verdade por causa do que esta concede, e isto é tanto positivo quanto repressivo.

É importante reconhecer que o poder pode excluir ambos os resultados, e muitas vezes ao mesmo tempo. Em seu *Vigiar e Punir* (1975), por exemplo, Foucault expõe o mapa da história da punição, concentrando-se especialmente sobre a mudança de um tempo quando o corpo era concebido como pertencente ao Estado e, assim, sujeito a qualquer tipo de disciplinas físicas, a um tempo mais humano quando as punições corporais foram abolidas em favor de se lançar em "penitenciárias", um termo que sugeria penitência e reforma. Mas Foucault mostra que isso não é simplesmente uma matéria de crescimento em humanidade, embora seja, de fato, mais humana; ao longo do surgimento das novas formas de punição surgem novas formas de controle e observação sobre as pessoas e sobre seus pensamentos. O crime, porque é cometido por pessoas em débito para com a sociedade e, assim, tornando-as manipuláveis como informantes, poderia mesmo ser usado para aumentar o poder do Estado; o crime seria então definido em relação com o poder do Estado. Uma boa parte dos temas de Foucault é de que a verdade não é alguma coisa observada, e nem é redutível à experiência. Ela é um conceito social e é engastada na história do mundo; ela não permanece fora e julga. Assim, ele afirma: "A 'verdade' deve ser entendida como um sistema de procedimentos ordenados para produção, regulação, distribuição, circulação e operação das declarações. A 'verdade' está atrelada a uma relação circular com os sistemas de poder que a produzem e a sustentam, e no desempenho do poder que ela provoca e que ela amplia."[8]

---

[8] Michel Foucault, *op. cit.*, p. 133.

Jacques Derrida em um sentido foi um estudioso de Foucault e expressa admiração por ele. No entanto, a abordagem de Derrida à filosofia é consideravelmente diferente. Enquanto Foucault investigou ampla e francamente o desenvolvimento histórico dos conceitos, Derrida trabalhou com estritas leituras de textos. Mas isso seguiu também muito em linha com seus próprios interesses filosóficos, visto que ele começou com a asserção contra-intuitiva de que o escrito precede a fala. Como isso se confirma, não é uma afirmação histórica, mas uma maneira sutil de se adquirir ganho quanto ao conhecimento da natureza da linguagem e do pensamento. A visão tradicional, desde Platão, é a de que a fala é primária e que a escrita é uma deformação dela. A escrita carece da presença imediata do falante e da capacidade do falante em julgar como falar a alguém que está de frente dele ou dela a fim de melhor conseguir um ponto cruzado. A escrita, no entanto, tem uma ambiguidade, uma distância, e carece de presença, como é o caso de todas as cópias dos originais, elas não falam. Derrida, no entanto, defende que a fala mesma já é escrita, um tipo de inscrição psíquica na mente. Em parte ele estabelece este ponto insistindo sobre um comentário do próprio Platão acerca desse efeito, mas Derrida também se lança pesadamente sobre uma leitura de Freud, que usa uma metáfora da escrita psíquica na qual a fala é sua expressão. Em assim fazendo, Derrida tem sido criticado tanto por expandir o significado da palavra "escrita" como por se voltar para o seu oposto. Isso, no entanto, é parte da sua intenção. Ele não quer alegar que a escrita tenha uma clareza primária que foi previamente pensada como pertencendo à fala. Ele quer demonstrar que todos os defeitos que foram atribuídos à escrita também pertencem à fala. Se é assim, então, nós não estaríamos em melhor condição se pudéssemos questionar o autor de um texto quando não podemos decidir entre diferentes leituras do mesmo; a comunicação falada é tão carregada de ambiguidade quanto à comunicação escrita. Assim, onde a fala é pensada como sinalizando presença, e a escrita distância e degradação do pensamento imediato, Derrida quer sugerir que a fala, também, tem os mesmos defeitos. Não há origem pura que seja autoautenticante, nenhum ideal platônico. A presença do falante como garantindo luz é um mito.

Capítulo XII

Derrida não está somente interessado em estabelecer um ponto acerca da natureza da linguagem e do pensamento extinguindo a distinção entre escrita e fala; ele também está provendo um bom exemplo de técnica de leitura que ele apelidou de "desconstrução". A desconstrução toma as distinções que são assumidas como sólidas e fixas – e importantes, chamadas binárias, tais como presença/ausência, ser/não ser, verdadeiro/falso, analítico/sintético – e mostra as porosidades de uma em relação à outra. Estas distinções têm tradicionalmente sido usadas para construir os edifícios metafísicos da filosofia ocidental. Isto se dá pelo tratamento de um dos membros dos pares como o positivo, e, então, através do método de diferenciação pela exclusão e implicação lógica, cria-se um sistema de significado. A desconstrução, no entanto, tenta mostrar que os autores que manipulam estas distinções nunca são capazes de mantê-las perfeitamente. Os termos escorregam um para dentro do outro; e os autores, sutilmente, se contradizem a si mesmos. Por exemplo, tratando o "ser", Platão tem de admitir que ele é diferente de alguma outra coisa e, portanto, ele também compartilha do não ser. Assim Derrida usa a desconstrução como uma ferramenta para criticar o que ele chama de "logocentrismo", um tipo de garantia lógica da presença do que é real. Derrida quis manter que não há tal garantia. É da própria natureza da linguagem evidenciar ambiguidade, pois ela tanto define os limites quanto os viola.

Uma boa parte do projeto de Derrida, como o de Foucault, é libertário, pois é realmente efetivo em colocar à parte o raciocínio tendencioso que fortalece os poderes sociais. Mas é também um ataque ao fundacionalismo epistemológico, visto que não existem termos ou conceitos privilegiados sobre os quais construir o pensamento. Todos estão emaranhados com seus opostos e relacionados a outros conceitos. Neste aspecto, Derrida mostra alguns paralelos com pensadores da tradição analítica que têm enfatizado o holismo. Mas ele finalmente dá um passo à frente em seu desenvolvimento ao qual ele chama de *différance*, um neologismo cunhado por ele. O termo é tomado do verbo francês *différer*, uma palavra que pode significar ou "diferir" ou "procrastinar". Derrida quer significar com ele, de uma só vez, a ambos os sentidos. Por um lado, ele indica a diferença que continuamente aparece, não logicamente entre termos binários tais como *humano* e *não humano*, mas entre o ajuste dos termos como eles são usados e nos exemplos específicos em que eles são usados para encobrir. Há sempre uma leitura desconstrutiva encoberta, uma falha da lógica em captar plenamente a situação. Pelo fato do direito nunca ajustar totalmente o que acontece, o significado é sempre postergado ou suspenso. Ou seja, vai além tentado em outros níveis, embora a diferença surja novamente à cabeça e a protelação ocorra uma vez mais fazendo com que assim se prossiga *ad infinitum*.

Qual é o ponto de Derrida em atrair nossa atenção para a *différance*? Por um lado, ele quer dizer que a forma lógica nunca capta o mundo; há sempre algum tipo de vestimenta e cobertura. Ao mesmo tempo, ele também quer apontar para o fato de que o nosso pensamento acontece dentro destas categorias, os quais nós postulamos para compreender o mundo e, também, o momento de suspender, a tentativa de operar em outro nível, no qual estamos a caminho de inventar e dizer mais, ou alguma coisa diferente, do que dissemos antes. Assim, a *différance* assinala não só as limitações negativas da linguagem, mas também o "jogo" positivo da linguagem e seu empurrão para frente. Ela também sinaliza a natureza histórica da linguagem (e nossa natureza histórica), tanto no fato de que a linguagem muda de acordo com suas situações quanto no fato de que ela não pode escapar de um lugar de imutável eternidade, como as Ideias platônicas tentaram fazer. Usando a noção de *différance* para avançar esta posição, Derrida é, todavia, cuidadoso em não torná-la uma essência imutável que "causa" o jogo da linguagem. Assim, ela não é um conceito, ativo ou passivo, mas, como Derrida sugere: "Ela é a possibilidade da conceitualidade, de um sistema e processo conceitual em geral."

É fácil ver porque Derrida tem sido acusado de relativismo, ou seja, da visão de que a verdade é simplesmente relativa a uma situação e não a algo universal ou permanente. Não é o caso de que ele simplesmente, como o pós-fundacionalismo que se apoia na filosofia analítica, tenha negado os fundamentos permanentes e comuns; ele tem sugerido que a natureza real da linguagem é a mudança histórica e a sua cobertura a partir de cuidadosas tentativas de dizer o que é a

Capítulo XII

realidade. E, é o que fica sugerido, se ele pensa sem ambiguidade que esta relatividade é como as coisas realmente são, por que não é ele culpado de autocontradição e incoerência? Defensores rapidamente salientariam, no entanto, que ele não está tentando descrever a realidade, mas como simplesmente nós, como usuários da linguagem, agimos e como não podemos manter a lógica estrita binária que gostaríamos de usar para construir um sistema lógico do mundo. Assim, embora soando controlador, ele não pode ser muito diferente de WITTGENSTEIN que sugeriu que se "esqueça esta noção transcendente de certeza".

O escoamento da noção transcendente de certeza pode ser uma das mais importantes contribuições do pós-modernismo em geral. Muito apropriadamente, alguns filósofos têm levantado questões acerca de como muito de uma preocupação com o relativismo realmente é pertinente. Nós podemos simplesmente ter reconhecido que pensamos em termos de linguagem e que a linguagem é histórica e cultural, inclusive as verdades que nós falamos. Mas também, muitas vezes, o temor do relativismo está ligado a noções ilusórias de verdade. Alguns filósofos têm, no entanto, tentado exorcizar o relativismo como um espírito do fundacionalismo. Quanto a isso, RICHARD RORTY afirmou que o relativismo é a consequência de uma perda da certeza. No entanto, prossegue RORTY, se a certeza na mente depende do encontro de uma Verdade metafisicamente absoluta exigida pela modernidade, uma exigência que se apresenta hoje incoerente, então o inquietante relativismo, que é a falta de verdade absoluta, não tem, também, significado. O relativismo, nesse caso, seria uma preocupação quanto a ter perdido alguma coisa que nunca e de maneira alguma existiu. E isso não significa que não há verdades. Quer dizer apenas que o que nós dizemos e pensamos se encontra, como nós, dentro do mundo e não fora dele, e nós não temos, de maneira alguma, de permanecer fora dele. (Na perspectiva de RORTY, a tarefa mais própria da filosofia é, no entanto, hermenêutica, quer dizer, interpretativa da divergência das conceitualidades comuns; não é uma matéria que tem de prover um julgamento final sobre como as coisas são em todos os lugares e sempre.)

Defender, desta forma, DERRIDA e outros do relativismo não quer dizer, no entanto, que não haja nenhuma importante questão para ser discutida em relação à verdade em filosofia e teologia. De fato, deixar para trás um sentido transcendente de certeza pode ser uma abertura para algumas questões muito mais importantes acerca da verdade e acerca da natureza do pensamento religioso. A este respeito, muito embora eles estejam em um extremo do espectro do pensamento pós-moderno, mesmo as reflexões de DERRIDA podem também ser usadas para abrir e expor importantes questões teológicas em relação à verdade que havia previamente se empobrecido. Por um lado, por exemplo, seguindo a direção explícita das últimas reflexões do próprio DERRIDA sobre religião, alguns teólogos têm visto a verdadeira ideia de *différance* como portando conotações religiosas. *Différance* assinalaria um tipo de impossibilidade de puros ideais que podem muito bem ser uma importante advertência contra a idolatria. Pode significar também um importante reconhecimento da desunião entre os conceitos e linguagem humanas e a divindade, mesmo de uma maneira que seja uma reminiscência da "teologia negativa", ou *via negativa*, proveniente da teologia antiga e medieval e que fora discutida no final do capítulo III. Além disso, esta impossibilidade não significa anular o espírito e a mente humana, pois ela nos faz tentar falar novamente e, assim, criativamente, dar surgimento a novas possibilidades. Há aí um tipo de messianismo, uma promessa de alguma coisa melhor, pensa DERRIDA. Alguns teólogos, tais como JOHN CAPUTO, um cuidadoso e simpático leitor de DERRIDA, têm sugerido que levar esta "impossibilidade" a sério está no verdadeiro coração da religião. Fugindo da tentativa de dizer dogmática e finalmente o que o caso implica, "desistir" da religião (isto é, de sua forma confessional e dogmática) é, no entanto, também uma exigência que se destaca desta visão.

Ao mesmo tempo em que esse tipo de desafio é oferecido, todavia, ele também levanta questões. Por exemplo, é disputado que ao falar a respeito de um futuro novo e desembaraçado, que continuamente vá além das convenções da "religião" presentemente definida, e a serviço da "religião sem religião", tais teologias verdadeiramente não buscam realmente o novo. Elas, em vez disso, são muito semelhantes às teologias liberais do passado que pensadores tais como BARTH tentou derrubar. No entanto, por mais que elas sejam, muitas das mais importantes questões sobre elas voltam em uma série de preocupações na filosofia moral. Estas compõem o tema do próximo capítulo.

Capítulo XIII
PÓS-MODERNISMO

Filosofia Moral

Se existisse uma única palavra para descrever o sentido do pós-modernismo esta seria a "diferença". O pós-modernismo não procura pelos temas comuns, pelas essências e princípios que sistematicamente ligam fenômenos incompatíveis nem procura pelas diferenças. Ele geralmente tende a recuar para longe das teorias totalizantes. Esta é a situação intelectual que tem um lado moral óbvio como também um que não é tão óbvio. O que é óbvio pode ser visto no caso de descontrucionistas tais como MICHEL FOUCAULT e JACQUES DERRIDA, cuja preocupação com a diferença é francamente liberacionista. Eles conseguiram chamar a atenção para o fato de que as tendências totalizantes não são moralmente inocentes, pois não há *meras* teorias e modelos intelectuais. As teorias estão ligadas às ideologias e ajudam a determinar as relações de poder em uma sociedade. Respeito e acesso aos bens sociais podem estar hermeticamente ligados a elas. FOUCAULT foi explícito em relação à esperança de revelar essa conexão. Ele não tentou apresentar uma verdade inocente do poder, mas estava interessado em "destacar o poder da verdade das formas da hegemonia social, econômica e cultural, dentro da qual ela opera no presente momento."[1] Mais comumente e menos tendenciosamente, no entanto, essa óbvia corrente

---

[1] Michel Foucault, *Power/Knowledge: Selected Interviews and Other Writings* [*Poder/Conhecimento: Entrevistas selecionadas e outros escritos*] 1972-1977 (Nova York: Pantheon, 1980), p. 133.

moral enfatiza a diferença que pode ser descrita como uma questão de discernimento e respeito à diferença do "outro". O que isto significa pode ser visto no filósofo que é o mais estreitamente associado à ênfase na importância do "outro", a saber, EMMANUEL LÉVINAS (1906-1995). Poucos têm enfatizado mais fortemente a importância no pensamento filosófico da ética, que consiste no respeito para com o outro, que LÉVINAS. De fato, a afirmação de LÉVINAS de que a "ética é a filosofia primeira" se tornou um slogan para este lado do pós-modernismo.

Diferentemente de FOUCAULT e DERRIDA, seus compatriotas e contemporâneos, LÉVINAS não foi um pós-estruturalista; ele trabalhou na tradição fenomenológica de HUSSERL (ver cap. XI). LÉVINAS, no entanto, não se limitou a continuar as investigações de HUSSERL; ele também faz importantes críticas a elas e foi além delas. Para HUSSERL, o conhecimento envolve a intencionalidade humana que entra em contato com a realidade concreta. Como LÉVINAS entendeu, o problema é que o conhecimento, os objetos do conhecimento e a intencionalidade se apresentam na autoconsciência. Conhecer alguma coisa é "compreender" alguma coisa, um fato que está na raiz do instrumentalismo tecnológico. Como seu companheiro judeu filósofo MARTIN BUBER, LÉVINAS viu esse movimento da mente indo na direção do que nós conhecemos como um "isto". Sobre uma consideração tradicional, então, LÉVINAS afirma: "A *Sabedoria da filosofia primeira* é reduzida à autoconsciência. O idêntico e o não idêntico são identificados. O labor do pensamento conquista inteiramente a alteridade das coisas e pessoas."[2] O outro que nós conhecemos é absorvido em uma totalidade, e sua diferença se torna parte da identidade do pensador. A autoconsciência se torna o ser absoluto.

LÉVINAS diz que há um momento da não intencionalidade que é anterior à intenção husserliana, um tipo de consciência pré-reflexiva. É um momento de pura duração, onde não há intenções, ou objetivos,

---

[2] Emmanuel Lévinas, "Ethics as First Philosphy" ["Ética como Filosofia Primeira"], in The Lévinas Reader, ed. Seán Hand (Cambridge, MA: Blackwell Publishers, 1989), p. 78.

ou qualquer sentido de um "eu" que encontra outros e que trata com eles. É um tipo de passividade, visto que a vontade não a controla. É ser "aberto à questão, mas também a questionar..." Não há nenhum "eu" ainda, pois ele está fora desta consciência pré-reflexiva da qual o "eu" e a intenção são gerados. Mas, visto que essa consciência pré-reflexiva está no encontro com um outro, por essa razão, o "eu" e a intenção são nascidos de uma responsabilidade para com o outro. Assim, nós nos tornamos "eus" quando saimos da consciência pré-reflexiva, onde somos abertos a um outro e respondemos a outros. Nós encontramos nossa liberdade em nosso encontro com os outros, um encontro onde não projetamos nada sobre os outros; simplesmente portamos nossa responsabilidade para com eles. É desta maneira que a ética é a filosofia primeira, pois essa relação moral é anterior a todas as outras, incluindo quaisquer especificações do que é "bom", quer dizer, o âmbito comum da ética. Ela também é anterior a qualquer sentido do "eu" e, consequentemente, a qualquer pensamento de reciprocidade na relação; ela é, pura e simplesmente, cuidado pelo outro. O próprio conhecimento, enfim, tem de permanecer sobre essa responsabilidade e cuidado pelo outro, mesmo quando esse outro não parece fazer nada para nós. Assim, neste caso, a ética não é uma dedução, uma aplicação prática da teoria, como se pensa frequentemente; ela é seu início. Para Lévinas, este encontro com o outro é real e absolutamente concreto, e, assim, ele dispensa um tempo considerável argumentando que o nosso encontro com o outro se dá através da face e da fala de um outro. "Em face do outro homem, eu sou inescapavelmente responsável e consequentemente o único e o escolhido."

A linguagem de Lévinas em relação ao Outro e a sugestão da ética como a filosofia primeira, semelhante às tendências libertárias de Foucault e Derrida, deram um lado explicitamente moral ao pensamento pós-moderno. Isto é verdade mesmo quando Lévinas evita que sua posição seja facilmente assimilada à teoria ética como usualmente é entendida. Mas há outro sentido moral mais amplo operando aqui, que Lévinas nos ajuda a revelar. Entender esse sentido mais amplo é crucial para a compreensão da perspectiva de muito do pós-modernismo. Trata-se de uma perspectiva que muitos filósofos pós-modernos ainda estão tentando colocar em foco, enquanto a perspectiva da modernidade, concorrentemente, começa a se obscurecer. Ela também é algo que tem grande importância para o jeito de fazer teologia e como ela entende a si mesma, como nós ainda veremos. E ainda que ela não seja alguma coisa presente em todos os pensadores pós-modernos, por causa dessas implicações em relação ao pensamento teológico, é particularmente importante nos estendermos um pouco mais ainda.

Uma maneira de explicar essa perspectiva é notar que, falando filosoficamente, nós não estamos apenas falando a respeito de coisas e não estamos, *simpliciter* [*simplesmente*], apenas dizendo o que as coisas são. Nós mesmos, como pensadores, também estamos sob investigação. O pensamento não é algo que pode ser tratado à parte dos pensadores, e os pensadores não podem ser tratados à parte das relações que eles têm com o resto do mundo. Isso, é claro, é alguma coisa que tem sido entendido desde KANT, que reconheceu que as categorias lógicas com que nos aproximamos formam o que nós pensamos. HEGEL começou também a compreender a importância do contexto histórico aqui. Mas, o tipo de reconhecimento que LÉVINAS provoca é o seguinte: há tanto uma posição moral subjacente ao que nós pensamos quanto categorias lógicas. Para aqueles que não seguem as considerações fenomenológicas de LÉVINAS, o ponto pode ser colocado dizendo-se que o que nós pensamos não pode ser claramente separado de nós mesmos; e que os nossos "eus" estão envolvidos não somente com as nossas mais profundas considerações morais, mas, também, com as formas de vida que nós compartilhamos com outros. Da mesma forma que os filósofos tiveram de reconhecer que nós não podemos dividir claramente declarações em um componente factual e em um outro linguístico, assim, também, muitos filósofos têm argumentado que a rígida e fácil distinção entre fatos e valores, sobre a qual HUME havia insistido, também é, em última análise, artificial e insustentável. Isso é visto até na ciência. Por exemplo, o filósofo americano HILARY PUTNAM tem perguntado mordazmente por que nós fazemos ciência. Seguramente, ele diz, isso tem a ver com os nossos valores; e fazemos porque pensamos contribuir com o desenvolvimento humano em algum sentido. Além disso, ele invoca o fato bem conhecido de que as considerações estéticas, tais como a de simplicidade e elegância, exercem consideráveis papéis na determinação da verdade das teorias científicas. Assim, mesmo a ciência, que é nosso estudo mais objetivo e factual, não está livre, nem deveria estar livre, destas considerações de valor. Este é então o ponto do presente capítulo que visa esboçar algumas das maiores características que essas considerações de valor, de "eu", e de comunidade apresentam e como elas afetaram o debate da investigação filosófica. Nós estamos especialmente preocupados com aquelas que têm importância teológica. Elas também nos ajudarão a apontar as maneiras de responder a algumas questões do capítulo anterior que ainda estão abertas.

Nós começamos com uma consideração acerca da importância da narrativa na filosofia moral. O interesse pela narrativa tem sido amplamente compartilhado, inclusive por filósofos tais como Paul Ricoeur, Charles Taylor e Alasdair MacIntyre. Nós vamos nos concentrar mais amplamente nos dois últimos. Assim, é de alguma significância notar como os filósofos que vêm da tradição analítica assimilam um tema que também está presente na tradição fenomenológica, como nós mostramos no capítulo XI. Taylor, de sua parte, nota que a ideia de narrativa e sua significância para a compreensão do "eu" e como os humanos pensam remonta pelo menos a Heidegger, que enfatizou a natureza histórica do que significa ser um ser humano. Ser humano e compreender humanamente é ver-se posto em relação com outros seres humanos e isso envolve ver a si mesmo em relação com outros seres humanos. A importância da narrativa para a nossa compreensão e para a nossa autocompreensão reside no fato de que, na medida em que o que nós pensamos e conhecemos não é episódico e sem conexão, as várias partes da vida são ligadas por uma narrativa contínua.

Pensemos em como nós nos apresentamos aos outros para que eles possam fazer uma ideia de quem somos. Para isso, normalmente contamos uma história. Tal história pode envolver de onde nós geograficamente viemos, mas também de onde nós viemos com respeito à classe social, educação, religião e assim por diante. Por exemplo, para os americanos, e particularmente os do sexo masculino, isso normalmente envolve o tipo de trabalho, uma consideração que não é tão importante para os japoneses. Para os japoneses, no entanto, a companhia onde ele ou ela trabalha pode ser mais importante do que para um americano. A importância de tais narrativas faz com que as várias partes de nossos "eus" se juntem em um todo coerente não somente para nós mesmos, mas para aqueles que ouvem a história. Assim, dentro da narrativa como um todo, as várias partes ganham seu significado. Quem somos e como entendemos a vida – e como devemos ser entendidos pelos outros – está em ligação estreita dentro de tais narrativas. Se nós as perdermos, inevitavelmente encontraremos tanto crise intelectual quanto emocional.

As narrativas constituem uma propriedade cultural comum. Compartilhar de uma cultura, MacIntyre defende, significa "compartilhar esquemas que são, ao mesmo tempo, tanto constitutivos e normativos para a ação inteligível, realizada por mim mesmo, como significativos para minhas interpretações das ações dos outros."[3] Nossa capacidade de entender nossas próprias ações e as ações dos outros, ele diz, dizem respeito a uma e mesma habilidade. Mesmo em uma cultura altamente individualista, como a dos Estados Unidos, não é difícil ver que ser um "indivíduo" é, em si mesmo, realmente, uma parte comum da história deste país. O "indivíduo inflexível" raramente é único: ele (o uso aqui é normalmente o pronome "ele") tem sido retratado de tempos em tempos na literatura e nos filmes, e muitos o aspiram como um ideal e usam-no para descrever a si mesmos. Assim, esse caráter narrativo é compartilhado por muitos. É claro, esse compartilhamento pode envolver um grande tratamento de sobreposições parciais. Diferentes regiões desta nação podem dizer diferentes tipos de histórias ou ter diferentes versões; elas terão diferentes "estereótipos" que podem se tornar ou são úteis para se contar uma história. No nível em que nós compartilhamos narrativas, compartilhamos a compreensão; e no nível em que não há compartilhamento, há um mesmo nível de incompreensão. Isto é verdade em muitos diferentes sentidos: família,

---

[3] Alasdair MacIntyre, "Epistemological Crises, Dramatic Narrative, and the Philosophy of Science" ["Crises Epistemológicas, Narrativa Dramática e a Filosofia das Ciências"], in *The Tasks of Philosophy: Selected Essays* [*As Tarefas da Filosofia: Ensaios Selecionados*], vol. 1 (Cambridge University Press, 2006), p. 4.

religião, nação e época. Também significa que, para tentar entender algum fenômeno, especialmente algum fenômeno humano, nós devemos procurar as narrativas que temos a fim de fazê-lo vir à luz.

O conceito de narrativa, portanto, pode ser útil em nos permitir ver a natureza de como entendemos a nós mesmos e de como entendemos de maneira geral. Essas coisas não estão apenas conectadas em nosso pensamento; elas também não acontecem fora do nosso encontro com nossa cultura ou história. Esse fato nos ajuda a entender alguma coisa acerca da natureza da crise intelectual em uma cultura ou mesmo dentro de um campo de estudo. Quando existem tais crises, o que usualmente aconteceu é que a capacidade vinculativa das narrativas disponíveis foi perdida. Pelo fato das culturas não serem hermeticamente fechadas a outras culturas, à natureza, a aberturas insuspeitas em suas narrativas, ou a surpresas as quais nós temos sido levados por sua lógica, tais crises devem ser esperadas. Quando elas ocorrem, entretanto, é preciso encontrar uma narrativa. Para resolver a crise, a nova narrativa deve não somente juntar as várias partes da estória como também nos capacitar a entender como pudemos ter pensado do jeito que pensávamos e como estávamos errados antes. Precisamos saber *porque* mudamos. Isso não é um problema puramente intelectual. MacIntyre sabiamente aponta para o fato de que qualquer "crise epistemológica é sempre uma crise nas relações humanas".[4] Similarmente, pode-se entender que uma crise nas relações humanas, na narrativa humana, mais cedo ou mais tarde, provoca uma crise em que nós pensamos ter a ver com considerações estritamente intelectuais. As duas não podem ser claramente separadas.

O papel exercido pela narrativa em nossa compreensão, pensa MacIntyre, ajuda a explicar muitos problemas concernentes à natureza do pensamento moderno que começou em Descartes, cuja famosa dúvida foi a narrativa fundamental da filosofia desde o século XVII. Sem dúvida, Descartes experienciou uma crise epistemológica. Mas, pensa MacIntyre, ele erra totalmente em sua descrição, pois em vez de pintá-la contra seu real pano de fundo, ele tentou duvidar de todas as coisas,

---

[4] *Ibidem*, p. 5.

incluindo o pano de fundo. Ele obscureceu tudo sobre o que ele, de fato, ainda se mantinha, tal como sua capacidade de falar Francês e Latim, que lhe forneceu todos os tipos de conexões intelectuais, incluindo uma entre a dúvida e o pensamento. Essa recusa em reconhecer a tradição e a história, e, portanto qualquer sabedoria e modos de raciocínio que elas proviam, oculta o fato de que nós somos dependentes de nossa história. Essa nova narrativa é uma narrativa que nega as narrativas. Assim, nós pensamos, da mesma forma que Descartes, que estamos simplesmente observando e não somos parte do que descrevemos. Um exemplo primário desse obscurecimento pode ser visto na obra de Thomas Hobbes, quando ele explicitamente buscou importar do programa moral de Descartes para a sua elaboração de morais e da filosofia política. Hobbes demonstrou que fazer constituições não seria como jogar tênis – ou seja, alguma coisa aprendida pela experiência – e que mesmo os exemplos onde a experiência tenha levado saúde às comunidades não eram contraexemplos. O bom governo tem de ser cientificamente deduzido a partir de princípios antropológicos e físicos. Assim, Hobbes, embora ele mesmo estivesse tratando de uma enorme crise nas relações humanas, a saber, a guerra civil inglesa, tentou ignorar essa crise intelectualmente enquanto, ao mesmo tempo, dava o que ele pensava ser sua solução impessoal. Sua solução consistia em dar soberania absoluta ao governo. Mas antes que vê-la como uma solução ao problema da Inglaterra e para seu tempo específico, Hobbes a apresentou como uma solução científica necessária a todos os tempos e lugares, estivessem eles em crise ou não. Sua posição torna fácil institucionalizar soluções extremas para as crises quando elas não são mais evocadas; o anormal não é reconhecido e se torna o normal. Essa tradição de "ciência" política e filosofia moral continuou.

O desfecho dessa ocultação do contexto narrativo pode ser visto em uma das principais críticas de MacIntyre feita em seu *After Virtue* [*Depois da Virtude*] (1981). A filosofia moral contemporânea, ele contestou, é, no final das contas, incoerente. Embora ela tente ser racional, o que quer dizer sistemática, de fato, os vários princípios a partir dos quais os filósofos morais tentam começar ou justificar pertencem a tradições ou narrativas morais rivais. Isto, no entanto, fica oculto da vista simplesmente porque se pensa que a tarefa da filosofia moral contemporânea é desprender os princípios do contexto vivido em que eles se desenvolveram e fizeram sentido. A análise profunda não os torna coerentes, ele pensa; o que é necessário é algum sentido da tradição em que eles faziam sentido.

Nós diremos mais acerca da compreensão de MacIntyre sobre a tradição. Neste ponto, entretanto, precisamos perguntar se as narrativas são, de fato, tão necessárias e onipresentes como MacIntyre as faz ser. De fato, não somente podemos não precisar delas, como até podemos estar melhor sem elas. Assim dizem muitos pós-modernos que têm feito de sua tarefa o desmascaramento e desconstrução de quaisquer narrativas tradicionais superiormente originais, argumentando que qualquer coisa que tente culturalmente ser uma narrativa "mestra" é uma tentativa de hegemonia cultural. Tanto Foucault quanto Derrida são bons exemplos dessa posição, pois uma pretensão de suas atividades desconstrutivas é que nós não precisamos de narrativas, ou, pelo menos, precisamos apenas de narrativas parciais *ad hoc* que nós inventamos e reinventamos por nós mesmos. MacIntyre, da sua parte, pensa que a questão das narrativas é um ponto importante contra os desconstrucionistas. *Eles absolutamente não abandonam a narrativa.* Nem sua confiança no "livre jogo" é absolutamente uma abertura acabada e sem confiança em algum sentido substantivo de bem, como eles podem querer deixar parecer. Isto pode ser visto primeira e simplesmente pelo reconhecimento de que o método de genealogia de Nietzsche que eles têm usado para minar as "narrativas mestras" é efetivo precisamente porque ele provê uma contranarrativa, e não *a ausência de narrativa*.

Além disso, nessa contranarrativa geralmente se encontra um bem desenvolvido sentido de "eu", um que a contranarrativa é o meio de estabelecer e subinsinuar. Esse "eu" é um "eu" nietzschiano que conscientemente celebra a autoafirmação contra as normas e hierarquias culturais e as destrói porque elas são, por sua vez, suspeitas de destruir a alma. É um "eu" que pode, de várias formas, estar ligado a visões como o emotivismo[5], a visão de que as declarações avaliativas,

---

[5] Nota do trad: A palavra inglesa é "emotivism".

particularmente os julgamentos morais, não são nada senão expressões de preferência. Pode estar também ligado à visão de que o valor, e todas as regras, são radicalmente contingentes. Como outras narrativas, a própria contranarrativa se apresenta também com seus próprios estereótipos, afirma MacIntyre. Elas incluem figuras como a do terapeuta, o administrador e o esteta rico, todos os quais são confiantes no bem, ou, em algum sentido, em que os seres humanos têm um destino, alguma coisa que eles deveriam ser ou procurar atingir. Nesta avaliação, nós somos nossa liberdade, e liberdade significa liberdade de qualquer constrangimento sobre as nossas escolhas.

Este é ponto da afirmação de MacIntyre de que a filosofia moral contemporânea é um pasticho incoerente de princípios sem o contexto que possa ilustrá-los. Por exemplo, na filosofia moral contemporânea, a crença de que os seres humanos têm direitos "inerentes" é comumente tomada como um ponto de partida. No entanto, sustentar que todos os seres humanos supostamente têm direitos e explicar como eles são fundamentados é notoriamente algo difícil. Um exame do que nós pensamos acerca dos direitos, não obstante, mostra porque isto realmente seria difícil. Por um lado, por mais que pensemos, o conteúdo moral dos direitos pertence às tradições judaica e cristã. A noção de igualdade, por exemplo, pode ser vista nesta tradição, que vê todas as pessoas como iguais *diante de Deus* e como possuindo um destino comum. Com base nesta consideração, então, as pessoas não somente merecem respeito; por causa de nós mesmos sermos criaturas de Deus, nós também temos obrigações uns com os outros. De fato, estas obrigações podem não ter nenhum limite espiritual. Por outro lado, os direitos podem ser associados a muitas narrativas acerca dos seres humanos. Eles têm sido frequentemente associados à narrativa que John Locke primeiramente contou na qual fundamentou os direitos em uma lei natural de autodefesa. Estes incluíam, ele pensava, direitos tais como o de acumular propriedade, o direito de não interferência sobre outros e o direito de escolher os próprios fins. Esta tradição obviamente corre em direção diferente da tradição que pensa que os seres humanos têm fins naturais e sobrenaturais. Os direitos podem adquirir também um sentido a partir da lei, um que trata especificamente da exata disposição da propriedade. Dados, então, todos estes diferentes sentidos do que são os "direitos", portanto, não é difícil ver por que, se nós começarmos a partir somente dos direitos, haverá aí os tipos de disputas morais que nós encontramos na cultura contemporânea. Podemos citar simplesmente uma das mais óbvias. Nos debates em torno do aborto, os direitos podem ser afirmados tanto em relação à mãe quanto em relação ao seu feto, e a despeito do acordo entre todas as pessoas de que os direitos constituem o modo de se discutir tais questões, não há conclusão a que se possa chegar usando o conceito como ele é posto. Coisas incompatíveis tais como a santidade da vida, a consequente autodefesa (da mãe e do feto) e o direito de determinar o próprio corpo como propriedade, entram todas elas dentro de um jogo sob o conceito de "direito". Isto não é de surpreender, visto que os princípios e práticas mantidas perderam seu suporte contextual. Isto nem sempre significa, no entanto, que tais argumentos assinalam a guerra de uma tradição contra outra, embora isso possa acontecer. Aí pode haver simplesmente confusão, mas uma confusão que, pelo esforço do pensamento, nos leva a tomar certas direções involuntárias. Assim, o que afinal preocupa MacIntyre é que uma tradição está sendo perdida, e outra, a do *neopaganismo*, ele pensa, está substituindo-a. Esta perda e substituição estão acontecendo, no entanto, sem muita consciência cultural. Como o estudioso de ética cristã Stanley Hauerwas coloca a questão, se os indivíduos repetem para si mesmos, durante um tempo, a história de que eles são principalmente motivados pelo autointeresse, não seria nenhuma surpresa que, em algum momento, eles retornem para esse caminho.

Os pontos antecedentes iluminam qual importância a filosofia moral pode ter para o pensamento pós-moderno e mostra um debate dentro dele. O que começa a ficar em foco é que na base de muitos debates acerca do pós-modernismo se encontram questões acerca do que é bom, e o que o "eu" humano é, e como nós pensamos sobre ambas estas coisas. Não é absolutamente um debate metafísico; ambos os lados estão convencidos de que, se tentarem argumentar metafisicamente, serão extraviados e não poderão alcançar o resultado. Antes, o debate é um que permanece enraizado na maneira em que a vida humana é vivida. Assim, ele é moral no sentido óbvio, mas também no sentido mais amplo, o que trata dos nossos costumes, nossos hábitos.

Para entendermos exatamente, devemos nos voltar para CHARLES TAYLOR, que, como MACINTYRE, contesta a ideia de que para os seres humanos "o bem" seja simplesmente uma escolha e não alguma coisa substancial e algo que nós realmente devemos amar. Em um exame do fenômeno da atividade humana, TAYLOR defende que o nosso sentido do bem é semelhante a um instinto; ele é tão profundo e básico para nós quanto nosso medo de errar. Ele também defende que este sentido envolve afirmações, implícitas ou explícitas, acerca das coisas como seres *realmente* bons ou não. Por exemplo, nós vemos os humanos como valiosos e os tratamos como tais; os tratamos diferentemente do que o fazemos com galhos ou pedras. Nossa necessidade, ele diz, de ter sua permissão e consentimento em quaisquer ações que nós possamos realizar e que venham a afetá-los é um reconhecimento do seu valor. Assim, TAYLOR observa: "uma reação moral é um consentimento, uma afirmação, um dado ontológico do humano".

Muito do pensamento contemporâneo pode estar querendo permitir que nós tenhamos tais reações instintivas, mas, ao mesmo tempo, defendendo veementemente contra a sugestão de que isso implicaria algum tipo de ontologia. Isso negaria que há qualquer tipo de bem real, em relação ao qual haveria qualquer coisa como a possibilidade de emissão de um julgamento objetivo. Esta objeção ecoa de muitas orientações. Ela inclui sócios-biólogos que sustentam que a reação não é nada senão um instinto necessário para a sobrevivência do grupo; e isso também inclui freudianos e nietzschianos sucedâneos, que argumentam que ela nada mais é do que um preconceito culturalmente imposto com nada "real" envolvido. (O NIETZSCHE real teria uma ontologia moral explícita, mesmo se não fosse convencional. E ele a levou muito a sério.) Por que TAYLOR pensa dessa maneira? TAYLOR sugere que a vida humana é vivida dentro de estruturas morais inescapáveis que envolvem o sentido constitutivo de um bem em relação à vida humana. Estas estruturas *não* são construtos metafísicos impostos imperiosamente sobre o comportamento humano; frequentemente elas permanecem implícitas no agir humano, embora, pela reflexão, elas possam ser articuladas. Elas são particularmente vistas nos papéis que as narrativas desempenham, pois estas fornecem uma compreensão de minha vida tanto para agora quanto para onde estou indo. A satisfação que eu legitimamente posso ter dela como um todo é similar a estar relacionado a algum tipo de bem que Platão uma vez descreveu como "suficiente, desejável e apropriado".

Mas por que tais estruturas são inescapáveis? O que não nos permite pensar que elas são sejam puras invenções, como algumas filosofias morais pós-modernas defendem? A razão, Taylor afirma, é que estas estruturas morais configuram nossa identidade, nosso verdadeiro sentido do "eu". Elas nos fornecem um tipo de "espaço moral" em que nós operamos, o qual, por sua vez, nos fornece nossas posições em relação aos outros e também ao mundo mais amplo. Nós entendemos a nós mesmos por meio de nossas relações com os outros, e essas relações são constituídas por um sentido compartilhado de objetivos e direções na vida humana. Chegamos a ser agentes pessoais no nível em que compartilhamos estas estruturas e podemos nos referir a elas em vista das razões pelas quais nós agimos como agimos. Outros humanos aceitam nossas razões no nível em que elas compartilham da mesma estrutura. Pois não podemos pensar acerca de nós mesmos como "eus" sem referência a estas estruturas, elas são inescapáveis. Sair delas, afirma Taylor, seria equivalente a dar um passo para fora do que nós reconhecemos como uma personalidade não danificada. Perder uma estrutura seria deparar-se em meio a uma crise de identidade apavorante, pois as razões da vida e as razões que tornam a vida coerente desapareceriam. Isto, é claro, não "prova" a objetividade de nossos julgamentos morais; pelo menos, não da maneira em que nós costumamos provar pelo trabalho em física ou em matemática. O que a estrutura faz é colocar-nos em uma posição na qual possamos ver que as alternativas – tais como quaisquer descrições que retratem o "eu" humano como inerentemente autônomo e capaz de pensar e decidir sem perspectiva moral – são sempre carregadas de imensas dificuldades.

O que Taylor busca é uma "melhor consideração" quanto ao agir humano, e ele é totalmente claro em que esta melhor consideração, em ambos os lados do debate, pode ser muito diferente da atual e desacreditada tentativa moderna de uma visão criteriosa de julgamento baseada sobre o raciocínio em matemática e física. Colocando isso mais positivamente, o vazio deixado pelas estratégias de raciocínio baseadas na matemática e na física pode ser preenchido com um muito diferente tipo de raciocínio, um que é muito mais apropriado para o resultado à mão. Esta é razão prática, mas a fim de não confundir com as suas versões modernas da razão prática, tal como a de Kant, mais especificamente é uma *phronesis*, para denominá-la pelo seu nome grego. De acordo com Aristóteles, ela é a virtude ou o hábito da sabedoria prática. Embora o equivalente em Latim seja *prudentia*, o derivativo em Português – *prudência* – é muito enganoso, assim, evitaremos usá-lo.

A compreensão para a qual se está chamando, e não somente por Taylor e MacIntyre, mas também por alguns filósofos notáveis continentais, tais como Gadamer, nos ajuda primeiramente a situar a questão dentro do campo específico da ética. Nós podemos ver que tipo de alternativa ela aí provê, e assim pode ser posta em um contexto mais amplo. Embora a ética da filosofia moderna raramente conclua alguma coisa com unanimidade e com base no que ela considera ser seus princípios compartilhados, nas diversas áreas, os profissionais liberais concordam que o empreendimento a ser assumido em relação a isso deve ser racional. Primeiro, sua abordagem à moral racional é hierárquica ou sistemática. Começando com a declaração de uma certeza estabelecida de noções básicas e/ou princípios, os filósofos derivam os outros elementos da teoria a partir destes princípios, ou, finalmente, relaciona-os aos primeiros princípios, dando, então, uma perfeição à teoria. Assim a resposta quanto o que eu devo fazer será uma tarefa ligada ao ato de derivar minhas presentes obrigações de certos princípios éticos básicos. As teorias éticas modernas são, desta maneira, regra orientada, e as regras devem ser consideradas racionais, precisam ser derivadas de princípios que são reconhecidos como éticos. (Como pano de fundo aqui, a ética de Kant consta em grande medida – cf. cap. IX.) Nem tudo na teoria precisa ser diretamente deduzido; no entanto, é necessário que os elementos da teoria sejam relacionados com os princípios governantes.

A segunda característica da ética moderna é que a sua teoria ética trata quase inteiramente de casos e dilemas morais; assim, a ética moderna tem sido muito apropriadamente chamada de "ética do dilema". Como tal, a questão ética bem ampla: "Como viverei minha vida?", é ou ignorada ou colapsada dentro de uma mais estreita questão: "O que devo eu fazer?", com respeito ao que se deve fazer em específico, frequentemente por meio de *exemplos* obscuros; esta teoria moral não é dirigida à forma mais geral da vida que se deveria viver. Em sociedades liberais, onde as relações humanas são concebidas e tratadas sob a ideia de um *contrato social* que se mantém entre indivíduos racionais e autônomos, e onde indivíduos são átomos sociais, isto não é absolutamente de se surpreender. Visto que os indivíduos são considerados ser acima de tudo autônomos, a ética facilmente se torna um problema de tomar decisões quanto a exemplos particulares. E isto especialmente onde o conflito social pode surgir e onde os bens elementares de que se precisa para se manter e prosseguir a vida se torna questão de preferência individual. Isto também dá algum sentido ulterior em relação ao porquê a ética seria tratada como principalmente encerrada em princípios e regras, pois estas são melhor seguidas por responderem a questões deste tipo por si mesmas concebidas como escolhas atomísticas dos próprios bens. A ética do dilema aqui é em muito semelhante aos procedimentos legais ou direções de barganha que ajudam os indivíduos autodirigidos a manter-se, a partir deste direcionamento, um em relação ao outro. Nós já vimos a crítica de MacIntyre de que a teoria ética moderna é incoerente. Se, como ele afirma, os princípios, tais como o conceito de justiça, são tomados de vários contextos incomensuráveis, então, é fácil ver por que a ética seria incoerente, pois suas conclusões procedem de uma dedução sistemática a partir de princípios e que são também aplicados sem muito sentido do contexto presente. Como uma alternativa, MacIntyre chamou a um retorno à tradição e reflexão ética chamada "ética das virtudes".

A ética das virtudes começa como reflexão ética em um *locus* muito diferente. Pois, para ela, um fato não é situacional ou simplesmente questão de casos. Antes, sua estrutura é devida a sua preocupação

Capítulo XIII

em relação a como a vida é vivida como um todo; como tal, ela conscientemente trata de questões que são integralmente uma parte da narrativa qualificada de autocompreensão humana. Ela também não é sistemática, à maneira que a ética moderna é. Enquanto ARISTÓTELES ou AQUINO, duas figuras principais de uma ética mais primitiva das virtudes, certamente falam acerca da prática de silogismos que começam dos primeiros princípios, todavia, não estavam particularmente interessados na qualidade dedutiva das conclusões e na derivação sistemática das regras a partir de princípios. Enquanto "métodos simples e práticos" generalizados, e que certamente poderiam ser uma parte da reflexão ética, elas não constituiriam sua racionalidade. Antes, a ética das virtudes, de pensadores tais como ARISTÓTELES e AQUINO, estava muito mais interessada em desenvolver o tipo de raciocínio prático que poderia discernir o que as premissas apropriadas são para o silogismo. Neste âmbito, eles conseguem reconhecer questões de narrativas muito mais amplas influenciando de alguma maneira o caso à mão do que muitos modernos estudiosos de ética admitiriam. Como uma demonstração de como eles se aproximavam do pensamento ético como um todo, pode-se observar a discussão de AQUINO sobre a consciência. Ele começa com a premissa de que todos os seres humanos possuem a *synderesis*, um princípio moral inamovível implantado por Deus que nos impõe escolher sempre o melhor ao invés do pior. Este princípio, no entanto, enquanto inviolável, não pode dizer o que é, em uma situação particular, o melhor ou o pior. A consciência, então, é um ato de julgamento que é justo, ou não, em uma dada situação particular. Todavia, este julgamento não pode ser uma dedução do princípio moral primário de *synderesis*; pois o julgamento continua também particular, e o princípio continua amplo. Antes, ele requer um discernimento da situação em si como também de quais são os princípios apropriados para aquela situação específica. Esta é a função da sabedoria prática ou *phronesis*, a virtude ou excelência de realizar bons julgamentos. A sabedoria prática certamente decide no caso à mão, mas também decide em termos do mais amplo contexto dado acerca da finalidade da vida (por exemplo, a visão beatífica, de acordo com AQUINO). Como se pode suspeitar, esta virtude não é obviamente inata, pois ela pode faltar a muitas pessoas. Antes, ela vem de uma experiência iluminada.

Se a *phronesis* deve ser entendida em termos de raciocínio em relação aos objetivos da vida e também uma questão de experiência iluminada, então se começa a ver quão diferente ela é de uma noção de razão que se modele sobre a matemática ou física. Seu raciocínio aprendido *dentro* da vida, e a partir da experiência, é exercido dentro da vida. Certamente, em pontos apropriados, isso envolve um tipo de distância que é requerida para que se ouçam os pontos de vista para que se seja capaz de julgar criticamente; no entanto, isso não é tentar eliminar as qualidades pessoais e as confianças mais profundas do pensador, qualidades que são, é claro, irrelevantes para o pensamento matemático. DESCARTES quis um mundo absolutamente objetivo, e ele quis descrever um mundo em seu processo, mesmo quando ele estivesse dormindo e não o estivesse observando. Isso, no entanto, pode ser uma maneira pobre de se aproximar do modo pelo qual nós pensamos acerca dos valores. (DESCARTES não aplicou este pensamento à ética e à teologia, embora ele pensasse que havia promessas para ambas.) *Phronesis* é pensamento que trata de valores e de como eles são uma parte crucial da vida e pensamento humanos.

Phronesis pode ser descrita em termos de quatro características básicas. Primeiro, diferente do tipo de raciocínio que DESCARTES procurava e que demanda uma certeza proposicional clara e distinta, a *phronesis* busca uma certeza que tolera certo tipo de arredondamento. ARISTÓTELES assinala, no início de sua *Ética a Nicômaco*, que, em todos os campos, nós precisamos observar o nível de exatidão apropriada ao campo; uma característica do leigo é exigir a exatidão da matemática em campos tais como a ética e a política. Em sua discussão sobre o raciocínio prático, TAYLOR ajuda a explicar por que isto é assim. O raciocínio prático, como é apropriado por seu recurso em narrativa biográfica, é "um raciocínio em transições. Ele pretende estabelecer não que uma posição seja absolutamente correta, mas, antes, que ela é superior à outra."[6] Ele está

---

[6] Charles Taylor, *Sources of the Self: The Making of the modern Identity* [*As Fontes do Self: A Construção da Identidade Moderna*], (Cambridge, MA: Harvard University Press, 1989), p. 72.

preocupado com as posições que são sempre comparativas em sua natureza mais própria, um ponto em que a ética moderna dedutiva de regras orientadas se omite. Isto não significa que a razão prática não permita um bem absoluto; de fato, ela frequentemente presume um, tanto como padrão quanto como objetivo. Mas em raciocínios tais como "O que devo fazer?", que é com o que a razão prática se exercita, nós estamos fazendo escolhas que têm contextos, frequentemente alguns bem imediatos, e que têm limites. Também fazemos estas escolhas quando há poucas possibilidades de extrair o delineamento exato de como uma escolha específica resultará nos tipos de objetivos que nós procuramos. A falta de extrema exatidão, a natureza rodeada de causas e efeitos, pode mesmo ser um benefício, visto que permite o tipo de flexibilidade na revisão do que se pensa e na direção que se toma e que pode ser eticamente muito importante. Pode muito bem guardar-nos do fanatismo, por exemplo.

Uma segunda característica da *phronesis* é que ela, como outras virtudes ou excelências humanas, pelo que o termo "virtude" ou *arete* pode ser melhor traduzido, é habitual e é formada pela prática. Em outras palavras, uma pessoa não possui uma excelência em uma base ocasional, mas a desempenha caracteristicamente. Talvez mais importante para os nossos propósitos aqui, no entanto, seja o fato de que estas excelências são formadas pela repetição de atos justos ou sábios. Enquanto isto pode ser difícil de fazer até que nos tornemos justos ou sábios, todavia, pode finalmente ser realizado como o caso de se seguir o exemplo de uma pessoa justa ou sábia. Por esta razão, as práticas pelas quais tais excelências são formadas como hábitos podem mesmo ser mais bem descritas como um tipo de aprendizagem.

Aprendizes de carpinteiro, por exemplo, aprendem a arte da carpintaria a partir de tarefas que lhes são dadas e que se relacionam a este ofício como um todo. Pela repetição, eles se tornam peritos nestas tarefas, que são uma parte da arte; até aprenderem a aplanar e polir uma prancha uniformemente, eles nunca conseguirão fazer uma gaveta que feche apropriadamente. Os aprendizes são também instruídos por um mestre artesão. Enquanto há pessoas que nunca conseguem, outras, em algum ponto do aprendizado, tornam-se artesãs, e, de fato, realmente, não há nenhuma outra maneira de se tornar uma. Ouvir uma aula não é realizá-la. Assim, por meio de um aprendizado, se aprende a fazer a tarefa, se obtem um real e agudo sentido das necessidades e peculiaridades próprias a tarefas específicas e seus problemas. Neste caminho, não somente o corpo se torna disciplinado para a arte como também, por meio da disciplina, a mente se condiciona, e chega-se a entender os problemas e soluções que envolvem a arte. Há um tipo de imaginação viva que se apresenta a partir do momento em que se possui a arte. O mesmo se dá com a sabedoria moral. A capacidade de enxergar as exigências de justiça e de ser justo é um resultado de se possuir o aprendizado em justiça. Não somente se vê o que é requerido de alguém que, estando em um momento difícil, deve fazer o que se vê como justo, como também se vê complicações e interpretações do caso que simplesmente não podem ser deduzidas como um algoritmo a partir de uma regra. Simplesmente, não se tem a razão capacitada a ver qual é realmente o caso sem experiência. A posse da *phronesis* é então o resultado das práticas da vida, particularmente aquelas que são instruídas por um professor que já é sábio. Muito da filosofia e teologia contemporânea tem enfatizado, em um alto nível, portanto, a importância das práticas na formação do próprio pensamento.

O que se torna mais claro neste ponto é que *phronesis* é uma questão de raciocínio e que está, terceira das características, inextricavelmente ligada às comunidades humanas nas quais ela é aprendida e exercitada. Isto pode ser visto em inúmeras maneiras. Por exemplo, para se desenvolver a razão prática, são necessárias outras pessoas como professoras, exemplos e a necessidades de que nos coloquemos em suas mãos, em variados níveis explícitos e implícitos. Esta socialização do aprendizado em vista da razão prática não é acidental, como a maneira em que nós aprendemos matemática pode ser em que se pode, afinal, dispensar os professores e pensar teoremas em esplêndido isolamento. Pois não somente a *phronesis* é desenvolvida na relação com professores, como ela só é aprendida por meio do seu exercício dentro de uma comunidade com outras pessoas e agentes, por ser exercitada socialmente. Não se trata de alguma coisa primeiramente pensada, como um sistema teórico desse ou daquele bem, e, então, aplicada. Ela é aprendida no vai e vem da vida social. Embora o conhecimento que a envolva, em algum ponto, é sistematizado – e pode sê-lo –, todavia, ela só pode ser realizada depois de ser absorvida pela experiência social e pela reflexão. Mas, mesmo então, ela fica sujeita à contínua revisão com base no exercício experimental. Finalmente, é claro, em sua natureza real, a *phronesis* é social porque é o conhecimento de um ser que está relacionado a outras pessoas e agentes, e ela é conhecimento que relaciona os agentes aos outros de maneiras específicas. Enquanto nos leva à narrativa do próprio pensador, ela é também ética, no nível em que ela é em referência a outro.

Há um quarto e último aspecto. O que se conhece por *phronesis* é uma parte do que se herda por se ter nascido e por se viver dentro de uma comunidade, particularmente através da fala, da comunidade de linguagem, e pelo compartilhamento em suas atividades. Pelo fato de que, na comunidade, o que é sabido também se desenvolve com o tempo e pelo exercício reflexivo, este conhecimento é conhecimento através de uma tradição. Como MacIntyre aponta, isto também significa que, enquanto ele pode ser herdado e exercitado por indivíduos dentro de uma cultura, o que é necessário a este conhecimento é que ele seja entendido em relação com a sua história. Nem Aristóteles nem Aquino parecem estar conscientes disso, ou, se eles o foram, isso não parece representar muitos problemas para eles. Mas para o pensamento contemporâneo, este aspecto da tradição torna-se crucial por tornar qualquer tipo de caso convincente, ao levar em consideração a *phronesis*, como agora é apresentada, como uma real e superior alternativa ao tipo de razão que é modelada pela matemática e a física, especialmente nas religiões e disciplinas orientadas por valores. E ele é crucial, em boa parte, precisamente pelo fato de que essa uma tradição histórica está envolvida no que tem sido posto de lado tanto pelos modernos quanto pela ala desconstrucionista do pós-modernismo. O problema, é claro, está em que desde Descartes tem sido afirmado que o pensamento tradicional é conduzido pelo paroquialismo, pelo pré-conceito e um conservadorismo do *status quo*. Dentro da "suspeita hermenêutica" de avaliação desconstrucionista, o pensamento tradicional é normalmente associado à hegemonia dos poderes autointeressados, cujo dever racional do desconstrucionismo é desmascará-los como não possuindo a luz, a razão, a consistência e a necessidade que eles afirmam em relação a si mesmos. E igualmente conservadoras podem ser as suspeitas, visto que o conhecimento que é determinado principalmente por sua história parece também relativístico; elas estão frequentemente provando em favor de alguma coisa atemporal, inatacável e necessária, precisamente o que os desconstrucionistas querem negar em relação a si mesmos.

Então, por que a investigação de uma tradição estabelecida é superior? Porque apresentar a história de um conceito não é historicizá-lo, limitá-lo a um tempo e lugar particulares. Trata-se, em vez disso, de apresentar a história do *raciocínio* que acontece, não só uma vez em um tempo e por curiosidade, mas também porque nós temos razões para indagar, por exemplo, sobre o porquê de a justiça trilhar o caminho que ela faz até nós. Assim, entender a tradição é entender uma boa parte do modo pelo qual nós mesmos pensamos, ver o que é exigido de nós e entender algumas das possibilidades de compreendermos a nós mesmos. É também colocar-nos a nós mesmos dentro da questão, e não fora. A defesa da investigação de uma tradição-estabelecida é, por essa razão, também uma recomendação de como proceder na presente crise intelectual. Ela é também uma avaliação superior porque é uma melhor consideração de como nós realmente raciocinamos e um melhor guia de como proceder na crise intelectual. Ela oculta menos e descreve mais.

Dois exemplos podem ser dados de como, assumindo a visão da razão prática de uma tradição estabelecida, nós podemos repensar as pressuposições modernas em relação à distância e certeza sem cairmos vítima do relativismo e do perspectivismo. Estes exemplos são extraídos da imensamente influente obra de GADAMER *Verdade e Método* (1960). No primeiro, GADAMER realiza uma quase chocante defesa da noção de preconceito. Nós já tratamos deste conceito no capítulo XI, embora ali nós o chamamos de "pré-compreensão". O termo, no entanto, é literalmente "preconceito" (*Vorurteil*). GADAMER conscientemente escolhe este termo. O preconceito – que é literalmente um pré-julgamento, um julgamento "emitido antes de todos os elementos, que determinam uma situação, terem sido finalmente examinados"[7], GADAMER defende – é uma coisa útil e necessária. Como um julgamento, especialmente no caso dos valores, ele é um a que nós chegamos pelo fato do reconhecimento do valor ter sido configurado por uma cultura.

GADAMER, aqui, quer inverter a abordagem de DILTHEY à hermenêutica e colocar os humanos em sua própria história, não fora dela. DILTHEY estava seriamente interessado em história e interpretação de textos do passado. Sua abordagem, no entanto, como outros na tradição fenomenológica, começou com um sujeito absoluto e a consciência presente. O problema para um sujeito, então, ele diz, era o de como se aproximar de um texto pertencente a um tempo passado. A posição de DILTHEY era essencialmente a de que isso era possível pela simpatia e analogia, pelas quais nós comparamos o passado com o nosso próprio tempo e o entendemos no alcance de uma interpretação. GADAMER, pelo contrário, defende que, como seres históricos, não somos, em primeiro lugar, constituídos por autoconsciência; antes, nós pertencemos à história, e não ela a nós. Nós não estamos acima dela; somos seu resultado. Assim, GADAMER afirma que "os preconceitos do indivíduo vão mais longe do que seus julgamentos na constituição da realidade histórica do seu ser".[8] O que ele quer dizer é que nosso pensamento é antecipadamente delineado por nossa realidade histórica e comum.

Isto tem consequências sobre como nós pensamos e interpretamos. O "preconceito" é o modo pelo qual nós fomos instruídos, através de um aprendizado, a discernir o valor. Nosso preconceito é nosso primeiro julgamento da história. Então, neste caso, o preconceito é a capacidade de reconhecer o valor e começar a pensar. Isto pode, é claro, se permanecer estancado, se tornar uma estreita e perpetuada injustiça. Mas pode ser também a porta de entrada para a honestidade e a avaliação dos outros. GADAMER agudamente esclarece que se trata antes de uma narrativa cultural, uma que data do Iluminismo,

---
[7] Hans-Georg Gadamer, *Truth and Method* (Nova York: Crossroads, 1986), p. 240.
[8] *Ibidem*, p. 245.

pensar que nós estamos em melhores circunstâncias se não formos experimentados nas atividades morais de uma cultura. Por isso, os pensadores iluministas creram que eles poderiam se aproximar de tudo unicamente por meio da razão; eles, então, se a questão for dita corretamente, tinham um "preconceito contra o preconceito", alguma coisa que eles desconsideravam, exatamente da mesma maneira que qualquer outra tradição desconsidera um preconceito. Este "preconceito contra o preconceito", no entanto, nos impede de ver que era isso o que havia acontecido. Ele nos impede, por exemplo, de ver que nós vivemos por meio de narrativas e dentro de tradições.

Também tem de ser compreendido que o que está em uma tradição não é sempre obscurantista, opressivo e hegemônico; mesmo uma tradição de ensino pode também apreciar a diferença e pensá-la satisfatoriamente, como certo número de estudiosos de ética cristãos e judeus têm se esforçado por fazer. Mesmo o inesperado e radical pensamento profético inquebrantável tem uma tradição, uma que judeus e cristãos regularmente repetem a fim de que eles possam ouvir, apreendê-la e pensar sobre o que é novo – quer dizer, discernir os falsos profetas dos verdadeiros. O preconceito, entendido desta maneira, não é, obviamente, e não pode ser, toda a chave hermenêutica da razão prática da tradição estabelecida. Mas é um ponto inicial pelo qual, recebendo-se o que é passado, pode-se continuar a pensar. De fato, até que se consiga compreender por meio de nossas próprias narrativas já identificadas, nós correremos o risco de não sermos capazes de reconhecer a diferença em relação ao que esta realmente é, quando a encontrarmos.

O segundo exemplo que queremos tomar de Gadamer é seu argumento ulterior de que quaisquer julgamentos que nós emitamos são julgamentos que, primeiramente, herdam julgamentos prévios e também a razão que se encontra neles, e finalmente os ultrapassam. Ele sugere que muitos de nossos julgamentos – estéticos, morais e assim por diante – são semelhantes aos julgamentos legais e teológicos. Nós os emitimos não a partir de uma leitura sem intermediários de textos autoritativos de vários tipos, como se somente nós os tivéssemos descoberto e ninguém mais os tivesse lido há anos, mas a partir de um reconhecido precedente e uma tradição de pensamento acerca de questões relevantes e de textos obrigatórios. Nós lemos, da maneira como fazemos, como um resultado dessa tradição, e levantamos questões conforme estamos situados. Fazendo assim, precisamos ser cônscios do que temos herdado da tradição – nossos preconceitos – e precisamos estar abertos a outros horizontes. O problema, então, do fundamentalismo legal e teológico, que afirmam fazer julgamentos atemporais e necessários baseado sobre textos autoritativos, é que, em ambos os casos, tais leitores ignoram sua própria história, incluindo a história de suas próprias leituras, dando o que eles pensam ser o claro e aparente sentido do que o texto é. Eles estão, com efeito, tentando apresentar uma real leitura "histórica" enquanto, ao mesmo tempo, agem como se eles, e o texto que estão lendo, não estivessem totalmente na história. Ironicamente, buscando tal leitura absoluta e atemporal, suas expectativas não são tão atemporais como eles pensam que são, mas muito mais o resultado de uma tradição, a saber, a do *Iluminismo*. Assim, o que nós precisamos reconhecer, afirma GADAMER, é que

> uma lei não está aqui para ser entendida historicamente, mas para se tornar concretamente válida através de sua interpretação. Similarmente, uma proclamação religiosa não está aqui para ser entendida como um documento meramente histórico, mas para ser tomada de uma maneira em que ela exercite seu efeito salvífico. Isto inclui o fato de que o texto, seja lei ou evangélico, e se deve ser entendido propriamente, ou seja, de acordo com as afirmações que ele faz, deve ser entendido em todo momento, em toda situação particular, de uma maneira nova e diferente. Entender aqui é sempre aplicação.[9]

Assim sendo, se qualquer coisa semelhante a isso for o caso, então a razão prática, que é apoiada por filósofos tais como GADAMER, MACINTYRE e TAYLOR, como uma alternativa preferida aos comprometimentos teóricos da modernidade, não é relativística em relação aos valores. Para ser seguro, ela renuncia o requerimento de certeza em favor da certeza enquanto um critério de bom julgamento. Ela também reconhece que pode haver disputas permanentes e não resolvidas,

---

[9] *Ibidem*, p. 275.

onde é difícil discernir qual princípio ou conversação poderia resolvê-las. Mas ela não admite a ideia de que não há nenhuma verdade, ou nenhuma bondade, ou que a verdade e a bondade não são nada além de perspectivas culturais ou convenções. Se não houvesse nem verdade ou bondade, ou se nós pudéssemos ser indiferentes às questões de verdade e bondade, então não haveria crises intelectuais ou culturais. E porque existem tais crises, permanece a tarefa da razão de resolver contradições e oposições, acolher julgamentos e reformular julgamentos, tanto melhor se ela puder fazê-lo em seu tempo, quando existem crises intelectuais e morais. A exigência intelectual é uma exigência pessoal, pois o pensamento é nosso pensamento, e nós achamos quase impossível não pensar através de nossas crises. A história da razão prática e da justiça, como MACINTYRE escreve em seu *Whose Justice? Which Rationality?* (1988), é um estudo de quatro tradições que fizeram precisamente isso com variados graus de sucesso. Mas é necessário também que fique entendido que não há garantias de sucesso. A história mostra numerosos exemplos de crises que se tornaram catástrofes.

O que isto significa para a teologia? De maneira muito significativa quer dizer que outra dimensão tem sido somada à articulação teológica da fé cristã. Esta dimensão moral é uma que tinha, de fato, sido parte integral de muita teologia cristã anterior ao Iluminismo, mas que ficou perdida depois dele. Dizer que isto acrescenta outra dimensão quer dizer que ela dá um quadro diferente e mais completo do que está implicado no ato de se ter a fé cristã. O Iluminismo se nivelou à fé cristã, mas por insistir na racionalidade como operando de modo neutro, no espaço público e usando de evidência que é aberta a qualquer um, e por utilizar um modelo derivado das matemáticas e das ciências naturais. Aí foi se estabelecendo uma disposição em se assumir que a fé cristã, ou qualquer outro tipo de fé religiosa, em favor do âmbito racionalista, era principalmente uma *teoria*; uma crença intelectual, com algumas consequências práticas, baseada em um conjunto de proposições metafísicas que precisavam ser defendidas, em muito, da mesma maneira que NEWTON defendia a física tal como ele apresentava em seu *Principia Mathematica*. Esta suposição pode ser observada no que o filósofo empirista JOHN LOCKE chamou de a "ética da crença". LOCKE afirmava que só se deve dar o mesmo nível de assentimento a uma proposição com base em um mesmo nível de certeza que se pode possuir por meio da proposição. Esta certeza é determinada pela dedução e evidência. Só quando uma proposição é demonstravelmente verdadeira, como, ele afirma, uma demonstração geométrica é verdadeira, pode-se plenamente assentir a ela ou dizer que se a *conhece*; qualquer coisa menos do que isso cai nas áreas cinzentas da opinião e da fé. O próprio LOCKE pensava que a fé em Deus poderia ser demonstrada e, assim, garantido um pleno assentimento; HUME e outros usaram os mesmos tipos de padrões que se achavam em consideração acerca da fé cristã. LOCKE reconheceu que os outros dois aspectos da fé, arrependimento e a sobrevivência da fé cristã, seguiriam, em qualquer avaliação plena da fé cristã, paralelamente à apropriação intelectual lockeana de suas afirmações. No entanto, sua abordagem tendeu a pender a balança destes três elementos com um excessivo peso ao *intelectual*.

O aspecto da apropriação intelectual, mais tarde em mãos menos cuidadosas, tendeu não somente a ser tratado isoladamente dos outros dois aspectos como se tornou o sustentáculo sobre o qual as afirmações significativas do cristianismo eram decididas como aceitáveis ou não. Isto deturpou seriamente o sentido pelo qual a fé cristã era entendida tanto biblicamente como nos Pais da Igreja. Para AGOSTINHO, por exemplo, a fé de fato tinha o aspecto de uma crença de que Deus existia; mas o elemento determinante de sua natureza era, no entanto, crer *em* Deus, o que quer dizer, sincera confiança em Deus e doação de si mesmo a Ele – assim, uma relação moral e espiritual. Para AGOSTINHO, a crença em relação ao que Deus se assemelha e mesmo a crença intelectual de que Deus existe eram equilibradas sobre a crença *em* Deus. Assim, tratar a fé cristã como algo que opera dentro de um *espaço moral*, e que é mal compreendido fora dele, é dar um quadro mais preciso do que é a fé cristã.

Este quadro já deu à teologia cristã muito mais tarefas do que a que era consignada pela modernidade, tarefas que frequentemente se centram em torno da natureza da identidade cristã, incluindo sua formação e o tipo de espaço em que as crenças cristãs habitam e têm sentido. Seguramente, a defesa intelectual ou apropriação do cristianismo não está ao lado deste ponto, embora alguns teólogos tenham argumentado que qualquer tentativa de defesa do cristianismo em um terreno neutro inevitavelmente o adulterará. Outros apresentaram o caso totalmente, e com plena sensibilidade, em relação à natureza e razão da fé. Esse é um importante avanço no debate. Mas é preciso reconhecer que, em ambos os lados, o que constituiria uma defesa apropriada ou apropriação será um tipo diferente de tarefa colocado por uma guinada pós-moderna do que o que estava dado quando do seu enfrentamento ao positivismo. Um importante exemplo de uma tarefa recentemente definida pode ser visto na apropriação teológica da noção de narrativa em vista da articulação das afirmações da fé cristã. Tal apropriação afetou grandemente a ética levando-a em direção à teoria da virtude. Ela também afetou a teologia bíblica, que não é mais principalmente uma discussão da historicidade dos eventos bíblicos com uma subsequente tentativa de torná-los existencialmente relevantes para o presente. Antes, quando os textos são entendidos como a narrativa da comunidade do Judaísmo e depois dos cristãos, sua real natureza tem de ser entendida como textos escritos dentro de uma fé comunitária e escritos a fim de formar a fé da comunidade que continuaria. A este respeito, como Hans Frei afirmou em *The Eclipse of Biblical Narrative* [*O Eclipse da Narrativa Bíblica*] (1974), é um erro pensar a história bíblica como tendo de ser mapeada dentro de uma linha neutra de eventos no tempo a fim de determinar, primeiramente, "o que realmente aconteceu" e, assim, usar essa determinação para calcular onde há desvio intencional ou não intencional. A narrativa não é uma história exortatória assentada, agindo imparcialmente sobre eventos acessíveis ao âmbito da teologia ou de qualquer outra matéria diferente ligada a esta questão. Nossa história – eventos *e* interpretação, valores e autocompreensão – está toda em um pacote. Nós não primeiramente vemos e depois interpretamos eventos neutros *como* exemplos; nós simplesmente vemos. Ora, como Wittgenstein coloca: "Assim, nós os interpretamos e os *vemos* como nós os *interpretamos*."[10] O que nós vemos, ou o que qualquer um vê, depende da narrativa.

---

[10] Ludwig Wittgenstein, *Philosophical Investigations* [*Investigações Filosóficas*], (Nova York: Macmillan, 1958), p. 193.

Uma maneira de colocar isso é acrescentar à colocação de Wittgenstein que possuir certos conceitos – que são sempre partes do estar em uma forma de vida comunitária – determina o que nós mesmos contamos como fato. Certos conceitos, Wittgenstein afirma, não estão em um espaço lógico, mas definem e mostram os limites do espaço lógico em que nós estamos pensando. Esta observação é crucial em teologia, como pode ser visto em um ponto substantivo apresentado por Karl Barth quando discute o ato de fé. Antes que enraizado em uma generalizada epistemologia ou psicologia humana, Barth diz que a fé é algo que acontece dentro do espaço teológico que tem sido conceitualmente criado dentro da igreja e que tem seu ser e sentido dentro da atividade da Palavra de Deus. O sentido que este ato tem é, no entanto, um sentido teológico, e não uma inclinação teológica sobre um ato humano básico e geral. A fé cristã é o que ela é por causa da atividade de Cristo, e não pode ser reduzida a alguma coisa diferente disso.

O reconhecimento deste ponto, então, dá à teologia pós-moderna uma tarefa distintiva de discernir precisamente o que a voz cristã é e o que o mundo de significado, em que a fé se move, é. Esta é uma tarefa que não é tão paroquial como pode parecer à primeira vista, visto que desdobra a(s) narrativa(s) cristã(s), a partir do que dizem, por meio de outras vozes que podem realmente permitir que a narrativa fale criticamente e vigorosamente ao "mundo". Por revelar suas próprias e distintivas suposições acerca da vida humana e das comunidades, isso força a questão no sentido da adequação a outras narrativas. A narrativa cristã não é necessariamente uma narrativa mestra perigosa e hegemônica; ela pode ser uma narrativa que liberta as pessoas de tais narrativas. Isto pode ser muito bem a chave para a desconstrução de qualquer narrativa que seja destrutiva para as comunidades divina e humana. Um exemplo particularmente importante de como isto pode ser se encontra na obra *Theology and Social Theory* (1990) de John Milbank.

Sobre a consideração de Milbank, a própria invenção do "secular", e, assim, de toda teoria social moderna baseada sobre o conceito de secular, não é a justificação distante de uma cobertura teológica sobre o plano dos fatos da existência humana. Ela é em si mesma um construto teológico. Como? – O secular – *seculum* – é considerado como o reino do fato humano onde, os seres humanos receberam o domínio sobre si mesmos. Esta concepção, afirma MILBANK, é quase historicamente óbvia ou teologicamente neutra. Na verdade, ela é a versão de uma narrativa contada dentro da teologia, especialmente em duas frentes. Na primeira, trata-se da identificação teológica dos seres humanos como imagem de Deus, com seus direitos de soberania e especialmente sobre si mesmos. Na segunda, por tomar a relação do humano com Deus principalmente como um vínculo pactual, como fora o caso nos séculos XVI e XVII, e não mais como uma questão de participação no Ser e Unidade, como nas primeiras teologias agostinianas influenciadas pelo platonismo, teologias que já proviam um modelo de relação humana como contratual. Ambas estas frentes podem ser vistas em LOCKE, por exemplo, mas também, noutros lugares, em outros teóricos políticos do Iluminismo. MILBANK então observa: "Consequentemente, pode-se ver como a teologia demarca o *factum* como uma área da autonomia humana, tornando o *dominium* uma questão de soberania absoluta e propriedade absoluta. Este é o espaço em que pode haver um 'secular', ou conhecimento secular do secular."[11] A questão levantada por MILBANK é a de que se esta é uma versão da narrativa teológica, então ela não invalidou a teologia. Além disso, ela é criticável em bases teológicas – este é um projeto que MILBANK e seus colegas no movimento conhecido como ortodoxia radical tentou realizar. Um exemplo de crítica deste tipo pode ser visto em duas enérgicas afirmações que MILBANK faz. Na primeira, ele argumenta que a verdadeira ideia de um reino secular neutro é em si mesma uma "nova representação totalizante da finitude".[12] A segunda é sua afirmação, similar a uma feita por MACINTYRE e TAYLOR, de que as supostas reivindicações cientificamente neutras da genealogia nietzschiana e da desconstrução derridiana constituem, por sua vez, outra narrativa. De fato, MILBANK afirma, as genealogias de NIETZSCHE são simplesmente um reescrito da *Cidade de Deus* de AGOSTINHO; elas celebram a violência das virtudes pagãs que

---

[11] John Milbank, Theology and Social Theory: Beyond Secular Reason (Oxford: Blackwell Publishing, 1990), p. 15.
[12] *Ibidem*, p. 105.

Agostinho tentou mostrar que eram realmente erros, para chegar ao próprio fim humano em Deus. Desmascarando o desmascaramento nietzschiano, é claro, não se estabelece uma saída. Mas significa que há alguma coisa difícil para se pensar a respeito. Pode muito bem ser o caso de que teologias da *différance* não mantenham a prioridade filosófica de explicar a religião (ver o cap. XII sobre a teologia da *différance* de JOHN CAPUTO) que elas alegam possuir. Elas podem ser realmente pálidas imitações e empréstimos da discussão teológica cristã, proveniente da teologia negativa, e das discussões sobre a "presença e ausência" na teologia sacramental.

Desconstruir e criticar os destrutivos mitos modernos não são os únicos efeitos distintivos que o pós-modernismo exerce sobre a teologia. Na medida em que a teologia vê a si mesma como enraizada na vida e no avanço da comunidade eclesial, seu discernimento da identidade e pensamento cristãos também tem apontado para algumas direções muito diferentes do que as que ela tinha, quando se defendia do positivismo. Em primeiro lugar, ela estabeleceu um grande tratamento com ênfase sobre as *práticas* a fim de entender o pensamento cristão. O que é arriscado aqui pode ser visto simplesmente quando se considera o que o título acadêmico do grande estudioso de ética de meados do século XX, REINHOLD NIEBUHR, possuía no *Union Seminary*: a saber, o de Professor de Cristianismo Aplicado. A crença por trás deste título era a de um Iluminismo (que segue a partir de SCHLEIERMACHER) e que via o cristianismo, primeira e principalmente, como uma ideia, um exercício de especulação que, então, deveria ser aplicado. No entanto, o interesse corrente pelas práticas, por numerosos teólogos cristãos e estudiosos de ética conduzidos principalmente por STANLEY HAUERWAS, não está na aplicação, mas na visão de que a sabedoria do cristianismo, que se encontra em sua forma de vida, é a de que qualquer ideia que nós tenhamos do cristianismo não pode ser divorciada dele. Além disso, ao manter, de um modo novo, a compreensão enfatizada da razão prática, são precisamente as práticas que fazem sentido e dão surgimento a ideias mais gerais. Assim, a ética pode ser muito bem tanto, se não mais, a formação da mente e o espírito do crente quanto a aplicação prática dos crentes. Quando acolhidas, tais considerações éticas, além disso, têm apresentado uma ênfase distintivamente comunitária, especialmente evitando as tendências individualistas do pensamento ético primitivo, tanto do filosófico quanto do teológico.

O que este interesse geral nas formas de vida da comunidade cristã representou é a descoberta de um interesse mais recente pela teologia espiritual. A teologia espiritual sempre foi, é claro, um importante aspecto do cristianismo, especialmente nas tradições cristãs que têm enfatizado a formação de sacerdotes e ministros ou que têm instituições para tal formação. Mas o corrente interesse não só se tornou uma cobertura muito maior desta área, enquanto uma matéria popular, como também se tornou desinstitucionalizada; ela tem sido vista também como despertando um significativo interesse intelectual. Isto, em parte, leva à questão de se olhar dentro da vida espiritual das comunidades religiosas para se entender a forma substancial e o conteúdo da fé cristã. É também o caso de se recuperar e aprender a ler a tradição cristã de uma nova maneira. Por exemplo, enquanto que muitos dos estudos antigos de história do pensamento cristão haviam se concentrado nos argumentos dos teólogos, sobre tópicos tais como a existência e a natureza de Deus, e mantido aqueles argumentos divorciados das intenções espirituais e tradições de seus escritores, a mais recente ênfase é a de se levar a sério tanto a tradição herdada quanto as *preocupações espirituais dos pensadores primitivos*. A este respeito, a obra intelectual do historiador francês PIERRE HADOT é importante e ilustrativa. Em uma série de escritos, principalmente conhecidos na Inglaterra na coleção *Philosophy as a Way of Life* [*Filosofia como um Modo de Vida*] (1955), HADOT afirma que muitos textos de filósofos antigos, tanto pagãos quanto cristãos, precisam ser entendidos como provendo direção espiritual àqueles que buscam a felicidade ou bondade. Uma tarefa de muitos dos líderes das antigas escolas filosóficas, por exemplo, era a de prover *therapeia*, cura e saúde, para as almas. Assim, HADOT afirma que muitos argumentos daqueles filósofos, e no âmbito das escolas filosóficas, devem ser entendidos como exercícios espirituais destinados a mudar a visão e compreensão dos discípulos. Não havia a preocupação de apresentar argumentos às pessoas que decidiriam, então, de modo neutro, se a evidência lhes bastaria

Capítulo XIII

para acreditar ou não. Este tipo de compreensão do passado é particularmente importante para a presente tarefa da teologia, pois em um tempo, tal como o do pós-modernismo, quando uma distintiva visão positiva já não é mais clara – e sendo, no final das contas, *pós*-moderna – ele não é só útil, mas também importante para recuperar as fontes da tradição. É uma matéria de *ressourcement* [*voltar às fontes*], pegando de empréstimo uma frase da teologia católica, uma tentativa de penetrar, uma vez mais, nas fontes que nutriram a tradição e promoveram seu crescimento original.

A teologia tem também seguido em outras direções que aquelas que nós temos há pouco apresentado. De fato, a teologia cristã se encontra talvez mais diversa hoje do que ela foi por muitos séculos. Alguns teólogos permanecem pensadores iluministas clássicos. Outros encontram em NIETZSCHE e nos descontrucionistas a libertação da morte de um conceito de Deus antiquado. Outros seguiram linhas sugeridas pelos pensadores esboçadas neste capítulo. Todavia, não é nossa intenção estabelecer a questão ou mesmo o risco de uma suposição quanto à direção da teologia para o futuro. Antes, nosso principal objetivo neste livro é apresentar algumas das importantes questões filosóficas que têm gerado e guiado as discussões atuais.

BIBLIOGRAFIA SUGERIDA PELO AUTOR

ARMSTRONG, A. H., *Plotinian and Christian Studies* [*Estudos Plotinianos e Cristãos*]. Londres: Variorum, 1979. Uma coleção de artigos previamente publicados sobre diversos tópicos. Embora as convicções católico-romanas de Armstrong sejam claras, ele mostra grande simpatia por PLOTINO.

_____, ed. *The Cambridge History of Later Greek and Early Medieval Philosophy*. Cambridge: Cambridge University Press, 1967. Cobre a história da filosofia de ARISTÓTELES até cerca do ano 1000 da nossa era e inclui o pensamento árabe e judaico.

ARMSTRONG, A. H. e R. A. Markus, *Christian Faith and Greek Philosophy*. Londres: Darton, Longman & Told, 1960; New York: Sheed & Ward, 1964. Compara a filosofia cristã e a grega em dez tópicos, e cada autor contribui com cinco ensaios. Obra breve mas rica.

BROWN, David, *Continental Philosophy and Modern Theology*. Oxford: Basil Blackwell, 1987. Estudo dedicado ao século XX.

BURTT, E. A., *The Metaphysical Foundations of Modern Physical Science*, 2d ed. Rev. Atlantic Highlands, NJ: Humanities Press, 1967. Primeira edição em 1924, mas a despeito do atual desenvolvimento do conhecimento, esta obra permanece intacta e insubstituível no que se refere à apresentação da mudança ocorrida entre a física aristotélica à mecanicista e as implicações desta mudança.

BUTTERFIELD, Herbert, *The Origins of Modern Science*, 1300–1800. Rev. ed. New York: Free Press, 1965. Não tão técnico quanto Burtt, mas um estudo esplêndido.

COCHRANE, Charles Norris, *Christianity and Classical Culture*: *A Study of Though and Action from Augustus to Augustine*. Rev. ed. New York: Oxford University Press, 1957. Enfatiza a igreja latina, ou ocidental.

COLESTON, Frederick C., *History of Philosophy* [*História da Filosofia*], 10 vols. Ramsey, NJ: Paulist Press, primeira edição 1944-1966. Bem escrita, uma avaliação equilibrada.

CRAIG, Edward, ed. *Routledge Encyclopedia of Philosophy*. 10 vols. Nova York: Routledge, 1998. Sobre a atual e passada erudição do mundo filosófico e de particular valor por seus artigos sobre religião.

EDWARDS, Paul, ed. *The Encyclopedia of Philosphy*. 8 vols. Nova York: Macmillan Publishing Co., 1972; em 1996 com suplemento. Útil para comparar seus artigos coma a *New Catholic Encyclopedia* porque a ênfase é frequentemente diferente.

FOSTER, Michel B., "The Christian Doctrine of Creation and the Rise of Modern Science", três partes. *Mind* 43, 44 e 45 (1934, 1935 e 1936). Estudos fundacionais que ajudam a mudar a visão do Cristianismo como oposto ao surgimento da ciência moderna. Foster mostra a positiva, de fato indispensável, contribuição do Cristianismo para o surgimento de nossa ciência.

_____, *Mystery and Philosophy* [*Mistério e Filosofia*]. Wesport, CT: Greenwood Press, 1980. Relançamento do original de 1956. Um não comprometido contraste entre o Cristianismo e a filosofia analítica, com uma brilhante apresentação da natureza do mistério no pensamento grego e cristão. A mais refinada e singular resposta à filosofia analítica. Sucinto.

GILSON, Etienne H., *History of Christian Philosophy in the Middle Ages*. Nova York: Random House, 1955.

GUTTING, Gary, *French Philosphy in the Twentieth Century*. Cambridge: Cambridge University Press, 2001. Uma completa e bem explicada história da filosofia francesa, incluindo os desenvolvimentos posmodernos.

HARTSHORNE, Charles, *The Divine Relativity: A Social Conception of God*. New Haven, CT: Yale University Press, 1948. Uma clássica declaração da filosofia de processo.

JONES, Willian T., *A History of Western Philosophy*. 5 vols. Nova York: Harcourt, Brace & World, 1969-1975. Bem vigoroso, com boas seleções de filósofos cobertos, mas nem sempre seguro sobre os teólogos cristãos.

KENNY, Anthony, Norman Krtzmann e Jan Pinborg, *The Cambridge History of Later Medieval Philosophy: From the Rediscovery of Aristotle to the Disintegration of Scholasticism, 1100-1600*. Cambridge: Cambridge University Press, 1982. Acompanha um volume da *Cambridge History* de Armstrong.

Consiste de uma coleção de ensaios com mais de quarenta contribuições sobre cada aspecto da filosofia no período coberto.

New Catholic Encyclopedia, 15 vols. Nova York: McGraw-Hill, 1967, vols. suplementares 16 e 17. Washington, DC: Publishers Guild, em associação com McGraw-Hill, 1974, 1979. Obra de referência incalculável.

PALMER, R. E., *Hermeneutics: Interpretation Theory on Schleiermacher, Dilthey, Heidegger, and Gadamer*. Evanston, IL: Northwestern University Press, 1969. Este livro e aquele de Thiselton complementa-se bem um ao outro.

PASSERIN D'ENTREVES, A., *Natural Law: An Introduction to Legal Philosophy*. 2d rev. ed. Atlantic Highlands, NJ: Humanities Press, 1964. Sucinto e competente.

PASSMORE, John. *A Hundred Years of Philosophy*. 2d ed. Londres: Duckworth & Co., 1966. Rev. ed. Nova York: Basic Books, 1966, 1967.

SPIEGELBERG, Herbert, *The Phenomenological Movement: A Historical Introduction*. 3d ed. The Hague: Martinus Nijhoff, 1982.

SPRINGSTED, Eric O. *The act of Faith: Christian faith and the Moral Self*.Grand Rapids Wm. B. Eerdmans Publishing Co., 2002. Um exame detalhado do conceito de fé, antigo e moderno.

THISELTON, Anthony C., *The Two Horizons: New Testament Hermeneutics and Philosophical Description with Special Reference to Heidegger, Bultmann, Gadamer, and Wittgenstein*. Exeter: Paternoster Press, 1980. Grand Rapids Wm. B. Eerdmans Publishing Co., 1980.

TICE, Terrence N. e Thomas P. Slavens, *Research Guide to Philosophy*. Chicago: American Library Association, 1983. Apresenta um breve panorama de todo período histórico e dezesseis subdivisões da filosofia, com uma declaração acerca do presente estado do conhecimento e bibliografia. A ênfase é sobre a filosofia a partir do século XVIII.

VANHOOZER, Kevin J., *The Cambridge Companion to Postmodern Theology*. Cambridge: Cambridge University Press, 2003. Uma coleção de ensaios úteis sobre pós-modernismo e teologia, e sobre várias teologias pós-modernas.

WAISMANN, Friedrich, *The Principles of Linguistic Philosophy*. Edited by Rom Harré. Nova York: St. Martin's Press, 1965. Escrito amplo e belo.

WARNOCK, G. J., *English Philosophy since 1900*. Londres: Oxford University Press, 1958. Breve, elementar, instrutivo e bem escrito.

WEINBERG, Julius R., *A Short History of Medieval Philosophy*. Princeton, NJ: Princeton University Press, 1964.

ÍNDICE DOS AUTORES

Abelardo, P., 141, 142
Agostinho, 12, 37-39, 50, 55, 65, 74, 75, 86, 88, 89, 102, 103, 110, 111, 113, 124-127, 143, 181, 196, 290, 369, 372
Alexandria, C. de, 49
Ambrósio, 102
Anaxágoras, 48, 49, 56
Anselmo, 12, 128, 166, 167, 169, 175, 206, 251, 309
Aquino, T. de, 54, 83, 112, 113, 132, 133, 135, 136, 143, 157, 166, 168-171, 174, 181, 182, 232, 252, 253, 280, 284, 329
Aristóteles, 11-16, 20, 31, 41, 51-53, 69, 74, 80, 87, 89, 90, 93, 98, 113-115, 117, 120-122, 128, 131, 133-139, 142-161, 163-168, 170-172, 174-177, 181, 182, 184, 186-189, 191-195, 196, 200-202, 208, 213, 214, 256, 257, 259, 322, 357, 360, 361, 363
Arquimedes, 188, 194
Atanásio, 122
Austin, J. L., 318, 326
Averróis, 136, 160, 161
Ayer, A. J., 217, 316

Bacon, F., 196
Barth, K., 21, 166, 174, 175, 176, 179, 275, 278, 284, 303, 343, 371
Bayle, P., 219, 220
Berkeley, 215, 216, 217, 222, 304
Boaventura, 53, 102, 124, 125, 127, 128, 132, 133, 181, 271
Boécio, 137, 138
Boer, J. De, 195
Boyle, R., 213
Brahe, T., 192
Buber, M., 292, 293, 345
Bultmann, R., 290, 291, 303, 308
Butterfield, H., 180, 228

Calvino, 21, 86
Caputo, J., 342, 373
Champeaux, W. de, 141
Clark, S., 232, 234

Dasein, 289, 291, 307, 308
Derrida, J., 288, 334, 338-340, 342, 344, 345, 346, 352
Descartes, 66, 89, 192, 193, 194, 201-216, 219, 221, 225, 237, 256, 298, 304, 312, 313, 350, 360, 363

Dewey, J., 189
Dilthey, W., 303-305, 307, 365
Diógenes, 13, 74, 80, 82

Ebeling, G., 309
Escoto, J. D., 181
Espinosa, 202, 208-212

Feuerbach, L., 263, 276-278
Fichte, J., 218, 258, 259
Flew, A., 316, 317
Foucault, M., 288, 334-339, 344-346, 352
Frege, G., 295
Frei, H., 370
Freud, 277, 333, 338
Fuchs, E., 309

Gadamer, H. G., 303, 305, 307, 308, 364-368
Galileu, 154, 192-195, 215, 216, 322
Gibbon, E., 220
Gilson, E., 113, 280
Górgias, 57, 60, 75
Grotios, H., 197

Hartshorne, C., 177
Hauerwas, S., 373, 374
Hegel, G. W. F., 129, 172, 218, 256-264, 266, 268-279, 281, 282, 284, 286, 288, 294, 307, 324, 335, 347
Heidegger, 288-294, 296, 303, 307, 308, 313, 348
Hempel, C., 318
Heráclito, 45-47, 91, 92
Hesíodo, 44

Hipócrates, 188
Hobbes, T., 197, 351
Homero, 55
Hoyle, F., 51
Hugo de São Victor, 53, 112
Hume, D., 53, 200, 208, 218, 221, 222, 225-229, 231, 233-237, 249, 251, 253, 255, 257, 285, 294, 299, 305, 313, 315, 347, 369
Husserl, 288, 294-298, 300-305, 345

James, W., 189
Jaspers, K., 293

Kant, I., 13, 53, 75, 200, 218, 221, 226, 236-245, 247-259, 261, 263, 271, 273, 284, 286, 294, 295, 305, 313-315, 332, 357, 358
Kierkegaard, S., 275, 280
Koyré, A., 197

Laplace, 199
Laplace, P., 198
Lebenswelt, 302
Leibniz, 198, 210-212, 237, 288
Lindbeck, G., 331
Locke, J., 197, 212, 353, 368
Lutero, 21

MacIntyre, 349-353, 355, 357-359, 363, 367, 368, 372, 373
Malcom, N., 251
Marcel, G., 292, 293, 303
Maritain, J., 280
Mártir, J., 76, 77

Marx, K., 278, 333
Milbank, J., 371, 372
Mill, J. S., 294
Montesquieu, 220

Nazianzo, G. de, 110, 118
Newton, I., 192, 195, 197, 198, 215, 218, 220, 221, 225, 232, 368
Niebuhr, R., 290, 373
Nietzsche, 333, 335, 355, 372, 375, 376
Nyssa, G. de, 12, 87, 102, 110, 117, 122, 124, 125, 127, 130

Ockham, G. de, 181, 182, 285
Orígenes, 65

Parmênides, 34, 46, 47, 72, 94, 104, 141, 146
Pitágoras, 47, 188
Platão, 11, 13, 29-37, 39-43, 46-53, 55-76, 78-80, 82-87, 89-94, 96, 97, 101, 107, 113, 124, 135, 138, 140-143, 145-148, 162, 163, 178, 179, 186, 188, 195, 201, 212, 214, 229, 256, 257, 262, 334, 338, 339, 356
Plotino, 23, 37, 65, 73, 74, 78, 89, 90, 92-100, 102-113, 123, 124, 128, 137, 145, 154, 155, 157, 158, 195, 256, 261
Pope, A., 199
Porfírio, 74, 137, 138, 141
Pseudo-Dionísio, 78, 112
Ptolomeu, 157, 190, 191
Putnam, H., 347

Quine, W. V. O., 318, 323

Reid, T., 225
Ricoeur, P., 303, 348
Roma, G. de, 181
Rorty, R., 341
Russell, B., 295, 314
Ryle, G., 212

Sartre, J.-P., 285, 286
Saussure, F., 332
Scheler, M., 302
Schelling, F., 259
Schleiermacher, 303, 309, 313, 373
Sócrates, 30, 48, 49, 56-58, 60, 62, 73, 74, 78, 80, 87, 141, 144, 145, 183, 325, 335
Sokolowski, R., 309, 331
Southern, R., 131, 132
Spiegelberg, H., 298, 299, 300, 301
Strauss, D. F., 263, 275, 278

Tales, 43, 44
Taylor, C., 355, 360, 361
Tertuliano, 10, 17
Tillich, P., 292, 294
Timeu, 11, 29-32, 35, 36, 39-41, 47, 49, 52, 58, 67, 72, 73, 76, 82, 89, 93, 140, 178, 179, 262
Tindal, M., 226
Toland, J., 226

Voltaire, 219, 220

Whitehead, A. N., 177, 178, 232, 314
Wittgenstein, 324, 325, 326, 327, 329, 330, 331, 332, 341, 370, 371
Wolff, C., 237

ÍNDICE DE ASSUNTOS

a priori, 241, 242
Absoluto, o, 261, 277
Abstração, 21, 51, 69, 143, 147, 159, 184, 201, 215, 265
Acerca do Conhecimento Humano, 226
Acidentes, 115, 116, 138, 139, 141, 176, 209
Ações, 26, 48, 79-81, 83, 85, 104, 109, 123, 124, 130, 134, 161, 162, 186, 195, 254, 285, 286, 291, 331, 349, 355
Alegoria da caverna, 65, 70
Alma, 30, 33, 36, 37, 41, 42, 47, 49, 51, 53, 55, 56, 58, 59, 60-63, 65, 70-75, 78, 79, 82, 85, 89, 93, 96, 97, 99-102, 108-112, 127, 132, 139, 145, 148, 149, 156, 158, 159, 160, 211
Almagesta, 157
Analogia da Linha, 68
Analogia, 30, 44, 45, 66, 118, 122, 125, 126, 150, 172, 173, 230, 243, 308, 365
Anaximandro, 43, 44
Anaxímenes, 43, 44
anima mundi, 36
Antinomias, 247
Antropomorfismo, 44, 231

Apatia, 81, 82, 85
apeiron, 44
Apologia, 56
Apologistas, os, 29
Arete, 187, 361
Argumento cosmológico, 199, 200, 232, 234, 249, 250
Argumento ontológico, 166, 169, 175, 235, 249-252
Argumento teleológico, 199, 200, 230, 231, 235, 249, 250
Arianos, 102
Artífice, 32, 33, 35, 36, 39-43, 44, 51, 52, 76, 89, 90, 92, 97, 152
Ascese, 81
Asseidade, 170, 171, 174
Ato puro, 155, 168, 195
Ato, 13, 23, 24, 25, 40, 44, 58, 107, 109, 113, 127, 128, 133, 146, 148, 149, 150, 152, 155, 157-159, 168-170, 172, 174-176, 180, 181, 184, 190, 193-195, 234, 259, 282, 284, 289, 297, 298, 300, 357-359, 368
Atributos, 105, 107, 117, 141, 171-176, 182, 185, 209, 229, 235, 236, 248, 277, 328

Índice de Assuntos

Autarquia, 80

Categorias, 12, 39, 114, 117, 121, 122, 133, 137-139, 147, 150, 176, 182
Católicos romanos, 20, 53, 143, 164, 234, 280, 303
Causa eficiente, 152, 168, 170
Causa final, 152, 155, 156, 170, 177, 207
Causa material, 152
Causalidade, 168, 184, 193, 208, 211, 222, 225, 231, 237, 249, 254
Certeza, 68, 76, 201-203, 205, 207, 213, 215, 225, 311-314, 317, 324, 334, 341, 342, 357, 364, 367-369
Ceticismo, 88, 213, 215, 225, 255
Cidade de Deus, 86, 372
Cidade-estado, 30, 61, 81, 82, 92, 93
Ciência, 17, 22, 31, 40, 50, 53, 68, 76, 144, 145, 147, 152, 171, 174, 180, 181, 186, 188, 189, 190, 196-200, 211, 214, 218, 220, 225, 226, 228, 236, 237, 241, 242, 244, 248, 249, 253, 262, 263, 285, 286, 287, 294, 295, 298, 302, 304, 307, 318-321, 323, 328, 330, 333, 335, 347, 351
Cínicos, 80, 81, 87
Cleanthes, 229-234
Concílio de Calcedônia, 75, 129
Concílio de Nicéia, 114, 122
Confissões, 37, 38, 55
Conhecimento de Deus, 19, 22, 24, 27, 65, 66, 102, 108-110, 124, 171, 172, 174, 175, 284, 310
Conhecimento salvífico, 20

Consolação da filosofia, 139
Contemplação, 53, 66, 90, 94-97, 99, 100, 101, 163, 221
Copérnico, 188, 191, 242
Corpo/alma, 160
Corpus Areopagiticum, 111
Cosmologia, 49, 51, 67, 154, 245, 246, 248, 280, 290
Criação, 14, 15, 20-27, 29-32, 37-40, 49, 52, 91, 92, 98, 102, 128, 136, 167, 170, 174, 175, 177, 179, 197, 198, 209, 229, 288, 329
Criador, 14, 15, 16, 21, 22, 24-26, 39, 52, 90, 102-104, 108, 123, 165, 167, 169, 178, 197, 199

Definição, 57, 62, 69, 75, 86, 119, 120, 137, 138, 147, 202, 208, 218, 227
Deificação (*henosis*), 110
Deísmo, 199, 225, 228, 229
Demiurgo, 32, 35
Desconstrução, 332, 339, 371, 372, 373
Designer, 39, 178, 199, 230, 249, 250, 317
Demitologização, 303
Determinismo, 210, 247
Dialética, 63, 69, 187, 259, 278, 279, 288
Diálogos concernentes à Religião Natural, 228
Diferença, 15, 22, 23, 26, 32, 39, 41, 43, 76, 77, 105, 108, 117, 118, 137, 138, 141, 169, 183, 198, 220, 252, 259, 262, 264, 265, 268, 275, 282, 291, 339, 344, 345, 366
Différance, 339, 340, 342, 373
Divina sabedoria, a, 111

Eleatas, 46
Emanação, 94, 123
Eminência, 112
Empirismo, 68, 212, 333
Encarnação, 25, 39, 123, 127, 179, 263, 273, 278, 309
Epicurismo, 87
Epistemologia, 15, 19, 64, 66, 68, 201, 212, 371
Epíteto, 83, 85, 86
Eros, 164
Escola escocesa, 225
Espaço, 32, 36, 135, 136, 186, 191, 198, 239, 242-244, 247, 248, 261, 271-275, 330, 368, 369, 372, 373
Essência, 19, 22-25, 38, 65, 112, 113, 116, 118-120, 123, 137, 143, 145, 147, 150, 152, 160, 167-172, 174-176, 179, 182, 183, 193, 202, 207, 213, 214, 220, 224, 250,-252, 260, 277, 287, 300, 319, 327, 340
Estoicos, 74, 82, 83, 85, 87, 88, 91-93, 195, 196
Estruturalismo, 332, 333
Éter, 154, 156
Eterno, 14, 15, 22, 23, 38, 39, 99, 101, 154, 156, 159, 169, 286, 302
Ética, 75, 83, 85, 152, 158, 161, 164, 187, 213, 253, 273, 281, 283, 286, 310, 313, 325, 346, 354, 357-361, 363, 366, 369, 370, 373, 374
ex nihilo, 32, 39, 40
Exemplares, 39, 143, 169, 173, 186, 323
Existência, 12, 14-16, 19-21, 24, 39, 41, 53, 55, 89, 98, 104, 129, 136, 142, 146, 147, 159, 166-175, 177, 178, 182, 185, 186, 189, 196, 197, 199, 200, 202, 205, 206, 214, 216-220, 229, 232-235, 241, 242, 246, 248-253, 267, 268, 270-272, 274, 275, 281, 282, 284, 289, 291, 294, 297, 301, 304, 307, 309, 317, 371, 374
Existencialismo, 281, 284-286, 292, 293
Extensão, 14, 18, 25, 38, 53, 96, 118, 193, 195, 202, 207, 220, 248, 257, 260, 264, 295, 298, 303, 307

Fato, 9, 10, 17, 19, 20, 24-26, 29, 33, 38-40, 42, 43, 49-52, 68, 80, 82, 84-86, 89, 92, 94, 95, 100, 103, 105, 108, 109, 111, 115, 117, 124, 132, 141, 146-148, 153, 154, 160, 164, 166, 168, 173, 176-179, 181, 185, 186, 194, 197-199, 204-206, 208, 210, 213, 215, 216, 220-222, 224, 227, 229, 231, 233, 234, 239, 241, 242, 248, 251-254, 256, 258, 259, 262, 264, 266, 276, 278, 282, 286, 292, 295, 299, 301, 304, 306, 308, 312, 313, 315, 318, 321-324, 329, 330, 333, 337, 340, 342, 345, 348, 351, 353, 358, 359, 361, 362, 365-372, 375
Fé e razão, 134, 135, 185
Fédon, 48, 49, 71, 73, 93
Fedro, 59, 72, 73, 74, 93, 101
Felicidade, 55, 58, 71, 72, 75, 80, 81, 161, 163, 164, 187, 253, 374
Fenomenalismo, 217, 243
Fenomenologia do Espírito, 263, 288

ÍNDICE DE ASSUNTOS 385

Fenômenos, 52, 67, 157, 242-244, 248, 254, 255, 257, 295, 299, 301-303, 321, 344
Filosofia analítica, 294, 314, 332, 340
Filosofia moderna, 142, 186, 201, 202, 212, 284, 307, 312, 357
Filósofos jônicos, 43, 93
Física, 63, 79, 84, 87, 91, 109, 125, 134, 153, 157, 158, 178, 181, 187, 190-192, 204, 206, 208, 211, 215, 241, 242, 256, 262, 280, 281, 286, 291, 299, 321, 322, 329, 356, 360, 363, 368, 369
Formas geométricas, 36
Fundacionalismo, 310, 314, 318, 319, 324, 332, 339, 340, 341

Geist ou espírito, 129
Genealogia, 44, 336, 372, 373
Gênero ou espécie, 105, 121, 125, 140
Gnósticos, 34, 102
Graça, 21, 24, 77, 109, 110, 134, 135, 164, 181, 185, 191, 220, 255, 275, 277

Hábito, 88, 162, 221, 357
Helênico, 56
Hermenêutica, 280
Hierarquia, 31, 37, 89, 90, 102, 103, 106, 107, 112, 158, 193, 196
Hilomorfismo, 148
Hipóstase, 96, 106, 108, 109, 118-121, 157
História, 9, 10, 11, 14, 16, 22, 29, 30, 32, 34, 36, 39, 42, 43, 49, 52, 78, 87, 89, 90, 92, 107, 109, 118, 131, 157,
180, 186, 187, 196, 198, 199, 218, 219, 226,-228, 256, 259, 261-263, 269, 272, 274, 275, 277, 278, 282, 291, 293, 294, 304, 305, 319, 321, 323, 332, 334, 335, 337, 350, 351, 363, 364-368, 370, 371, 374, 375
homoiousia, 122
homoousia, 122
Humanismo, 180

Ideia do Bem, a, 35, 69, 76, 89, 94, 107
Ideias, 32-37, 39-43, 46, 47, 51, 58, 59, 60, 64-66, 68-70, 72, 76, 78, 80, 89, 90, 92, 93, 95, 96-101, 104-109, 111, 139, 140-143, 146-148, 169, 186, 201, 212, 256, 257, 340
Iluminação divina, 65
Iluminismo, 76, 201, 218, 221, 224, 255, 257
Imagem, 33, 35-37, 47, 59, 60, 70, 72, 91, 94, 95, 97, 98, 109, 125-127, 142, 189, 191, 193, 216, 262, 298, 326, 372
Imortalidade, 75, 161, 249, 253, 254
Intelecto Agente, 160
Intencionalidade, 296-298, 304, 306, 345
Intuição, 39
Investigações Filosóficas, 325, 370
Isagoge, 137, 138
Jesus, 26, 48, 72, 79, 92, 103, 109, 123, 125, 129, 227, 255, 256, 269, 274, 275, 278, 282, 284
Justiça, 18, 30, 40, 57, 62, 75, 78, 79, 82, 162, 177, 200, 314, 358, 359, 362, 364

Kierkegaard, 275, 280-286, 288,
Lei natural, 82, 83, 165
Lei, 31, 82, 83, 85, 165, 185, 194-196, 254, 255, 320, 353, 367
Leis, 42, 73
Lições sobre a Filosofia da Religião, 270, 276
Linguagem, 9, 13, 26, 49, 103, 107, 113, 118, 143, 176, 185, 217, 272, 289, 291, 292, 308, 309, 314, 316, 319, 323, 325-327, 329-332, 338-342, 346, 363
Lísias, 59
Lógica, 11, 69, 104, 105, 114, 136, 137, 143, 144, 145, 185, 187, 196, 205, 208, 210, 233, 251, 252, 256, 257, 259-262, 278, 279, 287, 294, 303, 314-316, 318, 325, 326, 339, 340, 341, 350
logoi seminais, 50, 91
logoi, 50, 91, 97, 98
logos, 18, 43, 45, 47, 91, 92, 97, 99

Mal, 9, 45, 53, 60, 75, 79, 85, 102, 111, 198, 199, 205, 219, 235, 257, 270, 271, 283, 289, 293, 369
Maniqueus, 34, 37
Matemática, 34, 35, 47, 68, 157, 192, 194, 202, 204, 208, 226, 241, 244, 294, 301, 312, 314, 322, 356, 360-364
Matéria prima, 149, 151
Materialismo, 74
Mecanicista, 199, 200, 236, 262
Médio Platonismo, 89

Meditações sobre a Filosofia Primeira, 202
Memória, 38, 59, 140, 160, 225, 298
Mente divina, 40, 41, 111, 127
Mente, 29, 32, 89-101, 103-109, 157, 269
Metafísica, 117, 152, 155, 171, 172, 253
Metanoia, 58
metaxu, 90
Método, 57, 66, 178, 188, 196, 201, 202, 212, 214, 220, 228, 243, 244, 264, 298, 301, 312, 314, 321, 323, 334, 335, 336, 339, 352
Migalhas Filosóficas, 275
Milagres, 227
Mistério, 18, 26, 27, 75, 105, 123, 124, 127, 129, 130, 132, 174, 199, 219, 220, 244, 293, 309, 324
Mística, 79, 100, 231
Mito, 43, 59, 334, 338
Moção, 33, 152, 153, 154, 155, 156, 157, 158, 170, 188, 189, 191, 192, 193, 194, 195, 211
Motor imóvel, 14, 16, 20, 90, 155, 156, 157, 192
Mudança, 40, 45, 46, 48, 50, 52, 58, 66, 72, 75, 93, 95, 129, 133, 135, 146, 150, 151, 153-155, 157, 171, 181, 193, 194, 282, 286, 308, 312, 322, 323, 335, 337, 340

Narrativa, 32, 39, 44, 292, 306, 320, 329, 349, 350, 352, 353, 359, 360, 363, 365, 366, 370, 371, 372
Natureza, 9, 11, 16, 17, 19, 20, 23, 25-27, 31, 33, 36, 39, 41, 42, 44, 45,

ÍNDICE DE ASSUNTOS 387

48-53, 55-58, 62-64, 66, 73-78, 81-84, 87, 91, 93-95, 103, 105, 107-109, 118-125, 127-129, 131, 134, 135, 141, 142, 149, 151-153, 161, 163-168, 171-174, 176, 178, 179, 181-193, 195-197, 200-202, 209, 213, 215, 218, 220, 221, 225-231, 235-237, 241, 252, 254, 257, 261, 262, 266, 270-274, 276, 277, 279, 284-286, 290, 291, 293, 295, 313, 317, 322, 329, 332, 338-340, 342, 361, 363, 369, 370, 374, 375
Necessidade, 79
Neoplatonismo, 111, 113, 292
Nomes Divinos, 112
Nominalismo, 142, 143, 180, 181
nous, 48, 72, 73, 74, 76, 159, 160, 161, 163
Novum Organum, 133

Objetividade, 259, 306, 311, 334, 356
Ontologia, 14, 15, 16
Ordem do mundo, 16, 24, 30, 32, 50, 52, 56, 97, 107, 178, 199, 230, 231, 232
Orfismo, 47, 58
ousia, 107, 117-123, 130

Palavra, a, 38, 44, 55, 115, 212, 290, 294, 352
Panteísmo, 209, 210
Paradigmas, 320-322, 324, 332
Participação, 84, 107, 109, 173, 292, 304, 305, 306, 372
Percepção, 36, 52, 65, 93, 100, 113, 145, 159, 186, 203, 204, 212, 214,
216, 217, 222, 223, 225, 244, 264, 296, 298
Perfeição divina, 24
phronesis, 162, 163, 359, 360, 362, 363
pneuma, 156
polis, 80, 82
Pós-fundacionalismo, 314
Positivismo lógico, 315, 316
Pós-moderno, 311, 332, 342, 346, 354, 370
Potência, 96, 113,146, 148, 149, 150, 152, 155, 157, 159, 168, 170, 180, 184, 190, 193, 194, 195
Predicado, 115, 117, 118, 137, 138, 141, 144, 166, 167, 172, 182, 238-240, 242, 250-252
Predicamentos, 137
Prejuízo, 299
Primeiro motor, 14, 155
Principia mathematica, 192
Princípio de verificação, 316-318, 320
Princípios do Conhecimento Humano, 215
Privação, 98, 111, 146
Problema da, o, 75, 258, 301, 308
Proclo, 111, 112
Protágoras, 57
Protestante, 135
Provas da existência de Deus, 9, 249
Providência, 82, 83, 84, 86
Psiqué, 55

Qualidades, 80, 84, 98, 108, 114, 115, 138, 139, 160, 186, 193, 195, 216, 217, 222, 296, 297, 299, 332, 360

Quatro elementos, 47, 149, 153, 154
Queda, a, 114, 131, 134, 192, 193, 272
Quididade, 138
Quinto elemento, 154

rationes seminales, 50
Razão e fé, 181
Receptáculo, 36, 98
Reencarnação, 47, 58, 60, 65
Relativismo, 324, 330, 340-342, 364
Religião natural, 199, 226, 228-231, 235, 236
Renascença, 86, 180, 181, 187-189
República, 30, 35, 60-63, 67, 71, 72, 74, 75, 79, 86, 89, 90, 93, 94, 107, 212
Revolução científica, 54, 158, 180, 186-188, 196, 199, 215, 262
Revolução das Esferas Celestes, Sobre a, 191

Ser (*ousia*), 107
Ser necessário, 22, 168, 169, 233, 247, 250-252
Sexto Empírico, 88
Silogismo, 144, 167, 201, 359
Simpósio, 59, 93
Sincategoremáticos, 144
Sobre a Interpretação, 114, 133
Sobre o Céu, 157
Sofista, 42, 50, 66, 69, 72, 229
Substância, 47, 74, 75, 110, 111, 115-120, 122, 125, 126, 128, 137, 147, 148, 150, 151, 153, 160, 171, 176,
177, 182, 202, 206, 208-210, 214, 216, 217, 222
Summa theologica, 133, 143, 166, 329

Teeteto, 66, 67
Tempo, 288, 289, 290, 291
Teodicéia, 199
Teologia do processo, 23
Teologia Natural, 19, 20, 21, 25, 53
Teologia negativa, 289, 342, 373
Teoria do conhecimento, 15, 110, 131, 201
Teoria política, 165, 197
Terministas, 143
Termos transcendentais, 144
Tópicos, 137
Tradição, 44, 54, 66, 75, 76, 80, 83, 87, 93, 110, 126, 127, 133, 169, 181, 219, 237, 292, 295, 306, 308, 335, 339, 348, 351-353, 358, 363, 365-367, 374, 375
Tratado acerca da Natureza Humana, 221
Trindade, 12, 27, 106, 110, 111, 114, 117, 121, 124-127, 129, 132, 176, 313
tyche, 81, 82

União, 74, 75, 96, 100-102, 109, 110, 112, 113, 124, 129, 190, 273
Unidade, 26, 44, 45, 47, 63, 69, 76, 78, 93-98, 103-107, 109, 110, 117, 119, 121-127, 129, 155, 158, 160, 171, 174, 245, 258, 259, 261, 262, 271, 272, 274-276, 282, 284, 319
Universais, 69, 137, 138-143, 147, 182, 183, 185, 215, 239, 241, 242, 300, 315

Via antiqua, 181
Via moderna, 181, 186, 189
Virtude, 351

Visão positiva, 165, 375
Zenão de Citium, 85
Zenão de Eléia, 46